山西寺观艺术

壁画

精编卷

上

主编·杨平

青岛出版集团 — 青岛出版社

《山西寺观艺术壁画精编卷》

总 顾 问　罗世平

主　　编　杨　平

副 主 编　陈俊吉　伊　宝　史宏蕾

撰　　稿　陈俊吉　伊　宝　史宏蕾　谷东方　孙　博
　　　　　王岩松　姜　帅　刘　騣

摄　　影　薛华克　欧阳君　张晓磊　梅　佳　杨　平

摄影助理　刘振华　侯建森　李晋辉　闫帅军　潘东方　杨　膺

内文设计　汪凤琴

封面设计　谢　芳

色彩管理　孙建平

特别鸣谢　山西省文化和旅游厅　山西省文物局

序一

赋彩泥金　文脉相传

——山西历代寺观壁画概说

罗世平

壁画绘制在殿堂、宫观、庙宇的建筑墙面之上，是中国绘画史上发源最早的绘画种类之一。这种绘画形式随着道教和佛教的传播而逐渐兴盛起来。在魏晋南北朝积淀的基础上，隋唐时期佛、道的兴盛使寺观壁画成为当时绘画艺术的重要源泉，很多青史留名的画家都曾参与绘制寺观壁画。从宋辽金到元再到明、清，中国古代壁画如瓜瓞绵延，文脉相传，名手画师辈出，在中国绘画发展史上有着重要的地位。

山西省是我国历史上中原地区佛教与道教兴盛发达的省份之一，佛教寺庙和道教宫观壁画留存的数量之多、历史之久远、演变脉络之清晰在全国首屈一指。根据目前文物普查的资料统计，山西全省的寺观壁画达27000多平方米，其中唐、宋壁画约为110平方米，辽金壁画约为450平方米，元代壁画约为1430平方米，明代壁画约为2300平方米，清代壁画约为2910平方米。这些壁画时代特征明显，地域特色鲜明，是中国古代壁画史的一个缩影。

一　唐与宋辽金时期的寺观壁画

寺观壁画经过南北朝的发展，至唐代达到鼎盛。从唐代至五代，佛寺的建造遍布全国，尤以两京地区为盛。唐代皇帝不仅崇佛，而且重道，并在各地建立寺观。据张彦远的《历代名画记》、朱景玄的《唐朝名画录》、段成式的《寺塔记》、郭若虚的《图画见闻志》等史籍记载，这一时期两京地区著名的寺观有近百座。然而，唐武宗和五代周世宗“法难”过后，寺观壁画遭受严重毁损，我们对这一时期寺观壁画盛况的了解多来自文献的记述。

幸运的是：我们仍可欣赏到唐代寺观壁画的可见实物遗例，如山西五台山佛光寺东大殿拱眼壁和明间佛座壁画。绘于佛光寺东大殿佛座束腰处的天王、天女、力士、鬼卒、妖猴、青龙等形象，设色简淡，生动传神，与传为吴道子所绘的《送子天王图》有异曲同工之妙。此外，大殿内槽拱眼壁间的《西方净土变》尽管面积不大，颜色氧化变色，但画面布局严整，笔法灵动而不失轨范，唐画原有的韵致仍然清晰可见。

长治平顺大云院弥陀殿为五代时期的遗构，明代曾重修过。殿内东壁和扇面墙残存的壁画仍是初建时的作品。尽管这些壁画面积不大，大部分反映佛陀法会场景的画面已被毁坏，但从菩萨画像上仍能清晰地看到唐代菩萨形象的丰润端丽。画面相对简省的勒线施色技法则表现出承上启下的时代特征。

山西境内现存宋辽金时期的寺观近百座，其中尚有六处寺庙的壁画属于宋辽金时期的遗迹。晋城高平开化寺北宋壁画、大同灵丘觉山寺舍利塔辽代壁画、忻州繁峙岩山寺金代壁画以及应县佛宫寺释迦塔辽金壁画都是其中的精品。这些寺观壁画的内容除佛、菩萨、弟子、天王、金刚、佛传故事以及众多经变题材之外，还有诸多对山川、树木、田园以及市井百态的写实描绘。晋城开化寺的宋代经变画在唐代经变画的基础上有所演进，人物形象、画面构图、用笔用线等有了较为规范的图样和程式，具有明显的时代特征，是宋代佛寺壁画的精品。岩山寺文殊殿的金代壁画承袭了宋辽传统，绘制精美，人物造型和服饰等具有金代的绘画特色。佛宫寺释迦塔是一座九层建筑结构，各层皆绘制有壁画。其中，第一层壁画原绘制于辽金时期，虽然后世有所修饰，但仍保留了辽金壁画的风格。特别是内槽墙壁上的六幅如来佛像，门洞两侧墙壁上的天王、金刚以及门壁上的弟子等形象高大，笔法劲利，色彩明快。宋辽金时期的画师不仅继承了唐代的绘画传统，还将民族的审美风尚与佛、道题材相结合，从而形成了各具特色的壁画风格。山西宋代寺观壁画遵循了中原王朝的正统规范，而辽金时期的寺观壁画在与中原文化的互动过程中逐渐融入了本民族的审美风尚。

二　元代寺观壁画

元代结束了宋辽金长期分裂对峙的局面，实现了统一。元代推崇佛教，同时利用道教来宣传“无欲无争”的思想和“长生不老”之术。山西一带处于元统治的中心地区，佛教和道教得到了大力提倡，境内广修寺观。时至今日，山西境内保存的元代寺观木构建筑数量较多，现存的元代寺观壁画数量居全国首位，呈现出寺观壁画新的时代面貌。永乐宫壁画是这一时期的代表。

永乐宫位于山西省芮城县永乐镇，是金、元之际道教全真派的三大祖庭之一。三清殿、纯阳殿、重阳殿中保存有内容丰富、技艺高超的元代壁画，总面积达1005.68平方米。其中，三清殿壁画《朝元图》是永乐宫壁画的精华所在，由来自洛阳的画师马君祥等人绘制于元泰定二年（1325）。《朝元图》继承了唐、宋以来神祇朝觐的图像格制，共绘制道教神祇289位，画面内容丰富，构图严整，呈现出“千官列雁行”的宏大场景。道教主神画像高达3米，多以劲挺有力的长线条勾勒描画，刚健而流畅。画面设色采用重彩勾填之法，敷彩浓丽清远，在冠带、衣襟、供器、标识等处使用沥粉贴金技艺，使画像具有隐起于壁面的空间感。这种绘画技法在继承唐、宋传统的同时，又融入了画师新的创造，充分展示了壁画艺术的魅力，代表了元代寺观壁画的最高水准。

稷山青龙寺现存的元代壁画分布在寺内的腰殿、后殿与伽蓝殿内。腰殿的水陆画不仅为全寺壁画的精华，也是现存水陆壁画中年代最早者，以其舒展的构图和精湛的技法著称于世。尽管一些神祇图像经后代补绘，但仍保留有元画的特点。

山西元代寺观壁画规模可观，题材多样。壁画中反映的社会风貌和生活习俗十分丰富，是元代现实生活的写照。山西洪洞水神庙在元代既是民间祈年求雨、祭拜水神之处，又是群众节庆娱神的集会场所。现存大殿门壁一方散乐壁画，据画面上方元泰定元年（1324）的榜题，可知壁画描绘的是当时活跃于山西民间的散乐名角忠都秀作场的舞台场景。这些戏装人物以独幅画的形式表现了生、旦、净、末、丑等各种人物的舞台扮相，是现存宗教神祠壁画中罕见的题材。这幅壁画可与山西各地戏台文物相互参照，通过该画我们得以更充分地了解山西戏曲文化与宗教文化之间的共生关系。

山西省现存的元代寺观壁画大多数留有墨书题记，这些画师的活动年代与壁画的绘制时间几乎贯穿了整个元代历史，因而元代寺观壁画的各个阶段都有图像可证。如若评价元代绘画的艺术成就，山西现存的元代壁画是不可或缺的一部分。

三　明代寺观壁画

山西省现存明代寺观3000余处，其中400余处由元代兴建后明代重绘，其中保存有明代壁画的殿堂有30余座。明代是中国古代寺观壁画艺术继唐、宋之后的又一个高峰。山西长治平顺大云院、晋城高平万寿宫、临汾洪洞水神庙、太原多福寺、运城新绛稷益庙、吕梁汾阳圣母庙、吕梁离石安国寺、晋中平遥双林寺、大同善化寺、朔州崇福寺、繁峙公主寺、寿阳普光寺等20余处寺观壁画是其中的代表。从这些壁画的精美程度可以看出：明代是寺观壁画的复兴期。

太原市尖草坪区多福寺现存的壁画分布于大雄宝殿中，绘制题材为《释迦如来应化事迹图》。明、清时期，为了方便信众清晰地观看画面内容，通常用墨线分割画面。多福寺的壁画则用树木、奇石、宫殿等元素将84幅画面划分成面积相等的方形，这种设计既方便观赏，又不失画面美感。从画面风格与图像内容来看，多福寺壁画与同在太原的崇善寺壁画有较多的一致性，在情节安排上仅有三幅画面在顺序上有别于崇善寺。多福寺壁画绘制技艺较为精湛，虽有明代壁画程式化的倾向，但绘制者的匠心独运使得画面十分精彩。壁画在用笔上多用直挺方折的线条，并根据表现对象的不同而呈现多种变化，画法明显受到了明代院体画风的影响；在设色上，采用平涂与渲染并举，画面用色以青绿为基调，使得壁画具有唐、宋画厚实与古朴的意趣。

朔州崇福寺是由衙署改建的佛寺，为雁北地区的名胜。金代海陵王完颜亮曾赐给“崇福禅寺”庙额，名称沿用至今。弥陀殿是崇福寺的主殿，殿内壁画是明代重绘后的遗存，现存面积超过300平方米。东、西两壁对称绘制10尊坐佛和胁侍菩萨，南壁西尽间绘千手观音变相，形象高大，构图宏阔。壁画线条圆转劲健，设色以红绿为主，菩萨的璎珞、衣冠多处使用沥粉贴金技法。崇福寺壁画是明代寺观壁画中的巨制大作。

水陆画在宋、金之际就是山西寺观中广泛绘制的题材。到了明、清时期，佛教圣地五台山的寺院持续影响着山西及其周边地区。在山西各地寺庙中，绘制水陆画的风气相当普遍，不仅佛寺为了配合水陆法会而张挂或绘制水陆画，而且在村社的神祠中也多见以水陆题材绘制的壁画。忻州繁峙公主寺属于五台山北台外九寺之一，历史久远。它最初建于繁峙县山寺村，明初迁至现今公主村文殊寺内，合称“五台山公主文殊寺”。公主寺大雄宝殿内的水陆壁画是在明弘治十六年（1503）重建时绘制的，壁画面积约为98平方米。佛陀菩萨、天神地祇、往古帝王、孝子烈女、六道四生等分组绘制，以五色云气进行分割，展现了明代中后期水陆壁画流行的样式。公主寺壁画运用墨笔勾勒，重彩平涂，沥粉贴金，技法纯熟。

大同浑源永安寺传法正宗殿的水陆壁画更多体现出民间壁画的特点。该殿始建于元代，明、清时期均有重修，现存壁画尽管后期有过补绘，但仍保留了明代的格制和画法。殿内壁画面积达170平方米，共绘有人物841躯，是单体建筑中所绘水陆图像最为丰富的。永安寺壁画在构图上采用平列方阵式布局，将人物分布在上、中、下三层，皆朝向佛祖，由此形成了秩序井然的集中式构图。人物造型虽未脱离程式化倾向，但画师笔力不弱。北壁的明王形体高大，相貌奇特。壁画的着色明丽，对比强烈。人物服饰刻画工细，加上所用的沥粉贴金技法，使得壁画人物生动立体，别有意趣。

晋中寿阳普光寺正殿内东、西、北壁皆绘有水陆壁画，面积共计约为120平方米，呈现出明朝晚期的风格。壁画布局精严工整，画中众多的神祇人物疏密有致，井然有序。尽管画法袭用前朝，但不落窠臼。色彩丰富的画面与背景的水墨云气相得益彰。

大同阳高云林寺壁画存于大雄宝殿的东、西、北壁以及扇面墙背面。其中，东、西、北三壁为一铺完整的水陆画。扇面墙背面的壁画尺幅高大，绘有观音、文殊和普贤三大士。扇面墙正、反两壁的壁画风格与四壁水陆画略有不同，一般认为是清代补绘的作品，但其画法风格仍有明代后期的特点。

在明代，山西地区的道教与民间信仰并兴，北方民间习俗与宗教融合的风气在壁画中有着真实而形象的描绘。晋城高平万寿宫为道教宫观，壁画保存于三清殿内。

壁画人物面部多用晕染法，衣纹线条采用兰叶描，画法富于变化。道教神祇采用分组式的构图，与永乐宫三清殿《朝元图》的队列式组合大不相同。虽然这些壁画并不完整，但它们为我们提供了《朝元图》的另一种形式，因此在现存的明代道教壁画中甚为珍贵。

新绛稷益庙是一座民间祭祀后稷和伯益的庙宇。殿内的壁画绘制于明正德二年（1507），面积约为130平方米。壁画按照题材分区绘制，东壁绘制百官农人朝拜伏羲、神农和黄帝三位帝君的场景，西壁绘制人们朝奉大禹、后稷和伯益三圣的场景，南壁东梢间绘祠山神张大帝，西梢间绘酆都阴曹地府。整殿壁画集中反映了中国农业社会祈年丰收的信仰习俗。画面中所绘农夫扛犁持谷、捉蝗捕害、砍柴驾车、烧荒畋猎等农作和收获的场景尤为生动传神，充满生活气息。在山水树石的绘制上，以墨笔勾皴，赋色简淡，是民间画师追摹明代院体画法并紧随时代风尚的典型实例。

临汾洪洞水神庙明应王殿壁画由15幅相对独立的画面组成。壁画以祈雨为主线，重点描绘明应王的后宫生活，以及捶丸、卖鱼、对弈等市井内容，展示了一幅民间信仰与社会生活相互渗透的宏大画卷。画师将水神庙壁画的各个情节安排得既井井有条，又丰富多变。匠心独运的风俗场景和简洁明快的艺术表现手法使得水神庙壁画可以作为一幅明代独具地域特色的风俗画来欣赏。

汾阳圣母庙大殿壁画为连环格式，由东壁至西壁的三幅图像构成。画面呼应关照，相映成趣。东、西壁绘圣母出宫回銮的场景，构图一出一入，彼此呼应。北壁回廊的壁画蜿蜒曲折，人物情态皆以生活为参照。画面以重彩为主调，大片红色间以青绿，展现了浓郁的民俗气息。图中的奇松怪石、云气烟岚，体现了民间画师对文人画法有意识的模仿。山西省现存的明代寺观壁画上承金、元壁画传统而又有创新。民间的画师一方面遵循既有的壁画格制，画面构图和人物造型进一步程式化，技法娴熟，手法多样；另一方面又摹习文人画风，使壁画具有文人画清秀与雅逸的特点。山西的明代寺观壁画时代特色鲜明，是我国古代壁画史上又一华彩篇章。

四　清代寺观壁画

清代沿用明代的僧官制度，由吏部及各级官吏遴选委任僧官，并在京城设僧录司，各地设僧会司，以统领宗教事务。根据清康熙六年（1667）的统计，全国共有佛寺79622所，各种道观和民间神祠遍及城镇与乡村，数量大致与佛寺相当。山西现存的清代壁画共计10000多平方米，本书根据清代壁画的艺术特色，选择了分布于城镇与乡村的十余处有代表性的寺观壁画，以窥其一斑。

大同华严寺大雄宝殿内壁画总面积达886.97平方米，为中国现存单体殿堂壁画中面积最大者。壁画分为上、下两层，下层的壁画绘于明代，上层的壁画由大同当地的画师董安及其弟子依据原有壁画重绘于清光绪四年（1878）。壁画的题材非常丰富，从前檐处东壁最北端开始，以顺时针方向铺排，绘有佛、菩萨、诸天护法、罗汉、金刚等像，达1800余身。该壁画因是在明代壁画原作上的重绘，故保留了原画的规模，在清代壁画中，属于并不多见的鸿篇巨制。总体而论，清代壁画远不及唐、宋时期，也不如明代。但是，因为世俗化和民间化的风气转盛，又受到西洋画的影响，壁画用色更加浓郁，艺术风格也更贴近普通民众的审美需求。华严寺壁画的绘制水平相对而言不高，线条比较呆板。壁画多用红、黄暖色，着色艳丽而显得生硬。楼阁界画等物象多用厚涂的颜料覆盖，缺少层次感。尽管存在上述不足，但华严寺清代壁画通过重描的方式，仍然保留了明代佛教壁画的基本样式，成为一处值得珍视的壁画佳构。

大同广灵水神庙属于民间神祠，其中的百工社是一座很小的殿宇，殿内东、西两壁完整保留了40幅描绘手工技艺的“百工图”。尽管壁画幅面不大，但绘制精细，如实再现了百工的业态情形。壁画采用青绿兼水墨的画法，画幅之间隔以建筑物，整体上相连，每幅画都独立叙事，在题材、画法以及趣味等方面都透露出向近代转型的时代气息。

朔州怀仁崔府君庙壁画属于地狱变题材，人物造型庄重，色彩典雅。每幅图像之间用十字云纹作为间隔，展现了幽暗阴森的阴司地府中75司判官和刑狱的不同面貌。画师结合地狱信仰，将部分图像作生活化表现，从而拉近了与观者的距离。在造型上，大部分侧面人物采用描摹正面眼睛的画法，70余位判官的形象无一重复。从服饰、官帽到肤色、动态，丰富的想象力和夸张的造型赋予了他们不同的形貌特征，充分体现了民间画师想象中的地狱诸神的特点。

清代，寺观壁画的程式化倾向加剧。民间画师一方面追摹西洋画的光影明暗技法，但尚未具备将西洋画法融入传统壁画体系的能力；另一方面临习文人水墨画的简淡画风，又因脱不开地方民俗传统而只能在壁画中夹杂文人水墨的表现形式。因此，山西清代壁画基本停留在表层的模仿和生硬的照搬上。这既是时代的局限，也是清代寺观壁画艺术整体水准降低的原因之一。

山西寺观壁画在长期发展的过程中取得了丰硕的成果，形成了优秀且深厚的绘画传统。壁画题材广泛，涉及宗教人物、历史事件、社会风俗、地方民情、民间信仰以及社会生产生活等多个方面，可以看作三晋社会文化的真实历史记录。这部历史用图像书写而成，形象生动。在题材内容和艺术风格上，山西寺观壁画体现的时代特征、地域风格、文脉传承乃至个人特点也都得到了真实的呈现。可以说，山西寺观壁画是中国传统壁画艺术的一个缩影。

祈望本书的出版能够引起社会各界对山西寺观壁画的重视，进一步保护好这份丰厚而珍贵的艺术遗产。

序二

不仅仅是信仰的艺术

杨 平

山西为什么能保留题材如此丰富、形式如此精美的古代寺观壁画？

这是一个谜。

有人认为：这有赖于山西“表里山河”的地理特征——太行、吕梁左右护佑，黄河东南环绕，汾河贯通南北，绿水青山、富庶的盆地和质朴的民众共同塑造了这片土地上的文化样态。有人认为：古代山西独特的地缘优势决定了它与众不同的发展轨迹——南望中原腹地，北接游牧民族集聚区，东瞰富庶的黄河下游平原，西窥“帝壤”关中平原。在皇权时代，山西不仅一直受到中央帝国朝廷的重视，同时也是匈奴、蒙古族等北方马背民族眼中的要地。作为农耕文明和游牧文化的交汇地带，山西呈现出文化的多样性和丰富性。也有人认为：山西南有盐池和铜矿，东南有产铁区域，北有黄金可以开采。丰富的矿产区和盆地勾连互通的地形使得山西自古富饶，孕育出了浓郁的宗教信仰文化。当然，还有人认为：山西百年来发展相对滞后，没有受到大规模经济建设的破坏，使得其传统文化的留存也相对完整。

每一种说法都有其合理性。正是各种有利于寺观艺术的生成、保存、维护等因素的组合，才使我们不仅能见证佛教、道教、民俗宗教等在山西持续千余年的兴盛，也能看到其背后蕴含的民众寻求最佳生存方式和心灵舒展的精神力量。在某种程度上，我们看到的不仅仅是寺观艺术的遗存，更看到了山西一地先民的信仰坚守、经济发展的轨迹和文化流传的路径。

也就是说，从寺观壁画的遗存中，我们不仅能窥见山西民众的信仰发展史，还可以全面了解山西经济、建筑和科技的发展史。民众的生活诉求、精神需求和美好愿景通过艺术形式表达出来，这值得非宗教艺术研究者予以关注。当然，这是一个长期而艰苦的文化梳理和研究工程。

既然本次出版的《山西寺观艺术壁画精编卷》聚焦在壁画上，那么我们的话题自然集中在山西壁画的分布、种类、艺术特色、时代特征以及地域文化特色与壁画呈现的关系等方面。由于篇幅有限，本书只能呈现寺观艺术的发展脉络，使读者窥见一斑。更为详尽全面的呈现，则有待于《山西寺观艺术全集》的问世。

一

山西地表古建筑在中国地表古建筑中占比超过70%，除了古城、古庄园、古堡、古村落，还有数量众多的古寺庙、宫观和神祠。在没有经过科学洗礼的古代，一个村落的村民生活若没有佛祖和各种神仙的“庇护”，则是不可想象的。民众广泛而虔诚的宗教信仰促使他们对赞助寺观建设有很高的热情，不论是太行的深山峡谷，还是黄河岸边的黄土高坡，不论是晋北长城下的村堡，还是汾河谷地，只要有人居住的地方，就有庙宇的存在。在留存的庙宇里，不论水平如何，一般都存有壁画。

寺庙的数量、规模和建筑、壁画的品质与当地的政治地位、经济发展情况以及民众支配财富能力、信仰基础密切相关。作为衡量经济发展的基础指标，当地的自然资源、农耕文明和商业发展程度对信仰文化的繁盛起着至关重要的作用。

如果说黄河流域文明决定了中华民族的文化基础，那么山西的汾河、桑干河、滹沱河、沁河、漳河等孕育了独具山西特色的文化和风俗。这种以农为重的河域文明也奠定了山西各地区的文化个性与格局。

如滹沱河和五台山。五台山作为中国四大宗教名山之首，从东汉时期至今一直保持着在宗教文化界不可替代的重要地位。以五台山台怀镇为中心，佛教信仰形成了较强的辐射力和较广的传播范围。五台山文化地位之长存不衰，正是由于北面的滹沱河两岸持续千余年的富饶，为佛教的兴盛提供了重要的经济保障。滹沱河发源地繁峙（民众因寺庙众多而理解县名来历）以及它环绕而过的原平、定襄、阳泉一带都有珍贵的宗教艺术遗存。例如，五台山佛光寺的唐代壁画与彩塑、五台山南禅寺的彩塑、繁峙岩山寺的金代壁画与彩塑、定襄洪福寺的金代彩塑、繁峙公主寺的明代壁画与彩塑等等。这些遗存堪称一个时代宗教艺术的巅峰之作。这些遗存当归功于滹沱河对这片土地的滋养和当地民众深厚的文化底蕴。

桑干河流经的朔州和大同地区，历经汉族及北方游牧民族的经营，留下了足以令世人惊叹的寺观艺术作品。魏晋时期，大同（古平城）作为北魏故都，开启了中国造像艺术史上的又一段传奇——耗费60多年的时光，开凿了规模庞大的北魏皇家寺院云冈石窟。同时，为了加强与中原的文化和经济往来，北魏朝廷不惜财力，诏令5万人修治灵丘道，在北太行山峡谷、山峦间开辟了一条从平城、经灵丘至中山（今石家庄市平山县）的商业通衢，为处于古道上的浑源、灵丘一带的佛、道信仰的发展提供了很大的便利。山峦间古寺院难以计数。著名的浑源悬空寺、灵山觉山寺及恒山的诸多寺院等，均分布于灵丘道必经之路或附近地区。两宋时期，崇信佛法的契丹族和女真族在此区域留下了大量令今人赞叹的寺院建筑和艺术作品。大同古城内的华严寺、善化寺规模宏大，建筑精美，彩塑无与伦比；朔州应县佛宫寺的木塔堪称世界建筑奇迹，塔内的壁画、塑像独树一帜；灵山觉山寺内辽代觉山转塔内壁上同时代的明王壁画，无疑是契丹民族的艺术经典；从朔州古城里崇福寺的金代壁画和彩塑中，我们可以深刻感受到女真人不断进取的精神和他们融入中原文化的渴望。

太原和晋中位于太原盆地，是山西的经济、文化和政治中心，东接阳泉，经太行井陉古道，直抵河北；西倚吕梁；北出雁门，直达朔北；南过霍山，穿越临汾、运城盆地，直指长安。太原（古称“晋阳”）建城2500余年，“襟四塞之要冲，控五原之都邑”，见证了三家分晋的历史大戏，并拉开了战国时代群雄逐鹿的序幕。古城不仅成就了晋国卿赵氏建国的勃勃雄心，也奠定了隋唐的盛世基业。悠久的历史使得太原累积了丰富的文化遗存。其中，汾河西岸的晋祠或许是至今保存在原址上的山西最古老的寺院。这座祠堂的历史可追溯至东汉之前，是为纪念西周时期晋国开国君主唐叔虞而建，被称作“中国最美的皇家园林式祠堂”。它既是山西的文脉象征，也是山西在中华文明进程和民族融合中起着至关重要作用的形象表述。太原凭依的天龙山上，历经东魏、北齐、隋、唐、五代三个多世纪的佛教石窟造像在山阳处一字排开（民国期间遭到破坏）。太原城内外的永祚寺、崇善寺、净音寺、多福寺、窦大夫祠、明秀寺、不二寺、狐突庙等寺（祠），不仅历史悠久，而且留下了让后人称颂的建筑与寺观艺术。

阳泉位于太原东翼，与河北接壤，古道通达，形成了燕地文化与晋文化深度融合的燕赵文化。如果说这一带早期受到晋文化的浸润，那么从汉唐之后，这一地区多数时期处于京畿文化的辐射区。从明、清留下来的壁画中，我们可以看到这一地区文化的高度相似性或统一性。阳泉深山中的寺观艺术与河北正定乃至北京周边地区所存寺观艺术无甚大的差异。

太原西翼的吕梁地区，左拥汾河，右揽九曲黄河，境内山路崎岖，地广人稀，经济环境相对恶劣。然险峻奇秀之山，正是道教人士追求的清净修道之地。北武当山、卦山等多有佛堂或真武祠，其中尤以北武当山最具盛名。因此，吕梁地区除了大量的寺庙，道教宫观也繁多，元、明、清时期留下的道教题材壁画也较多。

有“中国现代金融摇篮”之称的晋中，于明、清时期尤为发达。当时，平遥、太谷、祁县等地的商贾和票号纷纷崛起。他们不仅留下了规模庞大的深宅大院，也大力促进了宗教事业的发展。作为平遥古城的重要组成部分，和平遥古城一起列为世界文化遗产名录的双林寺、镇国寺，保存了颇具艺术魅力的五代和明代寺观艺术。晋中南端的介休绵山因追随晋文公外逃避难的介子推背母藏匿其中而闻名，成为后世文人祭祀介子推的胜地。从汉朝至民国，许多鼎国良臣、文人墨客在绵山留下了足迹。尤其是唐太宗两次登临绵山，使得绵山衍生出爱国文化影响后世千余年。绵山峡谷横贯，溪流穿越，山巘妙曼，天外有天。峭壁林立，天然洞穴众多，是历代佛教高僧、道士真人求法修行之地。由于汾河流经的南部盆地民众的供养，绵山上的大小寺院、宫观、祠庙达百余座，留下了从盛唐至清末时期的许多独具地方特色的精美艺术品。介休的绵山、灵石资寿寺、后土庙、晋祠庙等构成了晋中南端现存寺观文化与艺术的聚集区。

由临汾（古称“平阳”）和运城构成的古河东地区，处于中原黄河大拐弯区域，被认为是黄河文明乃至中华文明的重要发祥地之一，同时也是山西的经济、文化中心。临汾因坐拥临汾盆地，且与“盐运之城”运城相接而曾经异常富饶。汾河、霍泉、浍河的滋养以及通达南北的古道的便利，使得这一地区的祖先崇拜、宗教信仰、民俗风情等呈现出丰富多彩的样貌。被列为2017年中国十大考古发现之一的“陶寺遗址”或许能印证尧帝在汾河之东建都的记载。周成王“桐叶封弟”的故事流传2000多年，所封之地古唐国就在今天临汾东南翼城、曲沃、侯马一带。西周时期，晋国曾领风骚百余年，很大程度上依赖于所辖之地的物产富饶和经济昌盛发达。

东晋时期，山西临汾（时称“平阳郡”）的法显西行求取佛法，带回大量典籍，为后世佛教的发展作出了巨大贡献。由此可见，即使在战争频发的十六国时代，这一带亦受佛教文化的熏陶，故有彪炳佛教历史的大师涌现。

隋唐时期，河东地区呈现出前所未有的繁荣景象，平阳古城被称为“膏腴之地”。文人武将奔走于长安，名寺古刹遍布于临汾，宗教艺术精彩纷呈、盛况空前。从宋金至元代，大量的市场需求孕育并造就了一批又一批继承传统且自成一派的高水准的民间艺术家。此地的木刻造像艺术、彩塑艺术自成体系，对后世影响深远。尤其是元代禽昌（今襄陵）人、领山西绘画艺术之风流的大家朱好古的出现，形成了名震一时的晋南流派，使得这一时期的山西寺观壁画艺术达到巅峰。今日闻名遐迩的芮城永乐宫壁画、稷山兴化寺壁画（一部分藏于故宫博物院；一部分被盗至海外，现藏于加拿大皇家安大略博物馆）、稷山青龙寺壁画、临汾洪洞广胜寺下寺四壁壁画（现藏于美国大都会艺术博物馆）、广胜寺水神庙壁画（明代重绘），皆为朱好古及其门徒所绘制。

明朝洪武三年（1370）开始至永乐年间结束的山西大移民就是从洪洞大槐树下（今大槐树镇）开始的。彼时平阳府人口184万，占山西人口总数的37.9%（与当时河南或河北省的人口总数几乎等同），如此庞大的人口数量，足见临汾盆地之富庶、民众生活之安定。元、明时期，临汾的寺院分布广泛，寺观艺术较为集中的为汾河穿越过的洪洞县、尧都区、襄汾县和山水优异的隰县、蒲县等地。

运城临黄河而建，与中原故都相望，因其境内中条山下著名的盐湖和运城盆地的万顷良田而受到历代帝王的关注和青睐。舜都蒲坂（今永济市）、禹都安邑（今夏县）……这里不仅是山西的经济重镇、晋商成长的摇篮，也是中国著名的文化重镇。从汉朝至隋唐，河东裴家、柳家、薛家、王家等皆为中国历史上的豪门望族。区域、地缘和经济优势逐步转化成了文化优势，从汉朝至清末，运城孕育了足以令世人震撼的文化艺术。夏县余庆禅寺的宋代木雕，新绛龙兴寺、福胜寺的宋金及元代彩塑，稷山青龙寺、芮城永乐宫的元代壁画以及新绛稷益庙的明代壁画，都堪称一个时代的艺术珍品。遗憾的是，曾经飞檐接踵、古寺满城、唐玄宗时期两度设为中都的蒲州古城，在金元战火、明嘉靖三十四年（1555）大地震及后来黄河泛滥中受到严重损毁，后又因水利枢纽建设需求，彻底变成了一处遗址，古城文物片只不留。河东地区交通便捷，经济发展日新月异，但文化遗存数量上逊于上党地区。

位于太行山南段的上党地区（即古泽、潞地区，今晋城、长治），其古建筑数量占山西现存古建筑数量的70%。该地区从唐、五代至清末的寺观建筑和艺术构成了从唐至清末完整的时代链。这一切得益于上党地区的煤炭采掘与古代铁器产品制造产业集群构建的经济基础。泽州府辖属泽州、高平、阳城、陵川、沁水地区（清代有铁炉1000多座）和长治南部交接地区（清代有铁炉20余座）形成了庞大的冶铁基地和铁器制造基地（如泽州大阳古镇的钢针行销全国乃至亚洲）。接通河南、河北的太行古道、白陉古道、滏口古道成为上党对外商业往来和运输的重要通道，促进了这一地区的经济繁荣。上党地区的重要文化遗存也分布在这些曾经产业基础雄厚、茶马古道经过的古镇或古村落里。例如，高平市米山镇既是战国末期秦、赵对峙的阵地，也是明、清时期的冶铁重地，中国现存唯一一堂高水平的宋代寺观壁画就在此镇。该镇还拥有定林寺、铁佛寺等多个国家级文物保护单位。

上党地区留存下来的唐至晚清寺观造像、壁画艺术有300余处。其中，获评国家级文物保护单位的寺院大多分布在沁河、丹河、浊漳河两岸以及通往中原的三条古道沿途的古镇或古村落中。丹河岸边名寺众多：泽州古青莲寺在隋唐时期高僧云集，唐、宋彩塑精美绝伦；长子法兴寺和崇庆寺的宋代艺术让学者着迷；泽州府城玉皇庙的宋、元彩塑令人惊叹；长治浊漳河两岸唐、宋辽金、元、明、清寺院沿河遍布：唐代建造的天台庵，拥有五代经幢石刻与壁画艺术珍品的大云院，金代建造的佛头寺，集唐、五代、宋金、元、明、清建筑于一寺的龙门寺，拥有明代水陆画雕刻的金灯寺……深山古寺，高台平湖，风光旖旎，民风淳朴。上党地区独特的地理位置，与中原互为依托的经济交往以及受京畿文化圈的影响，使得其文化艺术自成体系、别具一格，与山西其他区域有十分明显的差异，值得我们关注和研究。

二

山西是一个宗教活动繁荣、多神信仰并存的省份。从东汉至清末，朝廷的倡导和乡贤的推动使得一个村落乃至一个区域形成了完整的信仰体系。佛教、道教和民俗宗教有序并存。佛教关注人的“来世”，道教则关注个体生命的质量和“得道成仙”的途径，民俗宗教则要解决的是人们心灵成长、子孙繁衍、生活殷实、从业顺利等多方位的需求问题。因此，在一个村落中，既有提供并满足人们精神需求的佛教寺院，也有祈祷家庭子孙繁衍的圣母庙（送子奶奶庙或娘娘庙），还有教育子女忠信、义勇、孝悌的关帝庙，提供农业生产风调雨顺“服务”的龙王庙和提供健康生产力“服务”的马王庙（古代军队驻扎地亦建马王庙）、牛王庙等，这是山西各地乡村祭祀神祇的基本神庙（殿宇）配置。不过，由于地缘、历史渊源和对生产力的诉求水平不同，各地信仰又有很大的差异。

传说中国三大圣王尧、舜、禹均曾在河东地区建都，因此这一地区盛行古贤帝崇拜和祭祀。临汾市有晋代修建的祭祀尧、舜、禹的国祖庙——尧庙，其下辖村镇也有不少尧庙。史料记载：舜都蒲坂（今永济市），在中条山东段历山舜王坪驾象躬耕、研究历法。因此，除了蒲坂，在临汾、运城、晋城交接处，几乎村村都建有舜帝庙。大禹治水时曾开凿龙门，并在安邑（今夏县）建都，故运城黄河沿岸建有大禹庙，祭祀禹王。

在晋南地区，还流行后土信仰。运城万荣汾阴后土祠是山西最早、最知名的祭祀后土的神祠（庙），据说轩辕黄帝时就在此建台祭地。汉元鼎四年（前113），汉武帝诏令在汾阴脽上建后土祠，并率众臣到祠内祭九州之土。在泛舟汾河时，武帝还欣然写下了著名的汉赋《秋风辞》。自此，后土祠成为西汉帝王祭祀大地之神的圣地。当宋真宗到汾阴祭祀后土时，后土祠被升级为国家级庙宇并重修。明代时，后土祠因黄河水灾而被损毁，清代时在现址上重建。后来，“后土地神”的概念逐渐演变成大地母亲的象征，继而与保佑子孙繁衍的神祇混淆，后土圣母演化为子孙娘娘。传说伏羲、女娲在临汾市吉县的人祖山上合婚造人，故在临汾地区和吕梁汾阳一带，后土圣母庙、碧霞圣母庙（宫）、娲皇庙颇多。这些庙（宫）留存的彩塑多为圣母端坐神台中央受人供奉、两侧侍从抱着童子为人间送子的形象，壁画多绘圣母乘龙、驾车辇出宫送子，带着随从回宫的场面。

另外，全真派的祖师吕洞宾为今运城市芮城县人。从晚唐至清末，道教风行河东。尤其是在元代，扶持道教的势力一度盛炽。当道教全真派天师披云真人奉旨在其故乡永乐镇（后因水利建设而迁至现地）修建永乐宫后，道观如雨后春笋般遍布运城、临汾两地，使得运城、临汾成为山西留存道教全真派宫观最多的地区。

上党地处太行山南段，文化独特，民众信仰复杂。据传说，中华民族的始祖之一炎帝曾在晋城高平羊头山及附近地区种五谷、尝百草，开启了中国的原始农耕文明。因此，在晋城与长治交界的高平市、长子县一带，炎帝信仰特别盛行，炎帝庙是古村落里的标配建筑。另外，有传说称汤帝（商朝开国君主）曾在阳城的析城山上为民祭天祈雨，故周边村落里有很多汤帝庙。沁水县城西有舜帝躬耕历山的传说，山下每个村落都建有格局几乎相同的舜帝庙。

在晋城的古泽州府一带，对玉皇大帝的信仰日久，不论深山古村还是繁华大镇，皆有恢宏壮观的玉皇庙。最有代表性的是府城玉皇庙，庙内有280尊金、元、明时期的彩塑及元、明时期的壁画，其中二十八星宿殿的元代彩塑堪称时代巅峰之作。

上党地区还有仅限于此地域的二仙信仰，祭祀的是冲惠、冲淑二真人。相传二真人原为民女，后乘龙升天成为仙人，是古上党地区普遍崇信的道教尊神，其信仰形成于晚唐，宋、元、明皆盛行。庙宇一般称为“二仙庙”或“真泽宫”。留存艺术中最为精彩的是泽州金村二仙庙的宋代建筑、彩塑以及泽州高都二仙庙的明代壁画。

太原历史上为中原王朝的北大门，晋阳古城为赵国初都，北齐（都邺城）的实际政治、经济中心。唐代以晋阳为基础夺取天下，视晋阳为“帝乡”，因此设太原为北都。从春秋战国至盛唐时期，太原一直是群狄、犬戎、乌桓、鲜卑、匈奴、山胡等少数民族的散居地。多元文化的融合造就了迥异于山西其他地区的文化留存，彰显区域特色和兼容并蓄胸襟的寺院较多。例如：忻州代县有赵武灵王庙，太原清徐、汾河东岸有祭祀春秋时期晋国大夫狐突、窦犨的祠庙；古晋阳城（遗址）附近有祭祀北齐神武帝高欢夫人娄昭君的圣母庙；太原城中心有曾经规模庞大的清真寺等。

雁北地区又称“塞外”，乃苦寒之地，土地贫瘠，经济薄弱，农业生产全要靠天等雨，而在朔州雨水不太充沛的地方，龙王庙高度集中。大同外长城沿线以及进出山西的太行古道边曾经战事频繁。为了安抚战争中失去生命的亡灵，佛教寺院的水陆画较多，成为这一地区佛寺艺术中的一大特色。例如，繁峙公主寺、阳高云林寺、灵丘觉山寺、浑源永安寺等都有明、清水陆画。

三

山西寺观壁画从唐至民国初年，题材多与寺院的功能相匹配，包括佛教、道教和民俗宗教壁画。

佛教题材多为说法图、佛本生故事、佛传故事、观音救度等，内容涉及《华严经》《大方便佛报恩经》《佛说鬼子母经》《佛说大阿弥陀经》《维摩诘经》《弥勒上生经》《弥勒下生经》《地藏经》等佛教经典。明代以前的水陆画仪轨复杂，其绘制遵照的仪轨来源，专家尚在研究中。明代中期以后的佛教水陆画多按照《天地冥阳水陆仪文》绘制，但各地水陆画所绘的天地神祇又有不同，其遵从的规则出自何处亦尚待专家进一步探究。

道教题材多样，包括道教原始天尊与众仙图、东岳大帝出行图、《玄天上帝启圣录》故事、道教全真派“得道成仙”的故事等。吕梁北武当山为北方道教圣地，吕梁离石则有明代绘制的表现修建武当山宫观之缘起的壁画《修建武当山宫观感应之图》。

民俗宗教因为关乎人们的生产、生活的直接需求，所以留存的壁画与人们的生活更加贴近。这类壁画题材多为关帝故事、龙王或水神（河神）布雨、圣母送子、马王出巡、牛王出宫等。清中晚期，山西部分地区的乡民还将小说《封神演义》里的三霄娘娘作为送子、护童的神祇，她的形象出现在圣母庙的壁画中。

国祖崇拜和祭祀贤臣良将的壁画则多为明、清时期所绘，内容多为炎帝教民种五谷、舜帝躬耕、大禹治水、稷王教民稼穑、介子推与晋文公的故事、岳飞抗金故事等。其中，运城新绛稷益庙中绘于明正德年间的壁画最为优异。

值得一提的是，尽管相对于前朝，清代的佛、道信仰及其寺观艺术已经式微，时代扛鼎之作寥寥无几，但一些民俗宗教的壁画依然是一个时代民众信仰、财富和文化诉求的真实写照，具有很高的价值。例如，阳泉盂县诸龙庙中民众祈雨和丰收后的欢乐场景，以及晋东南一带精妙细腻的人文山水画，都特别值得关注。

我们搜寻并拍摄了山西古代寺观壁画400多处，其中约有80%为清代的作品。基于对时代完整性、艺术价值、人物造型能力等因素的考量，《山西寺观艺术壁画精编卷》多收录明代以前的壁画。面对数量庞大、题材纷杂的清代壁画，我们则择取了能代表清代风格的佛教、龙王、关帝等相关题材。余者拟另行汇编出版。

从本书的编辑到出版，历经八载，其艰辛不言而喻。在成书之际，我们特别感谢给予学术指导的罗世平教授，感谢为本书撰稿的各位博士。最后，我们还要特别感谢在图片拍摄过程中给予我们诸多帮助的朋友和单位。

本书不足之处，恭请读者批评指正。

总目录

上卷

唐、五代、宋辽金

元代

中卷

元代

明、清

下卷

明、清

典藏山西文化遗产精品系列

山西寺观艺术

壁画

上

精编卷

唐、五代、宋辽金

上卷目录

唐、五代、宋辽金

01 忻州·五台

佛光寺

中国佛教有四大名山，分别是文殊菩萨的道场山西五台山、普贤菩萨的道场四川峨眉山、观音菩萨的道场浙江普陀山、地藏菩萨的道场安徽九华山。其中，五台山为四大名山之首，又名“清凉山”。它因五座状如平台的山峰环抱而得名。据《华严经》记载，五台山为文殊菩萨的驻锡地。考证显示：四大名山中最早成为菩萨道场的便是五台山。传说该地菩萨显圣事迹频传，初唐时便受到朝廷册封，使得该地道场林立，香火鼎盛，声名远播。唐代时，该地甚至吸引了西域诸国及日本等国的信仰者不远千里前来朝圣。

佛光寺位于五台山的南台外围，地处五台县豆村镇东北的佛光山中，佛光新村的东侧。该寺依山势而建，坐东向西，北、东、南三面环山。据传，该寺建于北魏孝文帝时期（467—499），当时宕昌王（可能为梁弥承，生卒年不详）巡游至此寺山门时，忽见佛光普照大地，因此赐额“佛光寺”。目前，该寺的殿宇分布在由西向东高度递增的三层台地上。上层台地上矗立着东大殿。该殿重建于唐宣宗大中十一年（857），殿内面阔七间，进深四间，佛坛宽及五间，上置唐代彩塑30余尊。中层台地上有明、清时期修建的殿宇。下层台

佛座后侧《镇妖图》局部 · 罗刹神

佛座后侧《镇妖图》局部·天王、天女与小鬼

佛座后侧《镇妖图》局部·天王眷属与猴妖

地上有金代天会年间修建的配殿。当时，文殊殿与普贤殿相对，但遗憾的是普贤殿毁于明末火灾。

唐代重建东大殿时，曾在殿内绘制壁画。五代、宋代和明代都进行了补绘。明代重修大殿檐墙时，塑造了罗汉像，致使唐代壁画大多被毁。目前仅在前后槽、内槽拱眼壁以及明间佛座背面残存些许画面。唐代时期，在前槽北、南梢间拱眼壁外侧绘制卷草纹，于前槽北次间拱眼壁外侧绘制《弥陀说法图》。该图共绘制三组图像，中间群像的主尊为阿弥陀佛。佛左、右两侧群像以观音菩萨及大势至菩萨为主体，构成“西方三圣”。阿弥陀佛身着袈裟，双手于胸前结说法印，跏趺坐于莲台之上。佛身后配三道圆形身光和头光，肉髻顶上有两道波浪线向外扩展，表示佛于光中化佛、菩萨无数，教化芸芸众生。莲台前放置博山香炉，两侧各跪坐一尊持物的供养菩萨。佛的左侧站立两尊菩萨，其中靠近佛的菩萨宝冠中有一尊化佛，右手持杨柳枝，左手持净瓶，此为观音菩萨的重要标志，故推知此尊为观音菩萨。佛的右侧站立三尊菩萨，其中靠近佛的为大势至菩萨。左侧的菩萨群像主尊为观音菩萨，其跏趺坐于莲台之上，右手上举至肩，手持一物，左手当胸。观音菩萨身旁有八尊胁侍菩萨，除此之外，还配置供养菩萨、化佛、飞天、持幡天人、供养人等。除供养人外，诸位菩萨和神祇都立于祥云之上，展现出赴会听法的场景。右侧的菩萨群像主尊为大势至菩萨，其身旁有六尊胁侍菩萨，此外还配置化佛、飞天、天王、供养人等，同样展现出赴会听法的场景。

大殿明间佛座后侧束腰处的北部绘有《镇妖图》。该壁画靠近佛座，曾被后人砌土坯遮住，直到1964年拆开土坯后才被发现。虽然壁画画幅不大，但色彩艳丽如新，保留了唐代绘画生动不羁的风格。画面中，主尊为毗沙门天王，他皱眉咬唇，怒目圆睁，身着盔甲，孔武有力，右手持剑，左手按压小鬼头部，坐于两个鬼怪之上。天王右侧站立一位天女，应为天王的眷属，她头梳高髻，身着华服，右手持花，左手持柄香炉。天女右侧绘一前一后两位男性神祇，亦为天王的眷属。

细节观察

《镇妖图》

该图虽然画幅不大，但色彩艳丽如新，保留了唐代绘画生动不羁的风格。画面内容为毗沙门天王与其眷属降服鬼怪、猴妖的场景。其中，天女的形象甚为有趣，樱桃小口，卧蚕眉，两腮涂抹大块腮红，左手持香炉，右手持花，注视着身披铠甲、怒目圆睁的天王。天女最右侧的罗刹鬼神浑身肌肉凸显，红目绿瞳，长发披肩，下身穿豹皮短裤，腰系绿绦，右手握着刺头长杵，跣足疾行。其身后的妖魔被吓得做滚地哭号状。整个画面简洁而生动，场景逼真。

前方的神祇头戴幞头，身着翻领豹皮短衣，驯服一猴妖，并将其带至天王面前，等待天王裁夺。后方的神祇是一个罗刹鬼神，他红发、凸眼、獠牙，袒胸，肌肉健壮，下身着豹皮短裤，手持长杵，跣足疾走，做捉妖赶鬼状。罗刹鬼神后方画一个小鬼扑倒于地，上方绘有一条神龙。唐代时，人们认为毗沙门天王具有护国镇疆、降伏一切魔怨、消弭灾祸的能力，因而受到朝廷推崇，使该类图像盛行一时。

前槽明间、南次间拱眼壁外侧及两拱眼壁各绘制八圈圆光，每圈圆光中各绘十尊坐佛，圆光下方书写佛号和尊名，如南无师子意佛、南无信婆薮那罗佛、南无宝光明佛等。榜题记载该壁画绘于北宋宣和四年（1122）。经考证，榜题上的诸佛名出自《佛说佛名经》，经书中讲受持、读诵、礼拜这些佛能使人现世安稳，远离诸难，并且消除一切罪

前槽北次间拱眼壁外侧·《弥陀说法图》全图

障，未来当成就菩提。因此，此画面反映出宋代时礼忏诸佛法门的社会现实。

除上述壁画外，其余的拱眼壁画中有六幅绘制诸菩萨众，三幅绘制千佛图像。以上壁画原绘制于唐、五代时期，宋、明时期进行过彩绘修补。在诸菩萨众中，菩萨均手持物或结印，配置头光，站立于彩色祥云之上。大殿南内槽前间拱眼壁外侧绘制四排站立菩萨像，共计77尊。南内槽后间拱眼壁外侧绘制四排站立菩萨像，共计74尊。南槽南梢间拱眼壁外侧绘制三排站立菩萨像，共计63尊。该画面上方后世被人用白泥涂抹，导致原图模糊不清，涂抹原因不明，可能是当时准备重绘，但不知何种原因并未重绘。南槽北梢间拱眼壁外侧绘制四排战立菩萨像，共计102尊。北内槽前间拱眼壁外侧绘制三排站立菩萨像，共计58尊。大殿北内槽后间拱眼壁外侧绘制三排站立菩萨像，共计51尊。

图像位置展示

1.《弥陀说法图》局部 · 飞天
2.《弥陀说法图》局部 · 高僧赴会

《弥陀说法图》局部

后槽明间与次间拱眼壁外侧绘制三幅千佛图，佛跏趺坐，身着红袈裟，配置头光。明间拱眼壁佛像背景留白；次间拱眼壁佛像背景绘制黄色祥云，其样式具有明代重绘的风格。南次间拱眼壁绘制两排共37尊佛像，明间拱眼壁绘制两排共37尊佛像，北次间拱眼壁绘制两排共38尊佛像。37与38有何内涵？明代净土宗高僧云栖祩宏（1535—1615）《佛说阿弥陀经疏钞》云：“三十七佛皆遮那一佛所现。”毗卢遮那佛化五方佛，五方佛各有四菩萨，加上四摄及八供养菩萨称为“三十七佛”。以上内容出自密法《大日经》体系，而拱眼壁的37尊佛并未描绘成菩萨样貌，显然并非出自此体系。至于38尊佛，其可能与弥陀净土有着密切关系。《阿弥陀赞一切诸佛所持之法

图像位置展示

1.《观世音菩萨赴会图》局部·持幡天人
2.《观世音菩萨赴会图》局部·胁侍菩萨

《弥陀说法图》局部・大势至菩萨赴会图

《弥勒说法图》局部·观世音菩萨或供养菩萨

经》中阐述六方世界中的38佛，闻佛名者受诸佛护持，至心愿生阿弥陀佛国者必得往生。①佛光寺本为净土佛刹，原为弥勒净土，中唐以后又融入弥陀净土思想。唐代中期以后，弥陀净土思想逐渐显赫起来。东大殿前槽北次间拱眼壁外侧出现的《弥陀说法图》，便是弥陀净土崇拜兴盛的有力证明。此外，后槽北次间后墙外侧残存唐代线描壁画，画面中仅保留八尊较完整的线描佛像，分上、下两排。从残存的画面来看，原本应绘制千佛题材，但不知因何故而未完成。

佛光寺东大殿壁画绘制时间最早可以追溯至唐代。长期的自然风化使得部分壁画内容漫漶不清，加上当时使用的绘画材料是铅白，其化学稳定性差，因此，随着时间的推移，壁画颜色逐渐氧化变深。后世出于对信仰的虔诚之心，进行多次修补，甚至重绘，还不仅留下清晰的演变轨迹，也反映出造像美学的思想流变。如今，除了敦煌地区，其他地区的唐代壁画彩绘留存屈指可数。五台山佛光寺的壁画彩绘可谓仅存的珍品之一，具有重要的历史与美学价值。

图像位置展示

1.《弥陀说法图》局部·大势至菩萨
2.《弥陀说法图》局部·供养人

★注释

①东方有佛名：阿閦如来、须弥幡如来、大须弥如来、须弥光明如来、哀乐如来。南方有佛名：日月灯明如来、光明名号如来、大火炎种如来、须弥镫如来、无量精进如来。西方有佛名：无量寿如来、无量幢如来、无量幡如来、大光如来、大光普遍如来、宝幢如来、净光如来。北方有佛名：大火炎种如来、喜乐音如来、莫能胜如来、从日兴起如来、宝网光明如来。下方有佛名：师子如来、名称远闻如来、名声光明如来、法名号如来、法幡如来、奉法如来。上方有佛名：梵音如来、最香如来、星王如来、香光明如来、大火炎种如来、异宝杂色华身如来、妙香树王如来、宝莲华如来、教授一切诸事如来、须弥意如来。

② 长治·平顺

大云院

大云院位于山西省平顺县城西北龙耳山中。寺院坐北朝南，三面环山，前临漳水，自古便有“九龙戏珠大云院”的美誉。建寺之地选在深山幽谷之中，位置颇佳。该寺创建于五代后晋天福三年（938），初名“仙岩院”；北宋太平兴国八年（983），奉敕改名为“大云禅院”。前院北侧的弥陀殿，殿宽三间，殿内原供奉西方三圣像，因主尊大佛为阿弥陀佛塑像，故又称为“大佛殿”。尽管弥陀殿规模不大，但声名远播。殿内东壁、北壁与扇背墙上保存着五代时期的数铺壁画。这些壁画是迄今为止我国古代寺观壁画中仅存的五代壁画，相当珍贵。

东壁：《维摩诘经变》

《维摩诘经变》是依据《维摩诘经》创作的。该经在中国有三种译本，其中鸠摩罗什的译本流行最广。从壁画的榜题来看，此经变图也应出自该译本。维摩诘生于佛陀时代，是金粟如来的化身，转世到毗耶离城，助释迦牟尼佛弘扬佛法。他家财万贯，奴婢成群，居家修行。维摩诘居士辩才无碍，通达大小乘法，深谙佛教哲理，常出入街头巷尾，以各种

东壁 · 释迦如来说法图局部

方式接近民众，宣扬大乘佛学，发阿耨多罗三藐三菩提心。一日，维摩诘示疾不出，国王、群臣、长者居士、亲朋好友等都前去看望。借此机会，维摩诘向来者广说妙法。当时，释迦牟尼佛在毗耶离城近郊的庵罗树园中说法，知悉维摩诘希望他遣弟子前去问候，便询问诸弟子谁愿前往。舍利弗、目犍连、大迦叶等皆推辞说难胜此任。释迦牟尼佛又询问弥勒菩萨、光严童子、持世菩萨、善德长者等，回复亦如是。众人皆述曾与维摩诘居士辩论，居士对于佛法的观点新颖，使人佩服，因而无法承担问疾的重任。最后，佛陀让大智的文殊师利带领诸大菩萨、帝释、天王、声闻弟子等众浩浩荡荡前往探望。至维摩诘住所，居士坐于床帐中，与文殊师利等人就佛法展开辩论，深究佛教义理，探究心净则国土净、观于众生、不二法门等观点。双方的机智交锋和谈论成为《维摩诘经》的重要组成部分。

在维摩诘经变图中，居士示疾和文殊菩萨探望是画面的重要表现内容。东壁北侧的画面上，维摩诘倚坐于装饰宝帐的卧榻上，身着黄衣，侧身前倾，右腿屈起，右手搭膝，左臂倚靠在凭几上，左手持麈尾。居士目光有神，体态慵懒，嘴微张，做辩说状，呈现舒散自如、安详自信的神情，充分展现了“示疾教化”的形象。维摩诘手持麈尾，展现了魏晋南北朝文人的清谈之风；榻后的书法屏风，则呈现出唐代文人的风骨气节。

东壁全图

当以文殊师利为首的问疾队伍来到维摩诘居士的住所时，居士已用神通力将屋内清空，只留下卧榻。舍利弗尊者见此室中无有座席，作是念：“斯诸菩萨、大弟子众，当于何坐？”维摩诘知其意，反问曰：“仁者！为法来耶？求床座耶？”舍利弗言：“我为法来，非为床座。”随后维摩诘以“若求法者，于一切法，应无所求”为题进行说法。接着，维摩诘问文殊师利何处佛土有上妙庄严狮子座，文殊师利答曰，东方须弥相世界，须弥灯王佛在彼说法，佛身长达八万四千由旬，其狮子座高达八万四千由旬，严饰第一。于是，维摩诘现神通力，实时彼佛遣三万两千座高广严净狮子座入维摩诘室。室内装下所有的狮子座后，仍显得十分宽敞。画面中，维摩诘的上方左、右两侧绘制了五色祥云及飞天，祥云之中呈现无数方形狮子座，座下配置白狮，从虚空而至。维摩诘的左侧榜题为“东方取狮子座处”。

前来问候的文殊师利位于壁画南侧，跏趺坐于广大庄严狮子座上方。他头戴高冠，面容白皙，身着菩萨装，胸前佩璎珞，腕戴镯，两肩垂下飘带，体态端庄。文殊师利身后配置头光和身光，上方配置华盖和飞天。文殊菩萨右手抚膝，左手当胸呈说法印，正与居士探讨佛法。维摩诘和文殊师利身后及周遭配置诸菩萨众、天王神将、声闻弟子、侍从等，他们的神态各异，造型多变，皆做恭敬倾听状。

东壁局部·维摩诘示疾图

维摩诘示疾图局部·东方须弥灯王佛狮子座化现

散花天女

飞天

文殊师利的前方站立一尊比丘和一尊天女。比丘表情严肃，榜题书“舍利弗”。天女身着华服，宛如唐代贵妇人的模样，身姿挺秀，体态丰腴。她的右手托着一个盛满鲜花的盘子，左手当胸，掌心向内，食指与拇指之间捻着一朵花，榜题云“天女擎花”，展现出《维摩诘经》中天女散花的故事情节。当文殊师利与维摩诘正在进行问答时，忽见一天女现身，她散花供养诸菩萨与众弟子。花飘落在菩萨身上便翩然坠地，落到诸声闻弟子身上却粘在衣服上。众弟子试图将身上的花甩掉，花却纹丝不动。当天女与舍利弗讨论“如法”与“不如法”的问题时，天女解释道：“大菩萨的习气断除，无所分别，故花不粘身。但诸弟子未断习气，故花粘着不离。”

维摩诘谈佛法甚欢，不知不觉已到正午时分。舍利弗心想该用斋了，但如此众多的菩萨及弟子要在何处用膳是个问题。维摩诘知其心意，便入三昧，以神通力示现四十二恒河沙佛土外的一个佛国净土世界，名为“众香国”。该净土由香积佛住世，故国土香气氤氲。维摩诘径自变化成一位菩萨，相貌庄严，威德殊胜，前往众香国顶礼香积佛，祈求佛施予一些斋食，以便与娑婆世界的诸众结缘。画面中，维摩诘卧榻的前方绘制三尊人物以表现该故事情节：一位雍容华贵的天女、一位恭敬而立的声闻弟子舍利弗以及维摩诘化现的菩萨。该菩萨手持盛满香饭的钵欲供养大众。

维摩诘化现的菩萨至众香国香积佛前乞佛施食，但众香国诸菩萨因不知该菩萨的来历而感到困惑。香积佛以钵盛满香饭给该菩萨后，又对国土诸菩萨众阐述南阎浮提有释迦如来，如今在五浊恶世为小乘众生说教；又有居士维摩诘，住在不可思议解脱之境，为诸菩萨说法。国土诸菩萨听闻后俱发声言，欲到秽土娑婆世界供养释迦如来和维摩诘居士。香积佛欣然同意。维摩诘化现的菩萨与彼佛土诸大菩萨承佛威神，须臾之间已至维摩诘的住所。画面中，文殊菩萨上方，诸菩萨众为数甚多，皆乘五色祥云，表现的便是众香国九百万菩萨云集赴会的场面，契合榜题所云“□□□化菩萨众”。

当众香国诸菩萨众至维摩诘所居之处，听闻娑婆世界释迦如来于五浊恶世行此教化众生之难事时，他们深感敬佩，故欲前往供养。释迦如来在庵罗树园说法，知道他们的心意，便展现神通使道场无比庄严，一切皆化作金色。最北侧的一铺壁画榜题书“释迦佛壹迹”，原本应该展现这个故事情节，但该铺壁画的释迦如来像已经被损毁，仅剩下菩萨、天人、护法等围绕听法的画面。

殿内佛龛的扇面墙正、背两面原本都绘有壁画。正面壁画残损严重，仅存的背光图案可判定为该殿原供奉的阿弥陀佛画像的背光彩绘，但原画像已不存。背光的两侧各站立一尊胁侍菩萨像。阿弥陀佛像右侧榜题为“大势至菩萨一尊合家供养”，左侧榜题为“观世音菩萨一尊合家供养”。由此可知，此为西方三圣像。此画面是由当地的信士筹资请人绘制而成的。观音与大势至二菩萨头戴高冠，配置头光，上方配置华盖，体态丰满圆润，胸披璎珞，上身披条帛、天衣，下身着长裙。观音菩萨右手持杨柳枝，左手持净瓶；大势至菩萨右手持莲花，左手持折页经书。

扇面墙背面的壁画残损严重，根据所剩内容判断，此画原本应该绘制西方净土经变图。画面上部和中部绘有背光及西方三圣，但已经残损，仅留数道呈放射状的光芒。画面两侧上隅的天宫楼阁上满是恭敬听法的圣众，楼台两侧的空地上绘有翩翩起舞的伎乐天，营造出极乐佛土“无有众苦，但受诸乐”的氛围。

文殊菩萨问疾图局部·众香菩萨云集赴会

东壁壁画局部 · 文殊菩萨与诸圣众

《释迦如来说法图》局部·释迦如来

《释迦如来说法图》局部 · 众菩萨

《释迦如来说法图》局部·菩萨特写

《释迦如来说法图》局部·菩萨特写

北墙：菩萨像

北墙壁画损毁严重，仅东隅画面尚存。原壁画描绘的内容不详，残存的画面中描绘有三尊站立菩萨像。菩萨头戴宝冠，面色白皙，上身着天衣，下身着长裙，体态丰满。右侧的菩萨俯首沉思；中间的菩萨转身回首，手捧花盘；左侧的菩萨双手合十，侧身仰望。

山西保存下来的五代时期的木构建筑共有三座，其中之一是大云院弥陀殿。这是中国唯一有五代时期壁画遗作的寺观，其壁画在中国古代壁画中属于稀世佳品。壁画人物造像体态丰满，姿态俊美，颇具壮秀之气，承袭了晚唐的绘画风格。在设色方面，以矿物颜料石青、石绿、铅白、朱红、土黄为主，兼用赭石、朱磦，使色泽深沉古雅。在局部装饰上，加施沥粉贴金，增强了画面的装饰性。大云院弥陀殿壁画不愧为上承唐风、下启宋代寺观壁画的佳作。

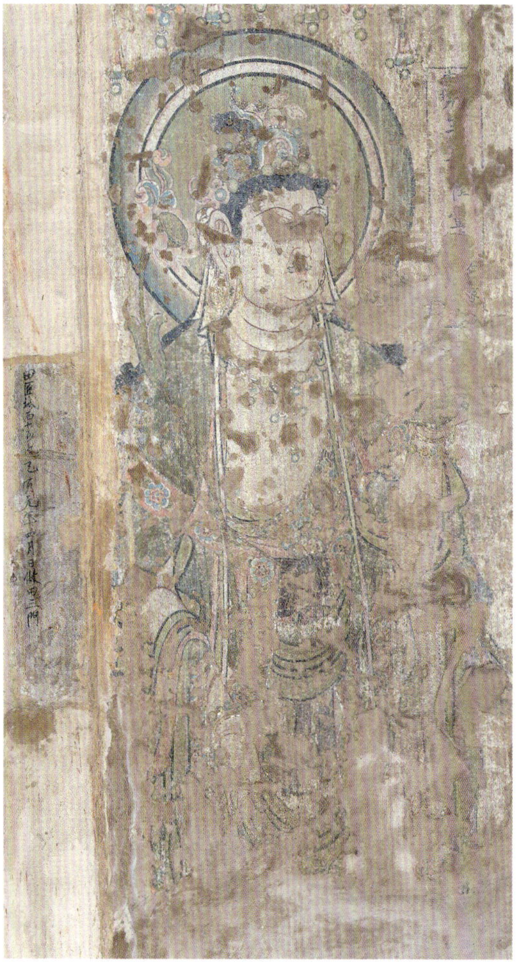

左：扇面墙壁画局部 · 观世音菩萨
右：扇面墙壁画局部 · 大势至菩萨

细节观察

大势至菩萨赴会图

大势至菩萨身躯高大，着装华贵。两条白色丝带从耳后发饰间沿着前肩一直垂落至腰间，与华贵的璎珞相映衬，显得从容优雅。其面部线条和着色都显得简约，寥寥几条细线就勾勒出菩萨的弯眉、大眼和丰润的面孔。如同蝴蝶的黑色曲线般，展现了菩萨鼻下的一撮短短胡须。如此雍容气度的大菩萨在宋代以后确实不多见。

⓪③ 晋城·高平

开化寺

晋城高平的开化寺是我国珍贵的文化遗产。该寺位于山西省高平市东北的舍利山山腰，坐北朝南。据传，该寺始建于五代同光年间（923—926），初名“清凉寺”；约在北宋熙宁六年（1073）至哲宗元祐七年（1092）间重建，并更名为“开化寺”，亦称“开化禅院”。目前，开化寺保存有北宋、元、明、清时期的古建筑群，其中北宋时期的建筑仅存主殿（大雄宝殿）。大殿面阔三间，进深六椽，单檐歇山顶覆盖青瓦。殿内保存有北宋元祐七年至绍圣三年（1096）绘制的壁画。这些壁画由北宋画师郭发（生卒年不详）带领团队绘制而成。从壁画结构来看，东壁绘制了《大方广佛华严经变》（简称《华严经变》）四铺，西壁与北壁西侧绘制了《大方便佛报恩经变》（简称《报恩经变》）四铺，北壁东侧则绘制了《弥勒菩萨上生兜率天经变》（简称《上生经变》）一铺。每铺画面气势宏大，人物众多，工法细腻，是不可多得的古代壁画佳作。

西壁第三铺说法图局部

东壁：《华严经变》

中国佛教发展史上有所谓“八宗”的说法，其中的华严宗又名“贤首宗”，判教思想主要源于《大方广佛华严经》（简称《华严经》）。《华严经》在中国有三大译本，分别是：东晋佛驮跋陀罗（梵语 Buddhabhadra）翻译的60卷，世称《六十华严》；初唐末、盛唐初于阗国实叉难陀（梵语 Śikṣānanda）翻译的80卷，也称《八十华严》；中唐时期般若（梵语 Prajñā）翻译的40卷，亦称《四十华严》。在《六十华严》中，如来说法为七处八会。而后，《八十华严》增加一会有七处九会。《四十华严》的内容实为《六十华严》与《八十华严》中的最后一会，故传统上以《八十华严》为正宗。依据《华严经》产生的经变（即描绘其内容的图画），称为《华严经变》。该经变始于唐代，延续至宋代，但规模和普遍性已不及唐代，到了明、清时期更是少见。因此，在高平开化寺中能见到北宋时期的《华严经变》，相当难得。

《八十华严》中的七处九会分别为：第一处是菩提道场，属于第一会；第二处是普光明殿，包含第二会、第七会、第八会；第三处是忉利天宫，属于第三会；第四处是夜摩天宫，属于第四会；第五处是兜率天宫，属于第五会；第六处是他化自在天宫，属于第六会；第七处是重阁讲堂（逝多林园会），属于第九会。其中，菩提道场、普光明殿、重阁讲堂三处为地上佛会，其余四处皆为天上佛会。

东壁由北至南分别描绘了四铺壁画，每铺画面皆呈现了如来说法的内容。北铺和中

东壁全图·《华严经变》

间两铺的画面内容大致相同，但它们的结构与最南铺壁画的结构有所差异：前三铺画面为如来神变说法，画中的如来形象较小，画面场景宏大，有无量菩萨、诸天、护法等围绕；南铺画面中的如来体量较大，壁画内容以一佛十菩萨为主，佛身上由许多法界小图案构成，呈现出法界人中像。敦煌遗留的唐、宋时期的《华严经变》通常以九场佛会来展现七处九会，各佛会间的差异并不十分显著，每场佛会呈现的内容与高平开化寺大殿东壁三铺（北铺及中间两铺）的内容相似。敦煌石窟壁画中，《华严经变》绘有九铺佛会，但开化寺壁画只绘有四铺佛会。另外，在敦煌《华严经变》的传统七处九会中几乎见不到法界人中像的样式，但在开化寺大殿东壁南铺壁画中出现了法界人中像。

关于开化寺《华严经变》各铺壁画的具体内容，目前学界仍有争论。笔者在对该图进行考据后认为：东壁最北一铺是三场普光法堂会，即第二会、第七会、第八会合而为一；东壁北中间一铺为第一会，即菩提道场会；东壁南中间一铺为天上四场佛会合一，即第三会忉利天宫会、第四会夜摩天宫会、第五会兜率天宫会、第六会他化自在天宫会；东壁最南一铺为第九场佛会的延伸，强调入法界而证悟达到华严三昧境界，表现的是整个华严体系。因此，开化寺大殿《华严经变》在空间布局有限的情况下，以四铺佛画来体现七处九会，并且用其中一铺（东壁南铺）佛画来表现华严佛光三昧思想，整体地展示华严无尽世界，是别具匠心的设计。

东壁局部·北铺全图（普光明殿法会）

东壁北铺 该铺壁画描绘了普光明殿法会的盛况。画师在图中央精心建构了美轮美奂的三重大殿：第一重大殿两侧连接耳室，全无门窗，仅用梁柱隔间；第二重大殿是两层宝阁，两侧种植宝树；第三重大殿开间甚大，屋后种植了一排宝树。第一重大殿屋檐下有18道光从屋内射向虚空，三重宫阙周围环绕着五色光束，充满虚空，表示华严教主毗卢遮那佛（《六十华严》中称为“卢舍那佛”，《八十华严》与《四十华严》中称为“毗卢遮那佛”，实为同佛异名。近来一些学者将其视为两佛，此非经文本意，亦非华严宗判教思维。——作者注）于屋内说法，使全屋充满无量光，光束从佛身自然发出，遍布法界。画中的楼阁名为“普光法堂”，又称“普光明殿”，位于摩竭陀国王舍城菩提道场的熙连河岸边，是佛演说华严妙法之地。

华严教主跏趺坐于大殿明间中央的莲台之上，男相，胡须较少，身着通肩袈裟，双手结定印于腹前，表示释迦如来正在入定中显现为华严教主。佛陀身后配置绿色头光和白色身光，周围有数道光束作为背景，营造出华严世界说法的祥瑞氛围。佛陀右侧站立阿难尊者，尊者身着袈裟，恭敬合十，仰望如来；佛陀左侧站立迦叶尊者，尊者双手抱拳，亦仰望如来。阿难与迦叶尊者身后各站立胁侍菩萨，四位胁侍菩萨皆配置绿色头光。

华严三圣的左、右两侧次间的人物画像虽然风化严重，但可看出各绘有三尊站立的菩萨。这些菩萨的双手或合十，或持物，面向华严教主。中间的菩萨体量较大，两侧为胁侍菩萨，左侧菩萨为文殊菩萨，右侧菩萨为普贤菩萨。明间与两侧次间表示华严说法的现在时间，与过去、未来有所区别。画面中，主尊佛与文殊、普贤二菩萨共同构成“华严三圣”。

北铺全图局部 · 未来下生弥勒佛与菩萨众

明间外两侧梢间与尽间的画面场景有所不同。画面右前方绘制两位站立的菩萨，他们向一尊坐于莲台上的菩萨合十请法。三尊菩萨身后配置七如来像，表示过去七如来佛。背景也由光束围绕（画面中，七如来佛由左至右分别为毗婆尸佛、尸弃佛、毗舍浮佛、惧留孙佛、拘那含牟尼佛、迦叶佛、释迦牟尼佛）。过去七如来佛的出现反映了华严佛会普见三世的思想：华严教主于普光法堂大放光明，显现出法界过去、现在、未来的一切景物。过去诸佛修行、授记、成佛、涅槃等场景都清晰可见。

在左侧梢间画面中，佛陀体形壮硕，右手举至右肩，呈说法状，左手抚左膝，呈倚坐式，双膝自然下垂。据坐姿判断，其应为弥勒菩萨，是表示“未来”的未来佛，恰好与右侧梢间及尽间表示“过去”的过去佛相对应。弥勒佛身后站立两位菩萨，左侧为大妙相菩萨，右侧为法华林菩萨或法音轮菩萨，三者构成“兜率三圣”。三圣凝望尽间的菩萨众。尽间三位菩萨站于桌案后方，桌面铺绿布，桌脚有布幔装饰。菩萨手持黑色短棒在进行占卜，桌面上排出占卜短棒（据《唐六典》记载，用36支短棒占卜为“五兆之策”，用50支短棒占卜为“易之策”）。虽然在佛门中本无占卜之事，但菩萨通达一切世间法，为了救度有情众生，指点迷津，他们愿意开启方便法门。该画面可能展现了菩萨心念阎浮提众生，因此占卜众生业报，等待弥勒佛降世人间，举行三场龙华三会的情景。

宫阙的左、右上隅各绘制一尊飞天童子。这些童子头戴宝冠，上身赤裸，下身着长裙，戴臂钏和腕镯，手持物，乘祥云而至。当佛菩萨演说妙法时，无数飞天定会在虚空中奏乐、散花，或持物供养诸佛菩萨，彰显出道场的庄严。

华严教主下方有一块空白榜题，榜题下方绘一张供桌，桌上铺设华丽绸缎。桌面中央放置一个大盆，盆内中心放置一个香炉，外围插放盛开的花朵。大盆两侧各放置一个小盆，盆内竖立雅石。除供养诸佛与菩萨外，这个摆设也可凸显道场的庄严。

空白榜题两侧各铺一块华丽地毯，地毯上面有13位菩萨跏趺坐，恭敬听法。菩萨头戴高冠，手腕处戴宝镯，双手合十，胸前佩璎珞，身着袈裟，下身着长裙，身后配置头光。菩萨众下方外隅各绘有二天王和一力士作为护法神祇。天王头戴冠，身披铠甲，手持兵器；力士手持金刚杵，上身赤裸，体格健硕，披天衣、飘带。

画面下侧为凹形栏杆，两侧为出口。右侧出口处站立一位手持柄香炉的比丘尼，带领身后一群比丘尼及妇女赴会；左侧出口则有一位比丘作为班首，亦手持柄香炉，带领身后比丘及男居士等赴会。由上述可知，在这一铺画面中，赴会者为菩萨圣众，护法众的天王、力士，出家二众中的比丘、比丘尼以及在家二众的优婆塞、优婆夷。画面中并未见到诸天天子、天神眷属等赴会，由此判断，该佛会很有可能是在人间举办的普光法堂会。画师将三场普光法堂会用一铺壁画来表现。

北铺全图局部·赴会听法菩萨与天王众

东壁北中铺　该铺描绘的是菩提道场会。北中铺即右起第二铺的画面中央上半部绘制一佛。佛头梳高髻，髻前凸出珠髻，面如满月，慈目低垂，双手于腹前结禅定印，身着袈裟，跏趺坐于莲台座上。佛身后配置身光、头光，外围绘制火焰纹，表示如来大神变。绿色的身光与头光外围绘制一圈白色的大圆光，表示佛万德圆满俱足。画面中，如来身后是四株菩提树，并未配置广大楼阁。在《八十华严》的七处九会中，除第一会人间的“菩提道场”并未阐述佛于广大庄严讲堂中说法外，其余八会皆阐述之，故此画面呈现的是华严第一会的内容。华严教主莲台两侧各站立一名声闻弟子：右侧弟子双手合十，面部饱满，少胡须，为阿难尊者；左侧弟子面容苍老，鼻眉深邃，双手抱拳于胸前，仰望如来，为迦叶尊者。

华严教主身后两侧共配置四棵繁茂的菩提树。近佛两侧的菩提树树干呈翡翠色，表示树受佛神力加持，异常华美，枝繁叶茂，树叶中点缀着盛开的花朵。外围两棵赭石色枝干的菩提树，树叶间亦点缀有华美的花朵。四棵菩提树周围祥云围绕，庄严殊胜。圆光上方绘制一大幢华盖，以种种宝石装饰。华盖两侧各有一飞天，乘红色祥云而至。

该铺壁画的飞天两侧各描绘了两组“一佛二菩萨乘祥云而至”的画面。这四组画面展现了华严教主法身遍布虚空境，充满世间一切的场景。当佛说法时，佛境与十方诸佛心念会通，顷刻间十方如来示现作为证明。

东壁局部·北中铺全图

华严教主左、右两侧为菩萨众，每侧各有13尊，分为三排。前排有三尊坐于莲花之上的菩萨，前方菩萨配置一块空白榜题，后方两尊菩萨

北中铺全图局部·赴会听法的众菩萨（部分）

北中铺全图局部·供养菩萨

北中铺全图局部・常随菩萨

之间配置一块空白榜题。中间一排共有四尊菩萨，其中靠近华严教主的一尊体形较大，跏趺坐于莲台上，其上方有一块空白榜题；后方三尊菩萨的中间为端坐莲台上的主尊菩萨，其上方配有空白榜题，左、右各有一尊胁侍菩萨。后排分为两组，三尊菩萨为一组，共六尊菩萨，每组的主尊菩萨端坐莲台之上，其上方预留榜题，左、右各有一尊胁侍菩萨。

其中，阿难尊者、迦叶尊者下方各有一尊菩萨跪坐于莲花座上，即前排首尊手持供养物的供养菩萨。此外，前排最后一尊菩萨两侧各有菩萨众：右侧菩萨众双手合十，坐于莲花上聆听佛法，可能为“常随菩萨众”；左侧菩萨众捧白莲于胸前敬听佛法，可能为“佛会菩萨众”。

在左、右两侧供养菩萨的后方，各有一尊体形较大的菩萨。菩萨头梳高髻，戴花冠，胸前佩瓔珞，身着华服，坐于莲台之上，双腿自然下垂，跣足踩于莲花上。左侧菩萨手持如意，右侧菩萨手持经卷。由此推断，这两尊菩萨分别为文殊菩萨与普贤菩萨。这两尊菩萨与身处画面中心的华严教主共同构成了“华严三圣”。

其他菩萨众共有20尊，左、右各10尊。菩萨众的左、右上隅各站立三尊天王和一尊金刚力士，他们两两一组分前、后两排站立。右侧前排靠左第一尊为密迹金刚，这尊金刚表情严肃，双唇紧闭，嘴形为“哼”，右手

图像位置展示

1.北中铺局部（中下）·诸位神祇众
2.北中铺局部·他化自在天与他化诸天王及眷属
3.化乐天善化天王与乐化诸天王及眷属

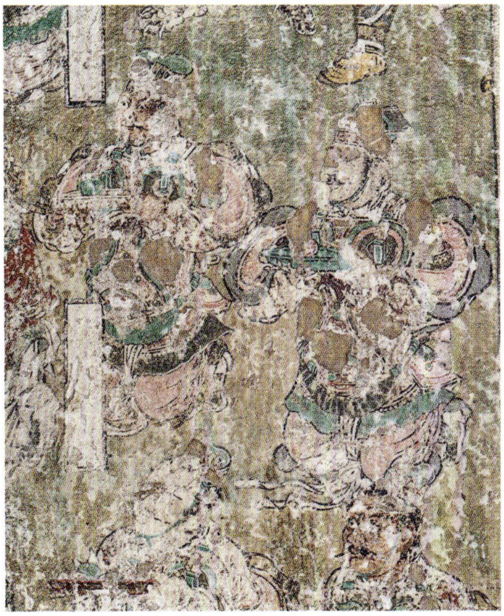

举起，左手按压金刚杵，上身披天衣、博带，下身着裙。密迹金刚是佛教重要的护法神之一，俗称为“哼将”。此排的另一尊为天王。左侧前排右起第一尊为那罗延天金刚天王，这尊金刚服饰与密迹金刚相似，但嘴唇张开，嘴形为“哈”，双手举起将金刚杵扛至肩上。那罗延天金刚亦是佛教重要的护法神之一，俗称为“哈将”。此排其余三尊皆为天王。

此外，毗卢遮那佛下方绘有一块空白榜题。榜题正下方有一朵盛开的大莲花，花瓣中饰有杂色珠宝，遍布其中。莲花下方彩色祥云围绕，香气氤氲。该画面展现了“如来现相品”中佛前的地面上忽然涌现出一朵大莲花的场景。此莲花具有十种功德，非同寻常。莲肉（莲蓬）上有五位菩萨分成两排跏趺坐于其上，下排三位，上排两位。菩萨皆头戴宝冠，配置头光，身着菩萨装，背对观者，向毗卢遮那佛请法。下排中间为班首，即一切法胜音菩萨。其余四尊代表十万方菩萨。

此铺画面下半部分绘制了34组70位人物。大莲花正下方有上、下两排人物，每排以三人为一组跪地，正面朝向佛，背面朝向观者。大莲花的左、右两侧共有四排（上排、上中、下中、下排）人物，每排四组，两两一组，大多是坐姿，少数为站姿。右侧人物面向左侧画面中心，左侧人物则相反。画面中的人物属于“世主妙严品”中赴会的色界诸天众、欲界诸天众、八部四王众以及诸神众。

在该铺画面中，除了色界诸天众、欲界诸天众、八部四王众，画面中央剩余的两组人物及外围一圈呈“凹”字形排列的各组人物皆属于诸神众。显然，画面布局经过画师的精心安排。因为这些神祇地位较低，所以大多出现在画面的外围。经典中共有19类神祇依序出场：昼神、夜神、方神、空神、风神、火神、水神、海神、河神、稼神、药神、林神、山神、地神、城神、道场神、足行神、身众神、执金刚神。这些神祇都带着眷属参与佛会，于佛会中各获得一解脱门。

大莲花正下方还有三名头戴纱帽的男子。中间的男子双手持禾稼，身着朱砂色宽袖上衣，下身着白色长裙，跪坐在地上，背面朝向观者。其两侧的男子双手捧禾稼，上身着黄色宽袖上衣，下身着白色长裙，朝正面跪坐。由此可判断，这三人应是赴会的稼神。我国自古就以农业为国家之根本，统治阶层十分重视农业经济的发展。画面中将稼神放于一切法胜音菩萨下方，即诸神众的中间位置，可以看出时人对农业守护神的敬重。

东壁局部·南中铺全图

东壁南中铺 该铺壁画为天宫佛会图。画面中央矗立着广大的楼阁，中间主殿内端坐着华严教主，胁侍分别为迦叶尊者、阿难尊者、文殊菩萨、普贤菩萨以及十位菩萨众。楼阁前方广场上站着的是菩萨众、天王、力士等，构图模式与北铺壁画相似。但该画面还绘有诸位天宫天子听法，故可知此乃华严的天宫佛会。

主殿中央佛于定中化现华严教主，双手于腹前呈定印，表示入定。华严三圣像身后站着十位菩萨，皆配置头光。

南中铺全图局部 · 华严三圣与十位菩萨

讲堂两侧各有两棵树，枝繁叶茂，盛开着花朵，展现了佛说法时的祥瑞之象。两侧宝树上方各绘有三组从虚空乘祥云而至的菩萨。每组中间的菩萨为主尊，体量较大，双手合十；其两侧各站立一尊体量较小的胁侍菩萨，手持佛幡。各组菩萨均朝向位于画面中心的华严教主，显然是前来参加华严佛会的诸圣众。菩萨群像的上方各绘一尊飞舞的飞天。

佛陀前下方绘制一块空白榜题，广场两侧各绘制一群人像。左侧是站姿的天主、天王、侍者、护法和坐姿的听法菩萨众，人物都面朝佛陀；右侧也基本相对应，描绘了12尊菩萨，他们身着菩萨装，身后配置头光，坐于华丽的地毯上，恭敬地聆听华严妙法。在左侧听法菩萨群像上方，即佛殿外侧，绘有他化自在天王及眷属；与右侧相对，右侧菩萨群像上方靠近佛主殿外侧，绘有兜率天王及其眷属。

在兜率天王与眷属群像身旁右侧，由内而外第四尊是三头六臂的阿修罗王，他是护持道场的守护神。同样，画面左侧亦绘有一尊阿修罗王，造型与右侧的相似，两者手持之物略有差异。右侧画面由内而外第五、第六尊人物皆为天王。身着甲胄、双手合十者为东方

东壁南中铺全图局部·供养人群像

持国天王，手持戟者为南方增长天王。画面左侧有西方广目天王和北方多闻天王，这四尊天王一同构成四大天王。

左侧菩萨群像的最左侧绘有一尊夜摩天王，而右侧菩萨群像的最右侧亦站有两位天王。其中头戴通天宝冠、双手合十、身着宽袖长袍、身后配置头光者为帝释天王，与左侧的夜摩天王相对应。《升须弥山顶品》经文云："世尊不离一切菩提树下，而上升须弥，向帝释殿。时，天帝释在妙胜殿前遥见佛来，即以神力庄严此殿，置普光明藏狮子之座，其座悉以妙宝所成。"画面中仅绘一尊帝释天王的侍者，侍者头戴冠，身着宽袖黄衣，未配置头光。帝释天王右侧的侍者并未绘出，或因空间有限而省略。

东壁局部·南铺全图

东壁南铺全图局部·华严教主

该铺画面中央空白榜题的正下方绘有一只狮子。狮子下方绘有一张供桌，桌面和桌脚都饰有华丽的布幔及流苏。桌面中央放置香炉，香炉两侧放置花瓶，瓶内插花，以供奉诸佛与菩萨。

狮子的左、右两侧各绘有一群人像，左侧为“帝王礼佛图”，右侧为“皇后礼佛图”，两者合称“帝后礼佛图”。自从十六国以来，皇室出资开窟造像的风气鼎盛。甘肃河西凉州早期石窟、山西大同云冈石窟、河南洛阳龙门石窟等皆发现了帝后礼佛图的遗例。虽然开化寺并非由皇室出资建造，佛教造像艺术中帝后礼佛图的传统却延续了下来。

供桌两侧绘有众供养人，左侧为男众，右侧为女众。男、女众又可细分为僧、俗两类，前方靠近画面中心处为僧众，后方为俗众。

东壁南铺　该铺壁画描绘的是华严教主佛光三昧证入法界图。画面中绘制了一尊体量甚大的华严教主像，其发髻中凸出髻珠，面部丰腴，少胡须，相貌庄严，神态肃穆。佛身上的袈裟上布满法界诸相，此种造像称为“法界人中像”，与华严信仰密切相关。此外，佛像的手势也颇为特别：双手外开，双手捻指左、右舒展，此手印为“华严佛光三昧印”。华严教主身后还配置了白色大圆光和三重头光，象征着圆满的法界。华严教主身上的法界人中像绘制了法界诸相，这契合《八十华严》所云：“佛身普遍诸大会，

图像位置展示

1.东壁南铺全图局部 · 普贤菩萨特写
2.东壁南铺全图局部 · 文殊菩萨特写

西壁南铺（第一铺）局部

充满法界无穷尽。”在南北朝及隋唐时期的法界人中像中，常可看到佛身中布满佛界、菩萨界、天界、阿修罗界、人界、地狱界、饿鬼界、畜生界等法界的场景以及须弥山、四大海等。此处的法界人中像并未绘出六道法界场景，而是着重描绘须弥山、四大海以及《华严经》中《入法界品》的“普贤十大愿”“善财童子五十三参”等，更加契合华严教的思想。

华严教主的腹部绘有一颗摩尼宝珠，周围环绕着向上飘升的祥云，上方绘制深色乳海。左侧乳海中绘制一个红色圆形，表示日轮；右侧乳海中绘制一个白色圆形，表示月轮；中间乳海上方绘制一块石绿色倒三角形岩石，表示须弥山。须弥山位于南瞻部洲、西牛贺洲、东胜神洲、北俱芦洲的中心，象征法界世界的基本结构，也表示法界中心。在画面中，须弥山呈平顶，上方建有五重建筑，殿内如来跏趺坐，展现如来上升至天宫的场景。

根据榜题推算，此铺壁画共有16组画面。从多数仍能辨认出人物的画面中可隐约看出，这组画面主要描绘的是善财童子，他菩萨装扮，身披天衣、博带，跣足，向佛、菩萨、罗汉等请法、顶礼、供养，故可推知画面表达的是善财童子在身体力行菩萨道“普贤十大愿”。普贤十大愿包括礼敬诸佛、称赞如来、广修供养、忏悔业障、随喜功德、转请法轮、请佛住世、常随佛学、恒顺众生、普皆回向。另外，画面中可能还掺杂数幅“善财童子五十三参”，以此象征善财童子发起阿耨多罗三藐三菩提心后，向南参访诸位善知依次修行，最后修行圆满、证入法界。“普贤十大愿”“善财童子五十三参”强调的是菩萨行愿的修持，力行菩萨次第善道，最终圆满证入华严。

华严教主端坐于六角莲台之上，莲座上的每一莲瓣均饰重宝。莲台前方放置一张供桌，桌上摆放着香炉、杯盏、花器等供具。

西壁南铺（第一铺）全图

华严教主的左、右两侧各配置了五尊菩萨，他们都身着菩萨装，配置头光，站于莲花之上，手势略有差异。这十尊菩萨表示圆满，象征赴会的诸位大菩萨以及修持圆满菩萨行（十住、十行、十回向、十地）的诸菩萨。因为华严教法以“十”

东壁南铺全图局部·释迦如来说法瑞相

代表圆满、多重、无尽、一切法界。在传统的华严造像艺术中，第九会图像绘制的十大菩萨像，除文殊与普贤二菩萨必须列入外，其余八尊菩萨通常在各佛会中选取。因各版本经变不同，菩萨组合也有别，故一般依据榜题来判断。在该铺画面中，靠近华严教主前排左侧为文殊菩萨，右侧为普贤菩萨。这体现了华严三圣的造像传统。

西壁与北壁西侧：《报恩经变》

史书记载：佛教在汉代传入中华大地后开始盛行。在思想、仪轨等方面，外来佛教与中华本土文化产生了摩擦，甚至冲突。经过魏晋南北朝格义之学的影响以及佛教本土化过程中的妥协与融合，逐渐产生了有别于天竺佛教、具有独特韵味的东土佛教（即汉传佛教）。《大方便佛报恩经》（简称《报恩经》）是一部契合中华文化的本土化经典，相传为汉代时期翻译，但据学界考证，实际形成于南北朝时期。此经典融合了佛教信仰和中国儒家伦理道德观念，推动了佛教在中华大地的传播与发展。

关于宋代的《报恩经变》，目前遗存以敦煌石窟、大足石窟为代表。除此之外，晋城高平开化寺大殿中的《报恩经变》壁画亦是重要的代表作之一，却鲜为人知，甚为可惜。《报恩经》一共七卷九品，依次为《序品》《孝养品》《对治品》《发菩提心品》《论议品》《恶友品》《慈品》《优波离品》《亲近品》。开化寺大雄宝殿便据此绘制了经变图，西壁三铺与北壁西侧一铺，每铺中央绘制释迦牟尼说法图，外围配置经变故事。《报恩经变》共撷取了12则经变故事，其展开次序为西壁南铺、中铺、北铺，最后是北壁西侧一铺。

西壁南铺全图局部·大势至菩萨

西壁南铺（第一铺） 该铺画面中，释迦如来端坐正中央，面如满月，双目低垂，慈视众生。面部少胡须，眉间白毫如珠。发髻绀蓝，髻珠朱色，放出四道光芒，双耳垂肩，颈上三道颈纹象征“三无碍”。袒胸，内着僧祇支，腰间系带，外披宽袖覆肩衣，外层搭红色袈裟。如来跏趺坐于莲台之上。右手当胸，食指与小拇指舒展，中指与无名指自然微弯，结施无畏印；左手抚膝，自然下垂呈触地印，表示如来不动便可降伏一切魔

——西壁南铺全图局部·天龙八部与赴会菩萨众

西壁南铺全图局部·王舍城商铺与商贾

怨。如来身后配置四重头光，四重身光外又加有火焰纹，头光与身光外围环绕一圈白色大圆光。如来身下的莲台宝座雕刻得十分华美庄严，每个莲瓣中都绘有宝相华轮。莲台下方为六角形束腰须弥座台，座台上方装饰各种宝珠，展现了《孝养品》经文中描述的场景。如来身后绘有四棵枝繁叶茂的菩提树，树上开满如来花朵，表示如来说法的庄严瑞相。如来头顶正上方配置华盖，华盖周围祥云围绕，华盖后方绘一座大山，山有五峰，每峰山顶矾头绘有树丛，象征着佛于王舍城耆阇崛山（灵鹫山）中说法的场景。如来身旁围绕着诸菩萨、诸大弟子、天龙八部等众多人物，描绘出了众生赴会、围绕如来听法的场景，与经典中的记载严格相符。赴会人物群像的最外围绘有祥云，将画面间隔开。

佛陀两侧各有一尊大菩萨呈倚坐式，他们束高髻，戴冠，身后配有头光，身着菩萨装，身上缀满宝钏、璎珞，跣足踏于莲花上。左侧菩萨为观世音菩萨，右侧菩萨为大势至菩萨。

观世音菩萨、大势至菩萨身后各站立三排人物，基本以左右对称的方式呈现。其中，声闻比丘的体量略小，而天龙八部众、菩萨众的体量略大。佛的左侧配置五位比丘，其中四位双手合十，恭敬听法，另一位是迦叶尊者，双手抱拳于胸前，沉稳恭敬。在右侧相对位置，仅绘出四位比丘，他们双手合十，仰望如来。桌案前方跪坐一位比丘，双手合十，背朝观者，面向如来求法。根据《序品》经文内容，该求法者为阿难尊者。画面中这十位比丘乃佛陀的十大弟子，亦为经典中所载此次赴会的十位大比丘众：舍利弗、目犍连、摩诃迦叶、阿那律、须菩提、富楼那、迦旃延、优婆离、罗睺罗及阿难陀。

西壁南铺全图局部·阿难乞食遇婆罗门

西壁南铺全图局部·三太子（须阇提父王）听到宫殿神报警的场景

在两侧供养菩萨的外侧，各绘制五个人物，其中四个为体量较大的主尊，一个为体量较小的侍女。左侧绘诸位帝王赴会听法礼佛的场景，四位天子头戴通天宝冠或进贤冠，身着交领宽袖长袍，双手合十，跪坐于毯上。诸王之间站立一名身着青衫、手持长幡的侍者。右侧的画面损毁较严重，但可看出有四位后妃头戴凤冠，身着华服，双手合十，身旁的侍者手持长柄羽扇，赴会礼佛听法。

在诸王与后妃的下方，左、右两侧分别绘有五百比丘众和五百比丘尼众，他们都双手合十，坐于席上恭敬听法。下层绘制一台榭，两侧出口各有一群世俗人物前来听法。左侧前方是五位头戴纱帽、身着窄袖长袍的居士，后方有一位捧盒妇女，还有两个童子随侍于后；右侧台阶上站立着五位头戴包巾的妇女，双手合十，阶下站立着一位头戴纱帽的居士，身后跟随着一位妇人。

该铺画面由两个故事组成，分别为“六师外道谤佛不孝”和“须阇提太子割肉事亲”。前者载于《序品》，讲述的是阿难尊者路上遇婆罗门乞讨孝养老母，受梵志诘难请佛开

西壁南铺全图局部·前去追杀须阇三王子的波罗奈国叛军

尒時大王 恩念欲 他國
而有兩道一 行滿七日乃
至他國一道 日即使
盡七日路糧 外
復邀入宮 太子曰
此道路 人亦隨後 云

西壁南铺全图局部·须阇提太子与父王、母亲出城逃难、迷路、割肉供养父母及帝释天化作虎狼威吓须阇提太子的场景

释，佛即宣说此部《报恩经》的故事内容与说法场景。后者则描绘了佛宣说的第一卷《孝养品》的内容，即讲述佛往昔为须阇提太子时割肉供养父母的故事。

在六师外道谤佛不孝画面的右下隅，可分为上、下两个场景。在上方场景中，有一家店铺，屋内出售布匹、杂货。店内柜台前站着一名男子，正与屋外欲购买商品、身着窄袖长袍的男子交谈；屋内柜台后方站立另一名男子，他正在整理货物。商店右侧挂着一块幡，上书“王舍□城程代□花铺”。幡前站立一个身着圆领窄袖长袍的男童，他发梳双髻，双手置于胸前，正在招呼客人。幡上的文字阐明故事发生的地点在王舍城中，此时阿难尊者正在城内市集中乞食。在下方场景中，站立一位比丘，他面部饱满，皮肤白皙，身着袈裟，左手当胸，右手伸出，掌心向上，此即阿难尊者。阿难似乎看到了什么，心中欢喜而赞曰：“善哉！善哉！善男子！供养父母，奇特难及！”阿难的右侧前方绘制了一位上身着浅褐色翻领窄袖短袍、下身着裤、背负老母的婆罗门。这位婆罗门在当地是有名的孝子，其父身亡后家道中落，为生计所迫，背着老母乞食。有一梵志是六师徒党，他聪慧善辩，通达甚多世间之法，包括吠陀、算数、占相、阴阳等无所不知，追随者甚多。然而，他藐视佛法，向阿难（穿黄衣、左手抚腰带、右手举起者）言道：“释迦如来只是徒有虚名、光说不练的恶人。其母生下他一周即离世，岂非恶人也？悉达多太子离弃父王，夜半逾城出家，使父王忧伤，岂非不孝？”梵志身旁站立着一群围观者及门徒，众人皆目视阿难。

西壁南铺局部·说法图

当时，阿难尚未证得阿罗汉果，无法明心见性。听闻梵志的言论后，他心生惭愧，无以反驳，还诣佛所，阐述今日乞食所遇之事，请佛开释。佛便宣说《报恩经》。当佛宣说此经典时，

西壁南铺局部·天龙八部（部分）

西壁中铺说法图局部·弥勒菩萨请法

西壁中铺说法图局部·供养菩萨

西壁中铺说法图局部・宝塔

从其面门放出五色光，照耀至东、南、西、北四方无量百千万亿佛土。东方上胜世界喜王如来、南方光德世界思惟相如来、西方净住世界曰日月灯光如来、北方自在称王世界红莲华光如来与诸菩萨、比丘、天人等前来听法。

释迦如来为前来听法的菩萨等众宣说《孝养品》，讲述前生为太子时割肉孝养父母的故事。过去无量阿僧祇劫，波罗奈国国王罗阇大王仁厚宽爱，国泰民安。王有三子，皆在封地。一大臣领兵反叛，破城杀害国王后，又发兵至诸王子领地，先杀了大王子，又追杀二王子……在第一铺说法图的左下隅，画面左侧一群人骑马，手握长兵器，即为叛军追杀太子的场面。画面上方蜿蜒的山路上，一群步兵手持武器朝山中走去，前往三王子的领地。画面榜题云："尔时，波罗奈国大□王……曰□罗□睺……□复□遣四兵，往□诣□边□国，□杀□第□一□太□子，□次□复□往□收□第□二□太。"

除追杀大王子、二王子外，其余故事分别由十幅画面描述：叛军穿越峡谷追杀三王子图、守宫殿神示现报大王（三王子）叛军将至讯息图、大王会须阇提太子和王妃图、大王背剑携须阇提太子出逃误入险道图、须阇提太子割肉奉双亲图、大王与王妃掩面离去请兵图、帝释天下凡试探须阇提太子图、帝释天与侍者返回天宫图、大王拜见邻国国王图、大王与王妃及邻国国王带兵返回时遇见须阇提太子图。

西壁中铺（第二铺） 该铺画面中央描绘了释迦如来说法，周围有很多眷属围绕听法的场景。该佛会图以《报恩经》第三卷《论议品》为主轴，融合了第二卷《对治品》《发菩提心品》及第五卷《慈品》的说法场景。在该铺画面中，释迦如来的整体构图与第一铺说法图类似，身着同样的袈裟，右手当胸结施无畏印（掌心向外，无名指自然微弯，其余手指舒展，与第一铺手印略有差异），左手呈触地印。

与第一铺相同，如来身后亦配置四重身光与头光，外围绘火焰纹，最外圈绘制一圈红色大圆光。圆光外围绘制数道五色光束，这一点与第一铺略有差异。如来莲台宝座及周身配置与第一铺基本相同，华盖两侧各配置一尊飞天，华盖后方的灵鹫山呈现三峰貌。

佛的左、右两侧下方各有三尊体量较大的菩萨，此六尊菩萨均身着菩萨装。近佛处的两尊大胁侍菩萨呈倚坐式，跣足踏于莲花之上，另外四尊菩萨跣足而立。此六尊菩萨反映的可能是在《对治品》中所载70位大菩萨前来集会的场景。在六尊菩萨的外侧，左、右各绘制一尊上身赤裸、下身着裙的金刚力士，手持金刚杵而立。右侧微开口者为那罗延天金刚，左侧闭口者为密迹金刚。

西壁中铺说法图局部·转轮圣王出城迎接婆罗门的场景

如来身旁及六菩萨后方围绕着十大弟子、诸菩萨众以及天龙八部等众。如来两侧各绘有五尊站立的声闻比丘，这两组比丘相合即为佛陀十大弟子。十大弟子外侧各绘三尊人物，左、右两侧人物相对应：由内而外第一尊，三头六臂，手持日月，为阿修罗王；由内而外第二尊呈帝王貌，头戴宝冠，手持笏，为大梵天王；由内而外第三尊呈力士貌，身着甲胄，持剑，为帝释天王。该铺如来说法图中描绘的天龙八部等众及场景，主要源自《对治品》《发菩提心品》《论议品》等经典。

如来端坐在莲台之上，莲台下方绘有一张供桌。桌面中央有白色团状的祥云围绕，两侧放置花卉盆景，桌前有一座华丽的木结构六角形三层宝塔，底部由祥云托承。然而，塔刹部分的沥粉贴金被人刮除，塔正下方榜题空白。据《报恩经》第三卷《论议品》载，释迦如来说法时，有宝塔自地面而出，众人不解其意，弥勒菩萨便跪于佛前，请佛宣说因缘。画面中，宝塔前方右侧有一尊体量较大、身后配置头光的菩萨。这尊菩萨身披天衣飘

西壁中铺说法图局部·转轮圣王将婆罗门迎入宫中（右侧）与剜肉补疮燃身上千灯供佛（右侧）图

带，戴珠宝璎珞、宝镯，侧身跪坐于地，双手合十。此恭敬请法者为弥勒菩萨。供桌两侧各绘制一尊供养菩萨，上身着天衣，下身着长裙，佩璎珞、宝镯、发饰等。这些菩萨曾有沥粉贴金装饰，但也被后人刮除。两尊供养菩萨单膝跪坐，双手捧盆，盆内放置盛开的牡丹花。这两尊菩萨跣足立于莲蓬上，莲台基座为束腰式。

两侧供养菩萨下方各有一群赴会听法的人众，左侧为男众，右侧为女众。在左侧供养菩萨的左下方，绘有一位身着交领宽袖长袍的帝王，其衣袍绲边呈暗赭色，双手合十，身后站着一名持长柄羽扇的侍女。此帝王可能为转轮圣王。据佛教传说，当佛陀入天宫为母说法时，僧、俗两众都非常思念佛陀，都想在他返回人间时第一个见到他。得知佛陀返回人间的消息，人们便积极准备迎接，转轮圣王抢先迎接到佛陀。转轮圣王身后亦有五尊人间帝王赴会，他们皆头带宝冠，身着宽袖礼服，其中班首双手合十，其余则手持笏。此外，在左侧供养菩萨的下方，绘有六名着世俗常服赴会的男子。男子左侧是五位赴会的比

图像位置展示

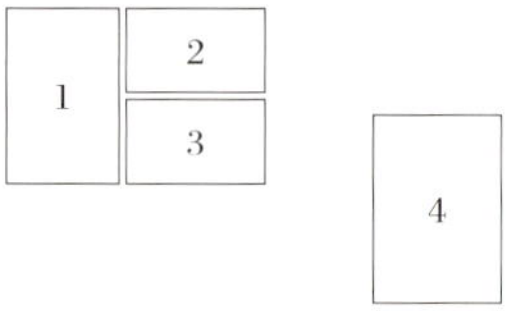

1. 西壁中铺全图局部·六师外道谤佛不孝
2. 西壁中铺全图局部·佛陀诸位弟子（须菩提在灵鹫山洞内缝制衣服，故缺席）
3. 西壁中铺全图局部·优填大王率领诸王等众迎佛
4. 西壁中铺全图局部·释迦佛从天宫归来

丘，皆合掌恭敬听法，他们代表了五百比丘众。右侧供养菩萨下方绘有五位身着华服赴会的帝后嫔妃。其中，由内而外第一位为转轮圣王妃，其身旁绘制一名持长柄羽扇的侍女。转轮圣王妃的后方绘制四位赴会的人间嫔妃。嫔妃下方绘制五位赴会的比丘尼，恭敬合掌，仰望如来，象征五百比丘尼众。比丘尼下方为四位着常服的寻常女居士，合掌，恭敬听法。在画面的最外围，有祥云围绕，将说法图与经变图隔开。各经变图的故事画面皆配置榜题框，但仅有一处书写了榜题。

该铺说法图的右下方共绘有五个场景，描述了往昔无量劫前，转轮圣王为求佛法，以身剜孔，点燃千灯，以求正觉的本生故事，即《对治品》中“转轮圣王因地剜肉燃灯供养”的故事。此故事分五个画面描述：转轮圣王思维、转轮圣王出城迎接婆罗门、转轮圣王将婆罗门迎入宫中、旃陀罗手持牛舌刀为转轮圣王剜身、转轮圣王燃身上千灯供养婆罗门。

《报恩经》第三卷《议论品》共阐述五则故事，依次为优填王造像故事、忍辱太子本生故事、鹿女因缘故事、洸虫因缘故事、均提因缘故事。在开化寺的四壁上，只绘出了前三则故事，后两则故事并未绘出。西壁第二铺壁画上绘制了优填王造像故事和忍辱太子本生故事，鹿女因缘故事则绘于第四铺北壁西侧。

据载，释迦成佛之后，因感念摩耶夫人的生育之恩，曾以神力升至忉利天宫为佛母和诸天众说法。佛为天众说法90日，南阎浮提的众生便90日未见佛，亦不知佛在何处。佛此时以神通力隐没，即使是神通第一的目揵（犍）连尊者和天眼第一的阿那律陀，也无法得知佛的所在。500名弟子因见不到佛而心生忧恼。在“释迦如来升天为母说法”画面的右下方，描绘了佛自忉利天宫降下、优填王造像、众人来迎等故事情节。

“释迦如来升天说法、优填王造像”的故事由两幅画面组成。一幅画面为佛升天为母说法（在须弥山上方）。佛为母亲及天众宣说完佛法后，即返回人间。母亲摩耶夫人及侍者目送佛离开。另一幅画面则为本故事全图。画面中有佛从天宫降下、佛弟子迎接佛、六师外道谤佛、扛旃檀佛像迎佛、优填大王领诸王等众迎佛、优填大王皇后领众妇女迎佛的场景。

西壁中铺全图局部

根据经典叙述，佛降下人间，端坐莲台，阐述妙法；大众围绕，恭敬听法。此时，有一个名叫乐神闼婆摩罗的男子来到如来集会的地方，顶礼如来之后退到一处，弹奏七宝琴。在妙乐中，佛即入有相三昧，以三昧神力使琴声远传三千大千世界，其音具足妙法，演说苦、空、无常、不净、无我等，众生闻此妙音皆甚欢喜。闼婆摩罗演奏完后，大众瞻仰如来，目不暂舍，默然无声。此时，一座宝塔自地面而出，停在空中，无数幢幡悬挂其上，百千宝铃在微风中碰撞出微妙音。大众见此情景，心生疑问：因何缘由，有此宝塔自地面而出？弥勒菩萨知晓众生疑问，从座上起来，头面礼足，合掌向佛，恭敬请教。佛便阐述忍辱太子的本生故事：波罗奈国国王病危，忍辱太子挖眼抽髓并收拾太子尸骨起塔供养。

该铺说法图中描绘的最后一则故事为华色比丘尼因缘故事。华色比丘尼为遭受亲族伤亡、灭国、截断手足等种种苦厄的五百释迦女剃度出家。这五百释迦女长跪于华色比丘尼面前，请求她为大众宣说苦果的因缘。于是，华色比丘尼入定三昧之中，以神通力照耀南阎浮提世界，召集有缘众集会，宣说自身因缘故事。华色夫人为舍卫国人，出嫁后遵照风俗回娘家生孩子。她和夫君携两个儿子回娘家

西壁中铺“华色比丘尼因缘故事”·妇女渡河痛失三小儿图

待产，途经一条大河。天降暴雨，河水暴涨不能渡河。当晚她分娩一儿。一条毒蛇嗅到血腥味寻来，趁夫妇俩熟睡，咬伤其丈夫及随行的牛马。丈夫不久身亡，华色夫人惊恐恸哭。等暴涨的河水退去，她背着两个儿子，用裙摆包裹着刚出生的小儿，口咬紧裙边，小心渡河。刚到河中央，一猛虎冲出，吞食了在岸边等待的大儿子。她见状呼儿，口即松开裙边，婴儿落入河水中，找寻不得。慌乱中背上的二儿子又掉落水中，寻找不着。转眼间，三个儿子同死于横祸，华色夫人肝胆俱裂，悲哭着走上对岸后，闷绝倒地。醒来后，她遇见一行同乡人，便向他们探寻父母的消息，却被告知父母家昨夜失火，双亲都死于非命。她再次哭得天昏地暗，晕倒在地。当再次苏醒过来时，她遇到了强盗，被劫持成为贼主的夫人。贼主出去抢劫时遇到抵抗，落荒回寨，紧急敲门。夫人正临盆生产，无暇以顾。贼主翻墙而入，质问夫人，见其生下一儿，认定此婴不祥，用剑斩断其手足，逼迫夫人吃下亲骨肉。后来，贼主终被官家捉拿，夫人因是贼主配偶，也要一起被活埋。在活埋时，有人见她佩戴金银珠宝，起了歹心，将其劫走。官家发现后将她再次活埋。幸运的是：她从土中逃出时被婆罗门长老救下，并最终成了比丘尼。

说法图的右上部共有七幅画面来描述“华色比丘尼因缘故事”。

西壁北铺（第三铺） 该铺画面结构与第一铺、第二铺十分相似，但在细节表现上有些许差异。该画面以《报恩经》第四卷《恶友品》为主轴，外围的经变故事画多描绘《恶友品》的情节，仅有两幅画面表现第五卷《慈品》中“现大光明王本生故事”的情节。画面中，各情节场景皆配置榜题框，但榜题框均为空白。

说法图中央描绘佛在说法，周围有很多眷属聆听佛法的画面。佛身着与第一、第二铺说法图中同样的袈裟，左手呈触地印，但右手外翻，掌心向外，无名指弯曲，其余手指自然舒展，手势与第一、第二铺中佛的手势略有差异。佛身后亦配置四重身光与头光，外围绘火焰纹，最外圈绘红色大圆光，发髻顶上放出两道光芒，蜿蜒上升至虚空。佛身后绘制四棵枝繁叶茂、花朵盛开的菩提树，树两侧各有一尊飞天，手持花卉盆景，欲供养诸佛。佛头顶绘制华丽华盖，华盖周围祥云缭绕，后方绘制灵鹫山，山呈五峰貌，每峰山顶矾头亦配置树丛。

宝座前方绘制一张供桌，左、右两侧各绘制一尊体量较大、身着菩萨装、有头光的胁侍菩萨。右侧胁侍菩萨双手合十，左侧胁侍菩萨右手当胸捻指，左手于腹前施禅定印。两尊胁侍菩萨与佛之间各绘制一尊声闻弟子。右侧声闻弟子面容端正，右手持经书，左手当胸开掌，应为智慧超群的舍利尊者；左侧声闻弟子面容严肃，两耳戴耳环，双手合十于胸前，应为迦叶尊者。舍利尊者身后绘制三位比丘，迦叶尊者身后绘制四位比丘，皆合掌恭敬地听闻佛法。此九位比丘和供桌前方一位请法比丘表示十大弟子。

画面正上方绘有阿迦腻咤天主，即色究竟天主。他端坐莲台上，右手当胸，左手施禅定印。天主前方放置一香炉，象征佛为诸天众说法。天主两侧各站立三位天人，皆恭敬地聆听妙法。该画面中，佛光照射到最高天，抵达色界天顶，而画面下方则描绘地狱场景，象征佛光遍照十八地狱底部。

如来下方的人物群像与第一、第二铺画面结构相似，基本上右侧为女众，左侧为男众。

该铺说法图描绘了善友太子为众生衣财饮食而出海求取如意宝珠的故事。在这个故事中，善友太子即现今的佛陀，恶友太子即提婆达多。值得一提的是：虽然在《恶友品》之后有阐述提婆达多今世害佛的故事情节，但在该铺壁画中并未展现，而是描绘在北壁西侧第四铺《报恩经变》中。

西壁中铺“华色比丘尼因缘故事”·华色夫人遇强盗、被贼主逼迫归寨、被迫啖食骨肉图

西壁中铺“华色比丘尼因缘故事”·坑埋贼主与妇人图

西壁第三铺如来说法全图

当佛会时，佛告知大众不久将入涅槃。舍利弗尊者听闻后，不忍见佛灭度，故展现神通之力，升至虚空，身出真火，自燃而先入涅槃。大众收取舍利，起塔供养。阿难知道大众疑问，故向佛陀请教舍利弗尊者先行灭度的缘由。如来曰："舍利弗尊者不仅此世早我灭度，过去世时亦然，不忍见我灭度而先行灭度之。"大众对舍利弗尊者过去世时早于佛灭度的事迹甚感疑惑，请求佛陀宣说此事因缘。佛陀便阐述大光明王本生故事。此铺壁画用两幅画面描绘了大光明王本生故事：一幅为婆罗门向大光明王祈祷的场景，另一幅为大光明王舍头处与建塔供奉的场景。

北壁西侧（第四铺） 该铺画面结构与前三铺类似，局部略有差异。此外，该铺壁画左侧损毁较为严重，但仍可识别画面中的故事情节。佛陀端坐于画面中央，身上袈裟的样式与前几铺相同，但手印略有差异，右手当胸呈说法印，左手于腹前呈禅定印。佛陀身后绘有头光、身光及大圆光。身后本来还有四棵菩提树，两侧上方各配置一尊飞天，但左侧菩提树与飞天已经损毁，无法辨识。佛陀正上方隐约可见华盖，华盖后方的灵鹫山大部分已经剥落，仅存右侧一些山形轮廓。下方是方形珠宝严饰的束腰须弥座。宝座前方绘有一张华丽供桌，桌面中央摆设香炉，香炉两侧各放置一盆花。佛陀两侧及下方绘有诸位赴会听法者。

佛陀左、右两侧的赴会眷属采用对称的方式排布。供桌两侧各有一尊供养菩萨，左侧的已被损毁；右侧的身着菩萨装，跪坐于白莲花上，手持内置珊瑚、雅石、珍宝，散发出光芒的宝盆。两尊菩萨的两侧各配置一尊体量甚大、呈倚坐式的胁侍菩萨。右侧的胁侍菩萨左手抚膝，右手当胸呈说法印；左侧的胁侍菩萨左手覆掌于胸前，右手持经书。

胁侍菩萨外侧分别站立着一尊身着盔甲的天王。右侧胁侍菩萨与如来之间绘制四位身着袈裟、合掌的比丘；左侧胁侍菩萨与如来之间则绘制五位比丘，但多已被损。此九位比丘与供桌前方的一位比丘，即所谓佛陀的十大弟子。释迦如来身旁、比丘上方各绘三尊人物，皆配置绿色头光，但左侧画面多有破损。下排由内而外第一尊，身着菩萨装，双手合十，代表赴会的诸菩萨众；由内而外第二尊，帝王貌，手持笏，代表诸天赴会的天主众。上排男子为将军貌的天王，此处二天王与下方胁侍菩萨外侧的两位天王共同构成护法四大天王。释迦如来下方两侧为世间的赴会众生，结构与前几铺说法图类似。

供桌前方站立着一位合掌的比丘，他正在与面前的一位居士相互行礼。居士头戴展脚幞头，身着酒红色宽袖长袍，双手持经卷于胸前，表示居士正向多闻第一的阿难尊者请法。该铺说法图外围的经变图主要阐述了《报恩经》的第三卷《论议品》、第四卷《恶友品》及第七卷《亲近品》的内容。

第三卷《论议品》中“忍辱太子因地行孝挖眼抽髓”的故事绘制于西壁第二铺经变图。“鹿母夫人因缘故事”则绘制于第四铺经变说法图的右侧，基本上按由下而上的顺序排列。故事讲述的是，在佛说法时，阋婆摩罗在佛会中，从座位上起身，袒右肩，合掌向佛陀问道：“世尊！摩耶夫人修何功德？以何因缘得生如来？”佛陀便讲述了佛母摩耶夫人的过去因缘故事。末法时代，有国名为“波罗奈国”，其都城不远处有座圣游居山，因山中有仙人居住而得名。山上有两位仙人，一位住南窑洞，一位住北窑洞，两处之间有一泉。一日，住在南窑洞的仙人在泉边一平石上浣衣、洗足后，返回住所。仙人离去不久，有一只雌鹿来此处饮水，饮下石上浣衣的垢汁后怀孕了。雌鹿足月生产后返回石上，悲鸣婉转，不久便生下一女，即鹿女。

“鹿母夫人因缘故事”由12幅画面组成，分别是鹿女诞生处、仙人抱养鹿女、南窑仙人居住处、仙人养育鹿女、鹿女到北窑仙人处借火种步生莲花、鹿女持火种回南窑、波

第三铺说法图局部·华盖、飞天与耆阇崛山

第三铺说法图局部·胁侍菩萨

第三铺说法图局部·胁侍菩萨

第三铺说法图局部 · 胁侍菩萨特写

第三铺说法图局部 · 胁侍菩萨特写

第三铺说法图局部·听法妃子特写

第三铺说法图局部·供养菩萨特写

第三铺说法图局部·善友太子出宫游观遇农夫耕种图

罗奈王至北窑仙人处询问莲花缘由、波罗奈王至南窑仙人处迎娶鹿女、鹿女父亲站高台望女、波罗奈王迎亲队伍归宫、波罗奈王与众人观看莲花池中大莲花（鹿母夫人生莲花）图、五百太子向父母请求出家图、五百太子出家精进修持处、五百比丘（太子）荼毗处、鹿母夫人供养五百辟支佛塔图、鹿女夫人恶报与善报因缘图。

该铺壁画还描绘了佛传故事中提婆达多恶行的画面。该故事绘于说法图的左侧，由下而上共有三个场景。画面展现了提婆达多心怀恶念，加害佛陀，但佛陀不以为患，反而哀怜众生的故事情节。

该铺壁画说法图左侧剩余两个画面表现的是第七卷《亲近品》的内容。下方场景表现的是“佛陀照料生病比丘故事”，上方场景则表现的是“金毛狮子本生故事”。因图漫漶不清，故不多作解释。

北壁东侧：《弥勒上生经变》

南北朝时期，弥勒信仰传入中国，主要可分为弥勒菩萨上生净土和弥勒菩萨下生龙华三会两部分。相关经变与造像艺术随信仰的传入而产生，至隋唐时期相关造像与经变活动仍然繁盛，并持续到宋代、西夏时期，之后逐渐式微。弥勒信仰经典主要有：西晋竺法护（梵语Dharmaraksa）译的《佛说弥勒下生经》；译者不详的《佛说弥勒来时经》，其内容与《佛说弥勒下生经》相似；刘宋沮渠京声译的《佛说观弥勒菩萨上生兜率天经》（简称《弥勒上生经》）；姚秦鸠摩

第三铺说法图局部·善友太子出宫游观遇屠宰坊图

第三铺说法图局部·善友太子出游遇渔夫捕鱼图

第三铺说法图局部·善友太子与大臣商议取财及向父王禀告赴海取宝图

罗什（梵语Kumārajīva）译的《佛说弥勒下生成佛经》与《佛说弥勒大成佛经》；唐代释义净译的《佛说弥勒下生成佛经》。开化寺大殿北壁东侧壁画描绘的是弥勒菩萨上兜率天为天人说法的内容，其依据的是《弥勒上生经》中 的相关记载。该壁画布局采用中堂式构图方式：中堂为弥勒净土，两侧条幅分别阐释经典缘起、流通，两侧下方则分别绘出此堂壁画的男女供养人群像。

左侧 此处画面由上而下分为九个场景，除画面最下方第九个场景为供养人书写榜题外，其余各场景的榜题框皆为空白。该画面右半部分较为清晰，左半部分因屋漏雨，故画面漫漶不清，甚为可惜。

右侧 此处画面由上而下一共分为六个场景，除最下方的画面绘女性供养人外，其余五个场景均为《弥勒上生经》的经变内容，描述经典流通、弥勒降生等情节。

开化寺保存的宋代经变图是我国非常珍贵的文物。从现存壁画的格局来看，东壁的《华严经变》、西壁与北壁西侧的《报恩经变》、北壁东侧的《弥勒上生经变》皆契合《泽州舍利山开化寺修功德记》碑文的记载。根据碑文记载，除上述经变外，该寺还绘有《观音经变》。然而，该寺壁画中并未发现《观音经变》的内容。据推测，该经变原本被绘制于佛坛背屏后方的墙面上，但今日背屏已毁，无法一睹其风采，甚为遗憾。

所谓的《观音经变》，实际上是《法华经》中的《普门品》内容，讲述了观音菩萨闻声救苦、现身说法、广度众生的故事。这部作品体现了大慈大悲、救苦救难的精神，契合了人们的现实利益。《报恩经变》则融合了儒家思想，表达了上报父母、社会之恩，舍己为人，牺牲小我、成就大我的精神。这与佛教的慈悲智慧和儒家的伦理规范相契合。

第三铺说法图局部：大王恳求老船师随行及善友太子率领的寻宝团击鼓上船出发图

第三铺说法图局部·善友太子率众海上航行图

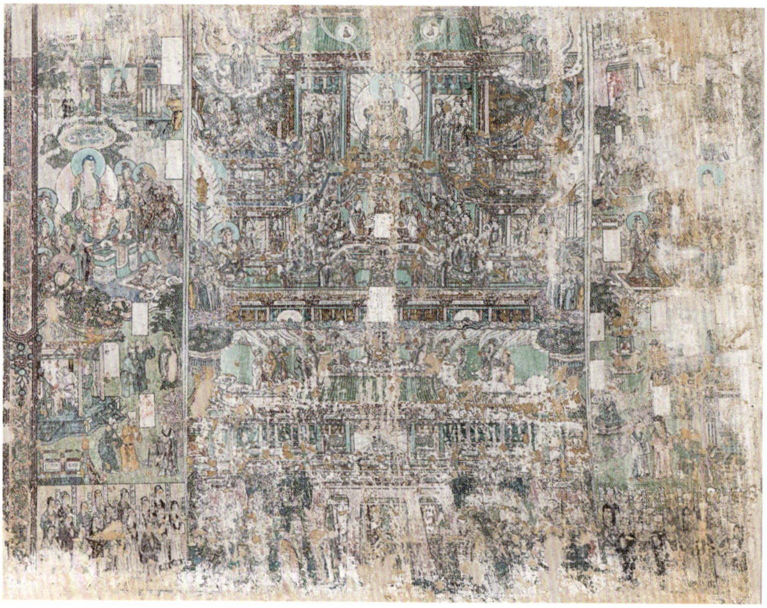

图像位置展示

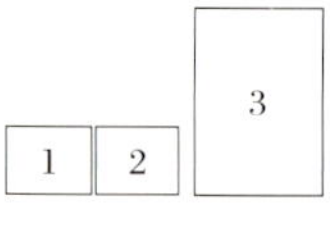

1.北壁西侧说法图全图
2.北壁东侧说法图全图
3.北壁“鹿母夫人因缘故事”·波罗奈王至北窟仙人处询问莲花缘由及迎娶鹿女归宫

北壁“鹿母夫人因缘故事”·波罗奈王观看莲花池中大莲花

壁画于同一幅画面中同时表现《法华经》《报恩经》《华严经》《弥勒上生经》四种题材，实属罕见，在中国同一时期的寺观壁画中，再无与此相似的遗存。尤其是《华严经》的内容繁杂，若非对其经文内容充分了解，实难展现出该经的气度。敦煌地区见到的唐、宋时期传统的《华严经变》，通常仅以七处九会为主，配上入法界品图（即后来俗称的“善财童子五十三参图”），以此表现《华严经变》的整体内容，对于华严各佛会的细节并无详细描绘。反观开化寺的《华严经变》，对于经文细节的阐释细致入微，

北壁西侧全图局部·正音声大神水道化现图

令人赞叹不已。寺内其他经变也是在对经文内容娴熟了解的基础上，将其转换为经变图。画面构图配置得宜，条理有序，令人无不感佩设计者高超的表现技法以及深厚的佛学底蕴。

开化寺壁画绘制技艺高超，人物极具写实感，用色华丽。题材虽为佛教故事，但人物和场景反映出宋代的生活面貌，其中的服装、楼阁、街景等皆是宋代社会的真实写照，是反映宋代风土人情的珍贵历史资料。

北壁东侧全图局部·兜率天舞伎

北壁东侧全图局部·兜率天舞伎

北壁东侧全图局部・弥勒菩萨降生图

北壁东侧全图局部·听闻弥勒菩萨名图

北壁东侧全图局部·弥勒菩萨说法图

弥勒菩萨说法图局部·阿难尊者跪坐礼佛请法图

邑婆趙氏
邑婆郭氏
邑婆任氏
邑婆李氏
邑婆李氏
邑婆張氏

北壁东侧全图局部·女供养人图

④ 朔州·应县

佛宫寺

佛宫寺释迦塔俗称“应县木塔”，位于山西省应县。该塔建于辽清宁二年（1056），是世界上现存最高的木结构建筑之一。塔内保存有辽金时期的彩塑、经文、彩绘等佛教文物，是不可多得的世界文化遗产。塔呈八角形，共五层，二至五层之间设有一个暗层，外加平台，明五暗四，实为九层。各层皆绘制拱眼壁画，其中以第一层的壁画最为精彩。除拱眼壁画外，还有前檐门两侧壁画和内槽墙面壁画。这些壁画原绘制于辽金时期，虽然之后曾经重绘，但仍保有辽金时期的风采。

执金刚力士。在释迦塔第一层南门内东、西两壁墙面上，各绘制了一尊执金刚力士，他们身着盔甲，外披战袍，手持武器，孔武有力，坐姿微倾，脚踏小鬼。身后绘制小鬼、夜叉等眷属。东壁上的金刚力士为执金刚神，皮肤暗赭色，右手所握的金刚杵是执金刚力士的重要标志，左手挽战袍，瞪视边隅。执金刚力士身后绘有绿色头光，头光外围绘制火焰纹，上方绘有莲花形的华盖，周围环绕着五彩祥云。值得一提的是：金刚力士身后的眷属中有一名抱着孩子的妇女，为夜叉女。

散脂大将。在释迦塔第一层南门内西壁墙面上绘制了散脂大将。他作为北方毘沙门天王

执金刚神图局部·夜叉女

南门内门西壁·散脂大将

南门内门东壁·执金刚神

散脂大将图局部·夜叉神

的属下，统领着二十八部的药叉诸神。该神祇皮肤暗赭色，右手持剑，左手挽战袍，瞪视着边隅。他的身后绘有头光、五彩祥云、华盖以及众多夜叉鬼神眷属。眷属们手持旌旗、铜镜、剑鞘等，恭敬而立。

东方持国天王。在第一层内槽南门东壁墙上绘制了一尊东方持国天王像。天王的皮肤黝黑，双目浑圆，身着盔甲，坐姿微倾，双膝弯曲呈拉弓状。他的身后绘有头光、火焰纹、祥云和华盖。

迦叶尊者。在持国天王的上方绘有一尊僧人的半身像。从斑驳的画面中可以看出绘画底层修改的笔墨痕迹。此僧人为迦叶尊者，呈老年貌，身着绿色通肩袈裟，抱拳于胸前，身后绘有两层头光。

南方增长天王。在第一层内槽南门西壁墙上绘有一尊南方增长天王像。天王的皮肤黝黑，双目浑圆，凝视远处，身着盔甲，坐姿微倾。他右手持金刚杵，左手按于左膝上方，双膝弯曲。他的身后绘有头光、火焰纹、祥云和华盖。

阿难尊者。在增长天王的上方，绘有一位年轻比丘的半身像。此比丘为阿难尊者，他的体态端庄，肤色洁白，面如满月。他身着绿色褊衫，外搭红色袈裟，身后绘有两层头光。

西方广目天王。在第一层内槽北门东壁墙上，绘有一尊西方广目天王像。天王的皮肤粉白，双眼浑圆，凝视下方，身着盔甲，坐姿，右手按斧柄，左手按于左大腿上，踩两鬼众。他的身后绘有头光、火焰纹、祥云和华盖。

南门内槽西壁全图

南门内槽东壁全图

细节观察

迦叶尊者

持国天王的上方绘有一尊僧人的半身像，从斑驳的画面中可以看出绘画底层修改的笔墨痕迹。此僧人为迦叶尊者，呈老年貌，身着绿色通肩袈裟，抱拳于胸前，身后绘有两层头光。

南门内槽东壁全图局部：迦叶尊者

南门内槽东壁全图局部·西方持国天王

南门内槽东壁全图局部·东方持国天王

南门内槽西壁全图局部·阿难尊者

内槽北门东壁·西方广目天王

内槽北门西壁·北方多闻天王

北方多闻天王。第一层内槽北门西壁墙上绘有一尊北方多闻天王像。尽管画面斑驳不清，但可以看出天王皮肤黝黑，双眼浑圆，凝视下方，身着盔甲，坐姿，右手持箭，左手持弓，脚踩两鬼众。天王身后绘有头光、火焰纹、祥云和华盖。

金刚力士。内槽北门东、西壁墙面的天王像上方各绘一尊金刚力士全身像。北门东壁广目天王像上方的金刚力士坐于岩石之上，面容丑陋，肤色暗赭色，身着盔甲，右手持金刚杵，左手持净瓶，瓶中化现祥云光芒，身后绘有火焰纹圆光。在北门西壁上，北方多闻天王像的上方绘有一尊正面的金刚力士像。力士龇牙咧嘴，坐于岩石之上，颜面丑陋，右手按剑，左手握珠，身后绘有火焰纹圆光。该画面后代修补的痕迹明显，修补技法较为拙劣。

七佛。释迦塔底层内槽中供奉着一尊巨大的塑像，为释迦牟尼佛。南北通道与内槽内壁六铺墙面各绘制一佛，共计六佛。每尊佛像高约6米，手印各异。此六佛与释迦牟尼塑像合称为“过去七佛”。在内槽中，释迦牟尼为在贤劫第四尊佛，即过去佛中的第七尊出世尊佛，神态安然，端坐于莲台之上，宣说妙法。过去七佛各有传法偈，其中释迦牟尼佛的传法偈为：“法本法无法，无法法亦法，今付无法时，法法何曾法。”另外，壁画中的六佛皆绘制于莲台之上，发髻绀蓝，慈目低垂，身着通肩袈裟，身后绘有身光和头光，头光上方绘制了两尊飞天。

毗婆尸佛。内槽内壁东北处绘制毗婆尸佛。画面中，佛右手覆掌于胸前，左手结禅定印于腹前。该佛为过去庄严劫的第998尊佛，其

内槽北门东壁 · 金刚力士

内槽北门西壁·金刚力士

传法偈曰："身从无相中受生，犹如幻出诸形象，幻人心识本来无，罪福皆空无所住。"画面生动地展现了佛传法说偈时的庄严神态。

毗舍浮佛。内槽内壁东壁绘有毗舍浮佛像。他右手覆掌于身体外侧，左手放于左膝上，立掌，掌心向前，屈指，结降魔印。该佛为过去庄严劫的第1000尊佛，其传法偈曰："假借四大以为身，心本无生因境有，前境若无心亦无，罪福如幻起亦灭。"画面着重表现了他传法说偈时的庄严神态。

拘那含佛。内槽内壁东南壁绘制拘那含佛像。他右手当胸，掌心向外，中指弯曲，呈现说法印之莲花指；左手当胸，掌心向外，食指和小拇指弯曲，食指与拇指轻捻，其余手指舒展，亦呈现说法印之莲花指。双手的说法印当胸，表示佛陀即将宣说无上妙法。该佛为现在贤劫的第二尊佛，其传法偈曰："佛不见身知是佛，若实有知别无佛，智者能知罪性空，坦然不惧于生死。"画面着重表现他传法说偈的庄严神态。

迦叶佛。内槽内壁西南壁绘制迦叶佛像。他右手当胸呈现说法印，左手于腹前，仰掌，屈指。该佛为现在贤劫的第三尊佛，其传法偈曰："一切众生性清净，从本无生无可灭，即此身心是幻生，幻化之中无罪福。"画面着重表现他传法说偈时的庄严神态。

内槽大佛

尸弃佛。内槽内壁西北壁绘制尸弃佛像。他右手竖掌于身体外侧，食指、中指和拇指微弯，无名指和小拇指弯曲；左手按于左膝上，结降魔印，呈现他说法不动之貌。该佛为过去庄严劫的第999尊佛，其传法偈曰："起诸善业本是幻，造诸恶业亦是幻，身如聚沫心如风，幻出无根无实性。"画面着重表现他传法说偈时的庄严神态。

俱留孙佛。内槽内壁西壁绘制俱留孙佛像。他右手覆掌当胸，左手屈指呈持钵状，仰掌于胸下。该佛为现在贤劫的第一尊佛，其传法偈曰："见身无实是佛见，了心如幻是佛了，了得身心本性空，斯人与佛何殊别。"画面着重表现他传法说偈时的庄严神态。

供养人。第一层内槽南、北门框两道门额间各有三个空间，其中绘制缠枝花纹或几何纹作为隔断，每个隔断的中心都绘有一尊供养人立像，持不同物品供养七佛，形态各异，

内槽内壁东北处·毗婆尸佛

内槽内壁东壁·毗舍浮佛

内槽内壁西南壁・迦 叶 佛

内槽内壁西北壁·尸弃佛

内槽内壁西壁·拘留孙佛

栩栩如生。

内槽南门框上绘有三尊供养人侧面立像。中间为一名男童，他上身赤裸，披天衣、条帛，下身着裙，双手持盆，盆内放置一个花瓶，瓶内插一朵盛开的牡丹花。男童两侧为发髻簪花、身着宽袍华服的女子。右侧女子手持盆，盆内放置山形沉香；左侧女子手持盆，盆内放置点燃的沉香，缕缕轻烟升起。沉香旁摆放着鲜花、摩尼宝珠、灵芝等。

内槽北门框上绘有三尊供养人侧面立像。中间为一名男子，他的须发斑白，头戴冠，身着宽袖白袍，左手持香炉，右手轻捻檀香，恭敬而立。男子两侧为戴冠、身着宽袍华服的女子。右侧女子手持盆，盆内放置宝瓶，瓶口大放光明，有飞鸟从宝瓶中飞出，盆内还放置饰有火焰纹的摩尼宝珠；左侧女子手持盆，盆内放置宝瓶，瓶口大放光明，亦有飞鸟从瓶中飞出。

佛宫寺释迦塔内的辽代壁画虽然有后代修葺的痕迹，但仍符合辽代的规范体例。其中内槽墙上的六幅佛像，门洞两侧墙壁上的天王、金刚及佛门弟子像等，均画工严谨，人物身形匀称，姿态生动，色彩鲜艳，晚唐、五代的风范犹存，十分难得。这些壁画中的佛、力士、执金刚神等形象画幅巨大，尤其是六尊彩绘佛像，高达6米左右，展现出佛传法说谒时的神情，独具特色。在中原一带，保存有辽代壁画，且佛像如此巨大的，除释迦塔外别无他例。另外，第一层内槽的释迦塑像与六如来画像构成了“过去七佛”组合，这种组合在辽代盛行，并未流行于宋代。目前，辽代时期过去七佛的信仰遗存并不多见，因此佛宫寺释迦塔可谓是颇佳的例证。

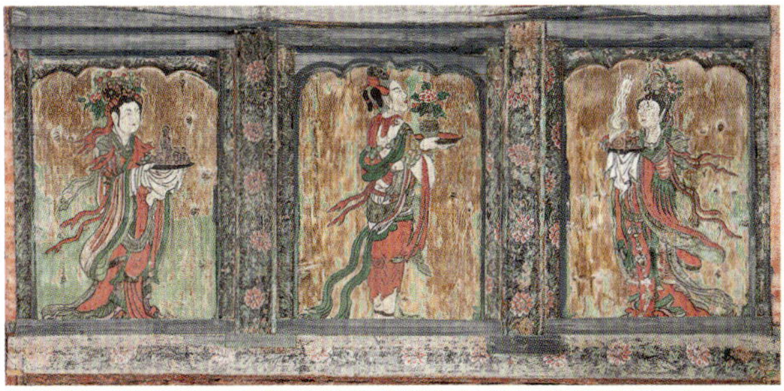

图像位置展示

1 | 2 / 3

1.内槽内壁东南壁·拘那含佛
2.内槽南门框上三位供养人立像
3.内槽北门框上三位供养人立像

⑮ 忻州·繁峙

岩山寺

山西省忻州市繁峙县天岩村的岩山寺，古称“灵岩寺”，又称“灵岩院”。该寺地处五台山北麓，坐北朝南，距离著名的黄金产地砂河镇约13公里。山谷中涌出的涓涓细流穿过古村落，绕过岩山寺流入滹沱河，该寺北面即是滹沱河盆地。在金、元时期，岩山寺曾是五台山大华严寺（今显通寺）的真容菩萨院（今菩萨顶）下属寺院。当时，从北面进入五台山的香客大多在该寺歇宿之后再进入五台山朝圣。

岩山寺始的建年代不详，但据考证为北宋时期。金正隆三年（1158），岩山寺建弥陀殿（正殿），并因殿内绘有水陆壁画而又称“水陆殿”。随后，该寺又建文殊殿（南殿）。金大定七年（1167），文殊殿内的壁画竣工。为何当时会建造水陆殿和文殊殿呢？在宋辽时期，此处曾是古战场。为了超度往古兵将，金太宗完颜晟（1075—1135）在此建殿祭祀。正隆三年，弥陀殿修建完成并主供阿弥陀佛，同时绘制了水陆壁画。该寺当时会定期举办水陆超度法会。因为该寺为五台山真容菩萨院下属寺院，所以建有文殊殿，殿内展示五台山文殊菩萨示现的故事，并配有文殊五尊像（骑狮文殊、文殊老人、佛陀波利、于阗王、善财童子）的泥塑。在元、明、清时期，该寺都经过了不同程度的修葺。然而，

西壁全图局部・善慧仙人购七枝莲花处

到了清末，由于五台山北麓进山路线的改变，该寺香火逐渐寥落并衰败。如今，岩山寺的弥陀殿和山门已不存，仅余文殊殿，东、西配殿以及钟鼓楼。2000年进行修葺时，将东侧钟楼的券洞改为山门。

文殊殿的精华在于壁画和泥塑。壁画为金代遗存，保存较好，现存于东、西两壁，分布于南壁东梢间和北壁东、西梢间以及北壁西次间下肩。根据寺内遗存的金代碑文和殿内西壁墨书，可知这些壁画是由王逵、王尊等人于金大定七年（1167）绘制的。王逵生于北宋末年，在北宋亡国后被掳入金时已经28岁，并在宫廷任职。他在1158年奉命绘制该寺水陆殿壁画，并留下了“御前承应”的题记。然而，在绘制文殊殿壁画时，他的题款却是“画匠”，这表明此时王逵已不在朝中任职了。尽管如此，该寺能请到曾经的御前画家来绘制壁画，仍然是一种莫大的殊荣。此寺本为皇家设立的寺院，因此有宫廷画师参与壁画绘制也不难理解。这使得壁画题材更为丰富，技艺更为高超，总体水平高于一般民间寺院。同时，宋金时期的社会生活也以生动的画面展现在壁面上。

东壁壁画长约为11.06米，高约为3.42米，画幅宏大。除描绘佛、菩萨尊像外，还表现了《鬼子母经变》的故事情节。在人物背景中，穿插了宫殿楼阁、祥云、海涛、青山绿

东壁全图

水等元素，所用笔法十分细腻。

画面中央为释迦说法图，面积最大。图中心绘释迦如来身着袈裟，跏趺坐于莲台之上，呈说法相。佛身后绘有头光、身光和大圆光。头光周围绘制火焰，大圆光内绘制波浪线，表示如来展现大神通与神变。圆光上方有祥云变化成莲花状的华盖，华盖之上有祥云围绕，上方绘有摩尼宝珠，宝珠外围绕火焰纹，宝珠内书写梵字，两侧绘有供养飞天。佛身后两侧各绘有四尊神祇，分别为阿修罗、紧那罗等众，表现天龙八部的护法神祇。佛前左、右两侧各有一名声闻弟子，左侧为迦叶尊者，右侧为阿难尊者。佛左、右两侧各绘有一尊坐于金刚座上的菩萨，左侧为普贤菩萨，右手施禅定印，左手举至肩处，持经卷；右侧为文殊菩萨，右手持如意，左手当胸。佛、文殊菩萨与普贤菩萨共同构成“释迦三尊”。两位菩萨外侧各绘有一尊护法金刚，以捍卫佛法。佛前方供奉一莲花台座，台座上置一石狮，狮背托小莲台，莲台上置净瓶，瓶内插莲花。佛教大量使用莲花图案，具有清净、再生、庄严的含义。在莲花台座的左侧绘有一尊鬼神，双手抱掌当胸，跪地虔诚请法；右侧绘一菩萨恭敬而立，双手合十，向诸佛和菩萨请法。此组说法图外围巧妙地运用石青、石绿绘制祥云，使其与其他画面区分开来。

该铺壁画还用许多画面描绘了鬼子母①本生故事。鬼子母故事在西晋时期的《佛说鬼子母经》、北魏时期的《杂宝藏经》第9卷以及唐代释义净（635—713）翻译的《根本说一切有部毗奈耶杂事》第31卷等经书中都有记载。学界多以《佛说鬼子母经》来解释此壁画的内容，但许多画面无法对应，因此也无法解释清楚。笔者认为：此壁画以《根本说一切有部毗奈耶杂事》为主要依据，融合了《佛说鬼子母经》，并且加入了戏剧化情节而成。

壁画描绘的故事发生在古印度摩揭陀国王舍城中的竹林精舍。当时，在王舍城的山区中住着一位药叉神，名为“娑多”。他是一个有着大福德力的善鬼，一直以来保护着王舍城内的影胜大王、宫中妃后、王臣、宰辅及百姓。娑多的精心庇佑使得城内风调雨顺，国泰民安，生活富足，这也吸引外地的沙门、婆罗门、富商、穷人等来到摩揭陀国。说法图的右侧绘制了一幅磨坊图来表现城内百姓丰衣足食的世俗生活。磨之上方安装有捣米的装置，下方有齿轮，流动的溪水带动机器运转。作坊内有三名男子身着常服正在工作，其中一名控制磨盘中稻谷的数量，另一名弯身用簸箕盛接刚磨好的米，还有一名用碗把磨好的米倒入米缸。水磨右侧的茅棚前台阶上跪坐一人，正在捣粮食，身旁放着已捣和未捣的粮食。虽然画面不大，但磨坊的结构绘制得一丝不苟，使今人可以了解宋金时期的粮食生产过程与经济发展状况。

★注释

①诃利帝母（梵语Hārītī）是大乘佛教中重要的护法神之一。音译或作诃利底、迦利帝，意为青色、青衣，也有爱子母、天母等不同的意思。其身份为夜叉饿鬼，神通力极大，生五百鬼子，故称“鬼子母”。

东壁·释迦说法图
东壁·天龙八部（左幅）
东壁·天龙八部（右幅）

细节观察

东壁·磨坊图

该图表现了王舍城内百姓丰衣足食的世俗生活。磨之上方有捣米装置，下方有齿轮，流动的溪水带动机器运转。作坊内有三名男子身着常服正在工作，其中一名控制磨盘中稻谷的数量，另一名弯身用簸箕盛接刚磨好的米，还有一名用碗把磨好的米倒入米缸。水磨右侧的茅棚前台阶上跪坐一人，正在捣粮食，身旁放着已捣和未捣的粮食。虽然画面不大，但磨坊的结构绘制得一丝不苟，使今人得以了解宋金时期的粮食生产过程与经济发展状况。

这位护国夜叉后来娶一夜叉为妻，同住于王舍城山中。摩揭陀国北方的犍陀罗国也住着一位夜叉，他护佑该国安稳喜乐。此夜叉名为“半遮罗”，也娶一夜叉为妻。有一天，夜叉神聚会，这两位善良的夜叉神一见如故，成为非常亲密的好朋友。返回住处后，娑多经常采撷山中的妙华果赠予半遮罗，而半遮罗也经常采摘妙华果送予娑多。为了让友情长存，两人约定让彼此的儿女结为夫妻。不久后，娑多的妻子生下了一个漂亮的女儿，取名为“欢喜”。没过多久，半遮罗的妻子生下了一个男孩，取名为“半支迦”。于是两家互赠信物并确定了

东壁局部·摩揭陀国夜叉神夜巡图

亲事，等孩子成年后即可谈婚论嫁。不久后，娑多的妻子再次怀孕，当孩子出生时，群山震动，声如大象吼叫，因此取名为“娑多山”。说法图的右上角描绘一群夜叉鬼看守山门，鬼王身着战袍趴在大岩石上休憩，此鬼王即为娑多。鬼王面前有两个小夜叉趴在大鼓上呼呼大睡。除了休憩的夜叉，画面中还有巡逻的小鬼，他们拿着各式武器巡视山门。巡视山门的夜叉旁边绘制有数幢楼阁，此为犍陀罗国的城池。城边站着半遮罗夜叉，他手持武器，守护着城中民众。画面中有正在入睡的夜叉，也有正在巡逻的夜叉，表示夜叉们日夜守护着犍陀罗国城。

东壁局部·半支迦迎娶欢喜夜叉图

娑多山长大以后，他的父亲年迈过世，于是他成为一家之主。有一天，他的姐姐欢喜对他说："我想到王舍城游玩，将城内所有的男孩和女孩都抓来吃。"娑多山连忙告诫姐姐不可以有此恶念，而应该像父亲一样守护王舍城的民众。欢喜有此恶念缘于前世的业力和习气。很久以前，王舍城内举行了一次供养辟支弗的大会。欢喜在这一世是牧羊女，她和500个人参加盛会，并被邀请跳舞。她因跳得太累而当场流产。尽管城内的人聚集在此，却没有人对牧羊女伸出援手来帮助她。因此，她在供养辟支佛时便发了恶愿，将来要投生到王舍城，吃尽城内这些人所生的孩子。娑多山知道姐姐的执念难以改变，于是打算尽早完成她的婚嫁之事，以打消她想吃小孩的念头。他给半遮罗写信道："我姐欢喜已经成年，宜速来提亲。"收到书信的半遮罗便准备好厚礼，亲自去王舍城迎娶欢喜。画面中，半遮

罗守护的犍陀罗国的右侧绘有一个山洞，洞内绘有生活器具，此乃欢喜和半支迦婚后的住处。画面中，欢喜站在朱红大门前，周围簇拥着侍女和护卫。欢喜身后有两名侍女手持仪仗扇。欢喜前方有一男子站立，儒生装扮，头戴幞头，身着圆领窄袖白长袍，谦卑儒雅，拱手向欢喜致意；欢喜腼腆低头，也拱手回礼。此男子即为半支迦，他正在迎娶女夜叉欢喜。半支迦身后绘制一匹强壮的白马，马旁站立着一名男仆手牵缰绳。

欢喜与半支迦结婚后，夫君对她情深义重，但她仍然没有消除想吃王舍城内孩子的念头。[2]当她告诉夫君此想法时，半支迦连忙告诫她不可有此恶念，更不可说此恶言。欢喜只好暂时压抑内心的欲望不再提此事。然而，由于她前世已发恶愿，所以始终无法放弃此念头。

磨坊图的右侧描绘了一幅欢喜夫妇婚后宴乐图。在美轮美奂的宅院中，夫妇二人相敬如宾，把盏饮酒。左侧侍女端着酒壶、杯盏伺候，另一侧则为两名侍女怀抱琵琶演奏。厅内摆设金碧辉煌，表示夫妇二人的生活十分惬意。

东壁局部·鬼子母夫妇宴乐图

★注释

②另一种说法是：欢喜前生本是一名怀孕妇女，应邀一起去王舍城供养独圣觉者辟支佛，但在路上欢喜因跳跃而流产。王舍城人将她视为笑话并弃之不理，因此她供养时便发下恶愿，将来转世于王舍城并吃掉别人家的孩子。

东壁局部·鬼子母眷属与天界争斗图

东壁局部·鬼子母眷属扰乱人间图

欢喜婚后生了许多孩子，关于孩子的数量，有10000个、1000个、500个等几种说法。一说，10000个孩子都拥有大力士、大神通的非凡力量。另一说，有1000个孩子，其中天上和人间各500个，皆为鬼王。每个鬼王都有数万部属随从，天上的鬼王好比诸天，世间的鬼王如同人间的帝王，势力强大，诸天也对他们无可奈何。她最小的孩子取名“爱儿”，又称“嫔伽罗”。在东壁中央说法图右下方的画面中，旗帜飘扬，两队人马挥刀、射箭、持矛，还有一队夜叉正在敲锣打鼓助威。诸天力士、将帅奋勇而战，但双方实力相当，难分胜负。除了扰乱天界，诸鬼众也在人间兴风作浪。东壁近南壁边隅中段下方绘有一处民宅，有几名鬼众入宅扰乱。院落上方似有金翅鸟妖正手舞足蹈，屋内老少都惊慌失措。从宅中跑出数名男子，前方为一名身着青色窄袖短袍的农夫，他右肩扛着木叉，左手指着前方，回头与另一名身着白衣、手持扁担的农夫说话，好像在招呼对方一同捉妖。屋内还有一名手持器物的男子跑了出来。

欢喜生了许多孩子，势力大大增强，便决定实现她多年来的邪愿。尽管她的丈夫频频劝解，但徒劳无功。她时常前往王舍城，抓城内居民所生的小孩为食。鬼子母夫妇宴乐图下方绘制一个山洞，洞口装有一扇朱漆大门，洞内陈设豪华。洞外的壁画虽残损严重，但仍可以隐约看出一群孩童在门外哭泣着寻找父母。其中两个孩童抱在一起痛哭。他们身后，一个孩童趴卧在地上的画面较为清晰。这些都是鬼子母从王舍城中抓回的小孩，她把他们囚禁在此，准备慢慢享用。王舍城内失去孩子的父母悲痛欲绝，在街上痛哭流涕地寻找孩子，但始终找不到，也寻不见其尸骨。这种情况一直持续，使得全

东壁局部·王舍城皇宫图

东壁局部 · 鬼子母夫妇夜饮图

东壁说法图局部：释迦说法图局部

东壁说法图局部・天龙八部护法神

东壁说法图局部 · 菩萨请发图

国民众惶恐不安，在街头巷尾议论孩童失踪之事。磨坊图中描绘的庭院内，有一群父母寻找孩子的场景。两名男子一脸无奈，四处寻找孩子，其中一名忍不住掩袖而泣。其下方两名妇女也相互询问孩子的下落。

释迦说法图左侧绘有一座皇宫，宫中正在议事。国王身着红袍端坐宝座之上，台阶下群臣手持笏板上奏，讨论孩童失踪之事。众臣请王详查此事，国王敕令在城中诸街口派重兵把守。然而，派去的兵将却无故消失，孩童失踪之谜仍然无法破解。国王和群臣束手无策，于是召来相士询问此事。相士回答："此灾横皆是药叉所作，速办诸妙饮食祭祀，即可免难。"王下令照办。人们精心打扫街道，备妥美妙饮食、香花、灯烛，并演奏音乐。尽管做了种种努力，但孩童失踪事件依然发生，城内臣民对此苦恼不已。

东壁说法图局部

皇宫右侧绘有一高台楼阁，楼阁上皇后跪地焚香祭祀。宫娥于后方执扇护侍，屋内侍女在准备祭品。台阶下方一名宫人正持物走上台阶。祭祀的目的与城内孩童失踪事件息息相关，身为一国之母的皇后对此深感忧心。画面中，皇后跪拜处的右前方有一片祥云萦绕，五人飘飘而降。前方两位天女身着华服，双手持笏，其中身着红袍的为鬼子母。两位天女左侧站立一名持物侍女，后方则站立两名持长柄羽扇的侍女。

释迦说法图局部·金刚特写

东壁局部·王舍城皇宫后宫阁楼图

王舍城的守护神娑多山知道人们的苦恼，故托梦告诉世人孩童失踪的罪魁祸首是欢喜，并告知人们应该向佛陀求救，因为佛陀必有办法解除此难。大家一听是欢喜所为，便议论纷纷：这个吃小孩的女夜叉，怎能称为“欢喜”？因此，人们私底下将此夜叉称为“诃利帝夜叉女”，意为恐怖的母夜叉。在画面中央说法图的右下方，王舍城失踪孩童囚禁处的洞门半开，一个小孩趴卧在门槛上向外张望，门外一位老人拄杖而至。老人化作一股祥云腾空而起，霎时出现一位睁眼横眉、身穿盔甲的天神。原来是娑多山化现老人，找到了王舍城被抓孩童的囚禁处。此时，有些孩童已经被女夜叉吃掉了。榜题云：“此是□□化一老人向洞门前见孩多孩现（观）内报了爱奴现（观）。”

王舍城的民众知道唯有佛陀能救度众生，因此皆往佛所顶礼佛足，请佛陀怜悯众生，出面降伏欢喜。释迦说法图画面的左上方有另一组佛说法的群像，主尊佛陀端坐于莲台上说法，莲台两侧各立一尊菩萨、一尊天王和一尊比丘。佛陀的莲座前放置香炉。画面中，一比丘众站立于佛陀右侧，恭敬地禀告此事。佛陀身后绘有圆光，圆光上方绘有华盖，华盖两侧绘有飞天。然而，佛陀左侧的飞天因屋漏雨而漫漶不清。

佛陀令阿难等弟子次日持钵入城化缘，前往欢喜住所附近隐藏。在欢喜留下最小的爱子在家自行出门后，佛陀便运用神通力将钵覆于孩子身上，将他藏匿在其中。随后，比丘将此钵带往佛陀驻锡的竹林精舍。上一幅佛陀说法图的画面下方绘有豪华的大房子，屋内空荡荡的，表示欢喜已经外出。一比丘腾空而起，右手高举，将佛钵掷向高处，说明已将欢喜的小儿收纳在其中。

细节观察

东壁·皇后祝祷图

在一座歇山顶、蓝色琉璃瓦覆盖的宫殿里，欢喜夫妇正在楼阁上凭栏举杯对饮。一侍女手持仪扇侍立一侧，另一侍女端着酒壶入楼，还有一名身着绿衣的侍女正端着美味佳肴拾梯而上。左侧的廊内，两名乐伎正抚琴弹奏。一旁的侍女双手捧着红色漆盘，她的目光望向屏风后面满桌子的美味佳肴。画面细腻，人物形象生动。

下图：东壁局部·圣母之庙

欢喜返回家中，发现最小的儿子不见了，大为惊恐，急忙四处寻找。她问诸子小儿何在，他们皆答曰未见；问部属随从，也是一样的答案。皇后祝祷图的上方有一组画面，便描绘了此种场景。欢喜的丈夫坐于门前的圆矮凳上，头戴幞头，身着白色圆领窄袖白袍，

东壁局部·鬼子母赴四海龙宫图

细节观察

东壁·鬼子母夫妇寻儿图
画面中，鬼子母夫妇正在焦急地寻找丢失的小儿，穿着蓝绿长裙的侍女站在一旁侍应着。500个小鬼忙不迭地四处探听消息，来来回回奔走着向鬼子母禀报消息。

腰间佩玉带，表情显得十分着急。其左侧矮凳上坐着一名奶妈，奶妈大腿上站立一孩子。奶妈悉心照顾孩子，并与孩子嬉戏。奶妈的前方有一群幼儿正在嬉戏，其中三个幼儿在看皮影戏，讨论剧情，一个男童手持两个皮影人偶在嬉闹，另外三个幼儿坐在地上玩耍。在奶妈的左侧站立着一名着绿衣的侍女，显然是欢喜与丈夫的随从。侍女右侧矮凳上坐着的是欢喜，她正因为爱子失踪一事心烦。她举起右手，与身边头戴幞头、身着白色圆领窄袖绿袍、脚穿马靴、手持长卷的大鹏金翅鸟进行对话。大鹏金翅鸟是欢喜的夜叉部属，地位较高，统领着其他小金翅鸟。大鹏金翅鸟所持的长卷中载有欢喜所生的500个孩子的名字，他一一核查名单，向欢喜报告。欢喜的前方跪着一只小金翅鸟，双手抱掌聆听欢喜的指令，其身后另有两只双手合掌、唯唯诺诺的小金翅鸟走进来，想必是深怕欢喜责罚。在画面右侧，欢喜的丈夫手持剑，正教训跪地求饶的一群小金翅鸟。随后，金翅鸟一只只飞离，奉欢喜夫妇的命令去寻找孩子的下落。夫妻俩目送着小金翅鸟离去，期望能带回好消息。夫妻俩身后站立一名穿着绿衣的侍女。

过了许久，派出去的小金翅鸟依旧没有传回消息。欢喜开始惊慌失措，她到处寻找爱子的下落，但没有得到任何消息。于是，她近乎疯狂地寻遍了街道、园林、庙堂，甚至城外、乡村、四大海等处，还来到了各部洲、七大黑山、七大金山、七大雪山、无热池、香醉山、十六层地狱等地，但都没有寻到爱子的踪影。最后，她决定前往妙高山、多闻天宫、天界善法堂寻找。在帝释天的最胜殿门口，她被金刚大神与无量守门药叉挡住了。此时的欢喜非常焦虑。中央说法图的下方绘制了欢喜前往龙宫寻找爱子的画面，海面波涛汹涌，龙宫中侍女们正忙着准备宴席，龙王走出殿外恭敬地迎接欢喜。图中的欢喜雍容华贵，腾云驾雾，身后绘有一群随从，有的掌扇，有的持物，有的抱着她的幼子。榜题书写“此是四海龙王接鬼子母意信并下落去处”，表现欢喜带着大批人马到四海寻找爱子的下落，龙王以为她是来做客，不敢怠慢。值得注意的是：图中并未将鬼子母寻找幼子的情节描绘出来。另外，在东壁画面的西隅可以看到：鬼子母带着大量的部属至天宫中寻找爱子，在帝释天的最胜殿门口，被一位金刚大神挡住了。金刚大神身后的天宫云雾缭绕，只露出屋檐，象征着天宫是凡人无法窥知的神秘禁地。

经典记载：欢喜寻找不见爱子，便行至四大天王之一的北方多闻天王处。一见到多闻天王，她就在大石上悲啼号哭，恳求多闻天王帮她寻找孩子的下落。多闻天王劝她不要悲伤，并仔细回想近日有谁经常在她的住宅附近走动。她直言“沙门乔达摩（佛陀）”。于是，多闻天王建议她赶快去往佛陀的住处。鬼子母夫妇宴乐图的右侧绘制欢喜带着一群随从腾云驾雾至多闻天王处的场景。多闻天王坐姿，周围有许多夜叉部属围绕。欢喜恭敬持笏，向多闻天王询问爱子的下落。

欢喜听到此建议后，赶紧回到王舍城。她遥见佛陀有三十二相，向佛至诚顶礼，祈望佛陀可以让她见到爱子。佛陀问她：“你有众多孩子，仅失去一个，便如此痛苦，那世间人生的孩子甚少，其痛苦想必甚于你。你既然知道别离之苦，那么为何还食他人子女？你有此等恶行，未来必堕入地狱。”欢喜听后十分惊恐，便向佛陀说：“我今若得我爱儿，他日必不杀世人之子。”佛陀用神通力使欢喜见到钵下的爱子。欢喜尽其神力，终不能将钵移动分毫。佛陀对她说：“你今后若能受三归五戒，尽寿不杀，当还汝子。”欢喜听从佛陀教诫，不敢违逆。佛陀便为她授持不杀生、不偷盗、不邪淫、不妄语和不饮酒等五戒，并且一一指出她的孩子扰害众生的罪行。欢喜听后虔诚忏悔，率众子皈依佛陀，佛陀才让她与爱子重逢。欢喜又问佛陀：“世尊！我及诸儿今后何所食啖？”佛陀回

东壁局部·鬼子母率部属至龙宫寻爱子图（局部）

答她：“不用烦恼，佛会让赡部洲所有声闻弟子每次用餐前进行出食，使你们得以饱食，永无饥苦。”有了佛陀的保证，欢喜和诸鬼王在佛前发愿护持佛法，保护僧伽；无子者来求子，当与之子；善愿所求，自在所愿。虽然东壁近北壁的上隅画面模糊不清，但隐约可以看到佛陀高坐须弥莲花座上，两侧绘制声闻弟子和金刚护法，佛前一鬼王恭敬请法。画面的下方绘一男子着绿衣，赶着两匹驮货物的马在山中行走，此时已皈依的欢喜正在保护百姓。

东壁的东南隅矗立着二进庙宇，庙宇周围绘有亭台楼阁，房宅的门额上写着“圣母之庙”，门前站立着门吏与进香朝拜的信众。在二进楼阁的上层开窗处，欢喜夫妇身着华服端坐，身后站立着侍者。前方桌案上放置饮食、器物，表示夫妇二人正在用餐。门额上书写“圣母之庙”，这 是因为欢喜皈依佛门，成为佛教的护法善神，同时也是孕产妇和儿童的守护神。她的儿子，即诸鬼王，保护着四方民众的生命和财产安全。

东壁上除绘有说法图及鬼子母故事外，还有数幅观音菩萨示现的画面。这主要与《法华经·普门品》的经变有关。在东壁东隅中段，鬼子母眷属扰乱人间画面的右侧绘观音菩萨于空中示现。这样的画面布局将《普门品》中的观音菩萨寻声救苦与鬼子母本生故事有机结合。另一幅观音示现的画面出现于东壁鬼子母夫妇宴乐图的右侧。画面中有一座石拱桥，桥下流水潺潺。在桥后不远处，有一个头戴卷檐帽、身着开襟绿色窄袖短袍的农夫，他双手抱着刚收起来的伞，赶着一头驮着物品的驴子从深山里走来。农夫上方的虚空中站立一尊示现的观音菩萨，这个画面表现了农夫称念观世音菩萨

东壁·圣母之庙

东壁局部 · 农夫赶路图

名，从而受到菩萨的护佑，避开了大雨的浇淋。《普门品》云："云雷鼓掣电，降雹澍大雨，念彼观音力，应时得消散。"

第一幅观音示现救度图的右侧展现了普陀山水月观音图像。画面背景中，群山围绕，高耸入云，青山绿水如同仙境一般。群山下的岩石平台上坐着一尊水月观音，身着白衣，身后配置大圆光，呈自在坐姿。水月观音下方波涛汹涌，展现了南海普陀山世界的壮丽景象。

西壁壁画长约为11.1米，高约为3.45米，画幅面积与东壁相当，内容以表现本生故事与佛传故事为主。本生故事描绘的是佛陀前生修行菩萨道的历程，佛传故事则展现了佛陀降生、成长、出家、成佛等过程。故事采用顺时针的顺序布局，有序地在墙壁上展现。此外，该壁画的榜题内容较东壁更加清晰完整，使得观者能够全面解读绘制的内容。

西壁本生故事主要表现普光佛为善慧仙人授记释迦佛的故事。这个故事由数个情节组合而成，并在各情节处书写榜题。据推测，该故事很有可能出自《过去现在因果经》。在无量劫前，提播婆底城中有一位灯照王，他以慈心治理国家，使得国泰民安。不久，皇太子出世，名为“普光”。太子相貌非凡，具有三十二相、八十种好。太子成年后舍弃荣华富贵出家修道，最终成就无上佛果，被尊称为“普光佛”（又称“燃灯佛”“定光佛”）。普光佛宣说无上妙法，度化无量有情众生。当太子成道的消息传回国内时，皇室、贵族、臣民无不欢喜，众人纷纷追随普光佛出家。有一次，普光佛带着84000位阿罗汉游化至提播婆底城。灯照王命令民众用香水洒地，并用宝幢、幡盖和香花装饰街道数里。灯照王期望自己成为首个持花供养普光佛的人，便下谕令：“举凡国内名花皆须送至宫廷，不得私卖，更不得在王未供养普光如来前供养如来。”于是，灯照王组织了一支盛大的迎请队伍，欢天喜地去迎接普光佛的到来。

善慧仙人是释迦佛的前生，他曾发愿帮助众生脱离苦海。他梦到了五个梦境，为破解

西壁全图

内心的疑惑而下山。他修清净梵行，身上仅披鹿皮衣，手持水瓶和杖伞盖，入城遇500名外道。仙人与外道论经，降伏诸外道，外道因此供养仙人五百金。善慧仙人入城，见城内装饰华丽，便问缘由，得知普光佛即将来城，心生欢喜，欲买花供佛，但发现此时名花不得私卖。此时，一名青衣女子手持内插七茎莲花的花瓶走过。善慧仙人欲买莲花，但青衣女子要将莲花送往皇宫。于是仙人说欲出五百金买五茎莲花。青衣女子见此人容貌端正，又愿出重金买花，便卖花给仙人，但附加了生生世世都要做他妻子的条件。仙人答应了。青衣女子另取两茎莲花，请善慧仙人帮忙供佛，祈望佛能满足她的愿望。画面近南壁中段处描绘了善慧仙人在市集中买花的场景，榜题书“此是青衣买（卖）七支（枝）金莲花之处”。画面中的善慧仙人披着鹿皮衣，跣足，左肩上扛着两茎莲花，右手持瓶，正在与一个商贩交谈。但画面中并未出现青衣女子卖莲花的身影，显然这部分被省略了。该画面的楼阁右侧树的下方有一群人像，已经漫漶不清，榜题书“此是□鹿□皮仙人报七支（枝）金莲处”。由此推断，画面所绘原本应该是善慧仙人抱着莲花走路的场景。

西壁局部：授记图

西壁局部 · 善慧仙人铺佛经过处

不久之后，灯照王带领民众捧着名花，依序向普光佛供养。这时，善慧仙人见普光佛到来，他将五茎莲花撒于空中，莲花化作花台。随后，他又将剩下的两茎莲花撒于空中，莲花落于普光佛两侧，众人皆赞叹。普光佛当即称赞并为其授记。普光佛见善慧仙人穿着鹿皮衣，发髻系着仙人髻，便以神通化现一地淤泥。善慧仙人见佛足即将踩在污地上，立刻脱下鹿皮铺地，但仍遮盖不住淤泥，于是解开发髻以发覆地。普光佛走过后再次为其授记，预言他将来于五浊恶世必当成佛，度人无数。画面“善慧仙人买金莲花处”的左上方便描绘了“燃灯佛授记”的场景，画面榜题书“此是鹿皮仙人铺佛经过处”。普光佛上方绘制大华盖，盖幢飘动，幢上方绘着摩尼宝珠，闪闪发光。普光佛的两侧各有一尊飞天，并绘制二菩萨、二弟子、四金刚天王为佛之眷属。佛身后配置圆光，圆光外围为火焰纹。佛的右手置于胸前，仰掌向上，拇指与无名指相捻，左臂微曲下垂，掌心向下，呈现授记手势。他跣足立于双莲花上。莲花下方铺着鹿皮衣，皮衣前方的善慧仙人上身赤裸，五体投地，长发铺地。

城内百姓对于普光佛的到来都欢欣鼓舞。然而，有两个平民因贫穷而无法供养普光佛。普光佛知其心事，便在路上化现杂草。二贫者见佛将经过的街道不净，便细心打扫。普光佛经过后为他们授记，预示在未来释迦如来成佛时，将选他们作为声闻弟子。

西壁局部・二贫人野外持道供佛处

授记图的左侧榜题书“此是二贫人野外持道供佛处”。画面中，两名男子正在打扫路面，一名手持扫帚打扫，另一名手持铲子将路面不平处铲平。

后续画面的情节则围绕着佛传故事展开。善慧仙人授记后经过无量劫的修行，最后成为护明菩萨。在授记图的左上方，即画面中央上部，描绘了护明菩萨受胎、降生的场景。画面中绘制宫台楼阁，榜题书“菩萨将（降）内宫入夫人腹内之处”，表现菩萨已离开居住的兜率天宫内院，准备降临人间。在楼阁左侧，护明菩萨乘坐白象，身后绘制圆光，周围绘有部属簇拥。菩萨的白毫射出一道光芒直往迦毗罗卫城的宫殿处，榜题书“此是护明菩萨夜半托生之处”。后宫殿内，夫人正在安睡，有二宫女正踩在凳上，拉下卷帘伺候夫人休息。此时，夫人梦中见菩萨乘六牙白象从她右胁而入。

按照当时的习俗，女子必须回娘家生产。因此，夫人怀孕数月后，便准备回娘家待产。授记图的下方绘制迦毗罗卫城，城门大开，文武百官列队，后方的步辇上，摩耶夫人端坐，正准备出城回天臂城的娘家。

授记图的左方描绘摩耶夫人行至迦毗罗卫城郊区的毗蓝尼花园时的情景。她突然感到腹部疼痛，便用右手攀着无忧树。不一会儿，太子从夫人的右胁降生，榜题书“摩耶夫人攀无忧树降太子处”。画面中，刚出生的太子裸体行走，左手指天，右手指地，行走七步，步步生出莲花。他大声宣告：“天上天下，唯我独尊。三界皆苦，吾当安之。”意为他此世必当成佛，榜题书“周行七步□界称吾独尊之处”。帝释天得知太子出生，便对太子恭敬行礼。在摩耶夫人攀树画面的下方，一戴冠、着华服、合掌而立的男子即帝释天，他前方有一侍女，向盆中沐浴的太子恭敬弯腰，双手合十。太子坐于金盆内，两位地神托举金盆。盆周围金光四射，九龙于盆上方吐香水为太子沐浴，榜题书“地神钵金盆九龙吐水沐浴处”。

太子降生时，迦毗罗卫城出现了种种瑞象。画面近北壁中段绘制楼阁和庭院，其中有童子在玩耍，榜题书“此是吉祥五百童男童女之处”。除了人类，六畜也相当兴旺——500匹白驹和六牙白象纷至沓来。画面中有一座牛棚，两头白牛在悠闲地吃草，它们之间有一白麒麟，榜题书“此时种种吉祥牛生麒麟之处”。在中国文化中，麒麟的诞生代表着圣人出世。

左图：西壁局部·护明菩萨降生图
右图：西壁局部·摩耶夫人得祥梦图

壁画中段下方绘制一长回廊，其中有一只白凤凰栖息于此，榜题书“此是种种吉祥鸡生凤凰之处”。凤凰在中国文化中代表着吉祥。500名童男童女的左侧描绘高大的宫墙，榜题书“此是种种吉祥猪生五百白兔之处”。古印度以白色为贵，白色动物的出生象征着太平盛世即将到来。

此时，宫廷中已经收到太子降生的喜讯。画面中段绘制一宫阙，一宫女击鼓报喜，殿内侍女于台阶上奔走忙碌，榜题书“此是生下太子捆鼓报喜之处”。朝廷立刻下令让文武百官组成迎接太子的队伍，欲出城迎接太子，榜题书“此是梵王四十里外接佛之处”。净梵（饭）王因太子诞生而甚为欢喜，将太子命名为“悉达多”，并接受群臣的朝贺。画面中，净梵王端坐宫殿宝座之上，手持笏板，体格较周遭人物大，以显尊位。群臣在他下方朝贺，榜题书“梵王集群臣朝觐诠名悉达多”。

西壁局部·摩耶夫人出城省亲图

西壁局部·摩耶夫人攀无忧树生悉达多图

太子降生后，净梵王便遣使寻找阿斯陀仙人，希望请仙人为太子占相。画面描绘了使臣到达阿斯陀仙人山中的住处，看到山洞前有仙人的两个仆童，榜题书“此是遣使臣请阿斯仙人之处”。在下一幅画面中，仙人头戴冠，着道袍，手持笏，正在为太子占相。他预言太子未来将出家成佛，若未出家则为轮圣王。榜题书“此是阿斯归算罢得宝各十千处”。仙人观太子后喜极生悲，深感年岁已高，无法等到太子成佛后宣说妙法的那一天。净梵王生怕太子出家修道，因此为他建造四季宜居的宫殿，希望通过优渥的物质生活来打消太子出家的念头。宫殿城门修得非常坚固，开关城门的声响能传40里，让净梵王能够随时掌握太子的动向。在“阿斯陀仙人占相”画面的上方，描绘了净梵王坐于庭院中央，周围宫阙围绕的情景。王身后有一名营造官手持长卷请王审阅。当前方城门开启的声音响起，一名侍者向王报告太子住处的城门正开启，榜题书“此是□城门开四十里闻响处”。

西壁局部·生下太子宫内捆鼓报喜图

太子自幼聪慧，8岁时，净梵王请名师教导太子习武、读书。到12岁时，太子已精通五明、四吠陀学。画面中，诸国王子和王宫贵族子弟在一起学习，名师在一旁观看诸王子论辩，榜题书“此是对诸国王算应维论之处”。从12岁起，太子开始学习各项技能，如射箭、骑马、兵戎等。到成年时，太子已成为文武全才的有为青年。此时，善觉王的公主耶输陀罗举行比武招亲，各国王子与权贵子弟纷纷前来。当他们进入城门时，发现有白象挡在城门口。提婆达多欲将白象杀死，难陀迅速将大象牵引到路旁。接着，悉达多太子轻轻举起大象，将其抛至城外，使白象不受伤害。“菩萨降生”画面右侧描绘的是诸王子观看悉达多太子将大象抛至城外的场景，榜题书“此是太子对诸王掷象往空处”。此幅画面右侧描绘的是诸王子比武的场景。太子骑在白马上，拉弓射箭，射穿九重铁鼓。身后的诸王子牵马观看，无不佩服，榜题书“此是太子背射九重铁鼓之处”。

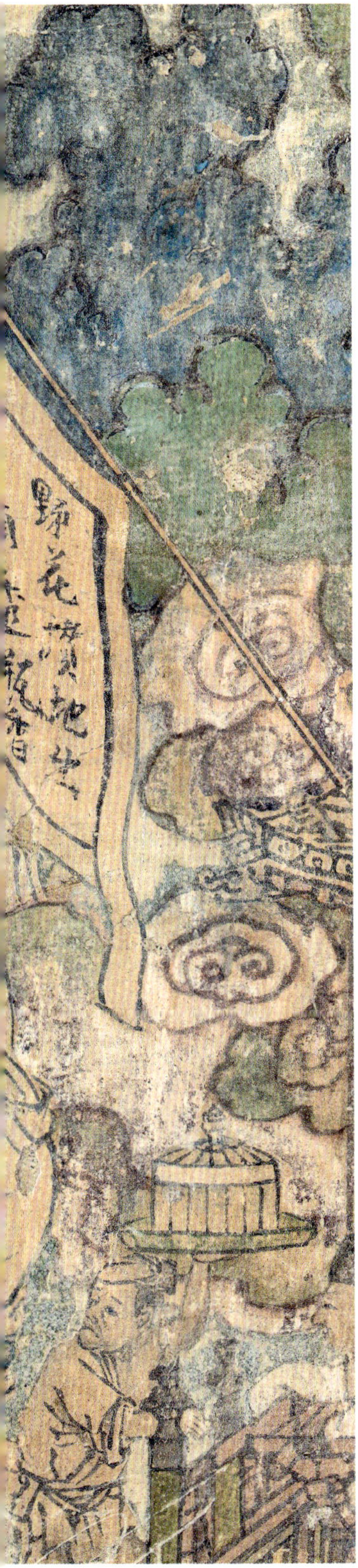

武艺出众的太子最终获得了耶输陀罗公主的青睐，并与她完婚。虽然生活幸福美满，但太子仍然无法打消出家的念头。

净梵王让太子打消出家的念头，让他出门游玩，并将沿路精心布置了华丽、美好的景象。然而，天神化现成老人、病人、死人和僧人来点化太子，这反而使太子更加坚定了出家的决心。画面中央下方绘有一城门，城门上题“此是太子东门见老伤叹之处”。画面中，城外的人物漫漶不清，但可推知是太子出门游玩时见到老人的场景。在摩耶夫人省亲的画面右上方，描绘了太子出南门见到病伤者躺于地上的情景，榜题书“此是太子南门见病伤嗟之处”。在西壁中段上方，描绘了太子骑马看见一尸体横躺，野狗与乌鸦争食腐肉的景象。太子甚为惊讶，问随从车匿这是怎么回事。车匿指着尸体回答说这是死人，是所有人都会经历的事情。榜题书“此是太子西门见死伤心之处”。最后，当太子游览北门时，他见到了一位出家修行者，无拘无束的生活让他心生向往。榜题书“此是太子北门逢僧礼拜之处”。

1.西壁局部·市集图局部及车匿送佛出家回来众人问信处
2.西壁局部·吉祥诸童子诞生
3.西壁局部·牛生白麒麟

西壁局部·太子命名并接受群臣朝贺

净飯王

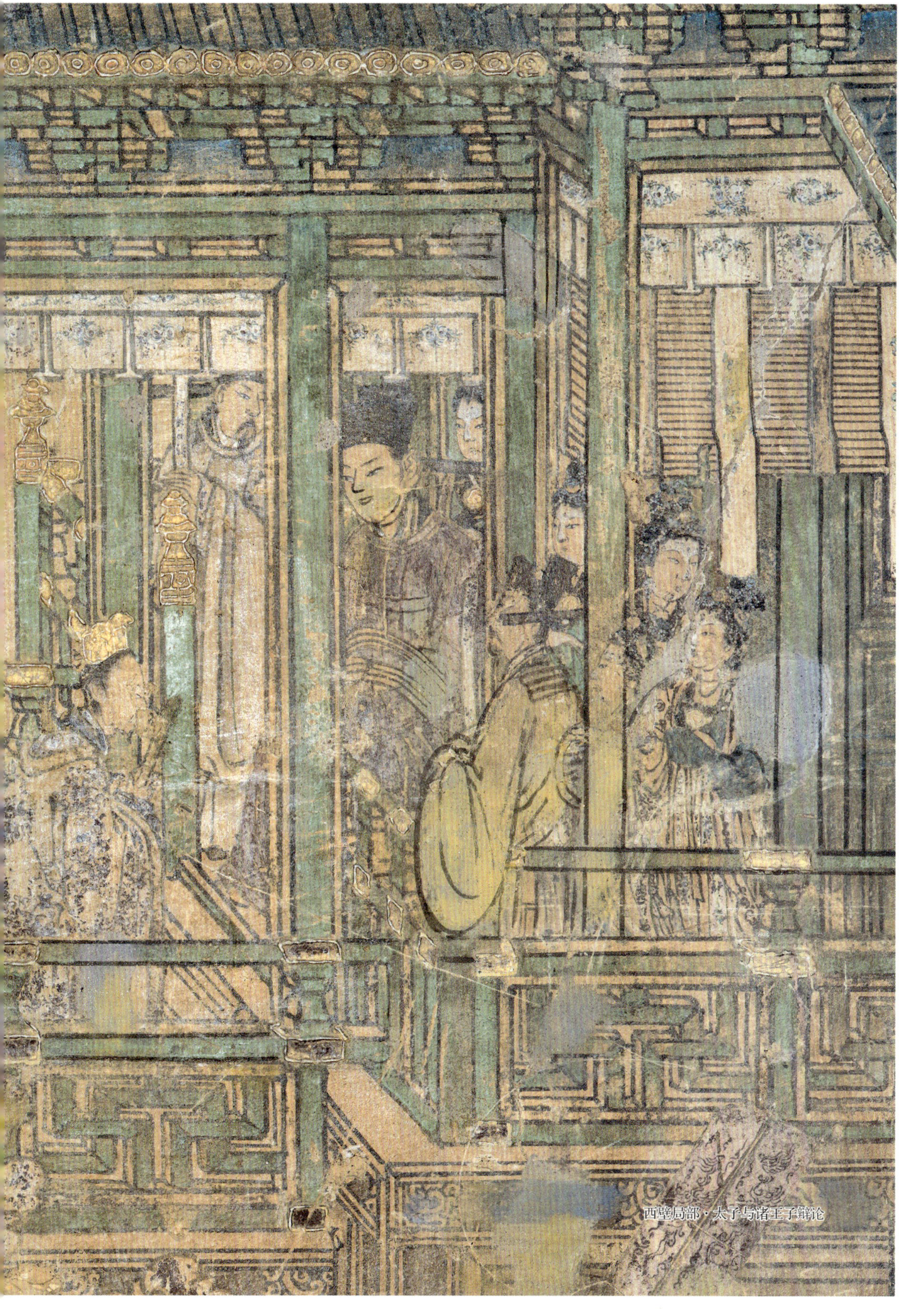
西壁局部·太子与诸王子辩论

西壁局部·阿斯仙人占相图即“此是阿斯归　罢得宝各十千处”与“梵王听闻城门开响之处”

西壁局部·太子比武处

太子发现生、老、病、死和苦难是人生无法脱离的束缚，对此感触甚深，更坚定了出家求道的信念。半夜时分，太子起身准备离家。宫殿中的宫女和乐伎因为白天的辛劳而酣然入睡，琵琶、食盒和其他器物散落一地。画面中，太子叫醒车匿起床备马，车匿在台阶下方备马。波旬魔王得知太子将出家，便降临人间，于宫殿上方施放雷电，降下冰雹和大雨，希望阻止太子出家。榜题书“此是魔王见宫人奏乐送睡处”。太子离开时留下一瓣香，托一宫女转交夫人，告之有难时焚烧此香可以解难。画面中，耶输陀罗夫人跪地焚香祝祷，

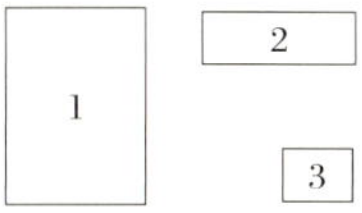

1.西壁局部・太子背射九重铁鼓图
2.西壁局部・太子游西门见死人
3.西壁局部・太子游南门见病人

俞夫人
一瓣

西壁局部·太子离宫、耶输陀罗夫人得信香一瓣处

西壁局部·摩耶夫人出城省亲图局部

西壁局部・摩耶夫人出城省亲图局部

描绘的便是此场景。榜题书“此是耶输夫人得信香一瓣处”。在耶输陀罗夫人祝祷处的右上方画面中，四大天王抬着白马四足飞越城池，使太子顺利离家而不必开启城门发出巨响。榜题书“此是四天王捧马足离宫之处”。太子离城时，恐怕宫中侍者受到牵连，因此在城墙上留下马蹄印。画面中，两名找寻太子的官吏在城墙上观看马蹄印。榜题书“此是太子离宫寻见马迹之处”。善慧仙人买莲花图的上方描绘了车匿牵着白马返回经过市集的场景，表明太子已经出家，车匿单独回程向净梵王禀告此事，榜题书“此是车匿送太子回来问信处”。

太子出家后，净梵王选了五名臣子去侍奉太子。菩萨降生图的左侧绘有五名身着儒服的男子在野外寻找太子，榜题书“此是五居轮寻觅太子不见处”。后来，这五名臣子找到了太子，发现他正在修行，便追随他一同修行。六年后，耶输陀罗夫人有了身孕，生下一子。释迦族人认为此子是不贞所生，欲将其堕入火坑。夫人立下誓言：“若有不贞，母子随即被火烧熔。”在火坑中，夫人坐于莲花上，没有被烧熔。在牛生白麒麟画面的下方，

西壁局部·牧女献牛乳与太子沐浴成佛图

绘有夫人堕入火坑，随即点燃太子遗留的美香，得到莲花的保护，火不能损伤她一根毛发，榜题书“此是耶输夫人火坑内焚香处”。

太子经过六年的苦修，有时每天只吃一粒米或一粒麦，形体枯槁。在画面中央上段处，太子端坐岩石上，面容枯瘦，头上有飞鸟筑巢，表示他已经进入禅定，周围有老虎相伴，显示其悲心已经可以慑服众生。此时，太子已经悟出苦行对身体无益，反而使自己无法开悟。因此，他准备放弃苦修，用中道的方式修行。一名牧牛女手持乳糜供养，太子欣然接受。榜题书“此是太子中年苦行修持之处”。牧牛女下方绘制三头奶牛，一名妇人携带一个幼子正在挤奶，地上放置奶罐，榜题书“此是牧牛女献乳太子食之处”。该画面左侧描绘的是太子收到供养后，踏入尼连禅河中沐浴的情景。此时，太子已有身光与头光，身着袈裟，相貌已经显露出如来之貌，预示着不久即将成佛。榜题书“此是悉达□太□子沐浴成□佛之处”。

百童男

西壁 · 降魔图

西壁·佛陀展现神变，净梵王礼佛跪拜

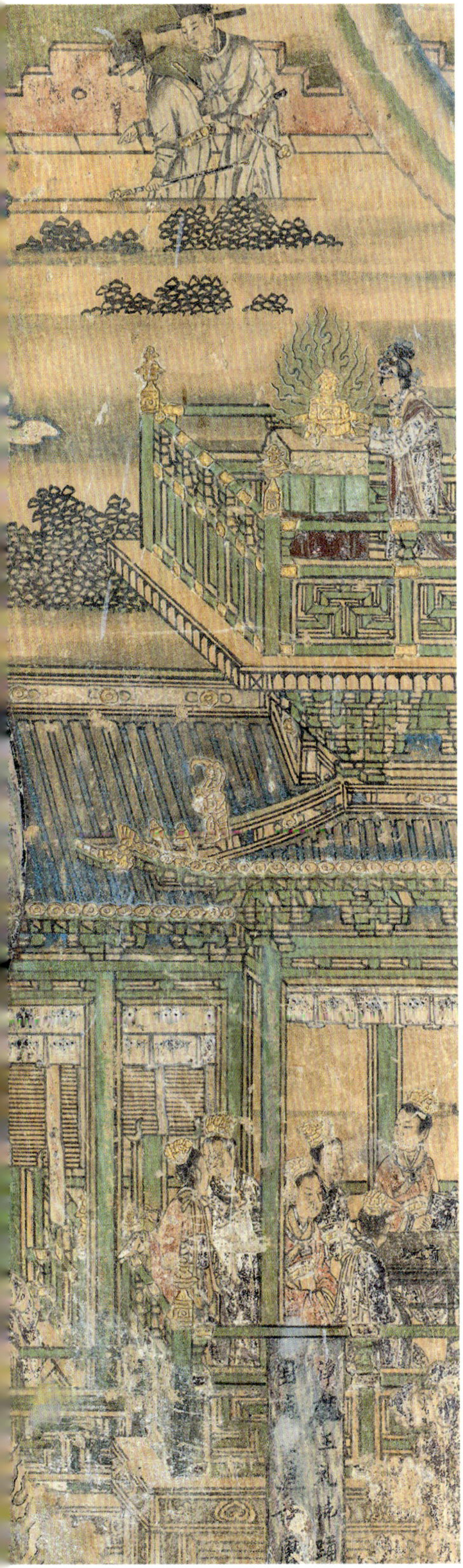

太子沐浴后，坐在菩提树下。此时，太子已经知道自己即将成佛，便言：“若未证得正等正觉不离此座。”魔王波旬甚为紧张，便带领魔女等来扰乱太子，但都被太子降服。沐浴图的右侧描绘出宏大的降魔成道图。画面中，太子正面自在坐，头身放光，全身放大光明，光明中有七朵红莲盛开，表示魔军的武器攻击都化为红莲。太子左手结禅定印，右手举起覆掌弯曲下放，呈欲降魔之态。太子两侧各立一位比丘与两尊菩萨，皆配置头光，神态安然。魔女用美色诱惑太子不成，反而成为丑陋的老妇人，跪在太子面前祈求原谅。两侧的魔军持武器攻击太子，结果太子却毫发无损。

太子成道的消息传回国内，净梵王便请优陀耶去邀请佛回到故国供养。优陀耶至佛居住之处时，见佛有无上妙法和广大神通，深感钦佩，便跟随佛出家。佛预告七日后将返国，优陀耶便将此消息带回，国王和百姓们都欣喜若狂。在太子命名并接受群臣朝贺画面的左侧绘有一幢宫殿，殿内净梵王身着朱色圆领窄袖长袍坐于椅上，身后一群官员恭敬而立。身前置一桌案，案上放置香炉。另一侧站立数位僧人，其中班首为优陀耶，他正向净梵王禀告此事，榜题书“此是优陀耶说佛神通广大处”。画面左侧，佛从天而降，绘有头光、身光，头光上方有华盖，佛下方两侧各配置一尊菩萨，榜题书“释迦牟尼佛为梵王现神变处”。当佛降临皇宫时，净梵王于庭院中带领家眷跪拜，王后方站立随从队伍，榜题书“净梵王礼佛踊身虚空遮□处”。净梵王身后的宫殿楼阁处，佛的姨母摩诃婆阇婆提手捧袈裟供养佛，率领宫中侍女瞻仰佛，榜题书“此是佛母现佛金襴袈裟之处”。

罗刹女与商贾对饮图

北壁壁画描绘的画面依据的是《佛本行经集》第49卷或《五百比丘因缘品》第50卷。壁画讲的是500名商人下海求宝，回程时海上遇恶风，船被风吹翻，商人们遇难漂至女罗刹国的故事。画面左下隅描绘的是狂风大作，波涛翻滚，船上的商人甚为惊恐，众人纷纷拽拉桅杆的绳索想控制船。然而，最后船还是被大海吞没，诸商贾漂至女罗刹国的海边，榜题书“此是五百商人如海求□□□□吹坠大罗刹□国□□□□□□”。画面右侧描绘的是城内诸罗刹女闻此消息后精心打扮，其中罗刹国女王打扮得格外华丽，她带着诸罗刹女出城至海边救助商人。

画面中，众罗刹女带着商人们入城。商人们看到城内的芳草绿树和宝阁楼幢，感到非常开心。众罗刹女提出希望与商人们共结连理，同享天伦之乐，商人们均欣然接受。城门上方绘制楼阁，门廊边身穿长袍的商人紧随在罗刹女身后进入屋子，屋内也有罗刹女正与商人一起饮酒作乐。楼阁后方绘制的是楼顶上准备豪华宴会的场景，桌子上放置酒盏、食物。屋外两侧有伎乐演出。城下罗刹女正邀商人们上楼赴宴。

商贾赴宴图

宝塔图局部

北壁西侧·罗刹女邀商贾赴宴图局部

罗刹女告诉诸商人：城内到处都可游玩，唯独城南不可去。这让商人首领内心起疑。为了解开谜团，待罗刹女睡熟之后，商人首领便去了城南。画面的右下隅描绘了一商人从城门走出的场景。商人首领看到一座被铁墙围起的房子，里面传出阵阵哀号之声。他深感疑惑，便爬上房子旁边一棵高大的合欢树，察看屋内情景。画面中，城门左侧绘有树丛，榜题书“此是诸罗刹□□真相赶高人□□”。商人首领究竟看到了什么？商贾赴宴图的左侧画面给出了答案。画面描绘了许多仅穿犊鼻裤的男子被捆绑于柱子上。屋内男子见树上有人，便说自己原是商人，遭遇海难为罗刹女所救。当罗刹女得知又有一批商贾遇难时，他们被投入铁屋，将被肢解而食。他们曾经有回家的机会，但是因为贪恋罗刹女的美色而错失良机。男子还说：在四月十五日昴宿会合之际，会出现行如风、身雪白、头绀色的马王，名为“鸡尸”。鸡尸会露面说三遍：“谁欲渡彼大咸苦水，我今当令安隐得渡咸水彼岸。”此时应立刻攀上白马归去，抓住马毛也能平安脱困，不可贪恋罗刹女而选择留下。画面中，商贾遇女罗刹难的上方绘制一尊观音菩萨从天而降。由此可知，本故事的画面结合了《普门品》观音示现的情节。该经云“或遇恶罗刹、毒龙诸鬼等，念彼观音力，时悉不敢害”，阐述世人若遇罗刹之难，称念观音菩萨即可平安。

得知内情的商人首领悄然回城，将此消息保密，直到四月才告诉同伴实情。他告诫他们既不可被罗刹女的花言巧语迷惑，也不可贪恋美色。画面中，合欢树上方绘有商人们偷偷离开罗刹女的宅院的场景。当罗刹女发现500名商人失踪后，她打开后窗呼喊寻找他们。然而，商人们争先恐后地想要逃离，有的爬到鸡尸马王身上，有的拉住其毛。马王腾空而去，带着他们回到故乡阎浮提国。救度500名商人的白马鸡尸即是后来的佛陀，商人首领即是后来的舍利，500名商人即是后来的500名比丘。

北壁西侧·铁屋内商贾遇罗刹难

北壁东侧绘有一座八角七层木结构宝塔，四周环绕庑廊、楼阁和宝树。宝塔大放光明，塔内最上层的窗户敞开着，窗内端坐一尊佛像。这可能表示释迦如来宣说《法华经》时，地面涌现多宝塔，塔内端坐多宝佛。宝塔画面右侧有祥云从塔中升起，祥云上方站立着观音菩萨，表示刚刚供养过多宝塔。《普门品》中阐述了无尽意菩萨用颈上的璎珞供养观音菩萨的情景。观音菩萨将其分为两份，一份供养释迦如来，另一份供养多宝塔。

金代统治者大力崇佛，对佛寺多有营建，岩山寺正是这一时期的代表性建筑。古代人们从五台山北麓入山朝圣时，必定经过繁峙岩山寺。在金代寺观壁画的遗存中，繁峙岩山寺可以说是唯一的代表性遗例。这些壁画是由王逵、王道等人共同绘制的。其中，王逵是宋金两朝的宫廷御用画师，他的作品展现出北宋晚期的绘画风格，被视为上乘之作，体现出宋金时期绘画艺术的辉煌成就。此壁画也是王逵唯一的传世之作，具有不可替代的艺术地位。画面中繁复的佛教故事情节错落有致地布局，使得画面在保持协调统一的同时，又能展现出壁画的宏伟气势。画面的题材丰富多样，包括山水、人物、走兽、楼阁等。各类题材都被描绘得非常精准，体现出画家的高超技法。虽然岩山寺壁画表现的是佛教故事，但除了佛和菩萨造型，画面中还描绘了国王、大臣、武士、妇女、农夫、商贩等人物；界画中展现了宫廷、城楼、农宅、捣米坊等建筑；山水画中呈现了山石、流泉、树丛等场景。这些元素皆使用近乎写实的手法来表现宋金时期的社会生活，充分展示了当时的市井生活和社会风俗等特点，值得观者仔细赏析与探究。

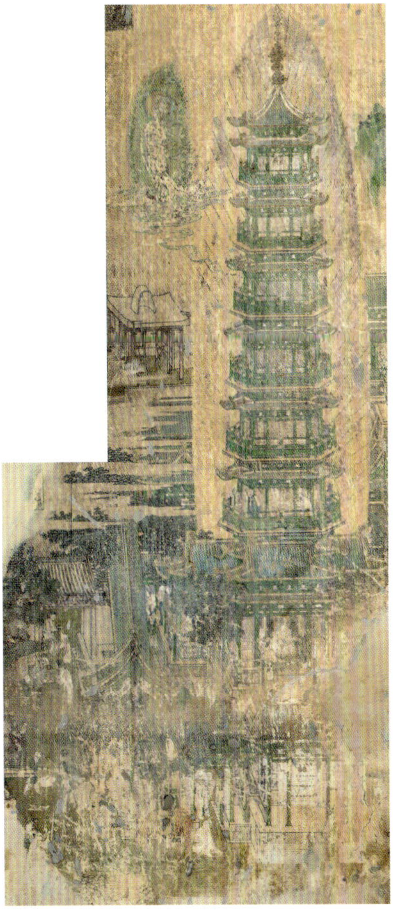

左/右页：
左图：北壁东侧·宝塔图局部
右图：北壁东侧·多宝佛塔

⑥ 朔州 · 朔城

崇福寺

崇福寺位于山西省朔州市朔城区，始建于唐麟德二年（665），辽初曾作为林太师衙署官府机构。辽统和年间改为寺，名曰“林衙院”或“林衙署”。金代熙宗崇佛，该寺大兴土木，修葺扩建，成为规模宏大的寺院。金天德二年（1150），海陵王完颜亮赐额“崇福禅寺”。弥陀殿为该寺最大的佛殿（主殿），殿身面阔七间，为中国现存辽金时期三大佛殿之一，殿内保存有金代塑像和壁画。

弥陀殿佛坛供奉三尊主像，中间为阿弥陀佛，佛左侧为观世音菩萨，佛右侧为大势至菩萨，构成“极乐净土”信仰之西方三圣像。三圣像台前两侧各塑造一尊金刚力士，主像与金刚力士间共有四尊胁侍菩萨。泥塑原塑于金代，虽经明、清时期修葺，却仍保有部分金代风格。弥陀殿四壁曾于金代绘壁画，但历经后代补绘，整体呈现出明、清时期的风格，金代风格不甚明显。东壁、西壁、北壁东尽间以及南壁东尽间下排菩萨像还保有金代壁画的部分遗韵。

弥陀殿的主体信仰基于弥陀净土，故殿内塑像和四周的壁画也大多围绕此主题展开，只有南壁例外。东、西两壁各绘制三尊端坐于莲台之上的大佛，每尊佛左、右两侧各站立

西壁全图局部 · 胁侍菩萨

一尊胁侍菩萨。东壁南梢间的佛像已被损毁，目前东、西两壁仅存五尊大佛。北壁明间的门楣以及东、西次间的壁画全部被毁，仅东、西梢间门楣以及西梢间、东梢间有部分遗存。东、西梢间门楣壁画描绘了与弥陀法门有关的“十六观”。西梢间描绘了一佛二菩萨像，而东梢间原本绘有一佛二菩萨像的说法图，现仅残存一尊胁侍菩萨。东梢间门楣壁画的西隅有残存的菩萨头光边缘。由此可推知，东、西次间的壁画原本应该绘有一佛二菩萨像。因此，该殿东、西、北三壁共绘制十幅一佛二菩萨像说法图。这十幅说法图围绕主尊西方三圣，构成了十方一切诸佛护持弥陀“极乐净土”的格局。

东、西与北壁：十方佛

弥陀殿内的北壁次间、梢间以及东、西壁的壁画原本描绘了十尊大佛，但目前仅剩下七

东壁全图

尊。这些大佛端庄慈祥，跏趺坐，每尊佛左、右两侧皆绘有胁侍菩萨。该大殿与弥陀信仰有密切的关系，以十佛壁画来赞颂佛坛之上的阿弥陀佛。姚秦三藏法师鸠摩罗什翻译的《佛说阿弥陀经》宣说恒河沙数诸佛，各于其国土现出长舌相，遍覆三千大千世界，并称“汝等众生，当信是称赞不可思议功德，一切诸佛所护念经”，阐明十方一切诸佛皆主动宣扬阿弥陀佛不可思议功德之力以及“极乐世界”的美好。该经中仅列举了东、南、西、北、上、下六方诸佛。到了唐代，释玄奘翻译的《称赞净土佛摄受经》描绘了阿弥陀佛的十方佛，除上述六方诸佛外，还包括东南、西南、东北、西北方诸佛，故可知弥陀殿的十方佛壁画应出自该经。目前，北壁东、西次间以及东梢间画作已被毁，无法得知大佛的本来样貌，但依据经典仍可推知其身份：东次间的大佛为东方不动佛，又名“阿閦佛”；西次间的大佛为南方日月光佛，又名“日月灯佛”；东梢间的大佛为西方无量寿佛，又名“阿弥陀佛”。

东壁局部·南铺佛说法图及供养菩萨

东壁无量功德火王光明佛说法图局部 · 胁侍菩萨

东壁无量功德火王光明佛说法图局部·胁侍菩萨

东壁局部 · 中铺说法图

东壁最上广大云雷音王佛说法图局部·胁侍菩萨

东壁由三幅佛说法图组成：无量功德火王光明佛说法图（南铺）、最上广大云雷音王佛说法图（中铺）以及一切妙法正理常放火王胜德光明佛说法图（北铺）。

南铺的无量功德火王光明佛说法图表现的是西北方世界中的无量功德火王光明佛宣扬阿弥陀佛不可思议的功德之力。大佛右手当胸结说法印，左手于小腹前，掌心向上，拇指与中指相捻，无名指弯曲，食指与小拇指舒展。佛两侧各立一尊胁侍菩萨，右侧菩萨双手捧水晶大钵；左侧菩萨双手持盆，盆中放置由绸缎包裹着的经卷。菩萨的上方各绘制一飞天，右侧飞天持月，月中绘制一白兔正在捣药；左侧飞天持日，日中绘制三足金乌。

中铺的最上广大云雷音王佛说法图中的佛端坐于莲台之上，身着通肩袈裟，袒胸。右手指微弯，掌心向上，左手肘放置于左膝，结降魔印。该尊大佛即东南方世界的最上广大云雷音王如来，其正在宣说“极乐净土”法门。在如来说法时，放大光明，三世十方一切诸佛护持皆赞叹。因此，两位胁侍菩萨上方皆绘五尊光中化佛，周遭五色祥云环绕。佛两侧胁侍菩萨的六角形头光非常特别。右侧菩萨左手持宝盆，盆内化现红色祥云；左侧菩萨手持柄香炉，炉内放置一颗赤色丹珠。

北铺壁画原本应表现北方佛说法图，其中包括一佛二菩萨像。然而，现在该铺内的壁画损毁严重，仅存佛右侧的菩萨。在《佛说阿弥陀经》中，北方为首的佛本应为师子佛，而《称赞净土佛摄受经》图表现的是一切妙法正理常放火王胜德光明佛，师子佛则居该经北方佛第二位。因此，该殿壁画应以《称赞净土佛摄受经》为主、以《佛说阿弥陀经》为辅。壁画中的菩萨头戴高髻宝冠，冠内绘制宝莲花，身后绘有圆形头光，圆形头光外围绘制火焰纹。菩萨双手当胸，左手托持莲茎底端，右手轻捻莲茎，莲花于右肩处盛开，莲花上方放一本经书，表示菩萨的般若智慧和证解空大道。菩萨的正上方绘一尊飞天，飞天左手托净瓶。

西壁由广慧佛说法图（南铺）、最上日光名称功德佛说法图（中铺）和梵音佛说法图（北铺）组成。

南铺的广慧佛说法图表现的是东北方世界的广慧佛说法的情景。广慧佛端端坐于莲台上说法，左、右两侧各站立一尊正面胁侍菩萨，左侧菩萨左手持牡丹花，右侧菩萨手持红莲花。两位菩萨上方各绘制一尊飞天，右侧飞天手持盆，左侧飞天手持方瓶。

中铺的最上日光名称功德佛说法图画面中，主尊为西南方世界的最上日光名称功德佛。该铺壁画的构图与东壁中铺相似，两者相互呼应，但手印与持物有所不同。该尊大佛双手当胸，呈欲转法轮状。其左、右两侧的胁侍菩萨皆身着红色袈裟，双手捧经。右侧菩萨翻阅经书；左侧菩萨右手持捆经绳，左手持经卷。菩萨身后绘有六角形头光，头光上方描绘五尊化佛。

北铺的梵音佛说法图表现的是上方世界梵音佛说法的情景。佛双手当胸，掌心向外，无名指弯曲，其余手指自然舒展，呈现法界三昧中的说法相。佛左、右两侧各立一尊头戴宝冠、身着青衣的菩萨。右侧菩萨双手捧博山香炉；左侧菩萨捧莲台，台上蹲一狮子。两位菩萨上方各绘制一尊飞天，飞天上身赤裸，披天衣、飘带，下身着长裙，造型体态动感十足。

据传，在抗战时期，北壁大部分壁画被日本学者盗走至日本，只剩下残缺的无量寿佛说法图（东梢间）和漫漶不清的无量光严通达觉慧佛说法图（西梢间）。

东壁北铺飞天

东壁北铺·一切妙法正理常放火王胜德光明佛说法图右侧菩萨

西壁全铺

西壁南铺·右侧菩萨

西壁南铺·左侧菩萨

西壁中铺·右侧菩萨

西壁中铺・左侧菩萨

西壁北铺全图

北壁东梢间·胁侍菩萨

东梢间的西方无量寿佛壁画已被损毁，仅存佛右侧的菩萨像。该尊菩萨左脸、左手等处被损毁，近代修补时将其重新描绘复原。该尊菩萨男性容貌，头戴宝冠，冠中书写“种子”；身着华丽的菩萨装，双手于胸前交叉，右手中指与无名指弯曲，食指与小拇指舒展，左手握金刚拳，跣足立于莲花上。菩萨后方绘有方形头光，头光上方有无量寿佛化现的光中化佛坐于祥云之上。若此壁原大佛为无量寿佛，则可推知该尊菩萨为大势至菩萨。

北壁西梢间呈现的是北方诸佛。根据《佛说阿弥陀经》，北方为首的佛为焰肩佛；根据《称赞净土佛摄受经》，则应为无量光严通达觉慧佛。因此，该尊佛像的尊名应为后者。该铺壁画曾被修葺补绘，使得主尊佛像已无金代风格，展现出清代特征；两侧的菩萨虽然遗存些许金代造型，但整体呈现出明代风格。该佛右手结莲花指，左手抚膝，施降魔印，身后绘有头光与身光。佛身侧的菩萨皆身着袈裟，双手捧瓶，瓶中插入盛开的鲜花，恭敬而立。

北壁三门楣处：十六观壁画

弥陀殿北壁设有三门，于门楣处描绘十六观壁画。其中，东梢壁绘有八幅，即第一观至第八观；西梢壁绘有三幅，即第十四观至第十六观，即三幅画面。由此可知，北壁中门门楣损毁的壁画应该是第九观至十三观。从东、西梢壁门楣处的壁画来看，此处壁画由上而下、由东向西依序排列。东梢壁门楣壁画共有八幅，并且书写有榜题；西梢壁门楣壁画共有三幅，榜题大多漫漶不清，从绘画内容可知，描绘的是“极乐净土”的

北壁西梢间说法图

三品往生情景。十六观壁画大部分已经斑驳，整体呈现出明代修绘的风格。

弥陀净土十六观出自《佛说观无量寿佛经》。该经阐述韦提希夫人被逆子阿阇世幽禁时，遥向耆阇崛山的释迦牟尼佛祈请。佛以神通示现，并派胁侍目犍连、阿难两位尊者亲临。韦提希夫人无心留恋人间，请佛慈悲送其往生清净佛国之地。佛示现十方佛土样貌，夫人选择“极乐净土”，佛陀欣然宣说十六观次第，称众生若修成此法，临命终时必得往生西方国土。十六观即：日观、水观、地观、树观、池观、总想观（一切楼、树、池等）、华座观、佛菩萨像观、佛身观、观音观、势至观、普往生观、杂明佛菩萨观、上品生观、中品生观、下品生观。佛教认为：修此法门可离一切苦厄，往生西方“极乐世界”。

北壁西梢间说法图·胁侍菩萨特写

北壁西梢间说法图 · 胁侍菩萨特写

北壁东梢门楣东侧画面分为上、下两幅，上图为第一观，下图为第二观。上图的榜题书“一落日悬鼓观”。画面中，韦提希夫人身着华服端坐，双手合十，身后绘有头光。她的右侧绘制群山，山底有祥云环绕，山巅之上悬挂一红轮。下图榜题书“二湛水凝溜观”。画面中绘制一矩形水面，即琉璃地，表示“极乐国土”一切皆是大水，水结成冰，澄净如琉璃，内外明澈。下方的金刚地上有四根宝柱承擎，无量光明和珍宝由地下化出。琉璃地上金绳有序交错，以七宝为界，整齐分明，将琉璃地分为方格状。五百色光化出，悬浮于虚空，形成光明台阁。

北壁东梢门楣的东、近中部画面也分为上、下两幅，上图为第三观，下图为第四观。上图的榜题书“三宝地变成观”。“极乐净土”的地面皆是琉璃宝地，地上虚空祥云化现楼阁。该画面场景与第二观的上半段琉璃地的场景相似。下图的榜题书“四宝树宝严观”。画面中绘制七棵树，树上盖着罗网、布帐，宝树上方大放光明。该图表现的是第四观，绘“极乐世界”七宝行树，宝树的叶子由七宝缀成，妙真珠网弥覆在树上。

北壁东门楣上方壁画全图

北壁东梢门楣西、近中部画面，上图为第五观，榜题书“五宝池德水观”；下图为第六观，榜题书“六惣前诸宝观”。第五观的画面中一共描绘八个方格状的功德池，宝池间隔处绘有宝树，树叶由七宝缀成，树上覆盖罗网、布帐。功德池中有七宝，池中生出多彩莲花。画面中亦有如意珠玉，放射出金色光芒，其光明化现百色宝鸟，鸟声演唱念佛、念法、念僧之音。第六观为总想观，展现出经文中“极乐世界”的样子：楼阁中放大光明，乐器悬于虚空，不奏自鸣。北壁东梢门楣西侧的壁画亦分为上、下两幅，上图为第七观，榜题书“七宝莲花座观”；下图为第八观，榜题书“八三圣宝像观”。第七观的画面中央有一座大莲台，莲台内有宝幢阁。莲瓣周围有摩尼珠作装饰，台座由七宝组成。莲台周围放大光明，遍照虚空。第八观画面中描绘了西方三圣端坐于莲台之上说法的场景。佛身庄严如阎浮檀金色，宝地、宝池、宝树分布于周边，宝树上覆盖众宝，皆大放光明。西方三圣放妙金光，照诸宝树。每株宝树下有三朵莲花，上坐一佛二菩萨。宝池中盛开三朵莲花，莲花之上端坐着三位菩萨。

南壁东梢间局部·地藏王菩萨

南壁东梢间局部 · 妙吉祥菩萨

北壁西梢门楣处的画面榜题已经漫漶不清，从画面中可以看出：中间为天宝楼阁，周围宝树成行，后方有功德池遍布彼国，展现了“极乐净土”三品众生的往生情况。画面反映了第十四观至十六观的情景。其中，第十四观描述了上品根性众生蒙西方三圣与莲池海会菩萨接引，往生彼国的情形；第十五观描绘了中品根性众生由阿弥陀佛接引，往生彼国的情况；第十六观则讲述了下品根性众生得到菩萨接引，往生彼国的状况。

如果说北、东、西壁展现的是对彼岸世界的向往，那么南壁则展现了今生的愿望。在南壁的东梢间，金代时曾绘有六尊坐像，下方有三尊菩萨，上方则是后人补绘的三佛。尽管原本绘制的是佛还是菩萨已不可考，但画面遗存的三尊菩萨据传皆可灭罪除障，因而成为信徒崇拜的对象。南壁西梢间的千手观音为明代所绘，而原本金代所绘的内容已不可考。

南壁东梢间壁画描绘了诸佛和菩萨像，分为上、下两部分，每部分各绘三尊。上层是佛像，下层为菩萨像。上层的壁画是清代时补绘的；下层的壁画也不是原绘的，但仍保有金代时期的遗韵。

在上层的三尊佛像中，中间为释迦佛，身着红袈裟，右手当胸结莲花指，左手于小腹前施禅定印；右侧为药师琉璃光佛，双手施禅定印，印上置药钵；左侧为毗卢遮那佛，双手于胸前结毗卢印。

在下层的三尊菩萨中，中间为除盖障菩萨，右手掌心向外，左手持伞盖，寓意消除众生的一切烦恼；右侧为地藏王菩萨，右手当胸覆掌，左手于腹前结禅定印，印上置水晶钵，象征灭除众生地狱之苦；左侧为妙吉祥菩萨（即文殊师利菩萨），源自密教体系，头发梳五髻，又称“五髻文殊”，右手掌心向外，左手持莲花，莲花上方置十字金刚杵，五髻代表五智五佛，十字金刚杵则象征消除自身的一切罪障。

南壁西梢间绘有千手观音壁画，呈现出明朝风格，尤其胸前衣服上的墨龙是典型的明代造型。千手观音呈现立姿，共有18面，每面皆有三目，每掌心各开一眼，手中持法器或结印。法器甚多，如宝镜、经书、剑、葫芦、日、月等。观音右侧站立一尊婆薮仙，神情自若，倚杖而立；左侧为吉祥天，神情安详，双手合十。

我国现存的辽金时期的壁画并不多。崇福寺的壁画原绘制于金代，经过后代的补绘，多处壁画已经呈现出明、清时期的绘画风格。但可贵的是：这些壁画仍保有金代的风格，值得后人仔细品味。

南壁西梢间千手观音局部

南壁西梢间千手观音全图

自南北朝以来，弥陀信仰盛行。虽然鸠摩罗什翻译的《佛说阿弥陀经》较玄奘翻译的《称赞净土佛摄受经》流通更广，但该寺壁画中的十佛并不是以《佛说阿弥陀经》为蓝本，而是以《称赞净土佛摄受经》为依据。很显然，当时该寺中弥陀信仰以玄奘翻译的版本为正宗，并未使用《佛说阿弥陀经》，这是一个非常特殊的案例。在中原佛教遗存的弥陀信仰中，出现《佛说观无量寿佛经》的“十六观”与《称赞净土佛摄受经》的“十佛”融为一体的情形，这是寺院壁画中十分罕见的。崇福寺壁画作为辽金时期遗存的唯一案例，非常特别，而且十佛尊像宏大，非一般石窟、寺观壁画所能比拟。

南壁东梢间佛菩萨圣像

北壁洞门菩萨特写

⑦ 大同·灵丘

觉山寺

觉山寺位于山西省灵丘县城东南15公里处，背靠悬钟山（又名“钟山”），西临唐河，群山环绕，环境清幽宁静。该寺始建于北魏太和七年（483），历经辽、明、清时期的多次修葺，现存庙宇大多为清代重修。庙宇呈三条轴线，拥有三进院落，总计30余座殿宇。舍利佛塔位于寺院西南隅，建于辽大安六年（1090），呈八角形，共13层，为典型的辽代密檐塔。塔身第一层中心为塔柱式，外间置八角形甬道，塔内壁除南、北开门洞外，其余壁面皆保存有辽代时期的壁画。塔中央为八角形中心柱式，除北壁开门洞外，其余壁面皆绘壁画数铺，其中大多为辽代的原作，不过也有几铺壁画是明、清时期补绘的，已失去原貌。

壁画题材多为明王、天王、菩萨和佛像，造型延续了唐代壁画大气浑厚的特点，画面颇具张力。多铺壁画上方有榜题，但由于年代久远和人为破坏，大多数已经漫漶不清，难以辨认。有些榜题为后人擅自书写，与画面内容存在矛盾。例如，中心柱西壁壁画榜题墨书“金刚手菩萨化大笑明王”，但根据密教经论仪轨，金刚手菩萨化现为降三世明王，而非大笑明王。另外，相关书籍对壁画内容的考证仍有待商榷。例如，内壁东北处的天王像在《山西佛寺壁画》中被判定为“北方多闻天王”，但未说明判定依据。若依照造像惯例分析，则应为“东方持国天王”。因此，本文将以造像惯例和经典依据为准，阐述这些壁画的造像旨趣。

佛 中心柱南壁正、背两面各绘有一尊佛像。正面佛像的手印为说法印，背面佛像的手印则残缺不全。佛像经过后代的修葺、补绘，其色彩与笔法已经失去了辽代遗韵。该铺壁画背面下半部分损毁，仅存半身佛像。佛跏趺坐，表情肃穆庄严，额间白毫颇大，顶上肉髻饱满，身着通肩式袈裟，身后配置五层身光及四层头光，圆光最外围绘制火焰纹。佛像后方绘五色祥云，上方配置红莲作为华盖。在该尊佛像背面的前方，洞门口两侧绘制日光遍照菩萨与月光遍照菩萨，由此可知，该佛应为药师琉璃光净土的如来，结说法印的佛像则为释迦牟尼佛。该处壁画的佛像位于中心柱正中，其两侧的天王、明王依序排列。

菩萨 塔底层南、北门洞内两侧各绘一尊菩萨，菩萨上方各绘一尊腾飞状的飞天，手持鲜花与宝盘，用于供养诸佛、菩萨。南壁洞内两侧的菩萨面目清秀，头戴高冠，身披华丽的通体袈裟，下身着长裙，跣足立于莲花之上。菩萨身后绘有头光，上方绘有莲花状华盖，双手

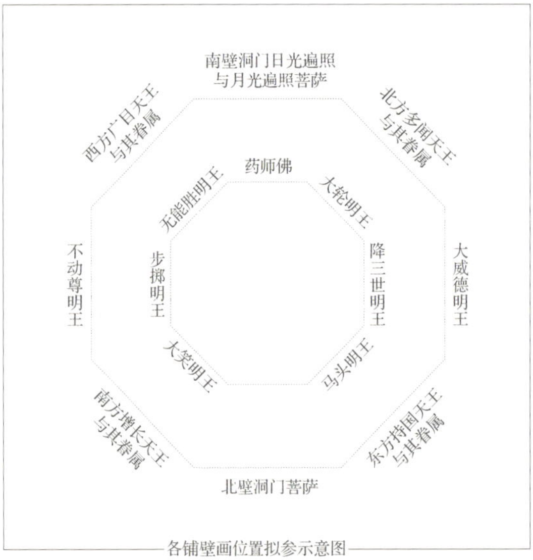

各铺壁画位置拟参示意图

南壁洞门·日光遍照与月光遍照菩萨

明王

当胸结说法印。这两尊菩萨外形十分相似，难以识别身份，但在宝冠上的摩尼珠中各书写一梵字，即菩萨本身的种子字。由此可知，靠近东南侧的菩萨为月光遍照菩萨，靠近西南侧的菩萨为日光遍照菩萨，他们与中央塔柱南壁的药师佛一起构成“东方三圣”，具有往生净土的寓意。北壁洞门近东侧的菩萨图像漫漶不清，而近西侧的菩萨头戴高冠，身着白衣，披袈裟，手持红莲花。该尊菩萨宝冠中并无化佛，所以其身份很有可能为观世音菩萨（白衣观音）或大势至菩萨，原本近东侧的菩萨应该与此尊菩萨造型相似。大势至菩萨与观世音菩萨乃西方净土中阿弥陀佛重要的胁侍菩萨，这一画面反映出西方“极乐净土”的思想。此铺壁画恰好与南壁的东方琉璃净土思想相互辉映，显示出当时设计壁画时的巧妙构思。

四大天王　塔底层东南、东北、西北、西南处的各铺壁画原本各绘有一尊天王。天王身着盔甲，周围有夜叉、小鬼围绕。四大天王上方没有绘制诸菩萨，明王壁面上方绘制诸菩萨，用以表示菩萨与天王有区别。东南处为西方广目天王，右手持剑，左手覆掌放于左腿上，怒视下方，降伏一龙；东北处为南方增长天王，右手持剑，左手当胸，怒视下方一龙；西南处为北方多闻天王，右手持剑，左手挽袖，脚踏二恶鬼；西北处为东方持国天王，右手持棒，左手覆掌放于左大腿上，怒视下方，降伏一龙。持国天王持棒、广目天王持剑的造像传统，可追溯至敦煌第100窟窟顶壁画中的天王形象。整体而言，四大天王造像十分类似，大多手持剑，除持国天王持棒外，并无显著的造像特征。

西方广目天王与其眷属

南方增长天王与其眷属

南方增长天王与其眷属特写

东方持国天王与其眷属

八大明王 除南、北方位的壁画外，中央塔柱其余各铺壁画均绘制明王一尊，共计六尊。此外，塔底层东、西两铺壁面也绘制了明王，总计为八大明王。这八大明王出自晚唐梵僧达磨栖那（梵语dharma-sena）翻译的《大妙金刚大甘露军拏利焰鬘炽盛佛顶经》（以下简称《大妙金刚经》），该经属于晚唐密教仪轨。根据《大妙金刚经》的阐述,大日如来有八大菩萨作为眷属，化现忿怒身之八大明王。这八大明王分别是：金刚手菩萨化现降三世金刚明王、妙吉祥菩萨化现大威德金刚明王、虚空藏菩萨化现大笑金刚明王、慈氏菩萨化现大轮金刚明王、观自在菩萨化现马头金刚明王、地藏菩萨化现无能胜金刚明王、除盖障菩萨化现不动尊金刚明王、普贤菩萨化现步掷金刚明王。

北方多闻天王与其眷属

在中央塔柱西南铺的画面中，明王的下半身漫漶不清，仅存半身。画面中，明王怒发瞪眼，上身赤裸，身披帛带，下身着裙，胸佩璎珞，一头六臂，肤色赭红。其右上手持六幅金刚轮，中手持三股金刚杵，右下手持刀；左上手持刀，中手持三股金刚铃，左下手持印。在壁画的左上隅，绘有一尊菩萨，手持莲花。根据这尊明王手持金刚轮的特点，我们可以推知此尊明王可能是大轮明王。壁画中菩萨手持莲花的特点也表明了菩萨的弥勒身份，使其更加契合弥勒菩萨化现大轮明王的观点。然而，该明王和菩萨的形象与传统唐密教法中的图像有些差异：《图像抄》中大轮明王为一首二臂，右手持八幅金刚轮，左手持一独钴金刚杵；胎藏界曼荼罗中的弥勒菩萨则手持莲花，莲花中放置宝瓶。

大轮明王

在中央塔柱的西铺画面中，明王残存半身，怒目扬发，一头二臂，右手持佛幡，左手按膝。明王左上隅绘制一尊菩萨，跏趺坐，身着袈裟，右手持一独钴金刚杵，左手施禅定印，侧面的榜题书“金刚手菩萨化大笑明王”。然而，该榜题与内容存在矛盾：《大妙金刚经》中金刚手菩萨应化现为降三世明王，而非大笑明王。壁画中菩萨手持金刚杵，这确认了金刚手菩萨的身份，故榜题有误，应为“金刚手菩萨化现降三世明王”。此降三世明王手持宝幢，这与日本唐密、台密的造像传统以及诸经仪轨不符，应属于我国造像发展的一种特殊形式。

降三世明王

在中央塔柱的西北铺画面中，明王三头六臂，肤色赭红，怒发瞪眼，上身赤裸，身披天衣、飘带，身后绘有头光。明王右侧上方端坐一菩萨，左上方为一比丘僧人持柄香炉。明王右上手持钺，中间的两只手于胸前结印，右下手持剑；左上手持棒，左下手持绳。菩萨左手持净瓶，右手当胸持杨柳枝。由此可知，此尊菩萨为观世音菩萨，故该铺画面表现的是菩萨化现为马头明王的场景。

在中央塔柱的东南铺画面中，明王一头六臂，肤色赭黄，怒发瞪眼，袒腹跣足，身后绘有头光。明王的右侧上方有一菩萨，身着袈裟，双手当胸结说法印。明王右上手持绳索，中间两只手于胸前合掌，右下手持剑；左上手持金刚杵，左下手结印。该铺画面表现的是地藏菩萨化现为无能胜明王的场景。

在中央塔柱的东铺画面中，明王仅存半身，怒目扬发，头戴骷髅冠，一头八臂。右第一手持金刚杵，右第二手持箭，右第三手当胸结印，右第四手持钺；左第一手仰掌，左第二手持尺，左第三手持弓，左第四手漫漶不清。明王左侧上隅绘制一菩萨，身着袈裟，右手置腿上，左手施禅定印。明王身旁绘制白色巨龙。在南诏大理国石刻明王像中，大威德大笑明王造型为足踏恶龙，故可推知此明王即为大笑明王（又名“军荼利明王”）。大笑明王骑乘恶龙的形象是中土11世纪至12世纪发展出的造像，有别于唐密、台密中的大笑明王形象。

在中央塔柱的东北铺画面中，明王仅存半身，怒目扬发，头戴骷髅冠，一头八臂，肤色雪白。右第一手持棍，右第二手持金刚杵，右第三手持物，右第四手漫漶不清；左第一手持绳索，左第二手托右二手肘，左第三手持尺，左第四手开掌。明王右侧上隅绘制一菩萨，身着袈裟，右手置腿上，左手施禅定印。此铺壁画表现的是普贤菩萨化现为步掷明王的场景。

塔底层西铺画面中，明王肤色赭红，扬发，张口，瞪眼怒视，一头八臂，袒腹跣足。右第一手持刀，右第二手与左第二手于胸前结印，右第三手开掌，右第四手持剑；左第一手持绳索，左第三手持箭，左第四手持弓。明王坐于黑水牛上，正在降伏诸小鬼。明王右上隅端坐一位有金轮圆光的菩萨。菩萨身着袈裟，右手持伞盖，左手施禅定印。根据菩萨持伞盖的特征，我们可断定其身份为“除盖障菩萨”，象征着除去众生的种种盖障。在《大妙金刚经》中，除盖障菩萨化现为不动尊金刚明王。但在唐密、台密仪轨中，该明王并无降伏水牛之事，这与相关经论仪轨不合，可能是因为该尊菩萨像与明王像错置了。单纯从明王像来看，该尊降伏水牛的明王即大威德明王。由此推测，画面中借用了妙吉祥菩萨（文殊菩萨）的形象来表现除盖障菩萨，化现为大威德明王。

马头明王

无能胜明王

大笑明王

塔底层东铺壁画的明王形象在诸明王中相当独特，分为左、右两个部分。右侧的明王呈忿怒相，跏趺坐，身着天衣，佩璎珞，一头二臂，右手持剑，左手持绳索。左侧描绘的是北方多闻天王及其眷属，天王右手持戟，左手托塔。天王上方绘制一菩萨，右手持剑，左手当胸虚持一物。在唐密仪轨中，文殊菩萨和虚空藏菩萨是右手持剑的造型，画面中明王为唐密中常见的二臂不动尊明王。很明显，画面中借用了文殊菩萨或虚空藏菩萨的形象来表现除盖障菩萨化现为不动尊明王。值得一提的是：不动尊明王是一切明王和护法之主，因此在画面中，北方多闻天王被描绘为其眷属。

步掷明王

整体来看，觉山寺的壁画相当独特。塔心以释迦佛为主体，南、北洞门的壁画则蕴含净土思想。塔边四隅安置四大天王，其余壁面则绘有八大明王，形式严谨，在有限的空间内展现了精妙的构思。画面寓意明王和天王守护伽蓝道场，使正法永驻，消除一切魔扰。虽然八大明王出自《大妙金刚经》，但其排列方式与经典有所不同，且榜题与画面出现错置的情况。晚唐、五代时期，密教传入民间，并在辽国得到推广，使得密教以另一种形式发展。觉山寺壁画是唐代密教的遗存，因此非常珍贵。晚唐翻译的《大妙金刚经》传入日本后，并未发展出四大天王与八大明王共同护持诸佛的形式。该形式体现了中土密教的本土化特色，是辽代不可多得的宝贵遗例。

典藏山西文化遗产精品系列

山西寺观艺术

壁画

上

精编卷

元代

上卷目录

元代

01 运城·稷山

青龙寺

青龙寺位于山西省运城市稷山县城西4公里的马村西侧。该寺至迟在元代已经成为周边几个村落的信仰中心。其腰殿元代水陆画榜题框内多数有周边村落的供养人姓名。也就是说，这堂水陆画是马村村民出资绘制的，是以马村青龙寺为中心的一个区域内多个村邑集体供养的产物。这种每个神祇旁有供养人姓名的做法在繁峙公主寺中也能见到。

青龙寺现存的元代壁画分布在三座殿内：腰殿，后殿（即大雄宝殿的拱眼壁和西壁）以及伽蓝殿的拱眼壁。腰殿的水陆画不仅是全寺壁画的精华，而且是现存水陆壁画中最早的，为了解水陆画的发展史提供了宝贵的资料。在民国时期，这堂水陆壁画曾遭文物贩子切割，但在村民的努力下，大部分被追回并重装上墙。关于这堂水陆壁画的绘制时间，说法不一，主要有元代和明代两种判断。特别值得一提的是：北壁有明确的明代画师的题记，这给研究者带来了一定的困扰。其实，明代画师刘士通父子及门人绘制的是扇面墙的两面壁画。位于北壁左上角的题记是元代画师所留，但可惜年款处因雨水冲刷而无法辨认。画师题记写在墙角上方，这是古代画师绘制寺观壁画时的默认做法。

腰殿西壁局部（下）·鬼子母众

蓋水陸大殿

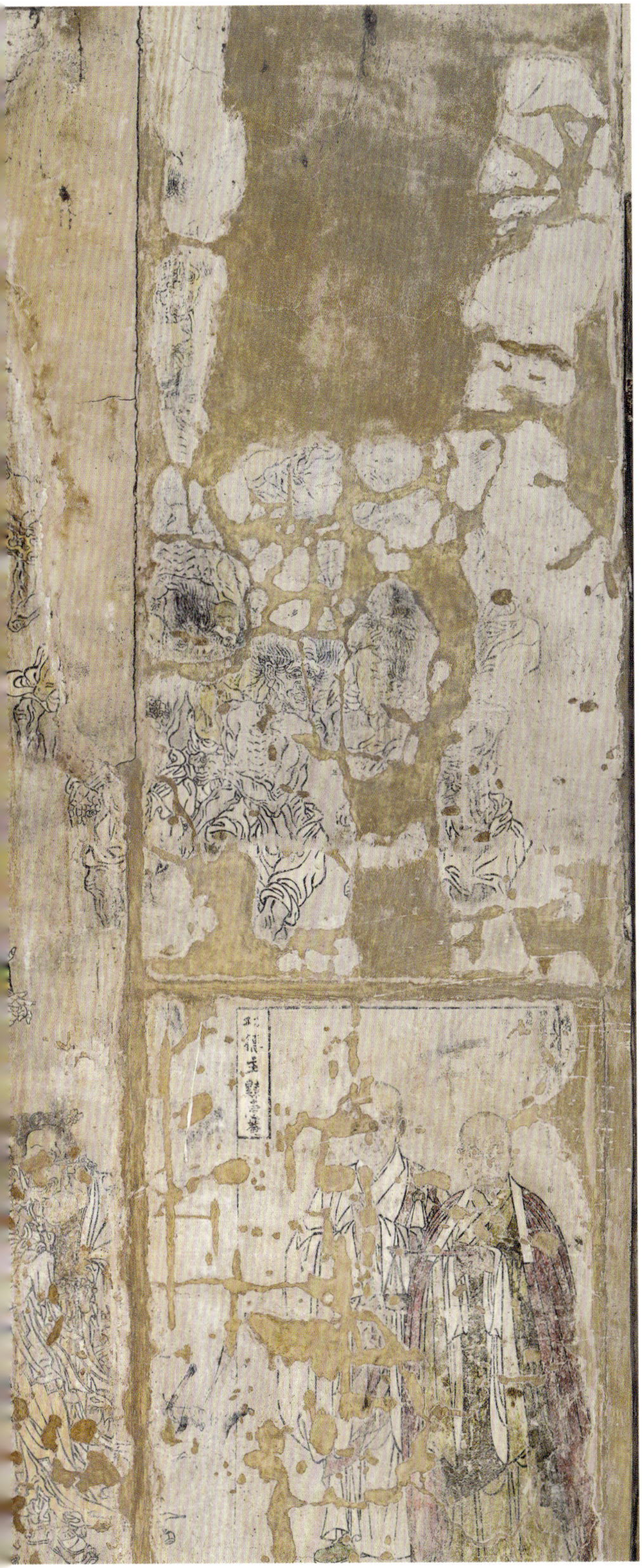

以前，学者们都猜测这堂水陆画是使用猪鬃制作的大笔绘制的，线条提按变化较少，基本上呈现出硬笔的效果。正是因为用了这种特制的大笔，所以线条可以拉得很长。永乐宫三清殿的《朝元图》和纯阳殿内的壁画都是用相似的技法绘制的，人物造型、线条、色彩各方面都非常相似。因此，研究者猜测青龙寺腰殿的水陆画也可能是元代晋南地区的朱好古画师班子的作品。

腰殿北壁西侧全图·阿难、面然鬼王与九横死众

腰殿北壁东侧全图

腰殿北壁画面总体上表现的是地狱场景。由于北门的分割，它被分为东、西两段。北壁东段的壁画除了功德主画像，都没有榜题。两位功德主用界框与其他地狱神祇魑魅相区隔。画面右下角绘有一对阴间母子，正在接受施食。画面左下角绘三鬼扭打成一团。画面正中央绘面然鬼王和接引僧阿难。面然鬼王被描绘为针咽大口

腰殿北壁东侧·十六罗汉图

的巨鬼形象，是观音菩萨的化身。传说阿难梦见自己堕入饿鬼道的惨状。佛陀传授阿难《陀罗尼施食法》，能消除鬼众的痛苦。这也就是水陆法会的起源。画面左上角的鬼众，有的被蛇咬中毒而死，有的因溺水而亡，皆为种种横死者，佛教归纳为“九横死”。左上墙角处应为元代画师题记，曰：“……绘画水陆大殿一座……黠慧庵、体自然行道圆……助缘男善人万泉县赵普宁……”现存文字包含了主持法会的僧人法号和主要的出资人赵普宁的名字。

北壁东段的壁画大多有榜题，分为上、下两层。上层从右至左依次描绘了阎卜泰平都市王众、秦江宋仵转轮王、冥府六曹众、八寒地狱众、功德主体自然。下层描绘了十六大阿罗汉众。顶部有三个圆圈，内绘菩萨像，包括灭定业菩萨和除障碍菩萨。

腰殿北壁东侧 · 冥殿十王及六曹众

腰殿西壁全图

图像位置展示

左：毗卢舍那佛
右：毗卢佛等三佛

西壁壁画大致分为上、中、下三层，描绘的是一铺以三佛为核心的佛会图。下层包括五通仙人众、五方五帝众、诸大罗叉将众、普天列曜星君、鬼子母众、左右两护法善神、诸大药叉众、十二元神众、三曹等众、婆罗门仙众和四海龙王众；中层包括四大天王、日宫天子、弥勒菩萨、帝释圣众、梵天圣众、天龙八部众、月宫天子众、地藏王菩萨、元君圣母众和南斗六星君；上层则包括十回向菩萨、三佛等。

南壁壁画分为上、下两层。上层描绘的是十大明王，从右至左依次为马首明王、焰漫德迦明王、大笑明王、步掷明王、无能胜明王、大力明王、甘露军吒利明王、不动尊明王、降三世明王、大轮明王。下层则包括诸大罗叉女众、五方行雨龙王众、五瘟使者众、往古九流诸子众、往古孝子顺孙众、往古贤妇烈女众、往古优婆夷女冠尼众、水居飞空众、地居飞空众、城隍伽蓝神众、护斋护戒神众、往古为国亡躯将士众、往古文武叶赞众、往古后妃宫女众、往古帝子王孙众、行年太岁神众、金银铜铁龙王众。上、下层之间还描绘了年、月、时、日四位使者，他们发符邀请众神祇赴会。南门上方两侧描绘的是黄道十二宫神众。

護法善神右
諸大藥

腰殿西壁局部·帝释天众与大梵天众

腰殿西壁局部（下）·诸大罗叉将众

腰殿西壁局部（下）・五方五帝众

腰殿西壁局部（下）·元君圣母众

腰殿西壁局部・天王众（部分）

腰殿西壁局部・月宫天子

腰殿西壁局部·日宫天子

腰殿西壁局部（下）·四海龙王赴会图

图像位置展示

左：腰殿西壁·慌忙戴冠的龙王

东壁和西壁的壁画格局相仿，大部分因雨水冲刷而漫漶不清。下层包括主土主林神众、主苗主药神众、主夜大神众、主昼大神众、主水大神众、五岳帝君众、真武帝君众、天蓬大元帅、真武大真君、矩畔拏神众、后土圣母众、青除灾金刚众、辟毒金刚众、坚牢地神众、主仙圣母众、散支迦大将众、天猷副元帅、真文大真君、江河淮济神众、旷野大将军众、主雨大神众、主电大神众、主风大神众、主雷大神众；中层两侧各绘二十八宿、十地菩萨、北极紫微大帝、三台；上层的主佛已漫漶，周围有四禅九天等天人。

腰殿扇面墙壁画是明代补绘的。南面绘千手观音一铺，两侧分别绘有婆薮仙和吉祥天女。

日本寺院中留存了一些卷轴形式的水陆画，其年代可能早至宋代。这些水陆画应该是日本僧人从明州（今宁波）带回日本的。每当举行水陆法会时，这种水陆画被悬挂使用。所谓“水陆法会”，其主要目的是追荐亡灵，为饿鬼施食，以使之免受饥饿之苦。当然，水陆法令也含有供养神明、禳灾祈福的目的。在元、明、清时期，寺院举行水陆法会依据的仪轨通常是《天地冥阳水陆仪文》。目前，至少还有十多家图书馆收藏有这种仪轨。宋代时，这套仪文应该已经产生，但由于现在宋代水陆画存例很少且不完整，因此无法判断宋代时这套仪轨是否通行。

水陆画的内容过于繁杂，仪轨也篇幅冗长。青龙寺壁画与仪轨的对应程度相当高，更难能可贵的是：画师似乎非常了解每组神祇的功能，神祇绘制的位置与其功能是吻合的。譬如，在明清水陆画中，所有的四直（编按：亦作“值”）使者（年直、月直、日直、时直）都被画作一组人物。然而，青龙寺的四直使者如同仙仗的引导司仪一般，持“符”邀请各路神祇共赴法

腰殿南壁东侧全图

会，很好地表现了仪轨中“请四直执符使者……上遵佛敕，下应人心。不倦驱驰，屈施神化”的描述。还有一处值得深思：诃利帝母（即鬼子母）与散支迦大将的造像分别位于西、东两壁的对应位置。散支迦来自梵文音译，又称为“般支迦”。此二神为夫妇。早在犍陀罗时代的造像中，他们就被成组地刻在一起。现在，巴基斯坦拉合尔博物馆、大英博物馆都收藏了这样的造像。这种造像的特点是画师采用了楹联的修辞技巧，为了创造对称的视觉效果，将同一组人物拆分为两组。这与中国古代所谓的“互文”修辞格原理相同。我们熟知的《木兰辞》中有“东市买骏马，西市买鞍鞯，南市买辔头，北市买长鞭”的描述。按照常理，马和三种马具在城内的四个不同方位的集市中分别购买，这是多么不便。但是诗人为了增强诗句的气势和律动感，体现木兰所费的周折，就改成了互文的句式。因此，

腰殿南壁西侧全图

读诗不能仅从字面意思来理解，同样，读画也同样不能将两面墙上内容相关的题材分开看。鬼子母一家本来是团聚一处的。这也是中国画师按照中国式的图像原则来改造印度佛教艺术的一个有趣例子。理解这种图画中的“互文”修辞，是解读腰殿水陆画的关键。比如，位于东、西、南三壁的南斗六星、二十八宿、十二宫神众，合起来便涵盖了所有星宿之神，他们很可能是作为炽盛光佛的眷属而出现的。按照密教的说法，炽盛光佛是释迦牟尼的“教令轮身”，统御星宿众神。唐代时，炽盛光佛造像开始出现，宋、元时更广泛地流行。在山西阳高云林寺水陆画中，明确出现了炽盛光佛。此外，青龙寺南壁门楣上方的壁画在民国时期被盗走，壁画所绘制的可能就是炽盛光佛。由此可知，炽盛光佛会图是水陆画的一个重要组成部分。

日直使者
往古后妃宫女衆
往古帝子王孫衆
行年太歲神衆
金銀銅鐵龍王衆

腰殿南壁东侧局部（下）·众人物图

腰殿南壁西側局部·步擲明王

腰殿南壁东侧局部·甘露军吒利明王

腰殿南壁东侧局部·往古为国亡躯将士众人物特写

腰殿南壁东侧局部·往古后妃宫女众人物特写

腰殿南壁东侧局部·往古帝子王孙众人物特写

腰殿南壁东侧局部·地居飞空众

图像位置展示

腰殿南壁西侧焰漫德迦明王图局部·侍女

青龙寺水陆画依据的粉本是宋代成形的，这一点可以从一个小细节看出来：在南壁榜题“往古后妃宫女众”的一组女性中，出现了两位戴后冠的皇后。后冠中有一排小人，象征着赴西王母的蟠桃会，其中最大者是西王母。现存于台北“故宫博物院”的宋代皇后画像中，后冠里也描绘了这个细节。这种特征在宋代的艺术作品中是独有的。

南壁西侧局部·往古贤妇烈女众人物特写

腰殿南壁西侧局部 · 往古孝子顺孙众人物特写

腰殿南壁西侧局部·五方行雨龙王众人物特写

腰殿南壁西側局部・年值使者

图像位置展示

左：腰殿南壁东侧局部·往古文物叶赞众
右：扇面墙南面·千手观音、婆薮仙、吉祥天女

南壁画面中，焰漫德迦明王脚下有一名面颊丰腴的侍女，头顶簪花。这令人想起传为张萱所作的《簪花仕女图》，显然有唐代侍女的遗风。这也说明水陆画的粉本经历了不断修改和发展的过程，各个时代都在其中留下了痕迹。宝宁寺和云林寺水陆画中都保留了这名侍女的形象，说她穿越了千载也不为过。

腰殿北壁画面描绘了地狱场景，阴森恐怖。其中一个女鬼抱其子，等待鬼王施食。这幅画既令人惊恐，又让人产生怜悯之意。除了阴森之感，画师有时还出人意料地描绘一些略带喜剧色彩的画面。在西壁下层绘制的四海龙王中，有一位龙王匆忙地赶赴法会，他将笏板让旁边的侍从拿着，腾出手来整理戴歪的头冠。青龙寺壁画是水陆画中的经典之作，耐人寻味。以上的解读仅是抛砖引玉，如果读者能亲赴实地，细心揣摩，一定会有新的发现和领悟。

五瘟使者衆

腰殿南壁西侧局部·诸大罗刹女众、五方行雨龙王众与五瘟使者众

尼众

婦人女眾

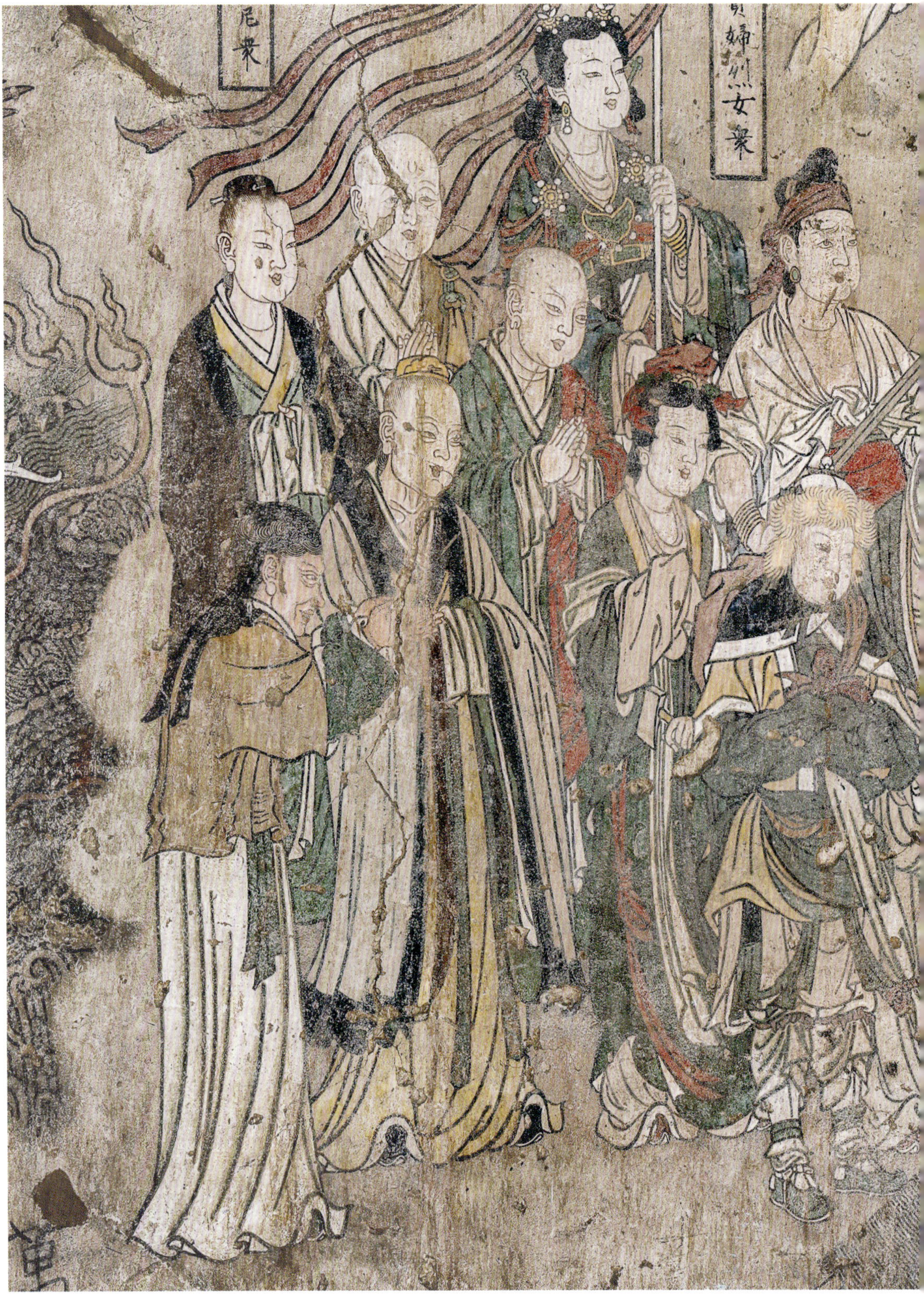

图像位置展示

左：腰殿南壁西侧·往古孝子顺孙众、往古贤妇烈女众和往古优婆夷女冠尼众

大雄宝殿东壁全图

大雄宝殿东壁·天女

大雄宝殿东壁局部·天女散花

大雄宝殿东壁局部·护法金刚

大雄宝殿东壁局部·护法金刚

大雄宝殿西壁全图

大雄宝殿西壁局部·梵摩越剃度图

大雄宝殿西壁局部·善财

1.大雄宝殿西壁全图局部·龙女
2.腰殿梁上图局部·唐僧取经图
3.腰殿梁上图局部·布发掩泥图

后殿西壁壁画从画风来看，应为元代壁画，描绘的是《弥勒下生经变相》的内容。整体构图、风格、内容都与稷山兴化寺的《弥勒经变》壁画大体一致，也可能是朱好古门人的作品。兴化寺现已不存，壁画也在民国时期被辗转贩卖至加拿大皇家安大略博物馆，现于怀履光主教展厅中陈列。《弥勒下生经》主要讲述：未来儴佉转轮圣王时期，弥勒自兜率天下生，以修梵摩为父、梵摩越为母；成道后教化善财、父母等八万四千大众，并与今世之释迦佛同劝众生习三乘教法。后殿西壁壁画以弥勒佛为中心。弥勒佛跏趺坐，两侧各有一持经卷的胁侍菩萨。弥勒佛右侧绘有一幅剃度图。此图绘一群侍女围绕着儴佉王王妃。王妃披头散发，侍女们手捧着王妃摘下的凤冠，一位菩萨正在为王妃剃度。此图对称位置的壁画已经毁坏，原本应有儴佉王剃度图与之呼应。

后殿拱眼壁尚存六幅元代壁画，有布发掩泥图、唐僧取经图、善财童子五十三参图等。这种组合颇为罕见，其含义也令人费解。在唐僧取经图中，仅见玄奘与猴行者，由此可知，在元代流行的唐僧取经故事中，可能还没有加入猪八戒、沙僧这两名徒弟的角色。

② 晋城·高平

万寿宫

万寿宫位于山西省高平市上董峰村，是一座具有道观性质的建筑。现存元代壁画不足6平方米，位于三清殿内。据推测，这些壁画应该是在元大德十一年（1307）三清殿建成时绘制的。现存壁画大致可分为四组神祇：

第一组，一玉女持方形扇，作为仙仗的引导。值得注意的是：此玉女面部用“三白法”绘制。所谓“三白法”，即用白色提亮额、鼻、下巴三处，以增强面部的立体感。以往有的画史著作认为此法为唐寅首创，但看过此处壁画中的玉女，便知这种说法有误。此画法至少可以追溯到宋代。玉女身后有两位神将，皆持旌幡。这三位都是其身后神祇的眷属，只是后面的神祇已经不存了。

第二组，共绘七位神祇。以前面两位持笏板者为尊，余者皆为眷属。蓝袍主神身旁伴有一青龙。身后的黄衣神将背着风袋，手持净瓶，这两物与降雨有关。蓝袍主神可能为龙王，也可能是四渎神中的一位。抱经卷的功曹面目狰狞，头戴幞头。背着斧头的红衣武士为蓝袍主神的使者。队伍最后是一名手捧一硕大蓝瓶的髡发者。

第三组神祇为五岳帝君。他们分别穿着青、白、红、黑、黄五色朝服，头戴冕旒，

第一组神

第二组神

五岳帝君

模仿古代帝王的装束。穿青袍者为东岳大帝，穿白袍者为西岳大帝，穿红袍者为南岳大帝，穿黑袍者为北岳大帝，穿黄袍者为中岳大帝。五岳大帝的五色袍服是古代五行思想的产物。在河北曲阳北岳庙大殿和山西稷山青龙寺壁画中，都有五岳大帝的形象。北岳庙的五岳大帝戴梁冠，青龙寺的五岳大帝戴朝天幞头。三处壁画皆为元代作品，但首幅不同。

第四组描绘的是一玉女持扇引导两位神祇的场景。玉女扇中有“昆仑玄圃”母题。扇面绘一仙山耸立于海中，山顶有一宫殿，两侧分别是日、月。在永乐宫和青龙寺壁画中，都有这样的扇子。两位神祇都戴着梁冠，分别穿着蓝袍和黄袍，可能是四渎之神中的两位。

万寿宫壁画颜色与永乐宫壁画、青龙寺腰殿元代壁画色彩相近，这体现出元代壁画颜料的时代特征。在人物描绘方面，面部多用晕染法，衣纹线条画法变化丰富，采用的是兰叶描技术，不像朱好古画派的风格。仙仗采用分组构图，这与永乐宫三清殿的《朝元图》也很不同。现存的水陆画、黄箓图等多采用这种构图方式，可能和斋会中成组分请神祇的仪式过程有关。这些壁画残片位于三清殿内，因此这些分组行进的神祇朝拜的主尊应该是“三清”，即元始天尊、灵宝天尊和道德天尊，他们是宋、元以降道教神谱中的最高神。虽然此殿壁画不完整，但它为我们呈现了另一模式的《朝元图》。在现存数量稀少的元代壁画中，它也是弥足珍贵的佳作。

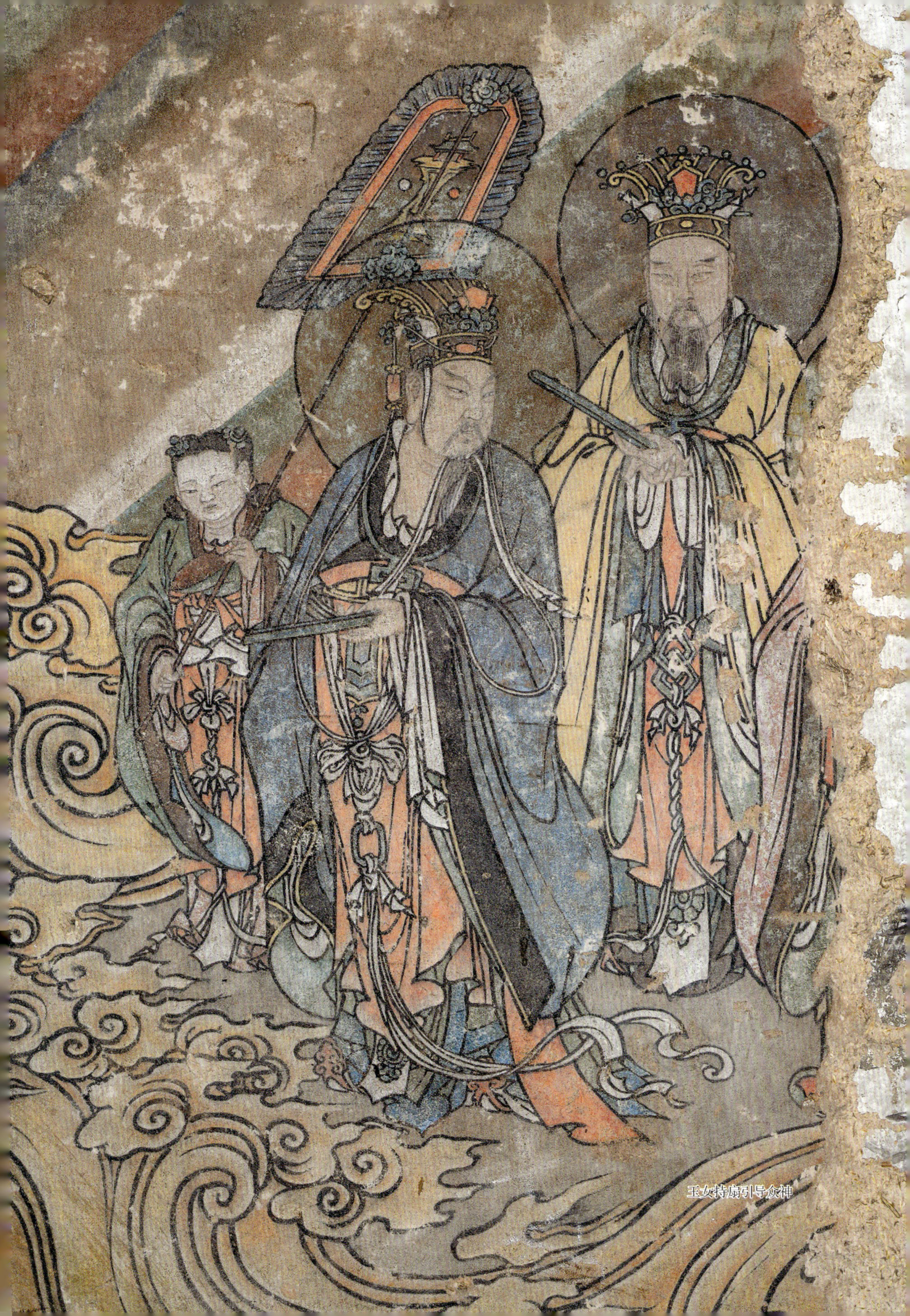

玉女持扇引导众神

03 临汾·洪洞

水神庙

水神庙位于山西省洪洞县城东北17公里处的霍泉北岸，与广胜下寺仅一墙之隔，现在通过侧门相连。水神庙初建于唐代，后毁于金代战火。元至元二十年（1283），水神庙得以重修。元大德七年（1303），洪洞和赵城发生大地震，水神庙与广胜上寺、下寺一同被毁。元大德九年（1305）秋，水神庙的重修工作启动，一直延续到元延祐六年（1319）才结束。尽管在明、清两代都进行了多次重修，但其自元代以来的格局保持不变。现存的水神庙依霍山余脉而建，呈前低后高之势。沿中轴线分布有山门、仪门、正殿三座主体建筑，形成了前、后两进院落。

水神庙壁画位于正殿，即明应王殿，这是元延祐六年的遗构。明应王殿的屋顶为重檐歇山顶，面阔和进深皆为五间。明间正中有板门，殿墙四壁无窗，外有围廊。明应王殿内有九尊元代彩塑，分别为明应王、四侍者和四臣属，是元代寺观彩塑的珍品。神龛内供奉着明应王坐像和四名侍者，主神明应王身穿帝王冕服，头戴通天冠，神态威严肃穆。主神两侧的四名侍者手中端着托盘、印玺等物品。殿内两侧有四名臣属立像，他们的神情或恭顺，或威严，或沉思，或静默，形象栩栩如生。

南壁西侧全图

南壁西侧全图局部 · 玉渊亭图

南壁西侧 · 文武官员拜别

南壁西侧·桥上老者（传为唐太宗）

水神庙壁画分布在八处墙面上，由15幅相对独立的画面组成。其中，殿外壁画分布于殿门外东、西两侧，内容为门神神荼、郁垒。殿内壁画是壁画的精华，以祈雨为主线，穿插了捶丸、卖鱼、对弈等内容，还描绘了人们想象中的明应王的后宫生活。这些壁画是元代民间信仰与社会生活相互渗透的宏大画卷。

明应王殿因为四壁密不透风，所以殿内壁画保存良好。从殿内南壁东次间上方的“北霍渠彩绘东壁记”与南壁西次间上方的“南霍渠彩绘西壁记”两处题记可知，这些壁画完成于元泰定元年（1324），由两组画师共同完成。绘制完成后，他们还书写了题跋，记录了绘制缘由，并注明画师的籍贯、姓名。东半部分壁画的作者包括王彦达和其子王小以及胡天祥、马文远等人，西半部分壁画的作者则为赵国祥、商君锡、景彦政等人。

水神庙壁画以祈雨、行雨、酬神为主线，按照顺时针方向排列，依次是南壁西次间、西壁、北壁西次间、北壁东次间、东壁以及南壁东次间。

西壁全图

南壁西次间 壁面绘有玉渊亭图和唐太宗千里行径图。

玉渊亭图在画面远景处，展现了具有神话传说色彩的纪实风格。在画面中，临水而建的是玉渊亭，它原本位于霍泉北侧，平面呈正方形，单檐四角攒尖顶，檐下匾额书黄底墨字“玉渊亭”。这座亭子的奇特之处在于：它将霍泉水引入亭子地基处，水从地基外的一只石刻兽口中喷出。亭内的僧人手执拂麈，正与持羽扇的儒生交谈，楼梯上，一小僧为客人送上茶水。霍泉对岸，有一位朱衣戴笠的老者正在垂钓，老者身后是两个侍童。这位老者可能是一位隐士，正在安享归隐之趣。

霍泉水流向画面的右下角，连接起画面近景处的太宗千里行径图。画面中，松石之下瑞云升腾，桥头的一对文武官员向桥上的灰衣老者拜别。文武官员服饰鲜明，文官头戴黑色展脚幞头，身着朱红色官袍，双手持象牙笏板；武将则头戴红缨帽盔，身穿甲胄，双手抱拳。他们身后跟着双鬼卒和一头被绳子牵着的黑色野猪。桥上的老者为传说中微服出巡的唐太宗，他原本想不事声张，却不想被地方官员发现了行踪。

西壁绘祈雨图、敕建兴唐寺图、捶丸图以及对弈图。

祈雨图位于西壁中下部，构成了西壁画面的主体。在画面中央，霍泉水神明应王端坐于华座之上，头戴冠冕，穿朱袍，手拿笏板。明应王的两侧是他的下属，文官多戴梁冠，身着朱袍；武将多戴武冠，手持幡、剑等物；侍女们则手拿扇、盘、壶等物品。台阶下，一名穿着青袍的官吏跪在地上，手捧祈雨文，向明应王求雨。官员的左、右两侧也各有一支祈雨队伍，左边一队为天地神祇，右边一队为凡间的帝王与文武官员。

敕建兴唐寺图位于西壁左上方，画面一直延伸到明应王坐像的上方。画面中，有一队人马行走于山水之间，队伍最前方为两名手拿斧、戟的武士，之后的一名旗手左手执一面迎风招展的大旗。队伍正中为一匹白马，马背上安置一个莲花座和一个正方形亭状神龛，龛内供奉一舍利瓶，瓶中散发出五彩佛光并显现祥云，祥云上有一佛二菩萨（为西方三圣）。白马之后是身着朱衣的男子，男子背后有侍从举华盖陪侍。男子四周还有文官、武将、僧侣、侍从等。从衣着、规制来判断，这名男子当是唐太宗。空中云气升腾，一条乌龙于云中显现。这幅图表现的是敕建兴唐寺时，唐太宗亲自护送佛宝的传说故事。另外，敕建兴唐寺图与南壁西次间的太宗千里行径图在墙面上相连，它们在时间顺序上呈现一先一后的关系，内容呼应，故事连贯。

西壁·祈雨图·霍泉水神明应王

西壁全图局部·明应王侍从

西壁全图局部·明应王侍从

西壁全图局部・人物特写

西壁全图局部 · 人物特写

西壁局部·龙王率部献宝图

西壁局部·敕建兴唐寺图

细节观察

西壁局部·捶丸图

画面中、在河水流淌、白云飞渡的山间草坪上，有两名头戴乌纱帽、身着朱袍的官员正在挥杆打球。其中一名正弯腰看着地上的球，准备举杆轻拨；另一名官员则曲着左腿，准备挥杆击球。旁边一名侍从双手握长杆（顶部带锤头）站立。

捶丸图位于西壁右上方。画面描绘的是山顶一块较平整的地面上，两名身着朱袍的官员正在击球取乐。左侧的官员俯身弯腰，一手拿球杆，正准备击球。画面右侧圆形球洞旁，另一名官员手拿球杆，静待对方击球。他们身后各站立一名年轻侍者，手握长杆（顶部带锤头）。该图为较早发现的捶丸图，是接近于现代高尔夫球的一项古代体育运动。

对弈图也位于西壁右上角，位于捶丸图的下方。画面中，山间溪畔，两名官员打扮的男子在石案旁下棋。左边的官员目光坚定，右手落子；右边的男子一腿盘曲，正聚精会神地看着刚落下的棋子，右手伸入棋盒内，欲做下一步动作。这两名对弈者旁边的四名侍者，或手捧玉瓶，或手端金杯，或双手握扇，或夹抱包袱，正密切关注着棋局。画面左侧的山道上，一名官员在一个侍者伴随下，正骑马赶赴棋局。此处的棋子分为红、黑两色，棋盘上标有“楚河、汉界”。

北壁西次间 此处的尚宝图与北壁东次间的尚食图呈对称格局，两幅壁画位于明应王坐像的两侧，表现了民间想象中的明应王的后宫生活。画面绘了一处封闭的殿内空间，七名侍女围绕着一张长桌，正在料理后宫事务。位于画面中间的长桌上摆放有荷叶罐、酒壶、香炉等物件。画面上方为卷起的帘子，帘子后面挂着绣有团花的浅黄色帷幕，背景处有红色格子门。此处画面展现出宫廷的氛围。

图像位置展示

西壁局部·对弈图

画面中，七名侍女的装束各不相同，有着宽袍的，也有着盘领装的。画面左侧有三名侍女，一人双手捧金瓶，一人两手端果盘，还有一人抱着一个插有翠竹的花瓶。画面右侧有两名侍女，一人左手托杯盘，另一人袖手而立。长桌后面也有两名侍女，一人抱古琴，另一人右手执荷花。

北壁西侧·尚宝图

北壁东侧·尚食图

北壁东次间 此处描绘的尚食图的场景，它位于一座封闭的宫殿内。画面中，九名侍女围绕着一张长桌在料理膳食。长桌上摆放着茶盏、罐子、水壶、灵芝等物品，旁边的侍女手持放有食物的盘子，另一名男装侍女则手持羽扇侍立在一旁。画面右下角是一个莲花形炉灶，一名侍女蹲在地上，左手拿着扇子，右手用铁钩通炉灶、扒煤渣；另一名侍女左手拿着壶把，右手举起衣袖遮住额头，以避开炽热的炉火。

东壁上绘有行雨图、园林梳妆图、卖鱼图、古广胜寺上寺图。

行雨图位于东壁中下部，是东壁画面的主体。与西壁中心的祈雨图相对应，画面中华座上坐的是明应王，两侧为明应王的眷属。明应王前方的地面上摆放着由青铜制成的三莲花供器。供器上的昆仑奴力士抬着一条升龙形的金香炉，两侧朱瓶中盛放着宝珠和珊瑚树。供器两侧各围绕着一只孔雀。

最妙的是：宝瓶中施放出的云气化成天空中的五色祥云和行云布雨的神众，包括雷公电母、风伯雨师。风伯解开风袋，将风、雨、雷、电送至霍山脚下。大雨所到之处，松树、翠竹在风雨中摇曳。画面右下方，完成降雨任务的龙王率水族来到明应王面前复命。

卖鱼图位于东壁左侧，描绘的是乡绅向老翁买鱼的情景。画面中，有一处府邸园林，一张方桌上摆放着桃实、酒坛、双耳杯、金盘、汤匙等物件。桌后两名侍者一长一少，年长者须髯及胸，右手持酒壶；年少者眉清目秀，双手端着盛放杯子的金盘。画面前方，三位乡绅和一位老翁正在交易。画面中心，一位乡绅正在向渔翁买鱼。渔翁头包软巾，身着黄色服饰，腰别长柄弯钩，足穿芒鞋，脸上带有笑意，右手拿着草绳，草绳上串着两条鲜鱼，身后放着扁担和篮子。渔翁旁边的乡绅头戴幞头，身穿绿褐色官袍，右手提秤，左手拨动砣绳，正在称鱼。他们身后，两名官员分别身着红袍和绿袍，正注视着眼前发生的事情。

北壁东侧局部·侍女烧水图

东壁全图

图像位置展示

左：东壁全图局部·人物特写
右：东壁全图局部·人物特写

园林梳妆图位于东壁左侧，在卖鱼图的右上角。画面中描绘了苍松、翠竹、牡丹、青桐、栏杆、湖石等元素，呈现出一处内院园林的景象。园林的核心人物是一位正在梳妆的红衣女子，她身边有五名侍女，她们的动作各不相同，或托粉盒，或抱圆盒，或袖手而立，或手拿杯子，或接过金杯。

古广胜寺上寺图位于东壁右上方，描绘了古广胜寺上寺的建筑群。整个建筑群的最前方为山门，从山门西侧开始，沿山崖修筑出长廊庑，将寺院环抱在廊庑内。山门后为第二道门楼，门楼前旗杆上有幡帛迎风招展。门楼后是一座八角十三级、以木廊环绕的广胜寺塔，塔体绽放佛光。塔后是一座歇山十字式三层阁楼，阁楼四面各伸出一间抱厦。阁楼后是以走廊相连的两座殿宇，这是元代较为流行的“工字殿”格局。建筑群的末端是一座带有两座配殿的单檐歇山顶建筑。

南壁东次间 此处绘杂剧图。画面中心是一座戏剧舞台，舞台横幅上写着“大行散乐忠都秀在此做场”。背景为绣花帷幕，上挂两幅画，左侧一幅绘黄衣侠士，右侧一幅绘黑龙，两者均在苍松云雾间呈现动态。舞台上共有11人，包括演员和乐师，年龄、角色各异。其中，男子6人，女子5人，他们分成前、后两排。前排以身着红衣的忠都秀为中心。前排左起第一人为女官形象，明目细眉，头戴幞头，身穿灰色龙纹袍服。第二人着黄袍，面戴假须，似乎正在向忠都秀说着什么。中间的人头戴展脚幞头，身穿红色朝服，双手持白色笏板，面容端庄，他就是剧团班主忠都秀。第四人着青色袍服，面戴假须，双手合抱。最后一人着黄色袍服，白面无须，双手握一柄刀，是一名年轻的侍卫。

细节观察

古广胜寺上寺图

画面描绘了古广胜寺上寺的建筑群。建筑群的最前方为山门，由山门西侧开始沿山崖修筑出长廊庑，将寺院环抱在廊庑内。

东壁局部 · 诸神图

东壁局部（北侧）·卖鱼图

东壁局部·仙鹤、小神献宝图

后排6人身份各不相同，但他们的目光都聚焦在忠都秀身上。后排右起第一、二人为女性，其中一人手拿绢扇，另一人手拿牙板。右起第三、四、五人身穿蒙古族袍服，这是当时统治阶层的标准服饰。值得一提的是：后排右起第六人撩起布帘，本想一探班主忠都秀的表演，却不经意间与画面外的观者“对眼”，使得画面别具生动感。

洪洞水神庙是典型的民间祭祀神祠，因此水神庙壁画与一墙之隔的广胜寺下寺壁画在设计思路上有很大不同。设计者把水神庙壁画的各个画面安排得既井然有序又丰富多变，将时空顺序、题材对应和比例差异三者有机融合。各个画面以传说、祈雨、行雨和酬神为主线，描绘了霍泉的历史传说以及发生的时间节点。观画者可根据时间顺序欣赏画面，领会绘画者的意图。

水神庙壁画可分为五类题材：祈雨降雨、历史传说、酬谢神明、风俗场景和后宫生活。若整体观看壁画，你会发现其情节内容和位置布局基本相同。比如：玉渊亭图、唐太宗千里行径图和杂剧图表现了霍泉祭祀的形成和最近的一次祭祀活动；敕建兴唐寺图和古广胜寺上寺图则表现了霍山地区霍泉附近寺院的营建历史和现状；祈雨图和行雨图则显示了两个具有因果关系的事件；东壁的园林梳妆图、卖鱼图与西壁的捶丸图、对弈

东壁局部（上）明应王行雨图

图恰好两两相对，生动地描绘了当时的风俗生活；尚宝图与尚食图不仅相对，还补充描绘了水神明应王宫廷的生活，使这位地方神祇更加真实生动。

画面中的比例有别，这不仅体现在常见的中国画创作方法上，如把重要的人物放大、次要的人物缩小，还体现在同一墙面上不同故事占据墙体的位置与画面大小不同。例如，西壁的祈雨图和东壁的行雨图占据了墙体下半部的绝大部分空间。

除此之外，水神庙壁画在不破坏诸画面顺序的前提下，将单体画面更深层次的含义表现出来。例如：对弈图俗称“下棋图”，“棋”与“祈”谐音；捶丸图俗称“打球图”，“球”与“求”谐音；对弈图与捶丸图一起出现，寓意祈求，又恰好暗示出同壁祈雨图的含义，可谓“语带双关”。再如：园林梳妆图俗称“梳妆图”，“梳”与“输”谐音；卖鱼图中“鱼”与“雨”谐音，画面以秤称鱼，暗含了称心如意的意思；园林梳妆图和卖鱼图一同出现，寓意输雨，又恰好暗示出同壁行雨图的含义。两壁四图连起来看，恰好表达了祈求输雨之意，与水神明应王的职能相符，可谓匠心独运。

水神庙壁画以独到的技艺和简洁明快的艺术手法，展现了丰富的风俗场景，使它成为元代壁画中颇具生活美感的艺术作品。

细节观察

园林梳妆图

画面中有苍松、翠竹、牡丹、青桐、栏杆、湖石等，点明这是一处院内园林。园林中的核心人物是正在梳妆的红衣女子，她身边的五名侍女，或托粉盒，或抱圆盒，或袖手而立，或手拿杯子，或接过金杯。

东壁局部·明应王左侧（下）诸神众

东壁南侧局部·人物特写

东壁南侧局部·人物特写

细节观察

南壁东侧局部·杂剧图

图中绘有一座戏剧舞台，横幅上写着“大行散乐忠都秀在此做场”。画面背景为绣花帷幕，上方悬挂两幅画，左侧一幅绘黄衣侠士，右侧一幅绘黑龙，在苍松云雾间呈现出动态。舞台上共11人，包括演员和乐师，他们年龄、角色各异。其中，男性6人，女性5人，分成前、后两排。

④ 临汾·洪洞

东岳庙

山西省洪洞县万安镇韩侯村的东岳庙大殿是一座几乎被遗忘的元代建筑。虽然在明、清两代经过数次整修，大殿的外观已经较少保留元代特征，但仍能从用一整根大木制成的阑额上看到元代的建筑风格。据守庙人回忆，大殿脊檩下方原有元代墨书题记，但现已漫漶不清。大殿南壁上有今人墨书的“建于元代泰定五年”的题记，这应是元代题记漫漶后修缮者补记的。元大德七年（1303），洪洞县发生了8级大地震，致使临汾地区宋以前的祠庙毁塌殆尽。元泰定五年（1328）的修造时间则符合大地震过后重建的历史背景。

殿内壁画分布于北壁、东壁、西壁。在明代或清代，这些壁画经历过一次大规模的重绘，东、西壁靠南约有三分之二的壁画都是此次补绘而成的。西壁中间部分为20世纪90年代后当地村民补绘的。明、清之际的补绘是在元代壁画上做一层薄地仗后进行的，笔法和色彩都与元代迥异。我们很难判断这种补绘在多大程度上保留了元代壁画的构图。只有东、西壁神坛上方的部分是未经改动的元代壁画，但其色彩已明显剥落。

东壁残存的元代壁画应为东岳大帝出巡图的尾段。壁画中，数名武士策马扬鞭的动态姿势都被画师很好地捕捉了下来，使得整幅出巡图充满了动感。这些武士骑的马，马尾被

西壁局部·后宫备膳图与龙王等众接驾图

东壁局部（北侧）·东岳大帝出巡护驾仪仗队

打结，以利于骑行。这一细节在明、清时期补绘的马匹中都没有保留。持刀武士的大檐头盔、铠甲甲片及文臣所戴梁冠的样式与稷山青龙寺腰殿壁画相同。

东壁画面中心部分是明、清时期补绘的。不过，这部分内容很可能是在元代壁画的基础上补绘的，对于理解神祠壁画的整体格局颇为重要，因此在此略作解释。东岳大帝乘坐的大驾以一头白色驯象牵引。所谓“大驾”，专指皇帝的车驾。皇帝卤簿有大驾、法驾、小驾三个等级，其中大驾的等级最高，最为隆重。《新定三礼图》云：“掌王之五辂。玉、金、象、革四辂，其饰虽异，其制则同。”《武林旧事》也记载南宋皇帝所乘玉辂，以驯象为前导。显然，画师将人间帝王的大驾卤簿赋予了主宰冥界的东岳大帝。壁画中的玉辂尾部插有两面大旗，即文献中所说的“太常旗”。王的太常旗有十二旒，需要由节服氏六人捧持，使之不曳地。

东壁·东岳大帝出行图

东壁局部图

西壁局部（北侧）·后宫备宴、烧水图

图像位置展示

左：西壁局部（北侧下）· 龙王等众接驾图

然而，在壁画中，太常旗并没有节服氏捧持。辽宁省博物馆藏南宋人所绘《大驾卤簿图》中的玉辂十分高大，约有四人高，应为南宋玉辂的真实大小，其上太常旗亦没有节服氏捧持，但有四人以长绳拽之。

元至元十八年（1281），元朝诏令加封东岳大帝为“天齐大生仁圣帝”。在中国古人的观念中，东岳大帝掌管人死后的魂魄及人的生死贵贱命运。因此，东岳信仰范围很广，其行祠遍及全国。壁画中的东岳大帝出巡即象征此神从泰山巡行至该域。

西壁北侧残存的元代壁画以东岳大帝的宫室为背景。画面中，一张大桌周围，后宫的侍女们正在备宴。一名女扮男装的侍女于火炉旁生火烧水。她身后另一名侍女忙着往装满了瓜果的斛中注水，意在用冷水浸泡，使瓜果清凉。前面一组侍女手持拍板等乐器奏乐，迎接东岳大帝回銮。下面是一组敲锣迎接的人，他们的服饰透露出壁画的时代特征。其中，穿着绿衣的敲锣者头戴瓦楞帽。顾名思义，瓦楞帽形似瓦楞，通常用藤制成。这种帽子在金时已有，到元代已大为普及。元代图书《事林广记》中有不少元人便戴这种帽子。大同发现的元代王青墓中就有两顶四方瓦楞帽实物。因此，元代衣冠的出现是我们确定底层壁画为元代作品的主要依据。此外，一名仆从正在整理头冠。这一细节与稷山青龙寺壁画龙王整理头冠赶赴法会的情景如出一辙，说明东岳庙壁画与青龙寺壁画很可能是由同一拨画工创作的。当时，临汾地区以朱好古为首的画工班子非常活跃，因此这堂东岳大帝壁画可能出自其门下弟子之手。

⑮ 晋城·高平

仙翁庙

仙翁庙位于山西省高平市西北的伯方村。庙内大殿外保存有五座明代重修的碑刻，这些碑刻表明祠庙并非由道士管理，而由本村乡绅主持重修。大殿壁画分布于正、东、西三壁，其中人物造型和山石画法颇具晚明插图版画风格。结合嘉靖四十四年（1565）重修碑记及正脊鸱吻上嘉靖十七年（1538）的铭记，我们推测这些壁画的创作年代不早于嘉靖年间。

壁画色调以石绿为主，配以红、黄、白等色，山石呈蓝灰色。画面布局疏朗，东、西壁构图相似；北壁以主尊为中心，两侧神祇朝向主尊行进。三壁画面都没有榜题，给壁画内容的辨识增加了难度。以往曾有学者认为东、西壁表现的是唐太宗封山的场面，但这一观点缺乏可靠依据。实际上，明代多处重修碑刻都提及此庙全称为“西总圣仙翁庙”，而所谓“西总圣仙翁”即张果。因此，北、东、西三壁画面的主尊都应是张果。

西壁构图可分为四组人物。

第一组，画面上方正中绘有张果，他头戴包巾，骑白驴，乘红色祥云降临。

第二组，西壁左侧（靠南）的岩穴内绘有三人。坐在洞府内的老者为张果，一旁的

西壁南侧全图局部：八仙中的七仙

西壁全图

粉衣侍女正在给香炉添香；另一侧站立者手持笏板，是宋以降壁画中常见的使者装扮，他正向张果发出邀请。至于所邀为何事，我们可以通过后面的画面内容进行猜测。

第三组，即画面正中，是以高大的主尊为中心的仙人仪仗队伍。仪仗队伍以四位玉女为前导，两两一组。前面一组玉女，一个捧湖石，另一个持瓶，瓶中有灵芝。后面的一组玉女持幡。主尊身后有两个童子和两名武士，其中一名武士为主尊举着华盖。仪仗队两侧各有一胁侍神祇，但不知其具体身份。仪仗队尾都是武士，这里不一一细述。主尊头戴芙蓉冠，披鹤氅，显然是神祇的形象，这可能是画师为表现张果“尸解成仙”而臆造的理想化仙人形象。彩色云气笼罩着整个仙班队列。

西壁右侧画面展现了八仙的形象，这是第四组人物。其中有戴纯阳巾、穿黄袍、背剑的吕洞宾，着白衣、吹横笛的韩湘子，穿百衲衣的铁拐李，手持拍板的曹国舅，持手鼓的何仙姑等七人，唯独没有张果，因为七仙从洞府中出来正是为了迎接张果的仪仗队。主尊上方有张果骑白驴从天而降。明、清以降，八仙的形象被广泛运用于牌坊、家具、器物之上，成为当时家喻户晓的形象。绝大多数八仙形象与西王母蟠桃会有关。在许多八仙葫芦瓶和挂轴中，西王母并不需要出现，取而代之的是南极仙翁驾鹤飞来，暗示八仙赴西王母蟠桃会之邀。在仙翁庙壁画中，曹国舅身前有一只捧着仙桃的白猿，或许起到了同样的暗示作用。如此也就不难理解为何西壁左上角发符使者要前往张果所居洞府，因为他是前来传述西王母旨意的。启门图是古代画师常用的“模板”，自宋代以来广为流流行。这里的洞门给观者留下了多重联想的余地，它既可能是本地传说中的张果洞，也可能是通往西王母瑶池仙境的入口。

图像位置展示

左：西壁局部 · 张果在洞中受邀参加西王母的蟠桃会
右：西壁全图

西壁局部·主神张果老及部众

西壁局部：张果老乘祥云回府图

东壁全图

东壁与西壁的构图相仿，但仙人仪仗队列的朝向相反。这表示张果的仪仗队伍从蟠桃会回到本邑，与东壁上张果赴蟠桃会的场景相呼应。为了区分这两面壁画，画师对张果的形象略作调整：东壁上的张果戴东坡巾，西壁上的张果则仅戴里层的束发巾。这种微妙的差异显示了画师的匠心独运。

具体来说，东壁画面内容可分为五组人物。第一组人物在东壁的左侧（靠北壁一侧），描绘的是洞府内奏乐的仙人。第二组人物位于此壁中部上方，展现了张果与两仆从乘祥云回归本邑的场景。第三组人物则是张果化身为神祇，率仪仗队回归的画面。第四组人物位于此壁右上角，描绘了两个仆从拉拽着鹿和熊的情景。第五组人物位于此壁右下角，描绘了一位红袍官员，他可能是本邑的城隍，前来迎接张果。同在迎接队伍中的还有持竹杖的本邑土地神。在古代壁画中，土地神通常以老者的形象出现，戴东坡巾，并伴有老虎。在土地神旁边，还有一个貌似钟馗的判官，他是辅助土地公掌簿的属下。

城隍、土地神的观念深深根植于中国传统文化。《西游记》中，孙悟空每到一地，遇到疑难的问题时，都会寻找当地的土地神求助。这种描绘可见土地神是村社中乡老的某种投射，也进一步展现了这些传统元素在中国文化中的重要地位。

图像位置展示

右：东壁局部（右侧）·七仙洞中奏乐图

东壁局部（左侧）·拉着鹿与熊的两仆从

东壁局部（上）·张果携仆从乘祥云出行

细节观察

画面描绘张果化身为神仙，率仙仗回归，也可能为张果赴蟠桃会的场景。

北壁西侧全图

北壁东侧局部（上）·雷公、电母、风伯、雨师等神众

图像位置展示

左：北壁东侧全图

正壁即北壁上的壁画，人物众多，但构图严谨有序，可分为上、下两层。中间以张果为主尊，两侧仪仗队做朝元状。其中有五位神祇十分突出，他们戴梁冠，着朝服，俨然帝王装束。其他玉女、神将、鬼卒或为该五神奉印，或持幡，或护卫，皆为这五神的眷属。正壁上层除正在行雨的雷公电母、风伯雨师外，另有御者为五神驾驭五龙。自唐宋以来，官方推行五龙祈雨法，此会应五龙的做法即起源于上党地区。因此，正壁上的五神当以会应五龙王的可能性最大。

华北地区属于旱作农业区，对降雨的依赖性很大，当地百姓往往采取祭祀的方法来祈雨，是为雩礼。仙翁张果的故事本来只与成仙、长寿之类的主题有关。然而，为了满足村民的需求，画师将会应五龙王也安置到这座以张果为主尊的神殿中，使得张果转变成为能够驱使五龙的雨神。

山西
寺观艺术
壁画
精编卷

中

主编·杨平

青岛出版集团 — 青岛出版社

典藏山西文化遗产精品系列

山西寺观艺术

壁画

中

精编卷

元代

中卷目录

元代

三清殿局部人物特写·太乙真人（之一）

⑥ 运城 · 芮城

永乐宫

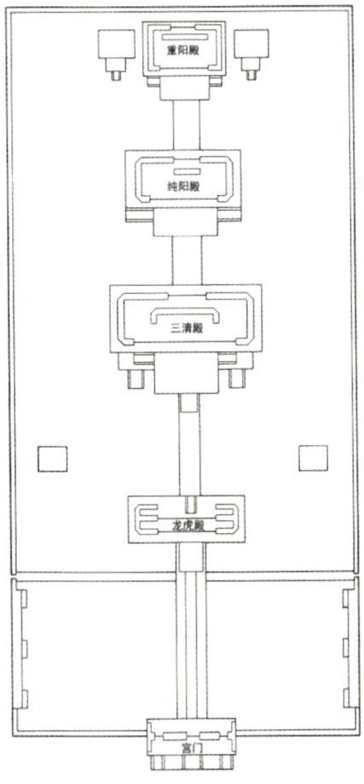

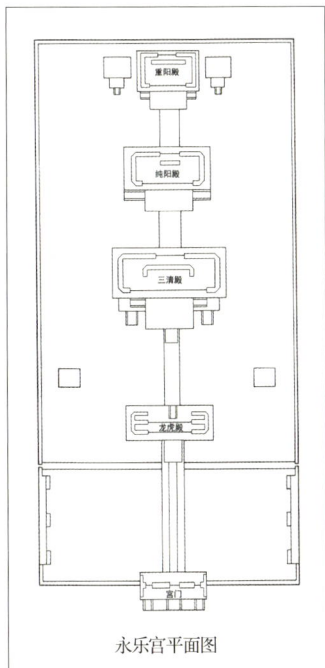

永乐宫平面图

永乐宫位于山西省运城市芮城县龙泉村东侧，原址位于山西省永济市永乐镇。世人根据所在地俗称其为“永乐宫”。永乐宫原址面朝黄河，背靠中条山，这一地区自古以来就人杰地灵，很多文人雅士居住于此，道教名家在此宣扬教义，营造出一种独特的文化氛围。永乐宫本名“十方大纯阳万寿宫”或“大纯阳万寿宫”。《有唐纯阳吕真人祠堂记》是目前所见最早的载有永乐宫信息的碑文。根据该碑文记载，永乐宫的历史最早可以追溯到金代。永乐宫最初是由当地道士为纪念祖师吕洞宾建造的祠堂，吕祖祠是永乐宫的前身。经过民国时期的沉寂、战火以及二十世纪五六十年代大规模的搬迁，永乐宫目前保存完好的建筑共有五座，即宫门、无极门、三清殿、纯阳殿和重阳殿，其中除宫门外，其余均为元代建筑。在永乐宫刚建成时，还有丘祖殿和纯阳殿的朵殿，但目前这些殿都已被毁，仅存遗址。现存的三大殿殿分布在一条南北走向的轴线上，从三大殿的面积依次递减可以看出道教的严格等级制度以及全真教的门第次序。现在，各殿的塑像已经基本不存，仅在三清殿扇面墙背面残留有一躯救苦天尊像。三大殿四壁包括拱眼壁都绘有元代精美的壁画，总面积约为1005.68平方米，其中殿内主体壁画面积约为880.33平方米。从永乐宫的建筑、塑像和壁画中，我们可以看出当时设计者的整体设计思路。永乐宫的壁画题材丰富，不仅是我国绘画史上珍贵的实物资料，也是世界绘画史上罕见的杰作。从壁画中可以看出当时绘者的技艺高超，他们既继承了唐、宋以来的优秀绘画技法，又融会了元代的绘画特点，展现了道教艺术的无穷魅力，体现了我国寺观壁画的高超水平。

三清殿

三清殿又名“无极殿”，是永乐宫的主殿，建于元中统三年（1262）。该殿面阔七间，进深四间，采用单檐庑殿顶。殿内原供奉“三清仙境”的三位尊神，即玉清（元始天尊）、上清（灵宝天尊）、太清（道德天尊），三者总称为“虚无自然大罗三清三境三宝天尊”。三清殿布局周密，将壁画与塑像结合起来，形成一个完整的“道教仙界”。

三清殿的壁画是《朝元图》。壁画绘制在大殿四壁和神龛的扇面墙内、外壁上，画面平均高约为4.4米，总宽约为97米，面积约为426.8平方米，共绘神祇290身。壁画的内容为文献上记载的六天帝、二帝后率领众神祇朝元。壁画以帝后装扮的八位主神（紫微、南极、北极、玉皇、勾陈、木公、后土、金母）为中心，每一主神两旁都配以各种神祇，把众多的形象组合在一起，分作东、西两列向北集中，描绘了道教诸神祇一起拜谒“三清”的宏大场面。

三清殿壁画采用传统的对称布局。进入大殿，首先映入眼帘

三清殿神龛扇面墙东壁外侧全图·南极长生大帝及诸仙真

三清殿神龛扇面墙东壁外侧局部 · 南极长生大帝

三清殿神龛外扇面墙东壁外侧局部·玄元十子（部分）

的是正面的斗心神龛，原塑有“三清”塑像（原塑像已不存）。神龛的扇面墙内侧、背面及东、西两壁外侧均绘有壁画。内侧绘制的是云气图，云气缭绕，白鹤飞翔，飞仙自由；背面为救苦天尊塑像，两侧绘三十二天帝君；东壁外侧绘南极长生大帝，西壁外侧绘东极青华大帝，其后绘玄元十子等。正面北壁东部绘紫微北极大帝、天罡大圣及北斗七星、十一曜、二十八宿以及历代传经法师等，北壁西部绘勾陈上宫天皇大帝、南斗六星、二十八宿和天、地、水三官以及历代传经法师等。东壁绘太上昊天玉皇上帝、后土皇地祇和扶桑大帝、十二元神、五岳、四渎、地府诸神。西壁绘东华上相木公青童道君、白玉龟台九灵太真金母元君和十太乙、八卦、雷雨诸神。南壁两尽间绘青龙、白虎二星君。全殿以8位主神为中心，周围诸神围护，近300位神祇朝着同一个方向行进，头顶祥瑞，脚踩云气，形成了一个朝贺“三清”的大型仪仗场面，气氛神圣而庄严。

对于永乐宫壁画的题材内容，目前学界还存在一些分歧。这里把一般认知的内容介绍如下。

扇面墙北壁　画面的上方绘有两身飞仙，一身捧莲花，另一身持灵芝，飞翔于云气之中。

扇面墙东壁外侧　此处绘有南极长生大帝及诸仙真，他们位于“三清”神像的左侧。这幅壁画以南极长生大帝为中心，共绘有神祇14尊。南极长生大帝为道教“四御”之一，总御万灵。图中南极长生大帝为立像，身材魁梧，神态庄重，头戴冕旒，有五彩头光，身着帝服，手持香炉，居于主要位置。南极长生大帝身后为男女侍从及玄元十子中的五位。

扇面墙西壁外侧　此处绘有东极青华大帝及诸仙真，他们居于“三清”神像右侧。东极青华大帝也称“太乙救苦天尊”，为道教“四御”之一，由东华青华帝君分化而成。传说东极青华大帝能够济度十方人鬼，在全真教派神祇中具有相当尊贵的地位，因此又被称为“青玄九阳上帝”。壁画以东极青华大帝

三清殿神龛扇面墙西壁外侧全图·东极青华太乙救苦天尊及诸仙真

三清殿神龛扇面墙西壁外侧局部·东极青华太乙救苦天尊

三清殿神龛扇面墙西壁外侧·玄元十子（部分）

三清殿西壁局部（南侧）·十太乙及侍臣与八卦神

三清殿西壁局部人物特写·十太乙之一

三清殿西壁局部人物特写·十太乙之一

三清殿西壁局部人物·玉女

为中心，共绘有神衹11尊。图中东极青华大帝为立像，头戴冕旒，身着帝服，腰系玉带，体态雍容，目视前方，右手执圭，在两位玉女的扶持下，呈行进状。东极青华大帝身后跟随的是玄元十子中的五位。

扇面墙背面 此处绘有三十二天帝君，他们分别被绘于救苦天尊悬塑的两侧，每侧各有16位。古代神话将天分为东、西、南、北4个区域，每个区域又分为8个部分，共32个部分，由三十二天帝君分别主宰。三十二天帝君地位显赫，是“三清”的近侍。三十二天帝君的图像在宋、元时期一直以整体的形象出现。在此处，他们分布在救苦天尊悬塑的两侧，构成一个完整的图像系统。三十二天帝君都着帝王装束，头戴冕旒，身着帝袍，手捧玉圭，做朝贺状，各像均画有圆光。

西壁 《朝元图》最精彩的部分位于西壁。西壁以东华上相木公青童道君和白玉龟台九灵太真金母元君为主像，周围环绕有太乙诸神、八卦诸神、雷部诸神、雷公电母、雨师风伯以及四圣中的天猷副元帅和佑圣真武大将军等。

东华上相木公青童道君又被称为“东王公”或“木公”，是全真教尊奉的教主。白玉龟台九灵太真金母元君也被称为“西王母”，俗称“王母娘娘”和“西姥”，传说她掌管女仙名籍，负责管理世人“升天”的事宜。西壁画面以这两位主神为中心，众天官簇拥其左右。东王公位于西壁北部，他身着帝王装束，座前设有三案，案前伫立引路仙官。御座的左右两侧从前至后依次为仙曹、玉女和香官。东王公的前面，靠近北壁的位置，可以看到天猷副元帅和佑圣真武大将军。天猷副元帅三头六臂，头发耸立，六只手分别持剑、矛、戟、钟、杵等兵器，威武彪悍。佑圣真武大将军又名“玄武”，他束发跣足，一手执剑，一手握戟，身披玄衣，呈现勇猛威武之态。东王公前隅有一六目老翁，他头戴帻巾，据推测，这位是仓颉。在他的后方是一位手捧如意羽毛扇的老人，身穿素袍，头戴丘巾，可能是孔子。接着是一群文官装束的神衹，具体名目尚待考证。西王母凤冠品服，上有宝盖，后有顶光，端坐于龙凤椅中，仪态端庄，表情柔和。周围站立着十身太乙神。太乙为九宫之首，居北极宫，在道府神衹中地位比较高贵。他们头戴天冠，身着帝服，面容威严。西王母身后站着一身着蓝袍的太乙真人，他头微低，脸微侧，双手持笏，似有要事启奏西王母。太乙神的后侧为八卦诸神。八卦为太乙使者，《云笈七签》卷一八载：“太一君有八使者，八卦神也。”八卦神的头冠中均有一圆徽标识，饰有乾、坤、巽、震、坎、离、艮、兑的卦象，象征天、地、风、雷、水、火、山、泽。西王母身后绘十尊雷部诸神，他们皆着戎装，均为男像。另外，南壁仪仗的尽端绘有雷公和电母。雷公和电母是神话传说中掌管打雷放电的神衹。雷公是司雷之神，又称“雷师”或“雷神”。在画面中，雷公

三清殿西壁局部人物·白玉龟台九灵太真金母元君

三清殿西壁局部人物·东华上相木公清童道君及诸神

为老者装束，手执环鼓，双眼圆睁，做击鼓状。电母是司闪电之神，又称“金光圣母”或“闪电娘娘”。这一组人物形象鲜明，静中寓动，相互呼应，富有意趣。西王母身边侍立着四位衣饰瑰丽、冠戴华美的玉女。据传说，玉女是仙界奉养帝君、元君、道君、圣母的侍女。在三清殿壁画中，八大主神两侧均有玉女侍立。根据不同的职责，玉女或执华盖，或执宝扇、灵芝、香花、珊瑚、宝盒等。在西王母后侧的两位玉女双手持宫扇，前侧的两位玉女一位双手捧金丝七宝炉，另一位手托珊瑚，她们的仪态端庄，毕恭毕敬。

东壁　与西壁相对应，东壁画面以太上开天执符御历含真体道昊天玉皇上帝与后土皇地祇为中心，周围环绕有扶桑大帝、十二元神、五岳四渎、酆都大帝、文昌帝君、天蓬大元帅、福禄寿三星、地府诸神。

太上开天执符御历含真体道昊天玉皇上帝绘于东壁北部，其全称为“昊天金阙无上至尊自然妙有弥罗至真玉皇上帝”，又称“玉皇大天尊”，简称“玉皇大帝”。相传，玉皇大帝居于太微玉清宫，统领三界十方内外诸神与芸芸众生，主管世间一切兴隆衰败、吉凶祸福，他位于“三清”之下，但位于“四御”之上。在东壁北部以玉皇大帝为中心的一组画面中，玉皇大帝神态肃穆，头戴冕旒，身穿龙袍，腰系玉带，足蹬云头靴，端坐于蟠龙宝座之上，头顶宝盖空悬，周围彩云缭绕。仙曹、玉女侍立两旁，其左侧为五岳四渎，右侧为天蓬大元帅和黑煞将军。文武神祇拱卫，显示出王者的气派和威严。

后土皇地祇绘于东壁南部。后土皇地祇源于母系社会自然崇拜中的土地与女性崇拜，其全称为“承天效法厚德光大后土皇地祇”，是道教尊神“四御/六御”中的第四位天帝。她掌阴阳，滋万物，因此被称为“大地之母”。相传，她是最早的地上之王，后与主持天界的玉皇大帝相配，成为主宰大地山川的女性神。画面中，后土皇地祇为圣后装束，头顶有宝盖，两侧有宫扇，头戴凤冠，手执玉圭，足着尖头凤履。后土皇地祇座前设金莲，左、右两侧分别侍立仙曹和玉女，身后跟随酆都大帝和文昌帝君，周围还有其他诸神环列，显示出其母仪天下的气度和威仪。

天蓬大元帅和黑煞将军位于东壁的最北端、玉皇大帝的前侧，他们是“四圣”（天蓬、黑煞、天猷、真武四员武将被称为“四圣”，天猷、真武在西壁北端）之一。天蓬大元帅两头四臂，手持三天火印、帝、钟和长矛，须发竖立。黑煞将军在天蓬大元帅身旁，披头散发，右手执剑，左手举一火轮，前有一虬龙，有“黑煞神控玉虬”之说。

北壁　三清殿北壁以北门为界，分为东、西两段，但壁画在构图上为一个整体，同样题材的内容分布在东段和西段的不同部位。这种处理方式在扇面墙的内、外侧都有体现，

三清殿西壁全图

三清殿西壁局部人物·玉女

三清殿西壁局部人物·白玉龟台九灵太真金母元君

展示了画师在宏大画面上布局的灵活性和整体性的匠心独运。

北壁西段以勾陈星宫天皇大帝为中心，周围有南斗六星君，二十八宿，天、地、水三官以及历代传经法师等。画面中的人物形象各异，勾陈星宫天皇大帝威严肃穆，仙官恭敬虔诚，玉女端庄典雅。勾陈星宫天皇大帝简称“勾陈大帝”。南斗六星君在勾陈大帝的左前侧，与北斗七星君相对称，人物体态、装束相仿，都为老者形象。二十八宿是道教崇拜的神祇，代表28个区域，分别为东方苍龙七宿、西方白虎七宿、北方玄武七宿、南方朱雀七宿。北壁画面中的二十八宿各以一种动物为象征进行面部刻画，分布在紫微、勾陈两帝前后。天、地、水三官是道教崇奉的神祇，他们立于勾陈大帝前方，分别呈现喜相、威相和怒相。

北壁东段以中宫紫微北极大帝为中心，环绕其左右的是天罡大圣、北斗七星君、十一曜星君、二十八宿及历代传经法师等。紫微北极大帝为天帝君，俗称“北极紫微”。北极位于中央，谓之“天官”，为道教“四御”之一。北斗七星君是紫光夫人的七个幼子，他们身着青色道装，年轻无须，位于北极紫微的右前侧，与北壁西段的南斗六星君相对称。十一曜星君包括日、月，金、木、水、火、土五星以及罗睺、计都、紫炁、月孛四曜。其中，日、月作帝、后装束，头顶圆光，手执笏。冠上有金色太阳的男性是日神，冠上有白色月亮的女性则是月神。紧随其后的为木星、土星、金星、水星和火星等五星君。五星君形象各异，特征

三清殿东壁全图

鲜明：木星手执果盘，为文官形象；土星为老者形象，侧身，左手执金印，头饰牛头；金星为女性形像，头戴凤冠，怀抱琵琶；水星为女性形像，左手执札，右手执笔，头饰猿猴；火星为武将形象，执兵器刀刃，额前饰驴头。五星君上方为身着文官装束的紫炁，他右手捻胡须，左手抱礼器。水星右后侧是月孛，黑面披发，颈上缠蛇，蛇蜿蜒至头顶。他们身后是两名绿脸的武将——罗睺和计都。罗睺手执宝剑；计都头发竖立，面目狰狞。历代传经法师位于北壁东、西两段画面的主神前方，各有三位，他们均穿着道装，冠服华贵。

南壁 相传，青龙、白虎二星君是道教仙界的护持神祇，分别绘于殿内南墙东、西两尽间。青龙为道教东方七宿星君，即二十八宿的东方七宿——角、亢、氐、房、心、尾、箕之总称。其形象为龙，又名“苍龙”，为“四象”之一。在道教仪轨中，青龙与白虎在朝拜仪式开始时是前导，驻足时则是守护神。青龙、白虎在三清殿中处于南壁尽间远离正门中心的位置，这正是“仙班”的最末处，说明他们不是殿门入口的守护神，而是朝拜行列中的一部分。在我国古代道观中，青龙为少者形象，白虎为老者形象。

画面中，青龙星君右手执剑，左手张开，侧身而立，重心放在右脚上。青龙星君身旁绘有一条墨龙，身后为三位功曹。功曹身着官服，手持玉圭，头戴幞头，神态栩栩如生。此壁画中的青龙为后代补绘，其线条和着色都逊于元代壁画，三位功曹则为元代时所绘。

三清殿东部局部：酆都大帝及诸神／梓潼文昌帝君及诸神

白虎星君昂首挺胸，泰然站立，右手持矛，左手捻珠，雄视前方。白虎伏于白虎星君身后，三名侍者则身穿武士装束，手执斧钺，紧随其后。三名侍者与青龙星君身后的三位功曹相呼应，一边为文，一边为武，动静相宜，画面十分生动。

三清殿壁画主要描绘了神祇朝觐的场景，内容丰富，场面宏大，构图严谨。壁画线条多采用饱满有力的铁线描，刚健流畅；设色采用重彩勾填的方式，富丽精巧。在冠戴、衣襟、熏炉等处大量使用沥粉贴金技艺，使画面主次更加分明，富丽堂皇。壁画在变化中达到高度的和谐统一，这种风格既继承了唐、宋壁画的传统，也严格遵循道教仪轨，同时显示了壁画艺术构思的完整性。

三清殿壁画保留了我国古代两壁绘画的传统习惯。从画面效果看，殿内壁画很可能是由不同的绘画班子完成的。根据三清殿扇面墙上的壁画题记，我们可以推断：其中一个绘画班子是以马君祥长子马七为首的一批画工，他们完成了三清殿东半部分的壁画、斗拱部分的彩画以及扇面墙的云气图。西半部分的壁画是由哪个绘画班子完成的呢？由于南壁东、西两侧的“青龙星君”“白虎星君”在清代重绘时，其上方的题记被铲掉了，因此题记内容不得而知。就壁画本身而言，目前公认的说法是：西半部分壁画的绘制水平明显高于东半部分壁画，经过和纯阳殿壁画比对，基本可以断定西半部分的壁画是以朱好古门徒为首的一批画工绘制完成的。关于朱好古的资料，《元史》中并未记载，只在一些地方志中有零星的记载。比如，《平阳府志》卷二七“方技”中记载：“朱好古，襄陵人。善画山水与人物，工巧，宛然有生态。与同邑张茂卿、杨云瑞俱以画名家，人有得者若拱璧。号襄陵三画。”由于地域限制，朱好古在晋南一带是非常著名的画师，但未列入《元史》，而且资料简略。但在当时的山西画师中，他是唯一有文字资料记载的人。从这些资料中，我们可知：朱好古是元代禽昌（今山西襄汾）人，以画山水和人物著称。他与同邑人张茂卿、杨云瑞是不分伯仲的丹青能手。从“人有得者若拱璧”的评价中，我们可以看出他们的作品得到当时人们的重视，且有多人收藏。作为晋南地区的著名画师，朱好古的门徒创作水平可能高于马君

三清殿东壁局部·十二元辰

三清殿东壁局部人物·后土皇地

三清殿东壁局部人物 · 太上昊天玉皇上帝

祥画工班子的创作水平。而且，从纯阳殿壁画全部由朱好古门徒绘制完成的情况来看，我们可以推断：三清殿壁画绘制完成后，朱好古门徒得到了雇主的赏识，因此又分两批完成了后两座大殿的壁画。此外，目前在山西还有几处壁画遗存，基本上可以断定是由以朱好古为首的画师及其传派创作完成的。例如，青龙寺的水陆画、洪洞广胜寺下寺后殿的壁画、兴化寺的《七佛说法图》和《弥勒说法图》，以及宾夕法尼亚大学博物馆藏的《炽盛光经变》和《药师经变》，还有加拿大皇家安大略博物馆藏的《神仙赴会图》等。这些作品在风格上具有一致性。有明确的记载证明：兴化寺壁画为朱好古所绘。我们可以将其与三清殿《朝元图》进行对比。例如，《七佛说法图》中的毗舍浮佛和《朝元图》中的玄元十子之一、仙曹以及《弥勒说法图》中的梵摩越和《朝元图》中的金母、侍女、玉女等，无论从人物形象还是线条用笔来看，都非常相似。这说明了两点：第一，三清殿《朝元图》的部分壁画是由朱好古的门徒绘制的；第二，三清殿《朝元图》和历代寺观壁画一样，存在粉本互用的情况。粉本为历代画师所重视，在线条高于色彩的壁画中可以说是他们的看家宝贝。粉本的主要用途有两个：一是作为稿子向雇主呈献，只有在稿子获得雇主认可后才能进行绘画；二是当遇到灾害，壁画被破坏时，可以按照粉本对壁画进行修复或修补。据记载，三清殿的《朝元图》原粉本已毁于抗战时期。最早的《朝元图》粉本可以追溯到吴道子的《五圣朝元图》。其中，最著名的粉本当数武宗元的《朝元仙仗图》和吴道子的《八十七神仙卷》。三清殿的《朝元图》在人物形象、衣饰和器物方面，与这两幅著名的粉本也有着千丝万缕的联系。虽然三清殿壁画经过后代补绘，水平参差不齐，面貌也不尽一致，但在目前的三大殿壁画中，它是补绘最少、元代壁画风貌保留最为完整的一铺。三清殿是永乐宫壁画面积最大的殿宇，其壁画是永乐宫壁画的精华，也是全真教大型人物群像壁画的代表，因此成为历代专家学者的研究重点。

三清殿东壁局部人物·天蓬元帅与黑纱煞将军

纯阳殿

纯阳殿壁画与三清殿壁画表现的内容不同。纯阳殿壁画是以吕洞宾的传说故事和生平事迹为主的大型连环画式壁画。

纯阳殿又名“混成殿”或“吕祖殿”，是专

三清殿东壁局部人物・梓潼文昌帝王君与诸神

三清殿东壁局部人物·诸神

北壁东侧全图

三清殿北壁西侧局部·天地水三官及二十八星宿（部分）

三清殿被壁东侧局部·二十八星宿（部分）

三清殿北壁东侧局部人物·青龙星君

三清殿北壁西側局部人物·白虎星君

门用来供奉吕洞宾的殿宇。它建于元中统三年（1262）以前，与三清殿有高甬道相连。纯阳殿宽五间，进深三间，单檐歇山顶，殿堂式构架。殿内壁画面积约为212.62平方米，分布在东、西、南、北和神龛背面的墙壁上。在神龛扇面墙后绘有《钟离权度吕洞宾图》，与之相对的北门门楣上隅绘有《八仙过海图》。后门内东、西两侧绘有《松仙图》和《柳仙图》。南壁东、西两侧绘有《道观斋贡图》和《道观醮乐图》。东、西、北三壁绘有《纯阳帝君神游显化图》，以连环组画的形式表现了吕洞宾的传说故事和生平事迹，这些都是非常珍贵的道教史料。

东、西、北三壁 三壁以52幅画面组成《纯阳帝君神游显化图》。壁画内容从吕洞宾出生开始，直到他"得道成仙"和"普度众生"，描述了他一生的行迹和传说故事。每幅壁画高约为3.5米，总面积约为203平方米。壁画从东壁南段开始，到北壁东段（以北门为界）结束，共有26幅；又从西壁南段开始，到北壁西段结束，也有26幅。东部每幅画面的左上角、西部每幅画面的右上角均有榜题，注明了该画幅的名称及主要内容。画面分为上、下两栏，幅与幅之间以山、石、云、树相连，每一则故事既可单独成章，又能通过景色与其他故事相衔接。从整体来看，此堂壁画是一幅完整的青山绿水通景画；从局部来看，则是各自表现一定情节的独立画面。画面采用同一人物多次出现的异时同构形式，打破了时空界限，富有浓厚的生活气息。画面中展现了山川、树石、田野、宫廷、殿宇、庐舍、茶肆、酒楼、村塾、医馆、舟车以及形形色色的人物，反映了当时社会生活的面貌，从而使壁画在一定程度上起到了反映现实的作用。这在道教壁画中是具有创造性的构想。这种独特的艺术形式和内容亦有其深厚的历史根源。《纯阳帝君神游显化图》的故事内容多取自全真教道士苗善时所撰的《纯阳帝君神化妙通纪》（以下简称《妙通纪》），其中有37幅画面

纯阳殿东壁及北壁东段·《纯阳帝君神游显化图》

内容来源于此；其他7幅画面内容，部分来自《吕祖志》，部分散见于宋人的一些文集中；另有8幅画面的内容来源不明。榜题辑录的内容与《妙通纪》的内容十分接近，但由于画面空间有限，省略了很多内容。经过对比，我们可以看出：《纯阳帝君神游显化图》的画面顺序与《妙通纪》的顺序并不完全一致。虽然画面前四幅从“瑞应永乐”到“历试五魔”与《妙通纪》的顺序一致，但后面的顺序基本上不吻合。例如，第16幅画面“武昌货墨”在《妙通纪》中是第六十八化，下一幅画面“神化赐药马氏”在《妙通纪》中则是第四十九化。作为目前所见唯一的全真教大规模人物连环画传，其形式和内容主要借鉴了以下两点：一是借鉴了自魏晋以来佛传连环画传的形式和内容。从形式上看，纯阳殿壁画和敦煌莫高窟第290窟、山西大同云冈石窟第6窟以及繁峙岩山寺佛传故事画都比较接近。从内容上看，在“瑞应永乐”中，新降生的吕洞宾正在主室的台阶上沐浴，身后放射出五彩圣光。传记中并没有提到沐浴的情节，而画面加入的沐浴情节很可能是模仿了佛传故事中释迦牟尼“二龙灌顶”的故事。吕洞宾身后的圣光也和释迦牟尼诞生后的圣光十分相似，且榜题中“长大有道骨仙风，不婚娶”和释迦牟尼年轻时的品格也类似，从中不难看出画面内容对佛传故事的借鉴。“历试五魔”讲述了钟离权为了考验吕洞宾求道的决心，设置了五重障碍，而吕洞宾皆不为所动，最终成道。这让我们想起释迦牟尼遇到重重难关，最终成佛的故事。另外，画面中吕洞宾手结禅定印、结跏趺坐和佛教故事画中释迦牟尼降魔的场景一样。这些都表明《纯阳帝君神游显化图》受到了佛传连环画传的深刻影响。二是在某种程度上借鉴了中国的传统艺术形式，具体表现在大幅长卷式构图中。画面情节既独立又相互连接，形成一个完整的整体。目前已出土的战国时期的一些漆器以及著名的《洛神赋图》和《韩熙载夜宴图》中都可以看到这种构图的影子。

纯阳殿东壁·《纯阳帝君神游显化图》第3幅·慈济阴德

纯阳殿东壁。《纯阳帝君神游显化图》第1幅·瑞应永乐

纯阳殿东壁 ·《纯阳帝君神游显化图》第11幅 · 度何仙姑

纯阳殿东壁·《纯阳帝君神游显化图》第13幅·诱侯用晦

纯阳殿北壁东侧·《纯阳帝君神游显化图》·救荀婆眼疾

除了大型的连环画传，纯阳殿还有几幅独立的壁画。比如，北门东、西两侧的壁画，北门西侧为松仙，松仙头生松枝，寓意吕洞宾“度化成仙”；北门东侧为柳仙，柳仙头生枝叶，同样寓意吕洞宾“度化成仙”。这些故事在《纯阳帝君神游显化图》中已经有所表现，此处作为单独的人物画，将松仙、柳仙拟人化，形象生动自然，耐人寻味。

在纯阳殿北壁与扇面墙相对的北门门楣上隅，绘制有一幅《八仙过海图》，高约为1.2米，宽约为4.56米。八仙自东向西依次为钟离权、吕洞宾、铁拐李、曹国舅、张果老、蓝采和、徐仙翁、韩湘子。《八仙过海图》描绘的是传说中八仙为王母祝寿，渡海时各显其能的情景。根据用笔、线条等判断，《八仙过海图》和松仙、柳仙为同一人的手笔。

纯阳殿壁画中，八仙被分为两组。在左边的一组中，钟离权袒胸露腹，脚踩柳枝，似乎在与旁边的吕洞宾交谈；吕洞宾身着白袍，踏七星宝剑，右手微抬，与钟离权对视；铁拐李口吐仙气，脚踏拐杖，飘然而至；曹国舅手打拍板，踩在大乌龟上徐徐前行。在右边的一组中，张果老踏着一条大鲤鱼，徐仙翁踏着大鼓，蓝采和踩着两朵花，韩湘子背着宝葫芦，踩着笛子，一同前往瑶池为王母祝寿。画面中，海面上波浪汹涌，海岸边的柳叶和松枝随着海风舞动，增添了画面的动感。整个画面疏密有致，左右呼应，人物塑造得生动传神，是不可多得的独幅壁画佳作。八仙是道教的八位神仙。八仙群体的产生、形成、演变和发展经历了一个漫长的过程，其名称和内涵也不断发生变化。八仙的起源很早，大约在汉代时就有相关的文字记载，但我们今天所谓的“八仙”是随着宋代道教和文学的兴起而逐渐形成的，在元代时才广泛传播开来。八仙在元代的广泛传播与全真教的兴起以及元杂剧的兴盛密切相关。然而，无论在元杂剧还是绘画中，八仙都存在多种组合。纯阳殿《八仙过海图》中采用的组合——钟离权、吕洞宾、铁拐李、曹国舅、张果老、蓝采和、徐仙翁、韩湘子——与现今我们熟知的八仙组合有所差异。这种差异反映了八仙在宋、元时期并未形成一个固定的群体。纯阳殿壁画中的八仙组合成为证明八仙演变过程中承上启下的有力证据。纯阳殿《八仙过海图》采用了当时杂剧中最常见的八仙组合形式，这表明该图很可能受到当时民间因素，尤其是元杂剧的影响。永乐宫所在的晋南地区，尤其是平阳府，是戏曲发源较早且较为发达的区域。例如，永乐宫重阳殿王重阳画传中的“地狱经变”部分，就明显受到了“神仙道化剧”的影响；洪洞广胜寺水神庙壁画中也有一幅戏剧图，绘制了一个散乐班子在舞台上演出的场面。由此可见平阳地区戏曲之兴盛。元杂剧中的八仙形象不仅影响了纯阳殿吕洞宾画传的绘制，同时也为我们今天熟知的八仙形象奠定了基础。比如，我们今天所知的八仙中，钟离权手执芭蕉扇、长髯过腹，张果老倒骑驴等形象，大多来源于元杂剧。八仙最终的固定组合，约形成于明末嘉靖、万历年间。从文学角度来看，在吴元泰的《八仙出处东游记》中，何仙姑取代了徐仙翁，并被后世一直沿用下来。纯阳殿的这幅《八仙渡海图》很可能受到《渡海罗汉图》或《渡海天王图》的影响。八仙具有游历人间、度化他人且长生不老的特点。根据《法住记》记载，《渡海罗汉图》中的罗汉也依佛祖所嘱，常在人间游化说法，而且具有长寿的特质。由此可见，两幅图中主角的特点十分接近。因此，《八仙过海图》受《渡海罗汉图》影响的可能性很大。它的产生与全真教思想中“长生”和“亲民”的教义有关。

南壁　此壁东、西两梢间绘有两幅对称的人物画，分别为《道观斋供图》和《道观醮乐图》。这些以道观为题材的作品主要描绘生活场景，反映了作者独特的视角。

南壁东段的《道观斋供图》表现的是几个道童在准备斋供的情景。在近景中，道童正在搬供案，其上方殿廊上的七个道童或挟经袱，或捧画轴，各司其职，一派繁忙的景象。壁画右上角有画工题记：“禽昌朱好古门人古新远斋男寓居绛阳待诏张遵礼，门人古新田德新、洞县曹德敏，至正十八年戊戌季秋重阳日工毕谨志。”

南壁西段的《道观醮乐图》近景中有两人抬着供桌，另有五人分别持长笛、竽、钹、腰鼓和拍板等乐器，好像在进行演奏前的调试。中间五个道童持幡、执扇，疾步向前，似乎在进行仪式前的准备。此壁左上角也有画师题记：“禽昌朱好古门人古芮待诏李弘宜、门人龙门王士彦、孤峰待诏王椿，门人张秀实、卫德，至正十八年戊戌季秋上旬一日工毕谨志。”从题记中，我们可知壁画的作者及壁画的完工时间。

纯阳殿北壁东侧·《纯阳帝君神游显化图》·度孙卖鱼

扇面墙后壁 此处绘有《钟吕谈道图》，该画面再现了钟离权度化吕洞宾前的论道情景。该壁画高约为3.7米，平均宽约为4.5米，面积约为16.65平方米，是纯阳殿壁画的精华所在。钟离权和吕洞宾是八仙中的两个人物，此处壁画中，他们的形象栩栩如生，特别是面部表情非常生动。画面中，钟离权谆谆教导，吕洞宾洗耳恭听。两人坐在深山磐石之上，背景是一棵苍劲的老松，左、右两侧流淌着泉水。背靠松树而坐的钟离权体态健壮，袒胸露腹，穿着麻鞋，正注视着吕洞宾。吕洞宾笼袖端坐，左手拇指轻捻右衣袖。整幅壁画环境与人物情景相融，处理巧妙，线条简练，采用铁线和折芦的技法绘出，顿挫分明，技法精湛，展示了高超的绘画水平。

根据纯阳殿南壁东、西两侧的题记，我们可以明确判断该壁画是由朱好古的门徒张遵礼、李弘宜为首的两批画工分别完成的。然而，在明、清两代时，纯阳殿壁画进行了大规模补绘，这一点可以从北壁松仙、柳仙上方的重修题记中找到证据。在“救孝子母”画面中也有一处空白题记框，已不可参考。柳仙上方的清康熙年间墨书题记《重修混成殿记》载：“纯阳祖师飞升之后，里人慕其德，建祠奉祀。厥后易祠为观，迨元朝奉敕创建，更为大纯阳万寿宫。内有混成殿，历年久远，木植墙壁，损坏良多。于大清康熙十四年，岁在己卯，郡士左逢源……共银二百余金、鸠工庀材，补葺修理，妆画神像、斗拱、墙壁，

纯阳殿西壁全图（空白处为画面损毁处）

上下内外，焕然重新矣。”由此可知，此次纯阳殿修补内容包括“妆画神像、斗拱、墙壁”，但仅仅是“补葺修理”，而不是全部重绘。根据这则题记，学者推断纯阳殿壁画是元代初绘，后经清代补绘。然而，清代题记的首行明显露出“大明”及“年”“月”的字样，这表明在后代补绘时，有将原题记遮盖后重题的做法。由上面的描述可知，纯阳殿壁画在明、清两代时都有补绘，补绘基本上是在原画的基础上进行的，但补绘的水平与初绘相差甚远，初绘与初绘的色彩明显可以区分。此外，补绘的线条软弱无力、表现不准。还有一个非常明显的特点：房屋地面都为菱格状砖，而在初绘的图像中并没有这种砖。这说明补绘的画师并未完全理解初绘者表达的内容，而是随意填补画面。

纯阳殿壁画显现出历代大规模补绘的现象，其线条的力度、画面的准确性以及色彩都不如三清殿壁画。因此，其艺术价值与三清殿壁画相比自然有差距。然而，这并不代表纯阳殿壁画的价值不高。纯阳殿作为吕洞宾的祖庭，吕洞宾作为全真教的祖师以及在民间备受尊崇的神祇，这些有关吕洞宾的大型连环画传是目前保存较为完好的全真教连环画传，为了解和研究吕洞宾提供了全面且珍贵的历史资料。这些壁画采用了独特的艺术形式——与三清殿大规模人物群像画完全不同的连环故事构图。这些价值应该引起我们对纯阳殿壁画的重视和关注。

纯阳殿扇面墙神龛后壁背面·《钟吕谈道图》（局部）

重阳殿

重阳殿又名“七真殿”或“袭明殿”，面阔五间，进深四间，单檐歇山顶。重阳殿是奉祀道教全真派创始人王重阳及其弟子“七真人”的殿宇，位于永乐宫的最后方，规模较小。壁画面积约为150平方米，绘制在东壁、西壁、南壁和北壁的东、西两侧以及扇面墙背面。壁画采用连环画的形式，描述了王重阳从降生到得道，再到度化“七真人”成道的故事。画面主要描绘了王重阳一生的活动，如同“王重阳祖师画传”。在内容上，壁画描绘了较多的现实生活细节。有榜题的画面共计49幅，这与纯阳殿的《纯阳帝君神游显化图》相似。它们都采用通景的处理方式，将人物故事融会于建筑、云气、山石、树木之中，每一幅画面既相对独立，又融为一体。

重阳殿的壁画布局、排序以王重阳的一生为主线。壁画分为上、下两组，从王重阳的降生开始，以逆时针方向环绕一圈。虽然前后顺序不是十分严格，但基本是从东壁南端开始，至北端连接北壁东段，再连接北壁西段，然后进入西壁，直至结束。东壁和北壁东段壁画绘制的顺序存在细微的变化，从北壁东段的画面主题看，这可能是为了让东壁的壁画内容与北壁东段的画面内容相协调。北壁东段下层画面为地狱行刑的场景，上层画面为王重阳救护马钰夫妇的场景。这种地狱题材的作品源于早期地狱冥府思想，随着《十王经》在中原的流传成为佛教艺术的重要题材之一。由此可见，佛教和道教艺术之间往往相互借鉴。与之相对的南壁东段也是单独的组画，这样的安排可能是基于传教需求以及受到刘处玄思想的影响。

纯阳殿西壁·《纯阳帝君神游显化图》·游戏罗浮、神化赵相公

纯阳殿北壁西侧·《纯阳帝君神游显化图》

纯阳殿西壁·《纯阳帝君神游显化图》·神化赴千道会

纯阳殿西壁·《纯阳帝君神游显化图》·神化上清庙题

纯阳殿南壁东侧·《道观斋供图》

纯阳殿南壁西侧·《道观醮乐图》

重阳殿壁画虽然重点叙述了王重阳的故事，但也间接地展现了现实社会生活中人们的活动。壁画中，平民百姓梳洗、打扮、吃茶、煮饭、种田、捕鱼、砍柴、教书、采药、闲谈等，王公贵族、达官贵人宫中朝拜、君臣答礼、开道鸣锣等，道士设坛、念经等，各种活动跃然壁上，生动地展现了当时社会生活。画面中，流离失所的饥民，郁郁寡欢的厨夫、茶役、乐手以及朴实勤劳的农民与那些大腹便便的宫廷贵族、帝王将相形成了鲜明的对照。

除重阳殿正壁与东、西两壁连续的王重阳传记壁画外，扇面墙和南面的东、西尽间也绘有壁画。

扇面墙神龛背面的正中央绘有三尊坐像，普遍认为这三尊像为道教的三清像。“三清”是道教的最高尊神。壁画中，“三清”头顶都绘有祥云，有圆形头光和身光，他们身着道袍，戴冠，有鬓发，手执法器，神情庄严肃穆。三清像左右绘两位玉女，玉女面容丰润，衣着华贵，手捧珊瑚和如意。三清像下方左、右两侧各有七位身着道人装束的侍者，他们呈“八”字形列队恭候。三清像两侧还绘有画传的续篇，描绘了王重阳羽化之后的故事。据保存下来的题记可知，此处还绘有“四子捧柩”“秦渡论志”“会葬祖庭”等故事。南面东、西两尽间还绘有两幅壁画，画面残损严重，漫漶不清，可能是“和合二仙”和“福禄寿喜财”的图像。从画风来看，这两幅壁画应该是后世补绘的。

纯阳殿北壁门楣上隅·《八仙过海图》

重阳殿壁画的绘制时代比较晚，东壁画面中的石碑上刻有“洪武元年”的字样，由此可知这些壁画完成于明洪武元年（1368）以后，且破损较为严重。然而，从壁画反映的道教事迹和社会生活的某些内容来看，重阳殿壁画仍具有一定的历史和艺术价值；从绘画风格来看，与纯阳殿壁画相近，应该是朱好古门人这一派系的画师所绘。

永乐宫壁画是我国现存最宏伟的道教壁画之一，在中国绘画艺术发展史，尤其是壁画艺术发展史上占有重要的地位。

永乐宫是一个集建筑、壁画、雕塑、碑碣石刻等为一体的综合性文化宝库。永乐宫壁画只是永乐宫元代遗产的一部分，其成就反映了元代艺术的一个方面。在20世纪50年代中期，由于三门峡水利枢纽工程的建设，从1956年9月开始至1965年底，历时9年多的时间，相关部门对永乐宫的宫门、龙虎殿、三清殿、纯阳殿、重阳殿等5座元代建筑以及其他古代建筑进行了整体搬迁，壁画也随同一起被切割搬迁到现址芮城。在搬迁过程中，宿白、王逊、陆鸿年等学者对永乐宫的壁画、建筑、雕塑、碑碣石刻等进行了全方位的研究，为我们留下了丰富的资料，再现了永乐宫壁画的辉煌。这些研究奠定了永乐宫学术研究的基础，同时使我们得以从中领略我国元代永乐宫艺术的风采。

典藏山西文化遗产精品系列

山西寺观艺术

壁画

中

精编卷

明、清

中卷目录

明、清

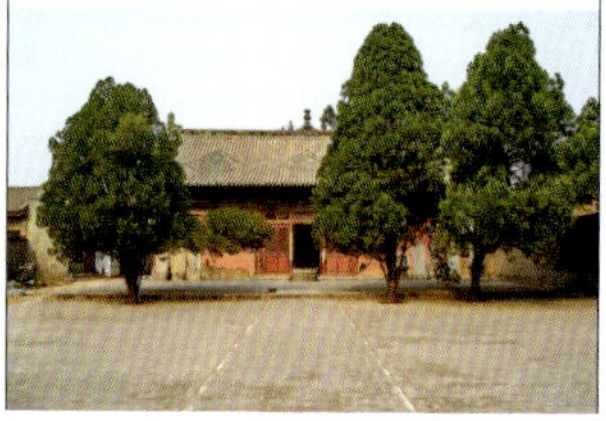

⓪1 运城·新绛

稷益庙

稷益庙，俗称“阳王庙”，全称为“东岳稷益庙”，位于山西省运城市新绛县城西南20公里处的阳王镇阳王村。目前，该庙仅存大殿和戏台各一座。尽管庙宇的具体建造年代不详，但明代碑记中记载：“元至元间重修正殿。”另外，碑侧镌刻有如下文字：“大元至元五年此社村原任河东铁冶都提举司富国冶管勾张良佐施铁香炉一座。”由此可知，稷益庙在元代已经进行过重修，而创建年代更早。明弘治、正德年间，庙宇进行了重修与增建。大殿梁架上载有明弘治十五年（1502）扩建重修的准确时间。

稷益庙正殿壁画的题材内容以农神祭祀为主体，反映了古代对农神的崇拜和神祠信仰。画面中绘有大量的道、释人物，因此，这些壁画被归类为寺观壁画。正殿东、西、南三壁图画精美，是重彩华章的代表。据传，北壁原有三圣的塑像，但后来被毁。正殿东、西两壁高约为5.5米，宽约为8.2米，南壁两梢间高约为5.5米，宽约为2.8米。东、西两壁还有两个墙尖，每个墙尖约有4平方米。壁画面积共计约为130平方米。

稷益庙壁画的构图形式沿袭了宋、元寺观壁画的特点。画面中人物众多，刻画细腻，布局巧妙地利用树木、山石进行衬托，使画面动静结合，色彩丰富且相得益彰。整幅壁画

东壁农夫捕蝗图局部

东壁全图

东壁局部人物·侍女

东壁局部人物·侍女

东壁全图局部·侍女

东壁局部·后宫侍女备膳烧水图

东壁局部人物特写·皇帝及侍女

东壁局部人物·文武百官及护发神将

东壁局部人物·文武百官及护法神将

东壁局部·诸猎户前去祭拜三圣图

东壁局部·诸神拜祭祀三圣图

东部稷王出行图局部·持稷农夫

气势恢宏，摒弃了宋、元时期的清冷色调，增加了暖色调，使画面更显华丽。画面中，帝王将相、仆从侍女、飞鸟走兽、殿宇楼台、奇花异果、珍馐佳肴等元素巧妙地穿插组合，将细节刻画与整体呈现完美地融为一体。

稷益庙壁画绘有《朝圣图》，这是寺观壁画常见的题材，通过朝圣队伍来展现神祇的庄严。永乐宫的《朝元图》是山西寺观壁画样式的典型代表。稷益庙的《朝圣图》同样采用了大量的人物来烘托朝圣的氛围，但与《朝元图》不同的是：它摒弃了道教抒情的优雅，取而代之的是山水之中的剧情化设计。全图中鲜有长袍宽袂的仙家道者，多是紧衣农夫走卒。这样的设定削弱了宗教的说教功能，强化了现实场景的再现。

东壁 此处画面正上方为重檐歇山顶宫殿建筑，两侧置耳殿，正脊与瓦当采用了沥粉贴金工艺，匾额书“三圣之殿”。殿内端坐的“三圣”为伏羲、黄帝和神农，这三位都是上古时期的人皇，同时也代表农业文明的始祖。

画面的正中央为朝拜仪式的核心，也是气氛最为热烈的地方。“三圣”的两侧分列有众多的侍女，侍女两侧是文武百官和护法神将。文官手持笏板而立，武将威仪有度。画面正中描绘的是一名侍女正在往螭形香炉内添香，姿态谦恭。为了调节气氛，侍女下方绘有一名手持令旗、步履匆匆的使者似乎有急事禀报。

“三圣之殿”两侧置一重檐歇山顶方形阁楼，侍女在其中准备茶点和果品。她们有的捧果盘，有的手执壶，有的抱着酒坛，有的正在烧水，有的正在洗盘盏，忙个不停。庭院之间松梧扶疏，蕉竹相映，月季、牡丹点缀在庭院之中。

东壁下方左、右两侧是整墙壁画的精华所在。左侧自上而下绘制了持弓猎户、握剑猎户和担鹿猎户，再向下有持铲农夫、扛树农夫、捧笼农夫和缚蝗农夫。这些人物都是以农猎为生的农夫和猎户，他们手捧或肩扛祭品，准备前往拜祭“三圣”。画面的重点是描绘下方农夫捆缚蝗虫精的场景。画匠对蝗虫精的描绘非常夸张，其形体与人等高，蝗口张大，满口利牙，双爪为尖利长钩，蹬地挣扎。两名农夫身材高大，咬牙瞪目，一拉一捆，将蝗虫精牢牢地缚住。画面气氛紧张，剑拔弩张之势跃然于壁上。

东壁右下方绘一组后稷出行图，描绘了稷王常服出游的情景。宫娥嫔妃前后相拥，缓解了左壁缚蝗图带来的惊心动魄之感，使得画面张弛有度。

歇山顶宫殿周围云霞氤氲，群山环抱，殿顶上方的群山之间影影绰绰有十余人。画面右上方描绘了大禹治水斩蛟除恶的故事。画面中五人挥剑斗蛟，气氛紧

东壁局部 · 农夫捕蝗图（局部）及护法众

东壁猎户与农夫祭拜三圣图局部·人物特写

东壁稷王出行图局部特写·侍女

东壁文武百官祭拜三圣图局部·人物特写

东壁文武百官祭拜三圣图局部·人物特写

东壁局部（上右侧）·大禹治水斩蛟除恶

张。殿顶左侧有稷王朝政图和驱鸟图。驱鸟图画有七人，其中两人手持树枝、鞋子正在驱赶啄食粮食的鸟雀。

殿顶右侧上方绘有一组连环画面，描绘了《诗经·生民》中姜嫄遗弃后稷的故事，展现了十个故事情节。画师巧妙地利用人物的穿插，将十个故事情节安排在八个场景之中。整幅画面的故事是：姜嫄踩巨人足迹受孕，诞下孩子后，恐其为妖孽而弃之山林。但婴儿被禽鸟相护，牛马不践。姜嫄得知其为“圣童”后抱回养育。这个故事在晋南地区广为流传，民间演绎为“龙生虎养”，以彰显姜嫄“受天命诞圣子”的传奇经历，这与经传故事有着相似的“基因”。

西壁壁画与东壁壁画的构图相近，但场景更为丰富。画面中央位置描绘的仍然是百官朝拜的场景，但主体人物更换为大禹、后稷和伯益。大禹居中，身着蓝袍官服，身后的屏风上绘有怒海惊涛图，象征着他治水的丰功伟绩。后稷和伯益陪侍在大禹的左右两侧。后稷居于大禹左侧，头戴王冠，身穿红袍，手持禾苗，一名官员正躬身向他说话，而一名黄袍虬髯的大臣持笏板相向，满脸怒容，使朝堂之上热闹非凡，众大臣交头接耳；伯益位于大禹右侧，头戴王冠，身着朱红帝王衣袍，拱手端坐，神态自若。大禹、后稷、伯益的身

东壁局部（上左侧）· 驱鸟图

后有臣子、侍从和侍女。大禹左、右两侧各有两名臣子手持笏板，后方是一名络腮胡大汉，双手执一华顶宝伞。四名侍女手捧如意、玉壶等器物站立在大禹身后。后稷身后有两名男侍从，一名掌宝伞，一名等候侍应，另有三名侍女手捧小坛、宝盒和盛满水果的果盘。伯益身后同样有两名执伞侍应的男侍从，后方有五名侍女或手捧金色酒壶，或端着盛放玉杯的盘子。

后稷的左侧有一排房屋，房内摆放着香炉、长碟、花盆和插瓶等物品。房外勾栏旁、廊庑中以及阶梯上，乐伎和侍女正忙碌着。两名侍女端着果盘，一前一后走着，愉快地交谈着，乐伎们紧随其后，手中拿着琵琶。在通向大殿的阶梯上，一人端着果盘，另一人端着放有三个瓷碗的盘子，正扭头与一手捧双层漆盒的女子交谈。在一旁的树下，三名侍女分别拿着酒壶、汤碗和小勺，窃窃私语着。

西壁壁画描绘了三界诸神对“三圣”的礼拜场景。在右上方的画面中，天界诸神进入天门、祭拜的过程被描绘出来。众神由从天门进入，呈蛇形行进，有的在天门外寒暄，有的已进入天门并接近祭坛。队伍中旌旗飘扬。三圣殿台阶下左、右两侧绘制了九组人物。左侧绘有往古帝王将相众、往古文臣武将、四海龙王众等。其中往古帝王将相众中

东壁局部（右隅）·后稷出生、沐浴及邻里看望图

东壁局部（右上隅）·樵夫发现后稷被弃深山图

图像位置展示

左：东壁局部人物（中）
右上：东壁猎户祭拜三圣图局部 · 扛着猎器的猎人
右下 · 东壁农夫祭拜三圣图局部 · 众农夫

东壁局部人物·护法侍从和拜祭农夫

东壁全图局部·护法神将

东壁局部·稷王着常服出行图

西壁全图

图像位置展示

右：西壁局部·文武百官朝拜大禹、后稷、伯益三圣图及众官争论图

有唐太宗、宋太祖等帝王，往古文臣武将中有关羽、苏武等名臣。龙王众是这三组当中描绘最为精彩的。画面中，龙王与龙女躬身迎接，身后的虾兵蟹将刻画得甚为传神。画师用拟人的手法对海中的这些生物进行描绘，使得它们活灵活现，栩栩如生。台阶下右侧描绘了一组传说中的地狱画面，包括十大阎罗、阴司三曹、诸大罗刹众和牛头马面等。整个画面中人物的布局借鉴了水陆寺观壁画的结构：在画面右上隅（北次间梁下）的云雾之中，有一组红衣仙人站立云端眺望，似乎在为大禹、后稷、伯益庆贺；十几名官吏亦在云雾中向仙人朝拜，答谢神恩。整个画面构成了一幅以“三圣“为中心的“大曼陀罗”，呈现了人间、仙界、地府无不来朝的隆重非凡的宏大场面。

此外，画面左侧左下方和右上方分别绘制了祭拜图。左下方是《帝王拜圣图》，图中人物众多，为首的参拜者身着帝服冠冕，率领百官朝拜“三圣”牌位。牌位正中是“昊天玉皇上帝位”，左边是“始祖后稷神位”。由于人物大多呈45度角参拜，因此右边的牌位只能看到背面，推断可知是“始祖伯益神位”。牌位前侧陈设祭品的供案横抵祭坛的两侧，上面摆放着猪、牛、羊头等各种牺牲以及酒盏、面卷、香炉、蜡台等。坛内帝王官贵手捧牙笏，躬身行祭。两侧仪仗站班，乐队演奏。仪仗中旗幡成行，奏乐者执鼓、琴、钟、笙、弦、拍板、阮

西壁百官朝拜“三圣”图局部·大禹

西壁百官朝拜“三圣”图局部·稷王

西壁百官朝拜"三圣"图局部人物·众百官

咸等乐器。此组图最有趣的画面在左侧，四名祭祀人正在焚烧祭品表章，烟雾弥漫、火光冲天；两个小童坐地仰头，一个小童手指向天，似有神奇之事发生，饶有情趣。右上方的祭拜图中，11名文武官员在祭拜后稷和姜嫄，至于他们的祭拜所为何事，观者可以将目光投向与此图平行的左壁，寻得答案。

《帝王拜圣图》画面的上方绘制了一幅《后稷教民稼穑图》。正是这样的千秋功业，才使后稷得到历代帝王的敬仰和百官的朝拜。在《后稷教民稼穑图》中，描绘了十个场景：田间送饭、农夫休憩、收割粮食、运输庄稼、堆砌谷垛、清扫麦场、碾打粮食、兜装粮食、驴驮粮食和背运柴火。这十个画面既独立成画，又相互紧密联系。在春耕农忙时，图中的农妇提着陶罐，为正在田里拉牛犁地的夫君送饭。当她在树下将陶罐里的饭盛到碗中时，后稷和他的随从来到田头，亲自教授农夫播种的事务。年轻的农夫一边听着，一边比画着和后稷交流。夏日炎炎，图中戴着草帽的农夫们正在田里劳作，一位妇女肩挑装着饭菜的竹篮和汤罐（或水壶），前来为他们送饭。她在木桥上小心翼翼地走过时，她的小儿子已经急不可耐地手捧着饭碗，呼唤着父亲等人过来吃饭。夏收季节，图中的农夫们忙个

西壁百官朝拜“三圣”图局部人物·众百官

不停，有的在田里收割，有的挑着两捆麦子运往村头的打麦场，还有的推着两轮平车将麦子从田头拉回村里。打麦场上也是一片忙碌的景象，有的正把拉回的麦子垛起来，有的正赶着牛拉着石磙子碾麦子，有的正在扫场子，有的正在扬场，还有的正拿着木叉挑松正打着的麦穗。在打麦场的一旁，几个农夫正在装运已经打好的麦子。一个农夫撑开长布口袋，另一个用竹升子往口袋里盛装麦粒，还有一个农夫把装好的麦子放到驴背上，准备驮回家。一旁的妇女抱着婴儿，望着场内繁忙的景象。画面中，每个人物的举止动作都生动自然，真实反映了当年晋南地区的农村生活。整个画面展现了晋南地区辉煌的农业文明史，写实的农事情节真实地呈现了明代的耕种技术。

与《伯益教民后稷教民稼穑图》相关联的是位于该图上方的《烧荒狩猎图》。画面中，伯益亲临山中，教授农民烧荒狩猎的技术。图中共有17个人，包括斫木工、烧荒工以及驱赶野兽的农民。画面中，虎、豹、狐、狼、猴、鹿、野猪等动物在四处奔跑。几头已渡过河的麋鹿正在回首眺望，远处的几只猕猴正在嬉戏，而对面山林中的牛羊尚未发觉火情，仍在追逐嬉闹。在被火烧过的区域，樵夫们正在用板斧砍伐树木。山下，指挥烧荒的

西壁地府众神拜三圣图局部人物·判官等

西壁局部人物特写·侍女

西壁文武百官拜“三圣”图局部·人物特写

官吏正向伯益禀报烧荒和狩猎的情况。在古代社会，烧荒狩猎不仅是为了改良土壤和获取食物，还是为了开辟家园和扩展生存空间。

西壁壁画在构图上融合了天、地、人、神、龙、鬼等元素。虽然这些复杂的神祇人物容易导致混乱，但综观稷益庙东、西两壁壁画，并未出现这一情况。相反，人物在穿插之中疏密得当，色彩在彰显人物身份方面发挥了重要作用，每个角色都个性分明。由此可见，画师对如此巨幅画面的把控能力很强。这种有条不紊的样式在明代中后期逐渐变成单一组群的表现方式，降低了处理图像整体关系上的难度，因此此作应是上乘之作。值得一

西壁局部（北侧下）· 地府神众拜“三圣”图

提的是：西壁下方的龙神水精图和地府圣众与它们在山西汾阳圣母庙壁画中的位置如出一辙。由此可见，古人在绘制壁画时，对东、西两壁内容的安排是有规范样式的。

北壁东侧绘制的《张大帝赴会朝圣图》中，张大帝头戴东坡巾，手执羽扇，白髯飘飘。他前面有二鬼扛斧，为开山辟路之引路鬼卒，身后和侧旁有持印仙童和举幡鬼卒相伴。

张大帝身后紧随着48位部众，场面浩大。队伍的末尾是三处被云雾盘绕的歇山式宫殿建筑，从其门厅的匾额（上书“祠山张大帝”）来看，这里应是张大帝的行宫。整壁画面烟波浩荡、怪石嶙峋，虽然人物整齐排列，但他们行进间的相互顾盼使得画面极具动态感。

西壁文武百官拜“三圣“局部人物·护法神

西壁地府众神拜"三圣"图局部·判官

画面中的宫殿只绘了屋顶，这也是画师的匠心独运之处。如此一来，就使得人群在山峰之间穿行，浩浩荡荡、难见其尾，有“深山藏古寺”的意境之美。此外，画面左上角有两个差役押解着四个身带枷锁的囚犯。差役看起来甚是凶恶，与山间行进的掌簿判官张大帝慈眉善目的形象形成鲜明对比。这样的场景富有强烈的戏剧张力，同时也体现了画师丰富的想象力。

北壁西侧壁画描绘了“阴曹地府”和“酆都狱门”两个主题。画面中并未展现传说中十八层地狱“挖眼掏心”等惊悚场景，而是以众鬼卒驱赶死后的游魂进入酆都城为主线。整个酆都城外怪石纵横。灰暗的画面色彩和山石的纵横造型给人带来一种沉重的压迫感。

西壁局部（南侧下）·往古帝王与其伽蓝护法众拜“三圣”图

这种暗示性描绘优于直白的宣扬，如此处理蕴含着儒家的含蓄与隽永。

南面东、西两壁的壁画在首尾上暗含着“出”和“入”的关系，并在构图中运用了中国画的诸多形式语言。稷益庙壁画共有五种构图形式，其中两种在东、西两壁的壁画中得以展现。东壁的《张大帝赴会朝圣图》运用的构图形式为“S”形，西壁的“酆都狱门”运用了“引”“堵”“回”“伸”的螺旋状构图。这样的旋转式绘制方式可以将故事情节更为巧妙地进行呈现，同时也能够有指向性地引领观者欣赏画面。此外，壁画中还运用了“千官列雁式”以及“△”形和“U”形构图。“千官列雁式”构图显然借鉴了永乐宫壁画的构图方式，其构图特点是神祇如行云流水般前进，适合用于表现群体神祇人物。“△”形构

西壁左侧全图局部・四海龙王众及虾兵蟹将

西壁全图局部·人物特写

西壁全图局部・人物特写

细节观察

西壁局部（上）·天界诸神进天门祭拜图

画面上方描绘了天界诸神进入天门、前往祭坛祭拜的过程。众神从天门进入，呈蛇形队伍行进，有的在天门外寒暄，有的已进入天门、接近祭坛。队伍中旌旗飘扬，令人叹为观止。

图则能够赋予图形稳定的表现力，就像东、西两壁的三圣图与文武百官图。“三圣”呈三角形布局，文武百官在“三圣”两侧依次呈放射状列队，形成一个大的等腰三角形。这种构图将“江山稳固”的寓意渗透其中。这些图式关系或许是无心插柳，但高超的画技体现了处理图像的经验以及解读虚拟世界的能力，这亦是一名画师必备的素质。

根据稷益庙现存壁画南侧左上角的题记，我们可知此堂壁画是由山西翼城籍画师程儒及其两子程细、程耜与门徒张捆，绛州画师陈圆及其侄陈文、门徒刘崇七人共同完成，绘制于明正德二年（1507）。尽管他们没有见载史册，但绘画水平实属上乘，人物造型严谨，显然受到了元代河东地区（如芮城永乐宫和稷山青龙寺）寺观绘画风格的影响，展现了襄陵画派的传承分支。其中的粉本也可见一斑。

尽管稷益庙壁画在规模上难以与永乐宫三清殿壁画相媲美，但在展现民俗文化和再现历史情境方面罕有出其右者。

西壁局部（南侧）· 帝王率百官祭祀昊天玉皇上帝、后稷、伯益图

西壁局部（南上隅）·后稷教民稼穑图

西壁局部（南上隅）·伯益教民狩猎图

南壁东侧张大帝赴会朝圣图局部·众神

祠山張大帝

寺观壁画的重点通常是对神祇人物的刻画，然而山西寺观壁画中融入了大量的山水花鸟元素，其中稷益庙壁画更是将这一特点体现得淋漓尽致。画中烟岚弥漫的群山、苍劲雄峙的树干、碧波荡漾的甘泉以及雕梁画栋的殿堂等，每一处、每一景，无论远观还是近看，都纤细工丽，无费笔赘彩，可谓极尽重彩之能事，堪称巧夺天工。如此佳作全然不似出自民间画师之手。稷益庙正殿壁画是山西寺观壁画中的杰作，尽管绘制于正德年间，但仍难掩其唐宋风貌，实为妙手佳作。

1.南壁东侧局部·张大帝赴会朝圣图
2.南壁张大帝赴会朝圣图局部人物·侍女

十二圆觉之一

② 临汾·洪洞

广胜上寺

广胜上寺位于山西省临汾市洪洞县城东北17公里处的霍山之巅。一条石砌山道（今已铺设成柏油路）将其与广胜下寺相连。

据清代《平阳府志》记载，东汉本初元年（146），西域僧人慈山圆寂于霍山南麓山顶。建和元年（147），汉桓帝下旨在慈山圆寂处修建舍利塔与寺院，并将其命名为“阿育王塔院”。又因慈山法号俱卢舍利，故此寺又名“俱卢舍寺”。北魏太武帝与北周武帝两次发动“法难”，导致阿育王塔院被毁，僧人还俗，仅存舍利塔。唐代时，舍利塔成为土丘。唐上元元年（760），舍利塔重建。唐大历四年（769），塔院重修，取“广大于天，名胜于世”之意，更寺名为“广胜寺”，唐代宗赐匾“大历广胜之寺”。金贞祐年间，寺院毁于战火，金末元初得以重建。元大德七年（1303），赵城、洪洞发生特大地震，震中恰好位于广胜上寺所在的霍山，导致广胜上寺的建筑损毁严重。元大德九年（1305）重建广胜上寺。此后，元、明两代又屡有重修。明嘉靖十一年（1532），寺僧再度修缮广胜上寺，将藏经阁改建成大殿，即弥陀殿，《赵城金藏》曾存放于此殿中。明天启元年（1621），大慧和尚在飞虹塔底层外围增建一层围廊。

毗卢殿北壁（中）·《十二圆觉佛会图》

毗卢殿北壁《十二圆觉佛会图》局部·圆觉菩萨

毗卢殿北壁《十二圆觉佛会图》局部·圆觉菩萨

毗卢殿北壁《十二圆觉佛会图》局部·圆觉菩萨

毗卢殿北壁《十二圆觉佛会图》局部 · 圆觉菩萨

毗卢殿北壁《十二圆觉佛会图》局部·圆觉菩萨手部特写

毗卢殿北壁《十二圆觉菩萨佛会图》局部 · 圆觉菩萨头部特写

1.毗卢殿北壁《十二圆觉佛会图》局部·圆觉菩萨
2.毗卢殿北壁《十二圆觉佛会图》局部·天女散花

现存广胜上寺建筑群沿一条南北偏西方向的轴线分布，包含三进院落。轴线上的第一座建筑是山门，山门后的第一进院落为前院，也即塔院。塔院中心为一座四方形高台，高台上沿轴线建有仪门（垂花门），仪门后为广胜上寺的琉璃塔，也称“飞虹塔”。飞虹塔后为弥陀殿，弥陀殿后的二进院落北侧为大雄宝殿，西垛殿包含韦驮殿和祖堂。大雄宝殿后第三进院落为后院，北侧为毗卢殿，东侧配殿为观音殿，西侧配殿则为地藏殿。各殿宇之间由青砖铺砌的甬道连接。

广胜上寺现存的壁画分布在弥陀殿、西垛殿和毗卢殿三座殿宇中，其中以毗卢殿的壁画最为精美。毗卢殿内供奉着毗卢遮那佛、卢舍那佛、释迦牟尼佛以及四大菩萨和两金刚等造像。殿内还建有仿楼阁式的教藏用于收藏经书，教藏内供奉着三十五佛、四大天王、善财童子和菩萨等造像。

毗卢殿的壁画分布于四壁，总面积约为100.12平方米。其中北壁为《十二圆觉佛会图》，面积约为40.01平方米。其余三壁绘制有五十三佛，壁画面积约为58.02平方米。该堂壁画始绘于明正德八年（1513），虽然在清顺治年间多次重描，但基本保留了明代壁画的风貌。

东壁·《五十三佛》·局部人物特写

[redacted]

《十二圆觉佛会图》绘制于明正德八年，绘制者为来自赵城县（今山西省洪洞县）的杨怀、杨希杰等人。该壁画采用对称式构图，中央为弥陀佛，左、右两侧各有六身菩萨像。画面上方有飞天二身。

该壁画高约为3.8米，宽约为11.08米，面积约为42.1平方米，为明正德八年的原作（画面中部墙体因雨水侵蚀而开裂）。释迦牟尼佛位于画面正中，跏趺坐于四方形束腰金刚座上，跣足踏双莲花。其头部呈上下略长、四角圆润的方形，头顶有肉髻；头发为深青色，卷曲的陀螺髻发右旋。额头之上有呈圆形的白色毫毛。“国”字脸型，上部略宽而下部略窄；眉毛如初月，双目平和而呈弓状，眼珠为深青色。面颊坚厚圆满，嘴形似菱角，嘴部上方有蝌蚪状胡须。双耳巨大并下垂，颈部有三道弧线。胸部袒露，肩、臂健壮，内着绿色僧祇支，外穿红色通肩式袈裟。佛头部后方为圆形头光，佛身后有硕大的圆形背光，佛前有佛供。该佛供以红莲为底，莲蓬上托着一高足盘，盘中有八个带叶蟠桃，蟠桃外围放出白色圆光。

释迦牟尼佛两侧的圆觉菩萨分为两组，每组6身，总共12身。这些菩萨的形体略小于释迦佛，面容安详，嘴上长着蝌蚪状胡须；头戴宝冠，顶梳高髻，发绕肩臂，面部饱满；身戴璎珞，臂佩钏镯；脚踏莲花，浮于云端。诸菩萨所着服饰有粉红、朱红、石绿等色，虽五颜六色却不显杂乱。

这12身胁侍菩萨的名号依次是：文殊菩

萨、普贤菩萨、普眼菩萨、金刚藏菩萨、弥勒菩萨、清净慧菩萨、威德自在菩萨、辨音菩萨、净诸业障菩萨、普觉菩萨、圆觉菩萨、贤善首菩萨。在画面的上方，祥云缭绕，两身飞天翱翔其间。

壁画《十二圆觉佛会图》的文本依据为《圆觉经》。该佛经分为12章，经中说佛入神通大光明藏三昧，现诸净土，十二大士依次问因地修正之法门，佛对他们的提问一一解答。

五十三佛壁画分布在殿内的东壁、西壁、南壁东梢间、南壁西梢间、北壁东梢间和北壁西梢间。壁画中的53身佛，身形和大小相近，一字排开，环坐在四周，面容和姿态相差无几。他们的服饰大致分为两种：一种是无冠，身后有彩色身光；另一种是头戴冠冕，胸佩璎珞，身后有透明身光。诸佛面容丰满，头部为青色螺旋发髻；身着红色袈裟，内着绿色僧祇支，袒露胸部；双手或持钵，或结手印。佛身后为淡黄色和淡绿色团云，头顶上方有宝盖云或华盖，云后有飞天或迦陵频伽。佛前有供器，供器内供奉有宝珠、火烛、桃子等供养物。虽然五十三佛壁画经过后世的重描，但线条只是依照原样加粗加黑，基本保持了明代壁画的风貌，是晋南地区典型的壁画风格。

“五十三佛”之名出自《佛说观药王药上二菩萨经》。该经载：“若复有人能至心敬礼五十三佛者，除灭四重五逆及谤方等，皆悉清净。以是诸佛本誓愿故，于念念中即得除灭如上诸罪。”毗卢殿壁画中的五十三佛与经藏中的三十五佛坐像，一同构成八十八佛的格局。

五十三佛壁画中，南壁东梢间和南壁西梢间的画面较有代表性。

南壁东梢间壁画高约为1.45米，宽约为3.80米，面积约为5.51平方米。画面中绘有五身佛像。虽然这五身佛像并排而坐，但画面的构图并非简单的平铺直叙，而是以中间一身

佛像为中心，采用对称的构图方式。五身佛像半跏趺坐于大莲花中。五佛面部圆润，须发为粉绿色；内穿绿色僧祇支，外着红色通肩式袈裟；佛前小莲花上托着供物，佛身后有圆形头光和背光。

此外，在第三身佛上方两侧的天空中，各有一身男性飞天。他们身体微蹲，上身赤裸，穿白色裤子，披绿色飘带，胸佩璎珞，做腾云状。他们手持玉碗、花朵，向下点洒花露甘霖。第一和第二身佛之间有一只绿色凤凰由天而降；与之相对应，画面右侧第四和第五身佛之间也有一只凤凰。这些神鸟寓意吉祥和谐。

南壁西梢间壁画高约为1.46米，宽约为3.78米，面积约为5.52平方米。与南壁东梢间壁画相对应，此处也绘有五身佛像，采用中心对称的构图模式。这五身佛像半跏趺坐于莲花中。五佛方颐圆面，须发粉绿；内着绿色僧祇支，外穿红色通肩袈裟；佛前小莲花上托着供物，身后有圆形头光和背光。

在第三身佛上方两侧的天空中，各有一身男性飞天。他们挺立云端，左边一位飞天右手托盘，左手将花朵撒下；右边飞天左手拿海螺，向下点洒甘霖。在画面右侧第四和第五身佛之间，有一只迦陵频伽鸟。迦陵频伽鸟又作“妙音鸟”，人首鸟身，是佛教中的吉祥鸟。此处的迦陵频伽鸟面若青年男子，上身赤裸，背生双翼，下身似鸟，凤尾。他双手合捧一叶芭蕉，芭蕉叶中有山茶花、红莲花数朵，呈现欲散花状。

虽然广胜上寺毗卢殿始建于元代，但现存殿内佛教图像的分布格局形成于明正德年间，代表着明朝时期佛教壁画的较高水准。应该说，明朝时期是中国传统寺观壁画艺术由盛转衰的时期。尽管如此，由官府、王室供奉的少量庙宇，因达官贵人和社会富裕阶层的

毗卢殿北壁东侧全图：五十三佛（部分）

1.南壁东梢间
2.南壁西梢间
3.毗卢殿北壁东侧五十三佛（部分）

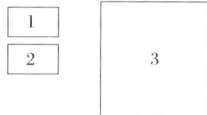

布施供养而继续兴盛。相比之下，民间寺院壁画的绘制水平大幅下滑。原因在于明代社会世俗化程度加剧，宗教功利化、商品化的趋势日益明显。广胜上寺毗卢殿壁画在同时期的壁画中，其体量较大且保存较为完好。

毗卢殿壁画最显著的特征是用线粗壮有力，用笔刚健流畅。尽管该殿壁画有后人补绘，对原有线条进行加粗，使得画面略显笨拙，但仍然掩盖不住原绘者深厚的艺术功底。比如，南壁西梢间壁画的墨线初看较为流畅，但如果仔细观察，就会发现线条圆浑中带有精微的停顿转折，转折处通常为物象不同体块间产生转折变化的区域。远观时，观者会感到画面浑然一体，似乎是一气呵成的。佛教人物的线描方式多采用“曹衣出水描”与“铁线描”相结合的方式。在画面中，佛的服饰多采用“曹衣出水描”。这种描法用密集的线条来呈现人物的形体结构，以突出人体美。此描法传入我国后，画师弱化了对人体的表现，强

弥陀殿东壁残存水陆画·神众

韦驮殿（西垛殿）东壁全图

十洑殿（西垛殿）东壁局部

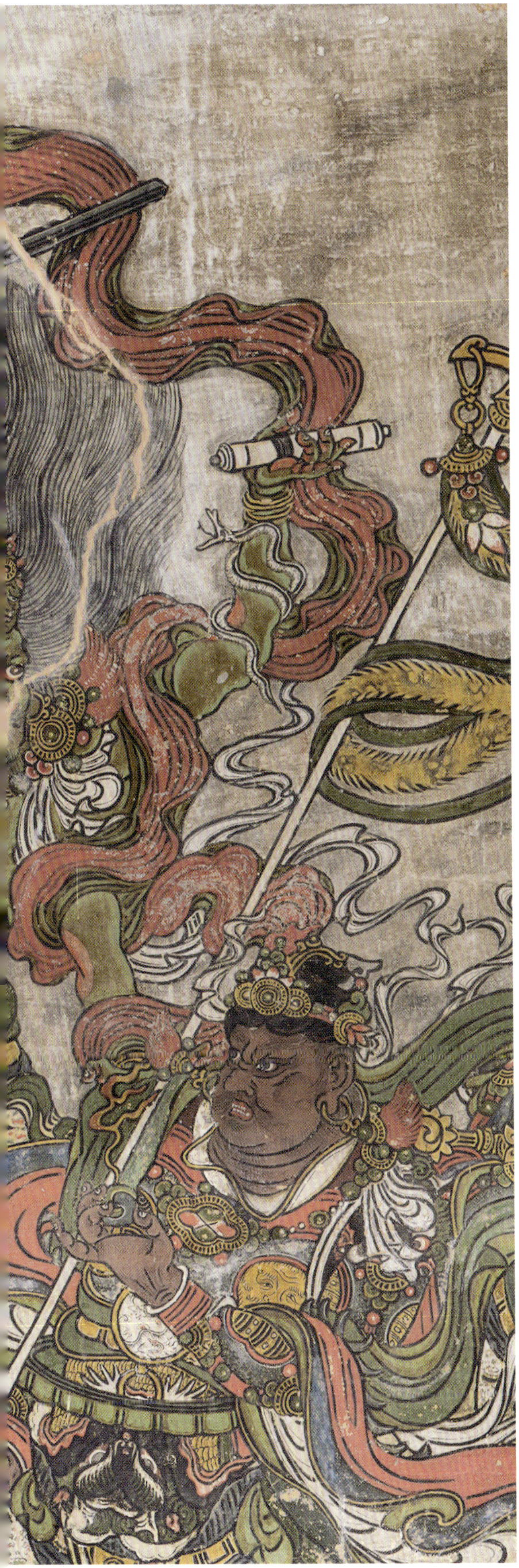

化了线条本身的韵律美和装饰美，在装饰美与形体表现之间获得了一种平衡；同时，在不破坏韵律美感的前提下，巧妙处理了看似平行的线条的变化，如线条的疏密、聚散、粗细、曲直等，使得壁画在庄严中又自带一分生动。另外，值得一提的是：勾线使用的工具是晋南壁画中常用的捻子笔，它具有较好的弹性和力度，比起正常毛笔绘制的壁画更为稳重有力。

在设色上，毗卢殿壁画有针对性地使用了“渲染法”与“勾填法”。比如，服饰、云朵、供具等多采用“勾填法”，在设色的范围内填以朱砂、石青、石绿、石黄、白粉等色。再如，云朵、花朵、佛光以及佛像的身体部分则采用“渲染法”，分染出图像的起伏变化。这两种不同的技法一同使用，并没有脱节感，反而合理地营造出庄严又不失生动的景象。

在明代民间壁画世俗化的大背景下，广胜上寺毗卢殿壁画保持了晋南地域壁画应有的艺术高度，成为明代寺观壁画中不朽的杰作。

③ 忻州·繁峙

公主寺

公主寺位于山西省忻州市繁峙县杏园乡的公主村，为五台山北台外九寺之一。相传由北魏文帝第四女信诚公主出家所建，旧址在今公主寺南5公里的山寺村。明正德二年(1507)至嘉靖三年(1524)间，公主寺由原来的山寺村搬迁至空如村(现公主村)，与文殊寺合二为一，称为“公主文殊寺”。清代之后，该寺逐渐被人们简称为“公主寺”。

公主寺坐北朝南，占地面积约为4000平方米，建筑结构规整严谨，呈长方形，一进三院，沿中轴线从南到北依次为山门、毗卢殿、大雄殿、后殿。第一院由山门入，正殿为毗卢殿，院内左、右两侧各设有一垂花门，过东侧垂花门为关帝殿，南面有一戏台，过西侧垂花门为奶奶殿，南面也有一戏台；第二院正殿为大雄殿，东、西两厢分别为二郎殿和财神殿；第三院正殿为佛殿，东、西各有配殿三间。寺内壁画主要存于大雄殿内。

大雄殿面阔三间，进深两间，现存建筑为明弘治十六年(1503)落架重修。大殿为明代比较流行的水陆殿，除了明间的大门，其余四壁皆绘满水陆画。据殿内东壁榜题与南壁游人墨书，可推断出殿内壁画应该是在大殿重修后不久绘制的，壁画出自民间画工之手，

东壁局部 · 文殊菩萨

东壁全图

2 | 1

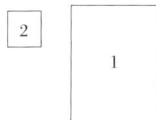

1.东壁局部·普贤菩萨与大势至菩萨
2.东壁局部·卢舍那佛说法图

绘者为真定府画师戎钊、张鸾、高升、冯秉相、高进、赵喜。东、西两壁绘制的是群仙赴会的场景，南壁绘阿难与引路王菩萨引导亡灵往生的场面，北壁绘六子闹弥勒和十大明王像。整堂壁画内容丰富，人物众多，技法娴熟、技艺高超，造型比例准确，线条流畅，色彩浓艳而和谐。在工艺上采用沥粉贴金，使画面呈现出恢弘而富丽的效果。这些壁画是明代壁画中的艺术精品，具有很高的艺术研究价值。

东壁主要绘制的是群仙赴会的场景。壁画整体呈“凸”字形，画面中央体量最大的是卢舍那佛，其下是请法比丘，周围对称绘制菩萨和各路神祇。该壁画以佛为中心，周围环绕排列水陆神祇。离佛越近，神祇体量越大；越上层的神祇尊格越高。如近佛处第二层体量比较大的是菩萨，其次是罗汉，外围与下层处为天界、人界、地狱、水域等各路神祇。各神祇旁侧标有榜题，清晰明了。各组神祇间用云团隔开，繁而不乱。主佛左、右两侧从上到下大体可分为五层，大致以对称结构排列，共绘制有43组神祇。从北到南，第一层为十八罗汉（分为两组）；第二层有9组神祇，分别是天仙神众、持地菩萨、十地菩萨（分为两组）、天龙八部（分为两组）、十地

南無盧舍那佛
信士武鎮
男眾攝一盧
宅人李氏

金剛座神
信士李氏

金剛座神
信士李興

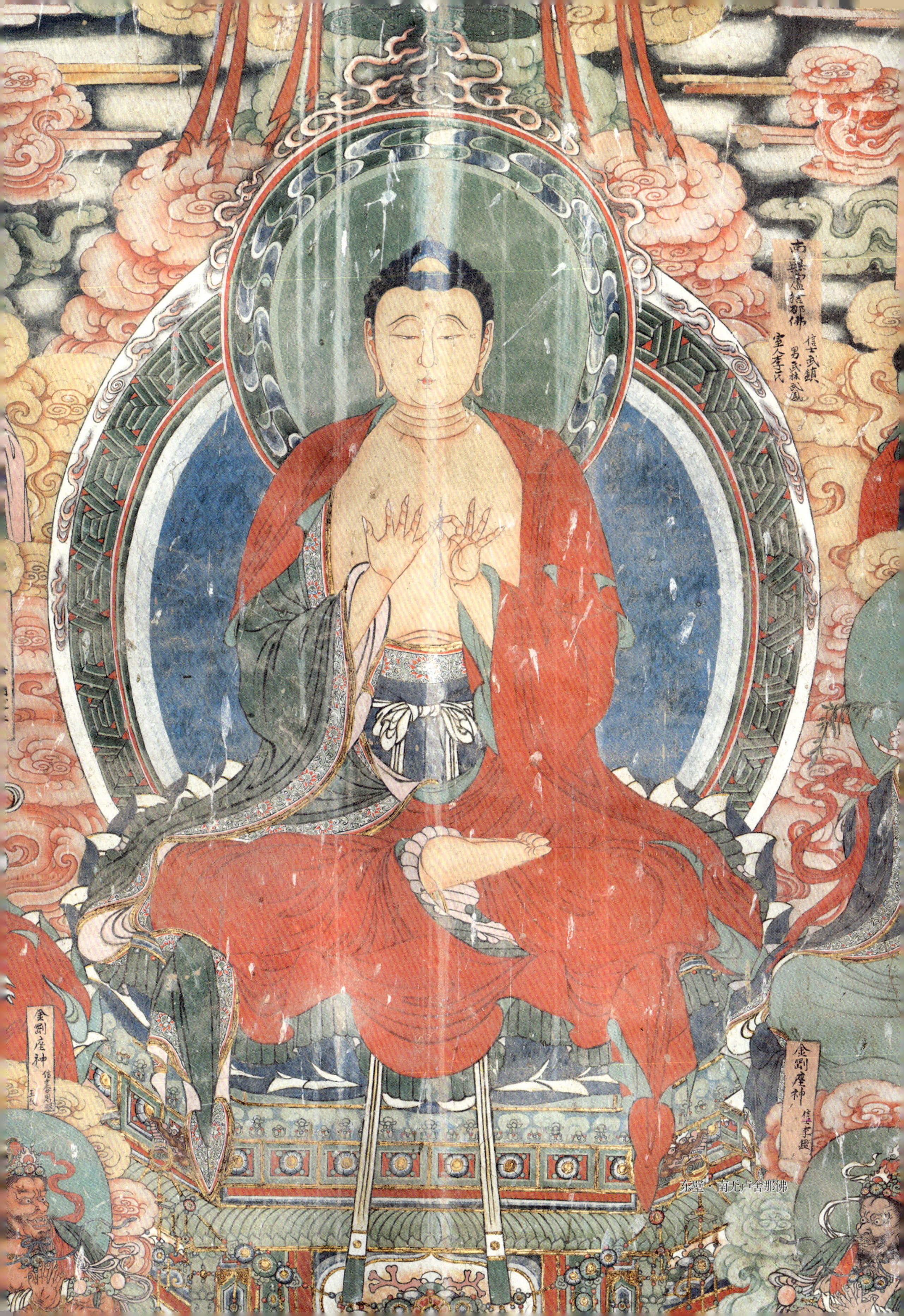

东壁 南无卢舍那佛

金剛座神

东壁画局部・观音菩萨与文殊菩萨

东壁局部·大势至菩萨特写

东壁局部 · 观音菩萨特写

东壁局部·天龙八部（佛右侧）

东壁局部：天龙八部（佛左侧）

东壁局部·金刚座神（佛右侧）

东壁局部：金刚座神（佛左侧）

月
宫
天
子
信士李至
張代男李記

四天天王
东壁局部·月宫天子

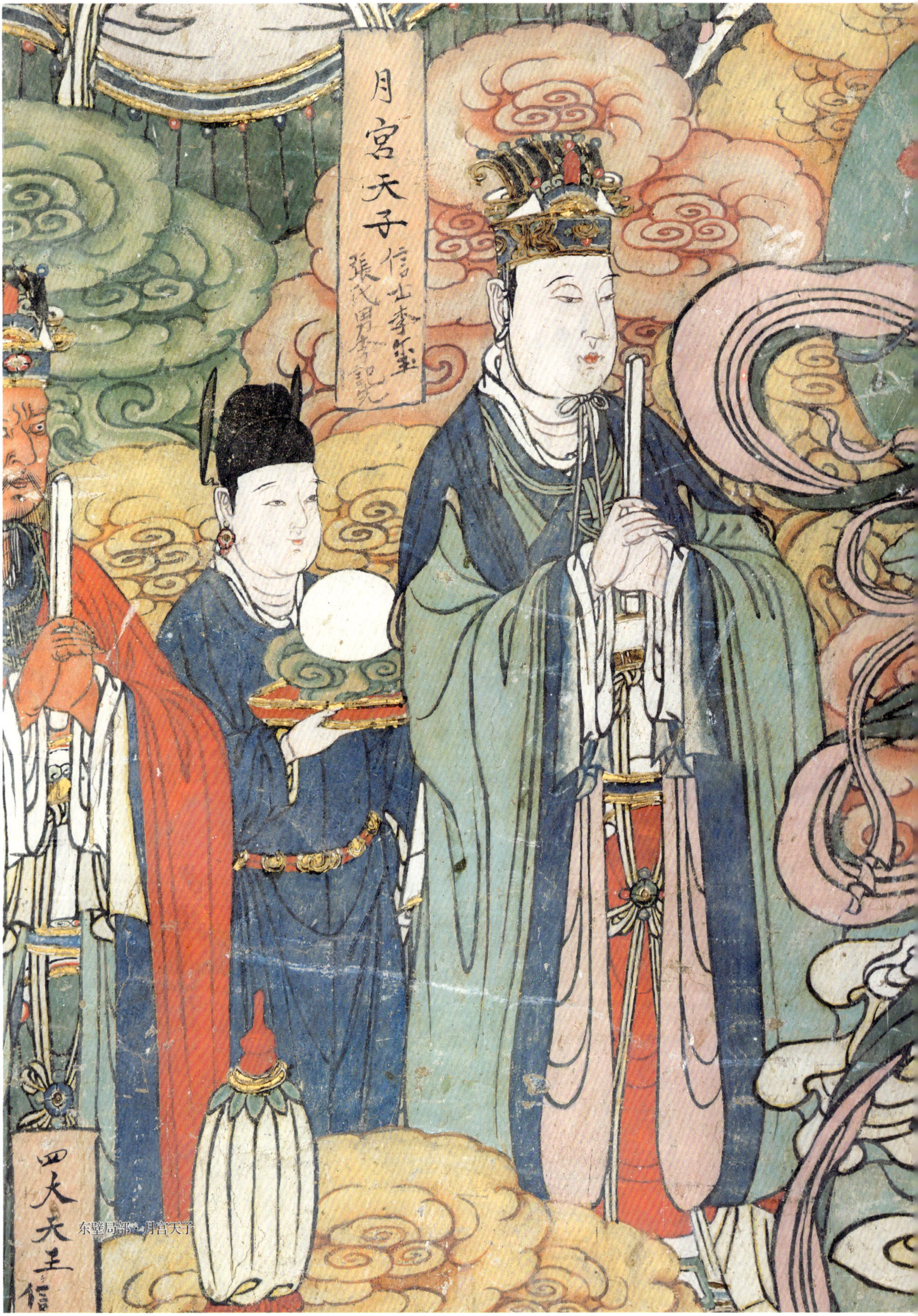

东壁局部·日宫天子

东壁局部·四直使者

东壁局部・五瘟使者

东壁局部·二十八星宿之神众（部分）

菩萨、天藏菩萨、天仙神众；第三层有10组神祇，分别是四直使者、上元水马当道江王、奎娄胃昴毕觜参、普贤菩萨、大势至菩萨、观音菩萨、文殊菩萨、斗牛女虚危室壁、大药刹神众、五瘟使者；第四层有12组神祇，分别是雷电风伯众、安济夫人陵肃山镇江王顺济龙王众、护斋护戒护法之神、井鬼柳星张翼轸、月宫天子、金刚座神、金刚座神、日宫天子、角亢氐房心尾期（箕）、圹野大将军、主苗主林主病主药、三灵侯圣众；第五层有10组神祇，分别是五湖龙王众、西方白帝北方黑帝、东方青南方赤中方黄帝众、四大天王、帝释天主、供养请法比丘大梵天王、四大天王、东岳南岳中岳并从眷属等、西岳北岳一切神祇众、四海龙王。

东壁画面中心最显眼处是卢舍那佛，其高度大约是壁面高度的二分之一。卢舍那佛是佛教中的报身佛，表示证得了绝对真理，获得佛果而显示佛智的佛身。画面中，卢舍那佛跏趺坐在束腰须弥座之上，面部慈祥，柳叶低眉，施说法印，正在讲经说法。卢舍那佛上身着绿色宽袖长袍，外披红色袈裟。袈裟从左肩垂下至须弥座，身后是圆形头光与背光，外围环绕五色祥云。袈裟褶皱反转九曲，似随风飘动。主佛主要使用了红色和绿色，这种对比色的运用强化了视觉中心，使主尊更加凸显。

水陆画的内容和诸神祇的位置在水陆仪轨中都有规定。根据仪轨，首要表现的是佛，其次是菩萨、明王、罗汉等。东壁壁面除了卢舍那佛，最显眼的就是佛左、右两侧对称绘制的四尊菩萨。佛左侧近处是观音菩萨。观音菩萨身着石绿色袈裟，右手持杨柳枝，左手持水晶钵，这是明代流行的观

东壁局部··护斋护戒护法之神

壙野大將軍　信勇義深文名
張男梁安

南嶽

东壁局部·护野大将军

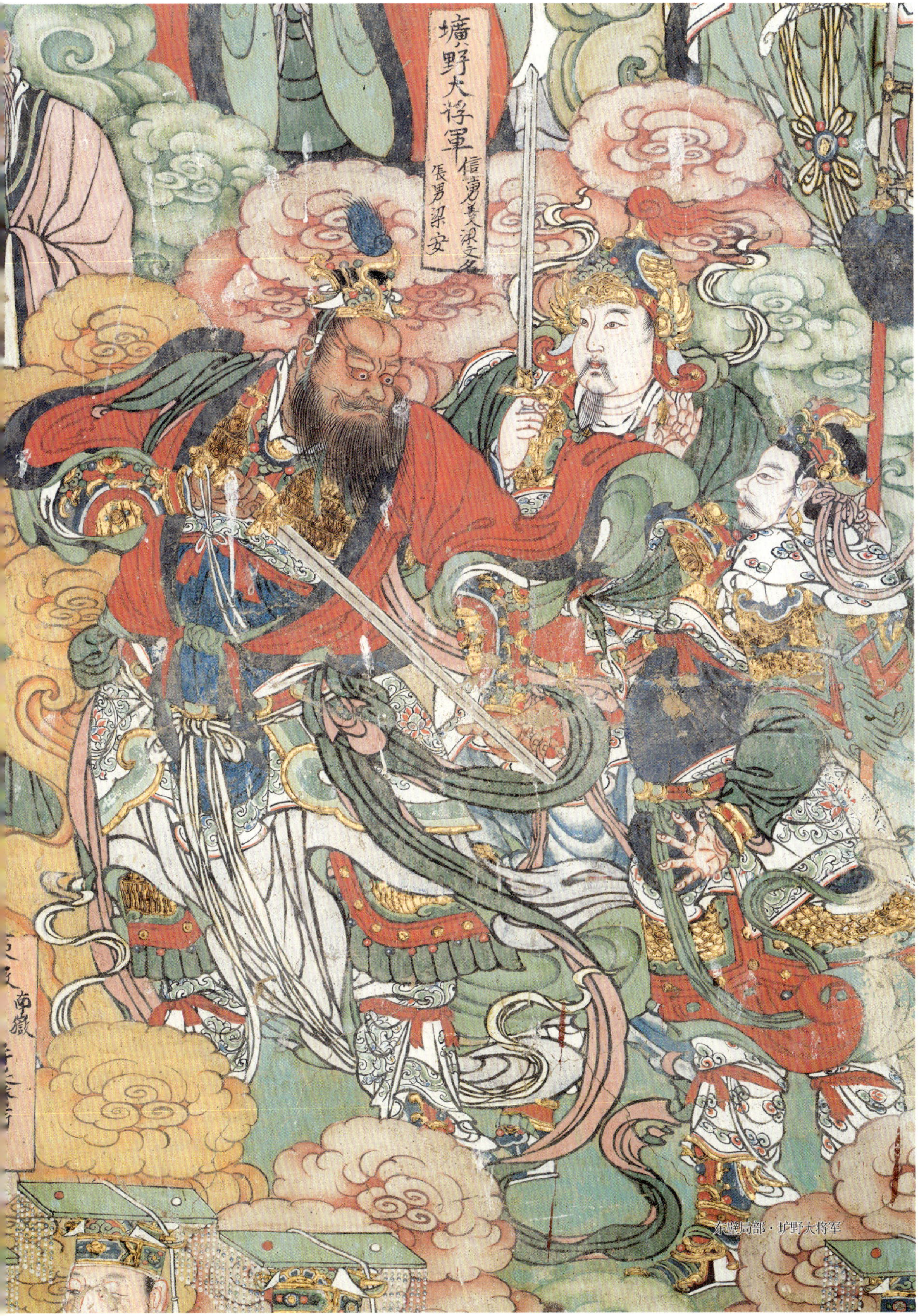

音经典样式之一；观音菩萨左侧是文殊菩萨，其上身着天衣、搭飘带，下身着裙裳，双手当胸持如意。佛右侧近处是大势至菩萨。大势至菩萨的衣着与观音菩萨相似，但袈裟为红色，双手合十，体态端庄；大势至菩萨右侧为普贤菩萨，其双手当胸，右手持经卷，左手持经绳。四尊菩萨的体量相当，都头戴宝冠，身披飘带。

西壁壁画与东壁壁画在结构上相似，画面整体呈“凸”字形，表现群仙赴会的场景。画面以弥勒佛为中心，左右对称构图。西壁画面与东壁一样，由上而下大致可分为五层，共绘有40组神祇。从南到北，第一层有2组神祇，分别是十行菩萨、十信绘有菩萨；第二层有8组神祇，分别是三司神众、诃利帝鬼子母炬判等众、威德自在菩萨、十回向菩萨、十住位菩萨、地藏菩萨、闵公与道明尊者、十八典狱众；第三层有8组神祇，分别是

东壁局部·月宫天子、二十八星宿（部分）、护斋护戒护法之神与安济夫人、顺济龙王等众

十八典狱众、阎罗王天子众、北斗星君众、宝坛弥勒二菩萨、药王药上二菩萨、南斗中斗西斗星君众、十殿慈王众、六曹判官众；第四层有12组神祇，分别是五通神众、天曹府君诸司判官众、十二相属神祇众（分为两组）、北极紫微大帝、金刚座神（分为两组）、天官神祇众、地官水官众、十二宫辰众（分为两组）、东斗副老三星众；第五层有10组神祇，分别是毗迦女众、崇宁护国真君山神土地众、九曜星君众、天猷副元帅翊圣保德真君、后土圣母众、天妃圣母、天蓬元帅玄天上帝、九曜星君众、清凉妙道真君城隍五道、大罗刹女众。

东、西两壁壁面相对，画面内容也相对应。西壁的主佛是弥勒佛，其造型、衣着等与东壁的卢舍那佛十分相似，仅手印不同。佛两侧与东壁一样，各有两尊菩萨，从南到北依

东壁局部·雷电风伯众

次为宝坛弥勒二菩萨、药王药上二菩萨，其造型、神态均与东壁的四菩萨相似。左侧近佛处第一尊是药王菩萨，其内着蓝袍，外披黄色袈裟，双手当胸合十；药王菩萨左侧是药上菩萨，其着红色条帛，下身着红裙，身披绿色天衣和飘带，双手放于胸前，左手托黄色小葫芦，右手覆掌轻捻葫芦，做施药状。右侧近佛处是宝坛华菩萨，其身着绿色宽袖袍，双手当胸合十；宝坛华菩萨右侧是弥勒菩萨，其身着天衣和飘带，手持日月宝扇。这四尊菩萨中，除了弥勒菩萨，其余三尊均未在《水陆仪》中出现，而是属于《药师经》中的菩萨。如药王药上二菩萨均为施药救度的大菩萨，虽然其影响力没有四大菩萨广泛，但在明代的许多水陆殿中均有它们的表现。

两尊金刚力士位于四尊大菩萨下方第四层弥勒佛须弥座前。这两尊金刚左右相对而站，是佛教的护法，民间百姓通常称之为“哼哈二将”。右侧皮肤呈黄色，双唇紧闭者为“哼将”；左侧皮肤呈赭红，张口者为“哈将”。这两尊金刚皆头戴宝冠，眼珠微突，肌肉发达。在金刚座神众外侧，对称描绘的是道教人物。南侧是北极紫微大帝，为道教“四御”之一，地位仅次于玉皇大帝，在民间信仰中占据重要地位。画面中的北极紫微大帝头戴冕旒，双手于胸前持笏，身穿华服，恭敬站立，一身“褒衣博带”的儒者装扮。其服饰与菩萨、罗汉等的服饰相比更加厚重，色彩也更加有层次。再往下一层，对立而站的是后土圣母与天妃圣母。两位圣母身着华服，头戴宝冠，手持笏

东壁局部·金刚座神、日宫天子与二十八星宿（部分）等神众

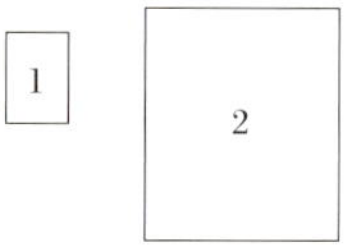

1.东壁局部·主树主林主病主药神众
2.东壁画局部·三灵侯圣众

板，身后则有两名女官侍者执雉扇立于两侧。这面墙将不同人物聚集在一起，却一点也不显得凌乱或违和，足以体现出当时画师的高超技艺。

南壁壁画主要表现的是阿难尊者、面然鬼王和引路王菩萨引领亡灵往生的场景。南壁东次间描绘的是引路王菩萨引领诸往古人伦众生赴会的情景，而南壁西次间描绘的是阿难尊者、面然鬼王引领孤魂饿鬼赴会的情景。南壁东次间的壁画从上到下大致可分为四层，共绘有15组人物。从东到西，第一层有3组人物，分别是八寒八热哀残众、火焚诸鬼众、水火湮没兵士鬼众；第二层有4组人物，分别是饥荒殍饿饮啖（不）净众、身殂道路兵戈盗贼一切众、客死他乡众、往古阵亡一切众；第三层有5组人物，分别是引路王菩萨、往古帝王龙子龙孙众、往古忠臣众、往古僧道尼一切众、九流百家诸士众；第四层有3组人物，分别是太岁大煞（杀）黄幡宅龙日游一切神祇众、奏书九坎伏兵金神上□（朔）□（土）□（符）大祸一切神祇众、山水树花一切精众。南壁西次间与东次间壁画布局相似，也可

侯聖衆
四海龍王衆

东壁局部·帝释天主

东壁局部 · 大梵天主

东壁·右侧四大天王

东壁·左侧四天王

东壁局部 · 东方青南方赤中方黄帝众

东壁局部 · 东岳南岳中岳并从眷（属）等

西壁全图

南無彌勒佛
信士女善人韓氏
長男孫文和
信士女善人王氏
長男李劍
寶壇彌勒菩薩
金剛座神衆
信士男善人
鄭敎
金剛座神衆
本村信士男

1.西壁局部·弥勒佛说法图
2.西壁局部·药王药上二菩萨

分为四层，共绘有18组人物。从东到西，第一层有5组人物，分别是墙倒屋塌鬼众、大腹臭毛针咽巨口众、六道四生一切有情众、山谷与依附草木饿鬼众、含冤报恨众；第二层有5组人物，分别是兽咬虫伤树折岩存众、自刑自给胎前产后众、赴刑膀热众、往古忧婆塞忧婆夷、往古儒流众；第三层有5组人物，分别是往古孝子贤孙众、往古贞烈女众、往古妃后众、面然鬼王、大阿难尊者；第四层有3组人物，分别是往古忠臣使众、丧门吊客忌力士畜官大耗小耗众、大将军豹尾从官白虎五鬼众。

南壁东侧左上方描绘的是饥荒殍饿饮啖（不）净众。画面中，四个饿鬼面容丑陋、上身赤裸、下身着短裤。中间一饿鬼双手抓住牛犊，直接啃咬；其身后一饿鬼口咬蝙蝠，与另一口咬长蛇的饿鬼拉扯抢夺食物。三饿鬼身后有个饿鬼正趴在地上寻找地面上的不

西壁局部・宝坛弥勒二菩萨

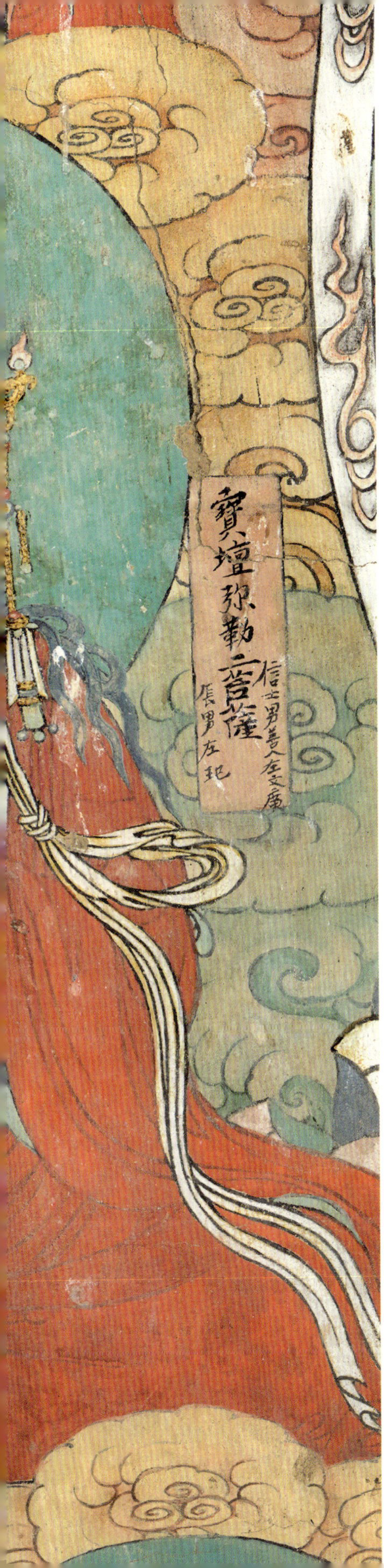

净食。饿鬼旁侧描绘的是劫匪抢劫男女路人的场景：女路人手持包裹走在前面，回头张望男路人；男路人遭遇两名劫匪前后夹击，右手奋力甩开衣袖，左手用力推开前方劫匪。画师对人物身材比例把握准确，动作设计夸张且富有视觉张力，生动地展现了往古众生的各种疾苦磨难。

南壁西次间左上方画面描绘的是一群动物，包括骆驼、白象、马、狮子、老虎、狗、凤凰、孔雀和鹦鹉等，对应的是“六道四生一切有情众”中的畜生道。再往左侧，描绘的是“大腹臭毛针咽巨口众”，饿鬼上身赤裸，下身着白色短裤，秃头，只有两鬓各有一撮逆发飘扬。饿鬼左侧描绘的是“墙倒屋塌鬼众”，画面中有一对夫妇被砸死在残垣断壁中。这几组画面并非用云朵分割，而是巧妙地用山石树木分割画面，使描绘的故事自然相连，不显呆板。

南壁描绘的是孤魂、饿鬼及地狱道受苦众生在引路王菩萨、阿难尊者及面然鬼王引领下，前往西方“极乐世界”，离苦得乐。画面表现了普通民众渴望摆脱痛苦的美好愿景。

北壁上绘有十大明王和六子闹弥勒的场景。画面中间描绘的是六子闹弥勒，东、西两次间对称地描绘了十尊明王像。虽然画面中央有些损坏，弥勒佛头部模糊不清，但我们仍然可以看出弥勒佛身姿舒展，坐于蒲团上。他身后倚靠着大布袋，右手放在右膝上方，手中捻着佛珠，左手抓着布袋。弥勒佛周围有六个孩童，他们有的在搔挠弥勒的脚底，有的在拉拽弥勒的佛珠，有的爬到弥

西壁局部・弥勒菩萨特写

西壁局部·药上菩萨特写

十八典獄衆
五通神衆

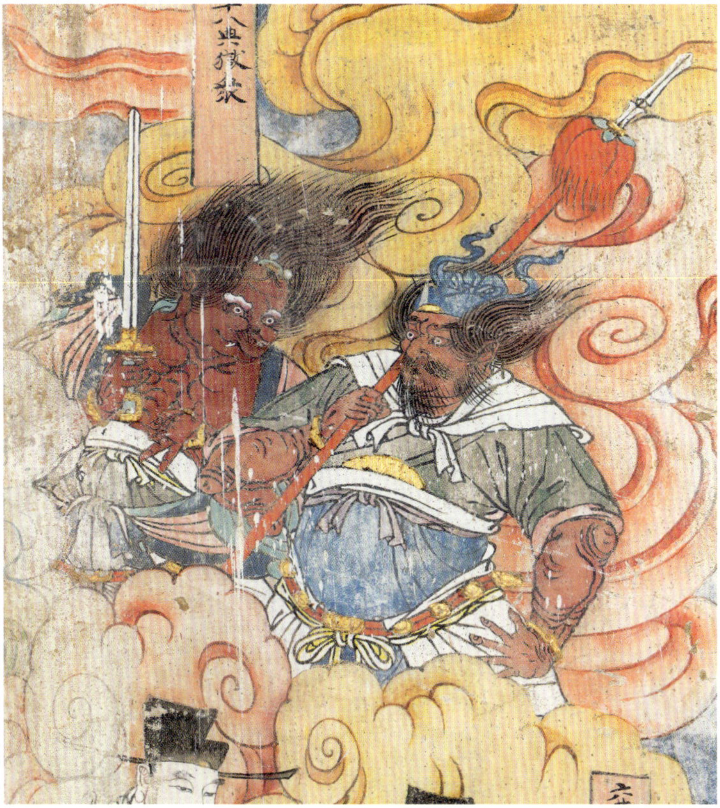

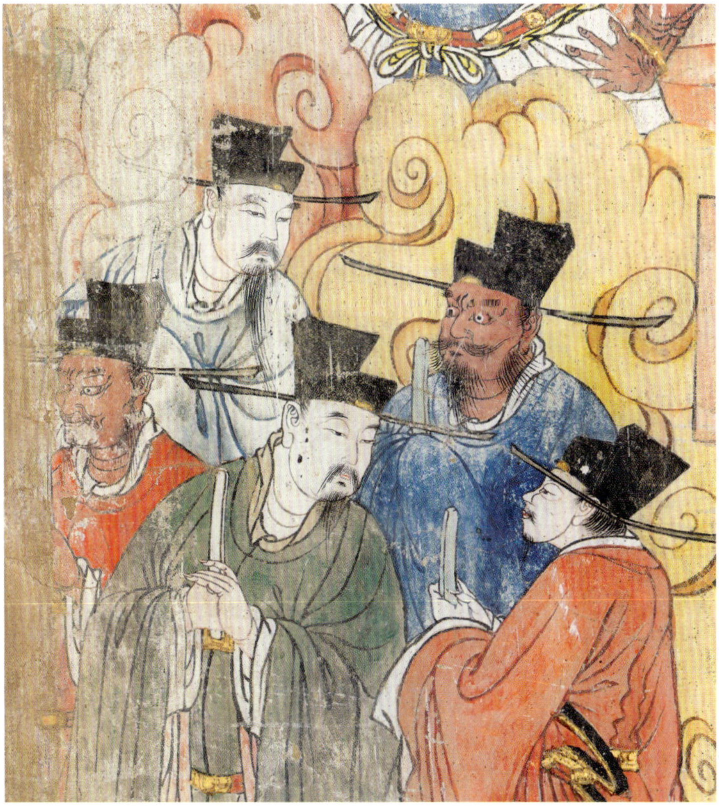

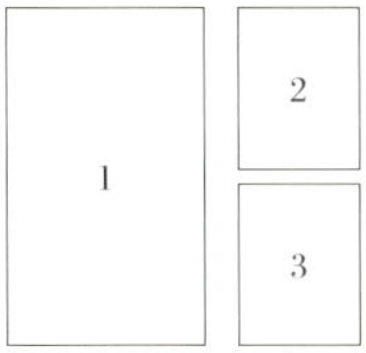

1.西壁局部・右侧十八典狱众
2.西壁局部・左侧十八典狱众
3.西壁局部・六曹判官众

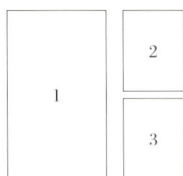

西壁局部：金刚座神（佛右侧）

西壁局部·金刚座神（佛左侧）

西壁局部·五通神众

西壁局部·东斗副老三星众

九曜星君衆

西壁局部·后土圣母众、天猷副元帅翊圣保德真君、九曜星君众（从右至左）

西壁局部·后土圣母众

西壁局部·天妃圣母

西壁局部·玄天上帝特写

天妃聖母
信士男善人
王儒
天逢大師玄天上帝

西壁局部·天妃圣母、天蓬元帅玄天上帝、九曜星君众、清凉妙道真君城隍五道（从左往右）

西壁局部·翊圣保德真君特写

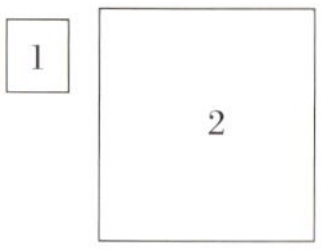

1.南壁东侧次间·太岁大煞（杀）黄幡宅龙日游一切神祇众
2.南壁东侧次间全图

勒肩上，有的躲在弥勒身后，有的躲于布袋之后。在世俗文化中，此题材具有多福、多财、多子的吉祥寓意。虽然六子闹弥勒不属于水陆画题材，但它仍旧出现在水陆殿中，这足以说明此题材在民间的受欢迎程度。

北壁东、西两次间各有五尊明王像。佛教中的明王是佛、菩萨的忿怒像，通常呈现多面多臂、身骑怪兽、手拿法器的形态。十大明王像包括八大菩萨像和二佛像。东次间五大明王分别是大轮明王、不动尊明王、甘露军吒利明王、降三世明王、马首明王，西次间五大明王分别为大力明王、无能胜明王、大笑明王、步掷明王、焰发德迦明王。两次间的明王像对称分布，皆采用曼陀罗式布局。例如，在东次间，甘

客死他鄉眾
往古僧道尼一切眾

義大潔黃龍
神狐聚

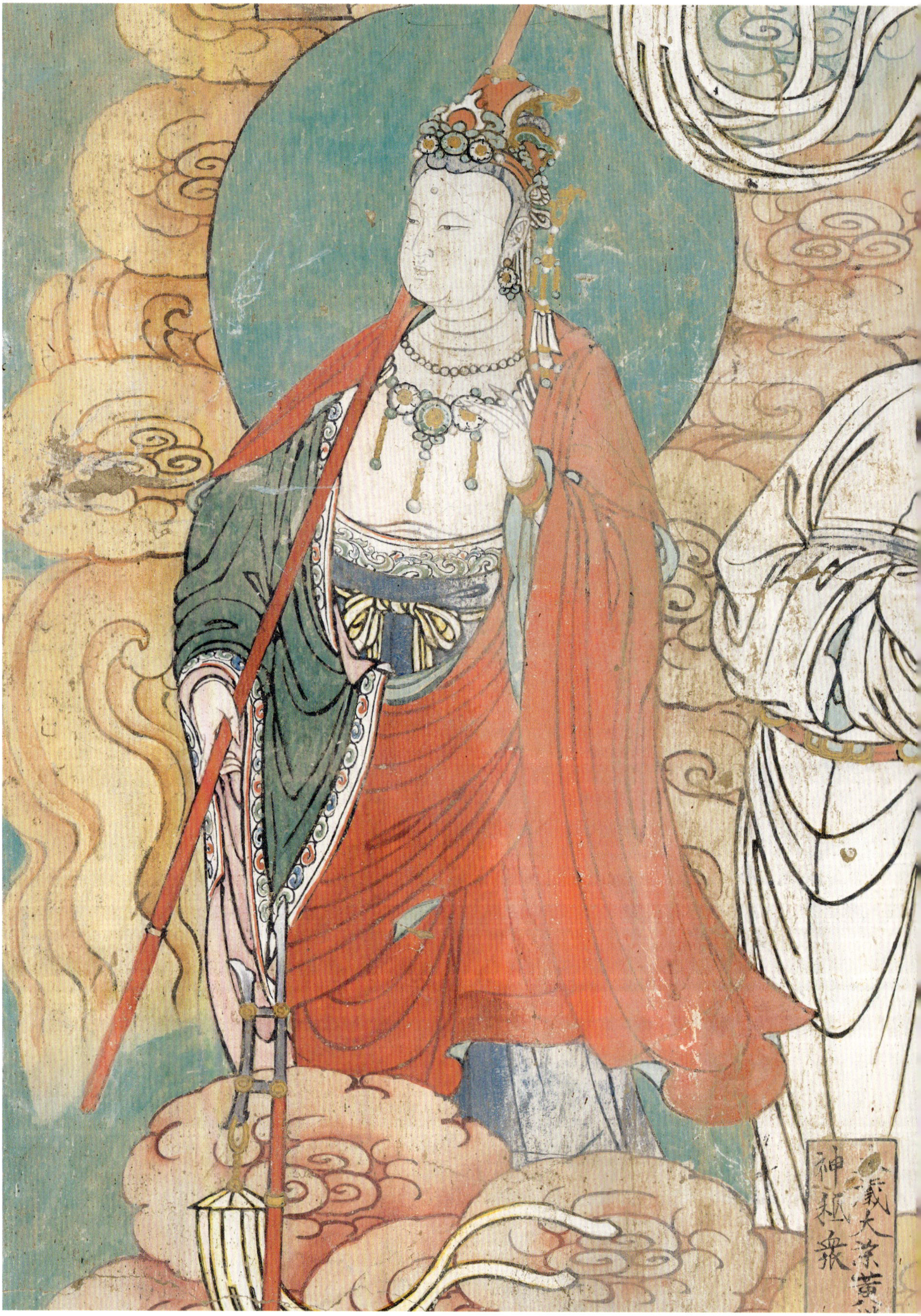

南壁东次间局部・引路菩王菩萨与往古帝王龙子龙孙众

南壁东次间客死他乡众局部·夫人归乡

南壁东次间往古阵亡一切众局部·士卒

往古孝子賢孫衆
往古貞烈女衆
往古忠臣烈使衆

往古孝儿浪衆

往古恩忘愛别離先

起前膝難雍衆

面然鬼王

往古妃嫔衆

大阿難遭者

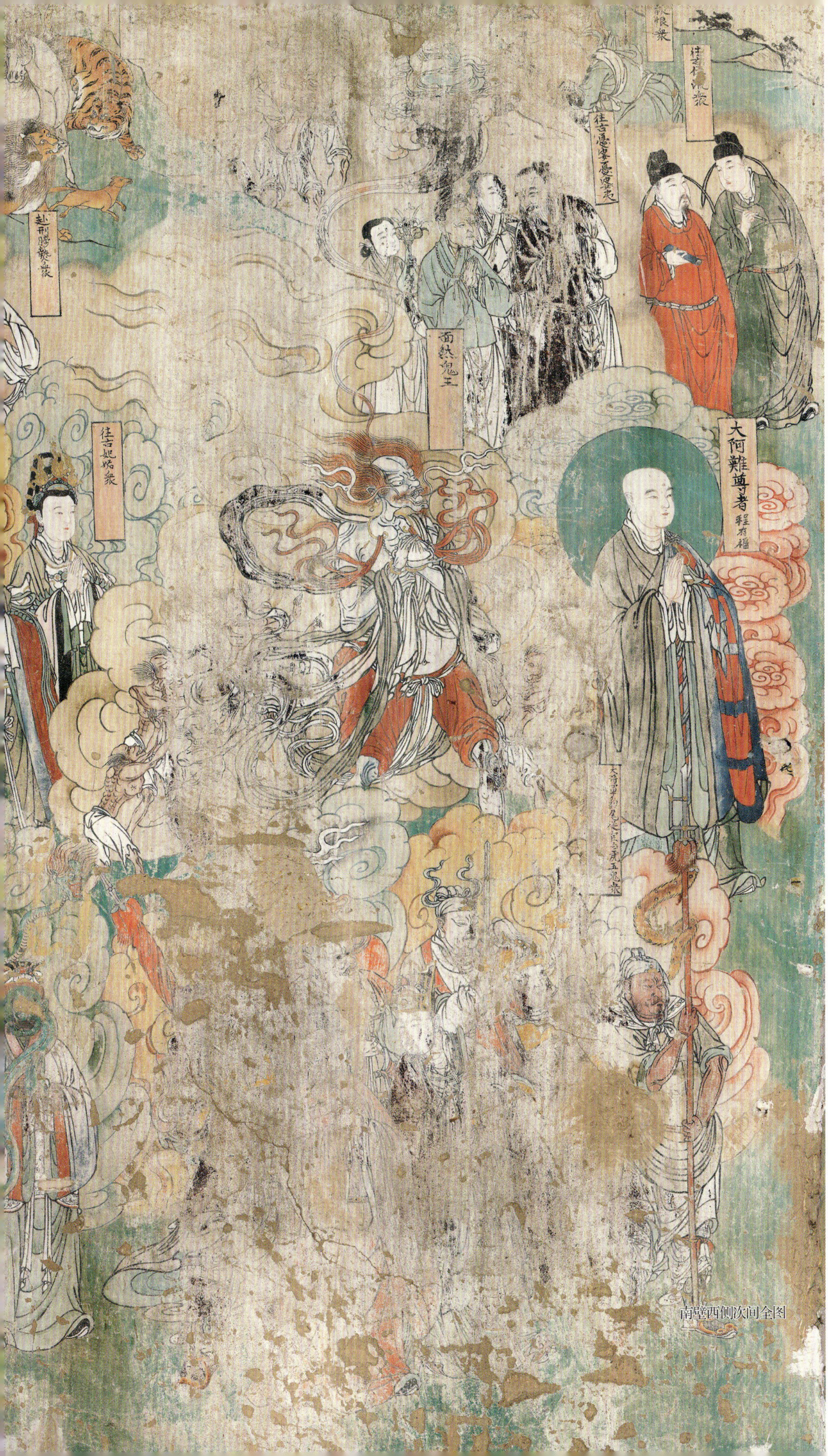

南壁西侧次间全图

南壁西次间局部·面然鬼王

南壁西次间局部·大阿难尊者

南壁西次间局部·往古忠臣烈使众

南壁西次间局部：往古孝子贤孙众

南壁西次间局部·自刑自给胎前产后众（局部）

南壁西次间局部·兽咬虫伤树折岩存众（局部）

北壁东次间无明王图局部·甘露军吒利明王

北壁东次间无明王图局部·不动尊明王

北壁东次间五明王图局部·降三世明王

北壁东次间五明王图局部·马首明王

北壁东次间・五大明王图

露军咤利明王位于中间，其余的大轮明王、不动尊明王、降三世明王、马首明王环绕在四周。明王的背后是青绿色背光，背光外围环绕火焰。各大明王之间用云团划分，前后层叠，清晰可辨。

公主寺大雄殿壁画是我国现存明代壁画的代表作之一，属于水陆壁画，内容包含了儒、释、道“三教”神众，被誉为众神的“百科全书”。画面线条圆润流畅，技艺精湛，多以“兰叶描”为主，辅以“铁线描”和“钉头鼠尾描”。在人物造型处理方面，用笔大胆、夸张，特别是东、西壁众神祇，脸型开阔，眉眼舒朗，给人以宽厚朴实之感。在用色方面，画面以大红、大绿等饱和度比较高的色彩为基调，大面积地采用朱红、黄、青、绿、赭石等颜色，整体偏暖色。相较于永乐宫等金、元壁画的典雅，公主寺壁画在色彩上更加热烈、奔放。其构图和设色体现了明代审美逐渐趋向民间的世俗审美特征。

北壁（中）·六子闹弥勒图

④ 大同·平城

善化寺

大同善化寺，被当地人俗称为“南寺”，位于山西大同古城南隅的南关永泰街（即原小南街）西侧，紧邻南城墙和永泰门。它是大同古城内建筑年代较早、保存较为完整的大型佛教寺院。

善化寺至迟建于唐开元年间。五代至辽代期间，善化寺改名为“大普恩寺”，并发展成为一座规模宏大的寺院。然而，在辽保大二年（1122），由于战争的破坏，寺院建筑“存者十不三四”“楼阁飞为埃纷，堂殿聚为瓦砾”。之后，圆满大师为寺院住持，他多方筹措修寺善财，并“经始于天会之戊申，落成于皇统之癸亥”，即自金天会六年（1128）到皇统三年（1143）重修大普恩寺。“凡为大殿暨东西朵殿，罗汉洞，文殊、普贤阁及前殿大门，左右斜廊，合八十余楹。”根据善化寺现存的建筑来看，大殿的东西朵殿、罗汉洞等部分已不存，而左右斜廊后来转变为僧房；大殿、前殿、文殊阁、普贤阁等主要部分则基本保存完好，整体格局一如金代。

明正统十年（1445），大普恩寺和尚大用禅师向明英宗朱祁镇奏请佛教经藏，获得批准并被赐名“善化寺”。乾隆初年，“又致损伤，大殿土墙将有倾覆之忧”，随即“灰灌

大雄宝殿西壁说法图局部·胁侍菩萨

1.三圣殿扇面墙局部·佛说法图
2.三圣殿扇面墙全图

阶级，砖包殿墙”，使得大雄宝殿东山墙壁画和北山墙壁画被覆盖。现存的大殿壁画大多为重绘于清康熙年间的作品。

现存的善化寺坐北朝南，占地面积超过23000平方米。其主体建筑沿同一条中轴线依次排列，由南往北依次为天王殿（山门）、三圣殿和大雄宝殿。在大雄宝殿与三圣殿之间，两侧对称分布有两座楼阁：西侧是普贤阁，东侧是文殊阁（此阁于民国年间毁于火灾）。这样的布局以中轴线为中心，形成了一个主次分明、左右对称、错落有致的建筑群落。其中，大雄宝殿为辽代建筑，天王殿、三圣殿和普贤阁均为金代建筑。善化寺一寺之内汇集了四座辽金建筑，且它们的规制较高，结构形态较为完整，这在世界上都是罕见的。

天王殿为中国现存佛寺中最大的山门之一。该殿面阔五间，进深两间，单檐庑殿顶，殿内塑有明代四天王像。三圣殿修建于金代初年，面阔五间，进深四间，单檐庑殿顶。三圣殿内供奉有六身明代泥胎彩塑。其中，佛台上有释迦牟尼、普贤、文殊“东方三圣”。释迦佛前有两身胁侍菩萨立像，扇面墙背后有一身韦驮菩萨像。三圣殿内还有金代、明代和清代的四方碑记。其中，金大定十六年（1176）的《大金西京大普恩寺重修大殿记》和金明昌元年（1190）的《大金西京大普恩寺重修释迦如来成道碑》都是非常重要的古代碑记。普贤阁是一座方形的重檐楼阁建筑，面阔和进深均为三间，第二层围以木质栏杆。1953年普贤阁落架维修，在梁架之间发现了“贞元二年一行造”的题记，因此一般认为该阁建于金贞元二年（1154）。大雄宝殿面阔七间，进深五间，单檐庑殿顶。该殿为辽建金

三圣殿扇面墙局部人物·护法金刚

三圣殿扇面墙东侧《龙王礼敬菩萨图》局部·水月观音

1. 三圣殿扇面墙东侧全图·《龙王礼敬菩萨图》
2. 大雄宝殿西壁局部·药师佛说法药师佛

修，基本保留了辽代的柱额、斗拱以及梁架结构，在金代重修时更换了部分木构件、瓦片及装饰。殿前有石质月台、木质牌坊、钟鼓二亭等；大殿内有塑像34身，佛台上为五方佛与迦叶、阿难以及胁侍菩萨立像，皆是金代塑造的；佛台前方两侧有二十四诸天及侍从塑像，也应该是金代塑造的。

三圣殿：说法图、《观世音菩萨本行经》等故事

善化寺的现存壁画分布于三圣殿与大雄宝殿内。三圣殿的壁画绘于扇面墙后壁（朝北）。这些壁画曾长期封存于墙体中，直到2014年才被发现。据当地文物部门的介绍，三圣殿壁画面积约为160平方米。文物保护工作人员依据在壁画上发现的“隆庆”年号以及壁画风格，判断其绘制时间最晚在明代。

扇面墙由三面独立的墙体构成，呈两边低中间高的“凸”字形，每个开间（立柱之间的墙面）都绘有一幅主题壁画。

西侧壁 西边一幅壁画画面损毁严重，仅有最上方的图像保存完整。这幅壁画采用对称式构图，画面中央为一身菩萨像，其左、右两侧各有一组由五身菩萨组成的群像。画面右上角有一只白色飞鸟。画面中央的菩萨像受损严重，仅头部、头光和华盖尚存，而判断其身份的重要元素——手印、法器、胁侍等均未能保留，因此菩萨的身份尚不明

确。画面左侧是由五身菩萨组成的群像，其中最右边的菩萨因受雨水侵蚀而无法辨识，其余四身菩萨双手合十、结跏趺坐、面朝画面右方。画面右侧是由五身菩萨组成的群像，其中最左边的菩萨左手结禅定印，右手执绿色云彩，云上有一轮红日。画面右上角的飞鸟红嘴白毛、尾羽修长，似为白鹦鹉。

中央壁　该处壁画采用对称式构图。画面中央为一身释迦牟尼像，跏趺坐于五彩祥云中，双手结禅定印，头顶有肉髻，髻上饰有红色宝珠。佛陀内穿绿色僧祇支，外披红色通肩式袈裟，袈裟上装饰有金色花纹，显得富贵华丽。这种装饰手法与明代四川蓬溪宝梵寺壁画相似。佛陀身后是硕大的圆形佛光，头顶上方有华盖。释迦牟尼佛上方两侧的天空中各有由三身佛组成的群像，这七身佛像一同构成了“过去七佛”。壁画右侧绘有五位神祇。

大雄宝殿西壁全图

大雄宝殿西壁说法图局部 · 月光菩萨

最下方一位年轻僧人为佛弟子阿难。前排左侧似为娑竭罗龙，他头戴梁冠，手持白色笏板。前排右侧似为韦驮天，他身着金色甲胄，双手合十。后排左侧似为散脂大将，他身着甲胄，披头散发，孔武有力。后排右侧的是咒师，他左手捋胡须，右手拿一盏油灯。壁画左侧部分绘制了与右侧相对应的神祇，与阿难对应的是迦叶。然而，其余人物因画面漫漶不清，无法辨识其身份。

东侧壁　该处壁画保存状况较好，画面基本完整。壁画在构图上与其余两幅迥异，并没有采用之前的对称式构图。壁画的上半部分绘“水月观音”题材，下半部分绘《观世音菩萨本行经》中的故事。

最早记录的“水月观音”形象是由唐代人物画家周昉绘制的。此处的壁画延续了唐代以来的“水月观音”题材，又展现了典型的明代绘画风格。画面中描绘的是：在祥云缭绕的普陀洛迦山中，观音菩萨倚坐在山石上，与之前壁画中佛陀庄严的坐姿形成对比。这种坐姿显得更为放松、随和，因此具有更高的艺术美感。观音菩萨头戴金冠，手捏佛珠，面朝画外。菩萨端坐的磐石上放置一透明钵，钵中放一金瓶。

画面右上角绘一尊明王，他披头散发，手拿弓、箭和金刚杵，似为观音化身的大威德马首明王。画面右侧的龙王在侍女和随从的陪同下，礼敬观音菩萨。龙王身穿红袍，头戴梁冠，双手执笏，神情恭敬。侍女身穿灰衣，手捧金盘，盘上置宝珠。随从为夜叉，双手执旌旗。画面左侧是善财童子，面容清秀，肩披帛带，双手合十。壁画下半部分描绘的是《观世音菩萨本行经》的故事。该书又名《香山宝卷》，写成于明代早期，是禅宗与净土宗思想交融的佛教文本，并在其中彰显了仁德、孝道等儒家思想。在明、清时期，它在我国民间产生了较大的社会影响。书中记述了观世音菩萨投胎为妙善公主，引导王族和国民信奉佛法的故事，这是观音信仰中国化、世俗化的直观体现。该壁画采用明代以后常见的连环画模式，将观音菩萨的生平展现出来，每个故事之间以树木、云气、山岳等作品间隔。

大雄宝殿：佛说法图、弥陀法会图等

与三圣殿相比，大雄宝殿内的壁画保存得较好，是善化寺最重要的壁画遗存。大雄宝殿内的壁画原分布于南壁东尽间、南壁西尽间和西壁，总面积约为149.77平方米。据清乾隆五年（1740）的《重修善化寺碑记》记载，善化寺壁画从清康熙四十七年（1708）开始重绘，至康熙五十五年（1716）完工。从现存壁画的造型风格特征来看，其画面有明代遗韵。原寺中壁画规模宏大，碑记中说："画六十余间之壁，圣像巍巍。"由此可见，当时天王殿、三圣殿、普贤阁、文殊阁、大雄宝殿等都绘满了壁画，可惜绝大多数壁画现已不存。

大雄宝殿西壁说法图局部·日光菩萨

大雄宝殿西壁壁画通高约为4.75米，宽约为22.98米，面积约为109.16平方米。西壁每一开间（立柱之间的墙面）各绘有一铺佛说法图，共绘有五铺佛说法图。关

1.大雄宝殿南壁东尽间全图·《弥陀法会图》
2.大大雄宝殿南壁东尽间《弥陀法会图》局部·听法菩萨

于该壁画的题材，柴泽俊在其著作《山西佛寺壁画》中指出："疑为《华严经》'七处九会'中五会的演说场面。"但由佛像手中所执器物来判断，并非"七处九会"。因为东壁壁画早已不存，所以大雄宝殿原有壁画的格局、题材信息并不明确。壁画采用对称环绕式构图，其大致的结构是：佛居于画面的中心，两位胁侍菩萨分别立于佛的两侧，护法善神、飞天、祥云等环绕在四周。

这五铺佛说法图，以左起第一铺绘制得较为精细。佛半跏趺坐于八边形束腰金刚座上方的青色莲花中。佛面部上宽下窄，额角圆润，头顶有肉髻。头发为深青色，并有卷曲状的陀螺髻发。额头上有圆形的白色毫毛。双目呈弓状，眼珠为深灰色，内有黑色瞳仁。眉毛如初月，面颊圆满。双耳巨大并下垂。唇上无须，嘴形似菱角。下巴丰满，颈部有三道弧线。佛身胸部袒露，肩臂健壮，内穿墨绿色僧祇支，外披红色通肩式袈裟。左手托一个透明钵，右手捏着一枚灰白色药丸。佛头部后方为三层圆形头光，里层为墨绿色，中层为红色，外层为五色。佛身后为硕大的圆形身光，也分三层，最外围是环形的火焰纹。头光、身光之外为圆形的佛光。佛的上方有红色覆莲形华盖，华盖下方垂挂有由鲜花、璎珞等物组成的装饰物。

佛的两侧各有一身胁侍菩萨，如同第一铺中的佛法说图。佛的左侧为日光菩萨，右侧为月光菩萨。两菩萨身形都小于主佛，

大雄宝殿南壁东尽间《弥陀说法图》局部 · 持幡侍女

大雄宝殿南壁东次间《弥陀说法图》局部·弹琵琶的乐伎

大雄宝殿南壁东尽间《弥陀说法图》局部·众菩萨

他们头戴宝冠，顶梳高髻，发绕肩臂，面部饱满；颈戴璎珞，臂佩钏镯。他们的脑后为小型头光，上身穿着深绿色天衣，披飘带；下身穿裙，双脚赤足站立于两朵红色莲花上。月光菩萨左手指间生出一朵祥云，右手托举飘带。日光菩萨被泥塑神像遮挡，目前无法一窥全貌。佛光之外为环绕的护法善神等众，佛光后左侧有天龙八部众中的四位，右侧为天龙八部众中的其他四身。他们或双手合十，或手捧法器，或交头接耳，总体神情恭顺。朱弁《大金西京大普恩寺重修大殿记》中载："为诸佛萨埵，而天龙八部，合爪掌围绕，皆选于名笔。"由此可见，大殿现存壁画与金代原壁画可能有一定的图像联系。

大雄宝殿南壁东尽间壁画后来迁移至南壁东次间。画面通高约为5.25米，宽约为3.85米，面积约为20.21平方米。其题材是弥陀法会图，这在唐代是一种常见的题材，它是依据大乘佛教净土宗的经典《阿弥陀经》绘制的。佛教净土宗认为：佛教徒通过专心诚意念诵阿弥陀佛的名号，就有可能在往生时由阿弥陀佛率众接引，继而在"弥陀净土"中化生。壁画《弥陀法会图》的构图大致以弥陀佛为中心，两位胁侍菩萨分别端坐于佛的两侧，护法善神、飞天、祥云等环绕四周。弥陀佛居于画面中央，双手结禅定印，坐于莲花之上。佛顶升起白烟，分作九道散向天外，每道白烟中有若干小化佛。在小化佛前方的祥云上，依次端坐着十佛。画面左侧为大势至菩萨，其身着红衣，双手拿一卷佛经。画面右侧为观世音菩萨，身着绿衣，左手执柳条，右手托白碗。在"西方三圣"背后的祥云中，绘有七宝花树和七宝幢，上面装饰有许多摩尼宝珠。环绕着"西方三圣"的还有十多排各种菩萨、乐伎、罗汉等。画面的背景为一座明代官式建筑，重檐歇山顶，面阔五间。建筑的左右以回廊连接，显得整个画面富丽堂皇。画面的最下方绘有"七宝水池"，池中绿水荡漾，池边栏杆环护。池中的五朵莲花上生出五个化生童子。

南壁西尽间壁画维修后迁移至南壁西次间。壁画通高约为5.23米，宽约为3.9米，面积约为20.4平方米，题材是孔雀明王法会图。该壁画采用佛三尊、眷属环绕的构图形式，内容丰富，场面恢宏。孔雀明王三头八臂，八只手分别拿着宝幢、宝剑、净瓶、金杵、钵（内有佛像）、金轮、金铃、孔雀翎，形象接近菩萨。在明王头顶上，"过去七佛"端坐在祥云之上，七佛上方为白色覆莲华盖。画面左侧的胁侍菩萨身穿白衣，左手拿如意，右手持祥云，云上有一个金色法器。画面右侧的胁侍菩萨身穿红衣，右手拿扇。从图像特征看，这两位胁侍菩萨似为文殊和弥勒。画面正上方两侧绘有四朵祥云，云上有持笏的仙人。通常情况下，此处应该绘制二十八星宿，但画面中的人物数量不足28位。此外，此处还绘有"西方占星学"的"黄道十二宫"，包括白羊宫、金牛宫、巨蟹宫、狮子宫、天

大雄宝殿南壁东尽间《弥陀说法图》局部·众乐伎

大雄宝殿南壁西尽间全图·《孔雀明王说法图》

蝎宫等，均以具体形象分布于天空中。在画面正下方，一位僧人正在跪拜孔雀明王。僧人面前，一只孔雀回首顾盼，表明其“孔雀明王”的身份。僧人两侧依次有四大声闻与诸曜星君、诸天等众。在诸曜星君中，怀抱琵琶的金星、拿桃的木星、持毛笔的水星、颈上绕蛇的计都星和罗睺星等，特征都十分鲜明。在诸天中，手拿琵琶的东方持国天王、双手抱拳的南方增长天王、手握龙的西方广目天王、手拿宝幢的北方多闻天王，都是民间耳熟能详的佛教神祇。壁画主尊孔雀明王的形象出自唐代僧人不空译的《佛母大孔雀明王经》和义净译的《佛说大孔雀咒王经》，属于典型的密宗形象。据《佛母大孔雀明王经》载，一位名叫莎底的僧人在为师兄们烧水劈柴时，被一条从朽烂的树洞中钻出的大黑蛇咬伤。阿难尊者向佛祖求教解决之道，佛祖立即向阿难传授“大孔雀明王咒”。阿难为莎底念咒消灾，不久之后莎底就苏醒过来，伤痛全消。佛教认为：“大孔雀明王咒”可消除世间一切灾难毒害，让人远离恐惧与烦恼。孔雀明王的威力不仅在于他天生就有食毒蛇、毒草的能力，还在于他对鬼神的震慑。在佛教人物中，孔雀明王与炽盛光佛类似，都具有消灾、息灾的功能。

善化寺壁画规模宏大，人物众多，其绘制水平代表了明、清时代民间佛教壁画的较高水准。早在800多年前，朱弁就称赞过善化寺彩塑、壁画的精良，对佛、菩萨、天龙八部形象的描绘有“合爪掌围绕，皆选于名笔”的赞誉，这表明在当时善化寺壁画就已经声名远扬。佛像（包括雕塑与壁画）“梵

大雄宝殿南壁西尽间《孔雀明王说法图》局部·文殊菩萨（佛右侧）

大雄宝殿南壁西尽间《孔雀明王说法图》局部·弥勒菩萨（佛左侧）

大雄宝殿南壁西尽间《孔雀明王说法图》局部·佛弟子、诸天众与诸曜星君众

大雄宝殿南壁西尽间《孔雀明王说法图》局部·水星神

大雄宝殿南壁西尽间《孔雀明王说法图》局部·诸曜星君神之一

大雄宝殿南壁西尽间《孔雀明王说法图》局部·听法诸神

大雄宝殿南壁西尽间《孔雀明王说法图》局部·听法老僧

大雄宝殿南壁西尽间《孔雀明王说法图》局部·诸曜星君众

1
2

1.《孔雀明王说法图》局部・诸曜星君之一
2.《孔雀明王说法图》局部・听法天神

相奇古。慈悯利生之意，若发于眉宇；秘密拔苦之言，若出于舌端”，令人忘记这只是宗教造像，甚至“有来瞻仰，莫不钦肃，五体投地，一心同声，视此幻身，如在龙华会上，百宝光明中，其为饶益，至矣大矣，不可得而思议矣”，足见善化寺壁画与雕塑的艺术表现力。尽管善化寺现存壁画绘制于明、清时期，并有后世较为拙劣的修补痕迹，但从绘画风格、图像来看，显然是以辽金稿本作为参考的。

善化寺壁画的艺术特色有以下几点：首先，人物众多，场面恢宏。在善化寺的每一幅壁画上，人物数量少则数十，多则上百。画面中的各类物象，如殿宇、宝幢、佛台、华盖、宝树、水池等，皆秩序井然，有条不紊。这些物象的描绘既考验了古代工匠的造型能力，也体现了设计者对于佛经的理解程度。其次，善化寺壁画在画面内容和风格上有创新。比如，西壁的诸佛显然使用了辽金时期的稿本，但在线描风格方面与北京法海寺的诸佛较为相似。再如，壁画中建筑样式的选择不拘泥于辽金稿本，而是参照明代官式建筑的形象样式，使画面更富有生活气息和时代气息。最后，绘画风格具有融合性。这种风格并非纯粹的山西当地风格，而是融合了绢本重彩画和山西当地画风的混合风格——既有绢本重彩画的精致细腻，又有晋北地域壁画的宏大气势。

⑤ 晋中·平遥

双林寺

双林寺位于山西省晋中市平遥县城西南7公里的桥头村，包含三进院落。其中，第二进院落由前殿释迦殿、主殿大雄宝殿、东厢千佛殿和西厢菩萨殿组成，整体坐北朝南。两侧厢房千佛殿和菩萨殿均面阔七间，进深五椽，五脊悬山顶，明间正中设门，两侧的次间和梢间开窗。两殿内分别有以观自在菩萨和千手观音为主尊的彩塑造像数百身，靠近檐廊的前壁外侧面遗存壁画。两殿门窗外框有彩绘纹样，门与窗之间绘制供养菩萨，檐廊两侧壁描绘护法，各门窗顶部的拱眼壁内绘制善财童子五十三参图像。每个拱眼壁内的画面自成一铺，每殿绘7铺，两殿共14铺画面。各铺壁画皆为横向长方形，均高约0.8米，宽约3.4米，每铺绘三参或四参，由左至右（以壁面自身为基准确定左右方位，下同）横向排列。各铺画面形式相同，外缘均为墨绿色框，内嵌白色框，框内为主体画面。每一参上方墨书榜题标示诸参名称，其中一些残存的榜题为辨别画面内容提供了依据。

2014年6月，《影像山西》摄影组调查并详细拍摄了双林寺壁画。根据其后来合成的图片判断，双林寺第三进院落千佛殿、菩萨殿外拱眼壁内的壁画描绘的是“善财童子五十三参”故事。画面由千佛殿南端开始，延向北端，隔过大雄宝殿，折到菩萨殿北端，延至南

千佛殿西墙外立面·供养菩萨特写

端结束，按照逆时针顺序依次呈现。下文根据五十三参次序，结合唐实叉难陀译《大方广佛华严经》卷六〇至八〇贺炜浩《入法界品》(《大正藏》第10册)的叙述，逐铺叙述善财童子五十三参的内容。

千佛殿拱眼壁：善财童子五十三参(第一至二十七参)故事

南侧尽间(第一铺) 此铺壁画位于千佛殿南侧尽间上方拱眼壁内，描绘的是善财童子五十三参(以下简称“五十三参”)故事中的第一至四参。第一参画面上方正中绘附有头光和身光的文殊菩萨，他端坐在庄严幢娑罗林中，两侧胁侍舍利弗等六比丘。中部下方绘身材矮小的善财童子，附头光，佩披肩，帔帛飘荡，赤足，躬身合掌施礼。右侧绘一表示“如象王回”的象，象旁合掌而立一个人物。该画面表现了文殊菩萨教导善财童子发菩提心，开启了善财童子参访五十三善知识的历程。第二参画面描绘在山崖之上，七身附头光的比丘由上往下蜿蜒徐行，走在中间的德云比丘左手前伸，右手执孔雀尾羽，转头注视着立于其左下方的善财童子。该画面表现了善财童子在胜乐国妙峰山上参访德云比丘的情景。第三参画面的中部耸立着海门国城楼，下方拱形城门外立海云比丘，他正与善财童子相互躬身合掌施礼，海云比丘身后有胁侍二比丘和一位着窄袖长袍的男子。该画面表现了善财童子在海门国中参访海云比丘的情景。第四参画面右上角是善住比丘，他双手触摸日月，眼睛向下注视。画面中部可见四身戴通天冠、着宽袖袍的诸天，他们手中托捧供品或花朵，站立在两侧。善财童子立于画面左下方，由于漫漶严重，仅可辨拱手的姿态。该画面表现了善财童子在楞伽道海岸上参访善住比丘的情景。

南侧梢间(第二铺) 位于千佛殿南侧梢间上方拱眼壁内的第二铺壁画，描绘的是五十三参故事中的第五至八参。第五参画面上方中部矗立着向四周发出光芒的基座。善财童

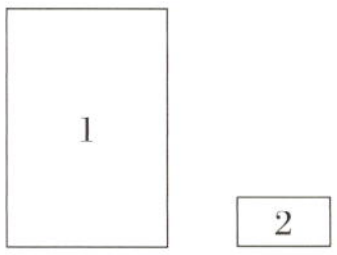

1.千佛殿西墙外立面·供养菩萨特写
2.千佛殿西墙外立面·四菩萨

菩萨殿东墙外立面·四大天王

子跪于下方中部，仰视对面的弥伽。弥伽右手托着发出彩色光芒的物品，身后跟随四胁从，画面右侧可见两人。该画面表现了善财童子在达里鼻荼国自在城中参访弥伽的情景。第六参画面正中及下部两侧绘三道士合掌坐于方形座上，正中为解脱长者，身后发出的12道波状光芒组成扇形，光中绘佛、跪坐比丘、跪坐信士、树木、宫殿、飞鸟、走兽、鱼虫、日月等各种形象。画面下方中部立善财童子。画面右上角墨书榜题“善财童子弟六诣住林城参”。该画面表现了善财童子在住林城中参访解脱长者的情景。第七参画面左上方矗立着摩利伽罗城楼。画面中部坐三位比丘，正中者为海幢比丘。三者周围有云气环绕，云气中出现佛、比丘、护法、阿修罗、梵天、帝释天、官员、信徒等15身法界神祇和人物。画面左下方立三名侍者，右下方立一名侍者。善财童子立于中下方，正注视着地面上堆放的一组发出五彩光芒的宝珠等物。画面右上角榜题为“善财童子弟□诣摩利伽罗国参”。该画面表现了善财童子在摩利伽罗国中参访海幢比丘的情景。第八参画面顶部描绘了普庄严园的场景，园中有三女子倚坐，正中执拂尘者为休舍优婆夷，两侧立七名侍女。画面下方中部立善财童子，底部正中绘宝物发出的半圆形五彩光芒。该画面表现了善财童子在普庄严园林中参访休舍优婆夷的情景。

南侧次间（第三铺） 位于千佛殿南侧次间上方拱眼壁内的第三铺壁画，描绘的是五十三参故事中的第九至十二参。第九参画面正中绘制了倚坐的毗目瞿沙仙人，其身后向四周发出10道波状光芒，每道光中坐一佛。下方中部立善财童子，两侧或坐或立四道士相貌的仙人。画面右上角有榜题“善财童子弟九诣那罗素国参□”。该画面表现了善财童子在那罗素国中参访毗目瞿沙仙人的情景。第十参画面中部偏左绘倚坐的胜热婆罗门，其髻顶上饰火焰珠，象征胜热在火中修行。左下方立两名侍女，右侧云气中立七位合掌者，为善财童子臆想出的诸天，云上方现二宫殿。善财童子立于右下方。画面右上角榜题为“善财童子弟十诣□沙取落参”。该画面表现了善财童子在伊沙那聚落中参访胜热婆罗门的情景。第十一参画面中部耸立着师子奋迅城内的一座重檐式殿宇，殿内倚坐着慈行童女。殿檐枋下正中向外飘出云气，三身佛陀跏趺坐于云中，代表“法界一切如来”。殿外两侧立四名侍女，善财童子立于阶下。画面右上方榜题为“善财童子弟十□诣师子奋迅□”。该画面表现了善财童子在师子奋迅城中参访慈行童女的情景。第十二参画面左上方绘三眼国城楼和两侧的树木。中部上方是善见比丘，其左手托轮，右手伸二指，立于云际，飘浮在空中，身后放射出五彩光芒。两侧下方立四位人物，善财童子立于右下。该画面表现了善财童子在三眼国中参访善见比丘的情景。

殿门上方（第四铺） 位于千佛殿殿门上方拱眼壁内的第四铺壁画，描绘的是五十三参故事

菩萨殿东墙外立面·南方增长天王

中的第十三至十六参。第十三参画面右上方可见四身神衹处于云际。下方中部立善财童子，周围可见八个男童，分别在对坐交谈、坐地演算、建塔等，其中自在主童子坐在方凳上。该画面表现了善财童子在名闻国中参访自在主童子的情景。第十四参画面左上方绘海住城城楼。画面右侧耸立一殿堂，三女子坐于殿内，中间为具足优婆夷，其正观望殿前月台上飘出云气的瓶。殿外两侧立五名侍女，阶下立善财童子。该场面表现了善财童子在海住城中参访具足优婆夷的情景。第十五参画面右上方显露出大兴城城楼。画面中部耸立着高台，明智居士跏趺坐在台顶，左手抚膝，右手上指，其右侧跪坐一童子。善财童子立于高台的阶梯下方，台下两侧有五名男子。画面左上方榜题为“善财童子弟十五诣大兴城参明知”。该画面表现了善财童子在大兴城中参访明智居士的情景。第十六参画面正中绘宝髻长者的“十层八门”宅第，左下方立四个人物，前者宝髻长者左手牵善财童子的手，右手指塔，后随两名随从，右下立三名侍者。画面左上角榜题为“善□童子弟十六□师子□参”。该画面表现了善财童子在师子城中参访宝髻长者的情景。

千佛殿外檐下南侧尽间《五十三参图》之第一至四参

北侧次间（第五铺） 位于千佛殿北侧次间上方拱眼壁内的第五铺壁画，描绘的是五十三参故事的第十七至二十参。第十七参画面右上方矗立着藤根国普门城城楼，城门处立两个人物。画面中部绘普眼长者和另一人盘坐于凳上，上方两侧云气升腾，八身佛陀坐于其中。画面左下方立三名拱手者和一个正立于桌前提笔写字的童子。画面右下方立五个人物，善财童子立于下方正中。画面左上角榜题仅存“诣藤根国参”。该画面表现了善财童子在藤根国普门城中参访普眼长者的情景。第十八参画面中部耸立着多罗幢城内的殿堂，殿内正中倚坐着无厌足王，两侧各立一名侍者。楼阁上层可见一佛二弟子。殿外两侧各立两名侍卫，一名女子跪在殿前，一个穿着肚兜的孩童立于其侧，手拉女子衣袖。善财童子立于女子左侧，两侧各立一持杆的执法者，右下方立两个如鬼魅的猛卒，披甲执叉朝向前方的圆锅。画面左上角榜题为“善财童子弟十八诣多罗□□□”。该画面表现了善财童子在多罗幢城中参访无厌足王的情景。第十九参画面左上方可辨妙光大城的一段城墙和一角飞檐。画面中部倚坐着大光王，两侧各立一名侍女，下方两侧合掌而立龙王、天王、罗刹王等八位天王，其前立一象征“鸟兽之属”的鹿。善财童子立于画面下方偏左。画面

《五十三参图》局部·第七参

左上角榜题为“善财童子弟十九诣妙光城参”。该画面表现了善财童子在妙光城中参访大光王的情景。第二十参画面上方正中绘表示过去离垢劫的修臂如来，其两侧是树木和殿宇。画面中部倚坐着两位女子，左侧为不动优婆夷，头顶发出一束光芒，光中现一合掌而立的童子。两位女子两侧和身后立四名侍女，左下方可见两位倚坐女子和三名侍女。该画面表现了善财童子在安住国中参访不动优婆夷的情景。

千佛殿南侧梢间外檐壁《五十三参图》之第五至八参

北侧梢间（第六铺） 位于千佛殿北侧梢间上方拱眼壁内的第六铺壁画，描绘的是五十三参故事中的第二十一至二十四参。第二十一参画面左侧矗立着都萨罗城城楼，城门下立两个人物。四人驾云至城楼前，前面的是遍行外道，后有二随从和一侍童。画面右侧描绘九个人物立于山石之上的云际，前排三名为梵众，中排三者为天王和童子，后排为三名侍女。善财童子位于下方中部的云际之上。该画面表现了善财童子在都萨罗城外的善德山上参访遍行外道的情景。第二十二参画面中部绘优钵罗华香长者和两名男子，人物前方置一

千佛殿南侧次间外檐壁《五十三参图》之第九至十二参

《五十三参图》局部·第十七参

《五十三参图》局部·第十八参

放有香炉等物的案几，香炉内飘出云气，云气中显现一些圆形物，以及殿堂、如意、莲花、太阳、双鱼、瓶罐等象征“形相生起”“方便境界”的图像。画面左下方立三个童子，右下立一文士和两个童子。画面下方中部卧着两头牛，牛左侧立善财童子。画面左上方的榜题为“善财童子弟□□二诣广大国中□”。该画面表现了善财童子在广大国中参访优钵罗华香长者的情景。第二十三参画面左上方绘一商人坐于船上，中部和右侧矗立着楼阁城城楼，楼殿内坐一佛陀。城外中部倚坐着两名女子，其中一人为船师，两侧立四名侍女。画面右下方一身形矮小的海怪正在献宝，左下方立三名托捧珊瑚等物的男子。善财童子立于画面下方中部。画面左上角榜题为“□财童子弟二□□/□□阁城中参”。该画面表现了善财童子在楼阁城外参访婆施罗船师的情景。第二十四参画面左上方矗立着可乐城城楼，城门处可见两个人物。中部倚坐着无上胜长者和两名着鹤氅者，三者身后云气升腾，云气中可见天龙八部。画面左下方立两名武士、一位罗刹和一名着褐衣者，右下方立两位比丘和一名袒露上身者。画面下方正中立善财童子。该画面表现了善财童子在可乐城中参访无上胜长者的情景。

北侧尽间（第七铺） 位于千佛殿北侧尽间上方拱眼壁内的第七铺壁画，描绘的是五十三参故事的第二十五至二十七参。第二十五参画面上方正中绘师子频申比丘尼趺坐于床座上，其前左侧为一比丘，身后有二沙弥，右侧为一女子和其身后的四名侍女。左侧松树下蹲一狮子。善财童子立于下方正中。画面右上角榜题可辨“□□童子□二十五/□□□□中参”。该画面表现了善财童子在输耶国的园林中参访师子频申比丘尼的情景。第二十六参画面上方正中倚坐着婆须蜜多女，其左侧立两名侍女，右侧倚坐一女子和两名侍女。画面中部有一置宝珠的案几，其左下方立善财童子。该画面表现了善财童子在险难

千佛殿北侧次间外檐壁《五十三参图》之第十七至二十参

国宝庄严城中参访婆须蜜多女的情景。第二十七参画面正中耸立着向周围发出光明的“旃檀座如来塔”，塔上方两侧坐着十身佛陀。画面左下方立一比丘，右下方立三名男子，中部立善财童子。该画面表现了善财童子在善度城中参访鞞瑟胝罗居士的情景。

菩萨殿拱眼壁：善财童子五十三参（第二十八至五十三参）故事

北侧尽间（第八铺） 位于菩萨殿北侧尽间上方拱眼壁内的第八铺壁画，描绘的是五十三参故事中的第二十八至三十参。第二十八参画面上部正中绘一瓶放在架上，佛和观自在菩萨趺坐于两侧，他们的两侧各坐两位菩萨。两侧下方立两位可能代表“一切众生”的比丘，画面右下方跪一供养菩萨。画面下方中部立善财童子，对面立龙女。画面右上角榜题为“善财□子弟二十八诣补/陀□□□山参”。该画面表现了善财童子在补怛洛迦山上参访观自在菩萨的情景。第二十九参画面中部立正趣菩萨，其身后和两侧有六个人物跟随，善财童子立于画面右下方。该画面表现了善财童子参访正趣菩萨的情景。第三十参画面正中绘“长舒四手”的大天神向四周发出五彩光芒，顶部正中现一佛陀，两侧附日月。

千佛殿北侧梢间外檐壁《五十三参图》之第二十一之至二十四参

《五十三参图》局部·第二十一参

画面右下方立两位比丘，左下方立善财童子和一比丘。该画面表现了善财童子在堕罗钵底城中参访大天神的情景。

北侧梢间（第九铺） 位于菩萨殿北侧梢间上方拱眼壁内的第九铺壁画，描绘的是五十三参故事中的第三十一至三十四参。画面整体漫漶较为严重。第三十一参画面左侧树后显露出摩竭提国菩提场的宫殿，右侧可见安住地神和其他三身地神，左上方可见数名合掌者，右下方立善财童子和一名合掌者。该画面表现了善财童子在摩竭提国菩提场中参访安住地神的情景。第三十二参画面中部倚坐着婆珊婆演底主夜神，其身后向四周发出光芒，光中可辨零星人物等形象。婆珊婆演底主夜神两侧各立一名侍女，左下方立两名女子，右下方立三名女子。善财童子立于画面下方中部偏左。该画面表现了善财童子在摩竭

《五十三参图》局部·第二十二至二十三参

提国迦毗罗城中参访婆珊婆演底主夜神的情景。第三十三参画面正中倚坐着普德净光夜神，其身后发出五彩光芒，光中图像漫漶不明。其两侧和下方可见数人，亦漫漶不清。善财童子立于画面下方偏左。该画面表现了善财童子在摩竭提国菩提场中参访普德净光夜神的情景。第三十四参画面严重漫漶，左侧可见四个人物，左下方立两个人物和善财童子，中部下方跪一人，右下方立一组女子，数量不明。该画面表现了善财童子在摩竭提国菩提场中参访喜目观察众生主夜神的部分情景。

北侧次间（第十铺） 位于菩萨殿北侧次间上方拱眼壁内的第十铺壁画，描绘的是五十三参故事中的第三十五至三十八参。第三十五参画面右上方倚坐着普救众生妙德夜神，其头顶现一佛陀，佛陀身后向周围发出五彩光芒。普救众生妙德夜神两侧各立一名

持扇的侍女，右下方两名女子，左下方隐约可辨数名男子。善财童子立于画面下方偏左。该画面表现了善财童子在摩竭提国菩提场中参访普救众生妙德夜神的情景。第三十六参画面中部趺坐着寂静音海主夜神，其两侧各立一名侍女，上方有三佛列作一排。画面下方两侧各立三位比丘，中间立善财童子。画面左上角榜题为“善□童子弟三十六诣道□场中参”。该画面表现了善财童子在摩竭提国菩提场附近参访寂静音海主夜神的情景。第三十七参画面正中趺坐着守护一切众生主夜神，其两侧各立一名侍女，其背后的云气向周围放射五彩光芒。画面下方的两侧各立四名男子。画面下方中部现一佛陀，跏趺坐在莲座上，头顶置华盖。该画面表现了善财童子在摩竭提国菩提场中参访守护一切众生主夜神的情景。第三十八参画面正中倚坐着开敷一切树花主夜神，其两侧各立一名侍女，顶缘正中

千佛殿北侧尽间上方拱眼壁内《五十三参图》局部·第二十五至二十六参

悬一象征“日光已没，莲华覆合”的灰色圆形。画面下方的两侧各立两个人物，善财童子立于画面下方偏左，对面立一童女。画面左上角榜题为“善财童子弟三十八诣佛会中□参”。该画面表现了善财童子参访开敷一切树花主夜神的情景。

殿门上方（第十一铺） 位于菩萨殿殿门上方拱眼壁内的第十一铺壁画，描绘的是五十三参故事中的第三十九至四十二参。第三十九参画面上方耸立着宫殿，殿脊正中现一佛陀，殿脊两侧悬浮日月。殿内倚坐着大愿精进力救护一切众生夜神，殿外左侧立三名女子，右侧立三名男子，殿前阶下立善财童子。该画面表现了善财童子参访大愿精进力救护一切众生夜神的情景。第四十参画面正中立妙德圆满神，他注视着左下方的善财童子，身后放射五彩光芒，光芒上方趺坐着九身暗示“法身智慧藏”的佛陀。画面左下方立三名女子，

《五十三参图》局部·第二十七参

右下方立三个人物。画面左上角榜题为“善财童子弟四十□岚园中参”。该画面表现了善财童子在岚毗尼园中参访妙德圆满神的情景。第四十一参画面中部耸立着普现法界光明讲堂，殿内倚坐着释迦瞿波女，其两侧各立一名侍女。殿外两侧各立三个人物，善财童子立于殿前阶下。该画面表现了善财童子在迦毗罗城普现法界光明讲堂中参访释迦瞿波女的情景。第四十二参画面正中耸立着大楼观宫殿，殿内趺坐着摩耶夫人，其两侧各立一举扇的侍女，殿外两侧立四名举幡和捧供品的侍女，善财童子立于阶前。摩耶夫人身后发出四道云气，其内趺坐四身表示“诸佛境界”的佛陀。该画面表现了善财童子在大楼观前参访摩耶夫人的情景。

南侧次间（第十二铺） 位于菩萨殿南侧次间上方拱眼壁内的第十二铺壁画，描绘的是五十三参故事中的第四十三至四十六参。第四十三参画面正中趺坐着王女天主光，其两侧各立一名侍女。王女身后发出光芒，光内正中现云气托日，云气两侧各趺坐一身表示“过去诸佛”的佛陀。王女座前置摆放香炉、花瓶等供品的案几。画面左下方立两名男子，右下方立两名女子。善财童子立于座椅左侧。该画面表现了善财童子参访王女天主光的情景。第四十四参画面中部山石、芭蕉旁倚坐着遍友童子师，其周围可见一些正在嬉戏的童子，数量不明。善财童子立于画面左下方。该画面表现了善财童子在迦毗罗城中参访遍友童子师的情景。第四十五参画面正中绘善知众艺童子趺坐在屏风前，座前案几上放着书册。案几左侧立一比丘和善财童子，案几周围绘八个童子，或坐，或立，或读书，或冥思，姿态各异。该画面表现了善财童子在迦毗罗城中参访善知众艺童子的情景。第四十六参画面中部倚坐着贤胜优婆夷，其背后向四周放射出光芒，两侧各立一名侍女，左下方立一位比丘和善财童子。该画面表现了善财童子在摩竭提国婆怛那城中参访贤胜优婆夷的情景。

南侧梢间（第十三铺） 位于菩萨殿梢间上方拱眼壁内的第十三铺壁画，描绘的是五十三参故事中的第四十七至五十参。第四十七参画面上部绘沃田城的城墙和城楼。城门外的树旁立坚固解脱长者，他俯视着对面的善财童子，其右侧立一名男子。该画面表现了善财童子

《五十三参图》局部 · 第二十九参

《五十三参图》局部·第三十七参

菩萨殿北侧尽间外檐壁《五十三参图》局部·第二十八至三十参

在沃田城中参访坚固解脱长者的情景。第四十八参画面右侧耸立着“常有光明”的妙月住宅，妙月长者倚坐在室内，背后发出的光芒遍布殿内外。殿外两侧各立一捧物者，殿阶右侧立侍者和侍女，殿阶前立善财童子。该画面表现了善财童子在沃田城中参访妙月长者的情景。第四十九参画面正中无胜军长者趺坐，座前地面上置表示“无尽藏”的宝珠、鹿角、珊瑚等物，善财童子立于宝物旁边，画面左上方可见象征“无量佛”的佛陀。座左侧立一比丘和一男子，右下方立三个人物，座后立两个童子。该画面表现了善财童子在出生城中参访无胜军长者的情景。第五十参画面正中最寂静婆罗门趺坐，正伸手抚摸立于座右的善财童子的头顶。座后立两名侍女。画面左下方可辨两名女子，右下方有两名女子正在走路，一携孩童，一拄杖瞭望。该画面表现了善财童子参访最寂静婆罗门的情景。

南侧尽间（第十四铺） 位于菩萨殿尽间上方拱眼壁内的第十四铺壁画，描绘的是五十三参故事中的第五十一至五十三参。第五十一参画面中部云气升腾，云上承托化现的殿宇、一佛二弟子二菩萨、塔等。善财童子立于画面下方正中，其左下立一名男子、一名女子和一个童子，右下方可辨数个姿态各异的童子。画面中童子较多且漫漶不清，难以确定德生童子和有德童女的图像。该画面表现了善财童子在妙意华门城中参访德生童子和有德童女的情景。第五十二参画面中部上方耸立着毗卢遮那庄严藏楼阁。画面中部下方弥勒菩萨探出左手，伸向善财童子。画面左上方可见五身诸天，右下方可见五婆罗门。该画面表现了善财童子在海岸国毗卢遮那庄严藏楼阁前参访弥勒菩萨的情景。第五十三参画面正中绘普贤菩萨趺坐于象背上，一个象奴牵引着大象。普贤菩萨

菩萨殿北侧次间外檐壁《五十三参图》局部·第三十五至三十八参

菩萨殿殿门上方拱眼壁内“五十三参”局部·第四十参图

圣母殿西窗棂上方·送子图

两侧的云气上立四位菩萨和三位比丘，左下方跪有两个人物，右下方立一人和善财童子。该画面表现了善财童子参访普贤菩萨的情景。

《华严经·入法界品》中的善财童子五十三参故事描述了善财童子为了获得佛道，不辞辛劳地拜访善知识，寻求“解脱途径”，修菩萨行而成就法身。在明代，善财童子五十三参图像在山西、陕西、河北、四川等地均有发现，可知该题材在明代较为流行，各地图像有所不同，各具特色。双林寺遗存的“五十三参”壁画分布在千佛殿和菩萨殿的前壁外面上方。因为两殿内的主尊为象征“上求菩萨，下化众生”的观自在菩萨和千手观音，所以“五十三参”体现的“菩萨行”思想更为显著，从教义方面将两殿紧密联系在一起。画面布局因地制宜，采用长卷式进行呈现，通过树木、山石、建筑等将诸参分隔开来。画面上方墨书各参榜题，使观者更明确画面内容。诸画面连接起的长卷式布局非常适合观者一参一参、一铺一铺地了解善财童子五十三参故事。“五十三参”壁画风格写实，绘制细致繁密、生动形象。站在壁画前方仔细观察，观者明显能感受到画师所做的努力，亦不禁叹服于画师的高超技法。

娘娘殿：圣母送子图

娘娘殿为双林寺的最后一殿，位于第三进院的正中。该殿面阔五间，进深六椽，明间和两次间设隔扇门，两梢间开窗。山墙上的某些砖侧面刻有“正德七年（1512）四月”的铭文，显示该殿建于明代。殿内基坛上塑送子娘娘及其胁侍，壁面上还有遗存的壁画。尽管殿内后壁和两侧壁的画面漫漶严重，但后壁画面仍可辨识出楼台庭院等景色。两侧壁画面绘有仪仗队伍和一顶轿子，应为出行题材。前壁两梢间的窗子上部壁画保存完好，图像

圣母殿东窗棂上方·送子图

清晰，描绘了护送车队的情景。

东梢间绘六个护卫，前面的护卫戴风帽，着绿袍，骑红马，扬鞭，前行后顾。随后一人，马拉一车，车内载16个童子，从发式和肚兜可知这些孩子均为男童。车后紧随两名戴幞头者，他们肩扛长柄斧在交谈。队伍最后为两名骑马者，其中骑红马者络腮胡须，转头望向另一人，另一骑黄马者因画面漫漶而不明。西梢间亦绘六个护卫，前面两个护卫均骑黑马，肩扛长柄斧，相互注视。后为一驭者，扬鞭催马，马拉一车，车上载20个男童，车辕上插一面三角旗。车后跟随三个护卫，正中者着绿袍，骑红马，手中持册，前行后顾。两侧者戴幞头，持长枪随行。

两铺壁画非常生动，但人物动作稍显僵硬，具有程式化的表现特征。大部分画面以墨线勾勒，人物面部、手等部位以色线勾勒，车横杆、兵器柄等长直线非常平直，显然使用了界尺进行描绘。画面设色以平涂为主，仅在兵器刃部、马鬃等处稍作分染，整体用色较少，以土红、石绿为主色，辅以土黄、石青。虽然画面中大量运用红绿配色，但由于其间由墨线相隔，加上年代久远，土红、石绿色泽并不艳丽，因此整体壁画给人一种古拙深沉之感。

通过画面布局推断，两梢间的内容应与两侧壁内容相接，西壁为进，东壁为出。从车内承载的童子可知，壁画绘制的是送子图；结合两侧壁隐约可辨的轿子，可知轿内应为送子娘娘。陕西神木滴翠山第三窟的两侧壁上绘有送子图，画面中部为轿形车，后随载有童子的车，周围有护卫环绕。虽然这两地的壁画布局和面积不同，但题材相同，可以相互类比。

送子图展现了送子娘娘的职能，东壁出行、西壁回銮则展示了送子和回庙的情景。送子娘娘信仰在明、清时期流行于民间，“多子多福”的观念体现了乡民对后代的期盼。

⑥ 晋中·寿阳

普光寺

普光寺位于距山西省晋中市寿阳县45公里的西洛镇白道村，坐落于村西的土崖上方。进入庙门，山门分列左右，一座戏楼与正殿相对。除此之外，还有钟鼓楼、厢房、配殿及朵殿等建筑，共计21间。正殿是宋代早期建筑，东、西两侧配殿为明代建筑，其余建筑均建于清代。正殿面阔三间（总长13米），进深同样是三间（深度达14米）。大殿的底面为正方形。在形制上，梁架结构采用的是四椽栿对，前后搭牵用四柱的方式，柱头的斗拱为四铺作单下昂，显现出简约的特点，完全符合宋代建筑的法度。然而，令人遗憾的是：早期的悬山顶被后人改为硬山顶，是为败笔。中国古代建筑的风格在每个朝代都会有所演变。唐宋时期的建筑风格作为中国古法建筑的典范一直为后世所效仿。即使有《营造法式》这类归类严苛的著作示以后人，后世在某些方面的工艺也难以超越。普光寺正殿建筑在敦厚庄重之间掩藏着精密纤巧，宋制气度犹存。

正殿内东、西、北壁皆有壁画，面积共约为120平方米，内容为水陆法会。二十世纪六七十年代，为了防止人为破坏，村民将壁画覆盖上石灰以掩盖。从大殿西壁左上角重修的壁画题记“本县丹青闫秉贵、李应明、另闫谨，崇祯二年七月十五日开光，本寺募缘僧元

西壁局部・五方龙王众

谨亲教师方宝……”中可知，此堂壁画为晚明时期的作品。2013年，文物部门拨专款对该寺的建筑进行了维修；2014年，又请专家对涂抹在壁画上的石灰进行清洗，并对壁画进行修复。因此，一堂晚明风格的水陆壁画得以展现在人们面前。

北壁的主佛为三世佛，配以四菩萨、十大明王、十八罗汉和文武财神。画风舒朗，与东、西两壁密不透风的绘画风格形成鲜明对比。东、西两壁的北侧绘制了两两而立的力士，与北壁形成呼应，将北壁的护法众神进行了立体延伸，犹如门神一般守护在法场的外围，将行进中的东、西两壁众神隔绝在另一空间中。

北壁中央端坐着三尊佛像，佛像两侧是四大菩萨，这是典型的汉地大乘佛教信仰的组合。这三座佛像被称为“横三世佛”，即西侧的阿弥陀佛、中间的释迦牟尼佛和东侧的药师佛。阿弥陀佛掌管“西方极乐世界”，释迦牟尼佛掌管“中央娑婆世界”，药师佛掌管“东方琉璃世界”。三佛手印各不相同，头顶肉髻较大，坐于瑞兽装饰的须弥台上，上有莲花相托。诸佛头顶云层之间隐约可见千佛端坐聆听，正所谓“天外有天，佛外有佛”。

四大菩萨分别绘在三佛的左、右两侧。普贤菩萨与地藏王菩萨在三佛的左侧，地藏王菩萨手持青莲花侧坐在下首，花中有梵箧——这种记载在贝叶或桦皮或纸上的经文代表

北壁全图

了一切佛教经典。然而，这并非地藏王菩萨常持的法宝。普贤菩萨单腿触地，正襟危坐于莲花座上，神态安详，单手持般若经卷，象征拥有无上智慧。三佛的右侧是观世音菩萨与文殊菩萨。文殊菩萨手中捧剑，意味着斩除烦恼；观世音菩萨手捧一盏琉璃碗，碗内盛有单柄净瓶。四大菩萨并未骑坐骑，同样端坐在莲花须弥台上，须弥台在规制上自然逊于佛祖。但从绘画角度来看，四位菩萨璎珞遍身，臂钏顶饰华丽至极，造型严谨，较之三佛的宽衣博带自然更显雍容华贵。

三佛与四大菩萨构成了画面的中心，这种展开式的描绘使观者在进门之后就能感受到一种强烈的视觉冲击力。座次的高低排列和头光的大小变化使得这些佛与菩萨形成了一个巨大的拱形，这一拱形的整体长度占据了画面的三分之二。

菩萨两侧的十大明王继承了密宗造像的法度，被非常紧凑地安排在菩萨的两侧，无论是每个明王的坐姿、动态，还是飘带的方向，都向着中心佛靠拢。虽然这些明王看起来是挤在一起的，但无论是坐骑、兵器还是三头六臂，都进行了很好的展示。与很多水陆寺观中的明王不同，此处的“十大明王”似乎只表现出教令轮身的忿怒相，自性轮身和正法轮身并没有绘制。这种样式使画面有更好的呈现效果。

东壁·四直使者众

东壁·土星神

十八罗汉在右侧壁面修复时基本被水泥封盖，只余左侧八尊罗汉，呈三角形分布。虽然空间狭小，但画师极尽巧思，使罗汉之间的呼应气脉相连，整体形成的扇形布局为画面增色添彩，毫无局促之感。

北壁左、右两侧下端描绘了一文一武两名侍者。从装束上看，左侧的侍者应该是武财神赵公明；右侧壁画缺损，只有下半部分可供辨析，因此右侧的侍者可能是文财神比干或范蠡。虽然北壁以佛教神祇为主，但也融合了汉族民间信仰的神祇，这符合水陆造像样式流变的主要特征。

在北壁的东、西两侧，首先映入眼帘的是两幅金刚力士像。不同于“四大天王”或“哼哈二将”，这四位金刚力士手持钢鞭，肌肉线条盘卷，更强化了肌肉的力量感。这些金刚力士并非怒目而立，相反，他们两两之间似乎正在低语浅笑，这些表现削弱了这些神祇与凡人之间的距离感。绘画风格与北壁截然不同，线条粗放，甚至在一些肌肉的描绘上出现了明显的失误。但是，即使有这样的失误，也仍然保留了力士孔武有力的体貌特征。

东壁全图

东壁所绘是画面的开端，人物簇拥，正位神祇与鬼混杂在一起，呈现出一派热闹景象。这些神祇虽然看似杂乱无章，但仔细观察后会发现他们之间隐藏着一种经典的程式关系。分析之后，我们发现这种图式虽然进行了分层处理，但每一层的人物关系都仿照永乐宫“千官列雁”的排列方式进行组合，可见明代壁画在水陆图式上主要借鉴的是宋、元经典元素。每位神祇的上部都有一名持幡的侍女，幡中书写有神祇的法号。可惜的是：壁面曾经被覆盖了大量白灰，即使经过清洗和修复，也有一半以上的题记全然消失了。

这些图像都是从永安寺传法正宗殿南壁移来的。本殿作为宋代建筑，其南壁并未绘制壁画，因此将这些南壁两侧多余的图像平均分配在东、西两壁上是合乎常理的。此外，上部33组神祇为下部两行神祇的总和，这种排列也与永安寺有区别。永安寺东壁的上、中、下三行采用均式排列的方式，每行为17组神祇，以单组集结式分列，这种集结方式与本殿壁画“千官列雁”式的行进方式完全不同。虽然组群关系非常清晰，但割裂的空间使得行进队伍缺少一种自然的流畅感。普光寺壁画绘满了众神，这种样式自然是唐、宋时期的遗风。从吴道子和武宗元的粉本样卷中，我们可以发现：《天王送子图》和

东壁局部·忉利帝释天王众与帝释天等神众

《八十七神仙卷》正是这种飘逸高古行进仪仗的汉地样本之源。在唐之前的南北朝时期，图像样式与此完全不同。虽然南北朝时期没有寺观壁画的遗存，但从墓室壁画来看，仪仗行进的图像主要以“狩猎骑行”为主，骠骑甲胄与高杆旗帜是行进队伍的主要构成元素。唐以后佛教普及，画师们将汉族儒雅温和的特点逐渐融入壁画创作。这种经典流动式的带状构图流传不息，虽然神祇人物在不同时代的背景下均有变化，但图像本源被完整地保留了下来。

永安寺的年代问题一直是学界争论的焦点。若以普光寺的壁画为例证，则可以将其归结到清代早期。原因有二：第一，普光寺壁画作为明崇祯年间重绘的壁画，仍然沿用了间距无缝式的构图，而从永安寺的构图中能够感受到强烈的组群分离。这种间距虽然没有清中后期的大，但足以影响画面整体的流畅感。第二，在水陆仪轨方面，普光寺沿袭了失传的“北水陆仪轨”样式编排神祇人物，而永安寺在人物的数量和次序排列上与其如出一辙，可见两者采用的是同一种样式。虽然两殿壁画在空间上相距甚远，但根据画面反映出的佛教仪轨可以发现两者时间的间隔很短。为何普光寺在前？从图式中我们可以发现：普光寺东壁11组加入的图像完全是从永安寺南壁上、中、下三行中挑选出来的。因为永安寺有南壁可以绘制，所以撷取一部分神祇人物是有可能的。当然，水陆仪轨亦无定法，需要根据具体的空间进行灵活的布局，只要保证基本的祭祀主体位置合理就可以。

在普光寺东壁的壁画布局中，上部描绘的是“正位神祇”，中部是“普通鬼神”，下部是“下界地祇”。儒、释、道“三教”人物杂糅其中，为了将更多的神祇纳入“上仙”的范畴，上部的空间被充分利用。这种由上至下、尊卑分明的排序方法见于大部分的水陆寺观壁画之中。

东壁画面中的人物向北行进，与其他水陆壁画不同的是接引菩萨位置有独特设置。天藏王菩萨在东壁画面中出现了三次，分别位于第一行的首位、中行的中间和下部的首位。这种重复式的安排体现出佛教作为主体的优先权。整幅东壁画面中，只有三位菩萨和两位神祇有头光，这使得他们成为整个画面的焦点。天藏王菩萨在上、下行首位时姿态一般，只有在中行的中间时手持法轮而立。天藏王菩萨在名称上与地藏王菩萨相对应，他作为接引菩萨大量地出现在水陆壁画之中。同其他壁画中的接引僧阿难一样，他具有佛教典礼导引与纪律监督的职能。同一位菩萨在同一画面中出现三次，这种处理方式是十分少见的。

东壁·中间天藏王菩萨

另外两位有头光的神祇紧随天藏王菩萨之后，分别是大梵天王和忉利帝释天王。在天藏王菩萨之后，共有五组神祇，没有题记，直至色界四禅天众。色界四禅天众与后面的欲界上四天主众及四大天王等都属于“三界六道”。色界中一共有四层，即色界初禅天、色界二禅天、色界三禅天和色界四禅天。因此，可以推断排在色界四禅天之前的三组神祇为色界诸神，排在色界诸神之前的是无色界四空天和四空处，这样正好对应了五组神祇的身份。不得不提的是：色界四禅天本来是一个组群，但

西壁全图

在其后，对大梵天王进行了独立描绘。这位身着黄色龙袍、头部有绿色头光的神祇应该是大梵天王。大梵天是色界初禅天中的第三天，为初禅三天之首，统领着娑婆世界。在印度佛教初创时期，梵天作为佛的弟子以好学闻名，尤其与湿婆、毗湿奴共同构成了印度教的三大主神，在佛教中具有较高的地位。梵天在佛教中充当了佛的护法神。佛教中的色界初禅又可分为“四天”，即大梵天、梵辅天、梵身天、梵众天。画面上，大梵天身后的三位头戴通天冠的神祇便是其余“三天”。其中，第二位梵天被描绘为有卷曲胡髭的“异族”

样貌，这与南北朝时期的佛教造像非常相似，此种装束与形象应该借鉴了印度犍陀罗艺术形式。

在忉利帝释天王众中，另一位神祇——帝释天，他的玄色龙袍制作非常精湛。白色的腾龙辅以白色的火焰，看上去仿佛在龙袍之上腾跃一般。帝释天和梵天诸神都是佛教护法神，帝释天负责守卫东方，在须弥山顶的善见城中居住，是诸天的首领。在“三教合一”的影响下，水陆画常常将帝释天等同于玉皇大帝的化身。这也是帝释天能够享有与天藏王菩萨相同的黄色头光的缘故。玉皇大帝信仰在我国古代非常普及，佛教与道教在神祇的信仰和崇拜上相互影响也非常普遍。将玉皇大帝作为东壁正位道教神祇的统领是非常合理的。

东壁画面上部中央绘有日光天子和月光天子。他们头顶的日月二星非常生动：日光天子的头顶绘制了一个红色的太阳，内部为红色的宫殿和一只仿佛在天亮之时正在打鸣的红色雄鸡；月光天子头顶则是白色的月亮，月亮上有广寒宫殿、桂树和正在捣臼的玉兔。这种类似我国古代典籍《山海经》的描绘正是中国汉地佛教的特点之一。

画面上部后方绘有黄道十二宫。这些神祇被绘制为手托供盘的形象，包括金牛、双鱼、白羊等星座。这种描绘方法将我国古代“星象学”以具象的方式呈现出来，颇具趣味性。同时，整个东壁布满了其他星宿。可以说，普光寺壁画的神祇人物是中国古代天文学的具体表达，虽然没有星图那么准确和科学，但在众神罗列的大殿中，人们可以感受到朴素的古代宇宙观。这是一种在文化传播中表现出来的理性认知。

与东壁相似，西壁的行进队列同样向北而行，壁画整体风格与东壁保持一致。然而，百分之九十以上的壁画内容模糊不清，因此借助永安寺传法正宗殿西壁和南壁的壁画进行甄别校验是较好的方法。

西壁壁画共绘有59组神祇人物，可以通过旗幡题记清晰辨

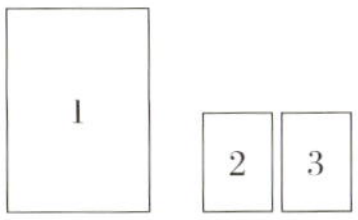

1.西壁局部（上）·持地菩萨
2.西壁局部（中）·空藏菩萨
3.西壁局部（下）·地藏王菩萨

西壁局部·神众

西壁局部・顺济龙王

别出的神祇只有三组。根据永安寺壁画及残存的画面推测，此处画面复原了百分之九十九的水陆图像，只有西壁上行第21组中的神祇题记全无，且在永安寺壁画中亦未出现此神。通过对其他水陆壁画进行考证，我们最终在大同市阳高县云林寺大殿西壁中行第11组中找到了此组神祇，为“太岁太热博士日游太阴神”。此组神祇特征非常鲜明，最前端的神祇虽然全身损毁严重，但从他的眼睛里伸出两条胳膊、掌心之内又长出一对眼睛的特点可知，这位神祇即为甲子太岁杨任。杨任的故事源于《封神演义》。因商纣无道、奢修鹿台，杨任冒死谏言，被挖目弃尸。他死后怨气太重，冲了道德真君的踏云，因此真君用金丹入其双目，遂长出手，而手又生眼。他通晓法术，后助武王伐纣，屡建奇功，但最终在与“梅山七怪”斗法中战死，后被封神。此太岁属于太阴神，与大将军、黄旛、白虎、蚕官、金神、飞廉、豹尾等属于太岁神中的恶神类。原本应该被放置在西壁中部，实际却被放在画面上部，显然是为了让他成为后面诸位横死鬼卒的接引者。

西壁上行“主风主雨主雷主电诸龙神众”中，雷公与电母的描绘非常生动。电母被描绘成一名娇媚女子，正对着手中的电镜顾影自怜；一旁的雷公身背悬鼓，含情脉脉地望着电母，两人犹如一对恩爱的情侣。这两个角色的传说在古代广为流传。据传说，以前打雷之前全无征兆，后来有一位贤惠孝顺的媳妇，因丈夫早死而照顾未出阁的大姑姐。大姑姐坐享其成，百般刁难。家中没有肉了，大姑姐就让弟妹去买。但弟妹没有钱，无奈之下，她只能割股侍姐。肉煮熟以后，大姑姐以为弟妹偷吃了精肉，将肉皮给自己，遂发毒誓让雷公将其击死。雷公妄听虚言，犯下大错，五雷轰死了好心的媳妇。后来雷公奏明玉帝，赐封好心的媳妇为电母，她手中的镜子就是在打雷之前警示人们的。了解这个传说以后，我们再观此画，会觉得画中的电母在照镜之时流露出一种幽怨之情，身背悬鼓的雷公则充满了愧疚之意。观画之后，我们不禁对画师细腻的表现手法充满钦佩。

西壁中行有两幅图像富有趣味。第一幅是中间的“大腹臭毛针咽巨口饮□不净饥火炽燃众”，该图描绘了一群身体赤裸、手捧假面的恶鬼形象。画师采用象征的表现手法，将恶鬼外表的丑陋与内心的虚伪巧妙结合，深刻揭示了人性本恶的寓意。这幅图像的旁边是“水陆空居依草附水幽魂滞魄无主无依众”，该图描绘了一群全身长草的怪物聚集在一起。一般来说，这类图像描绘的是各类禽鸟走兽的，但此处加入了幽魂滞魄无主无依众，表现了亡灵的凄惨与悲戚。如此这般的描绘，反映了佛教的“因果之说”。

从画面内容来分析，东壁表现的多是“三界六道”中的色界和无色界诸神，画面下方描绘的也是一些往古贤明；西壁则进行了较大的调整。首先，上、中、下三行的行首设置

西壁局部·雨师雷公电母风婆等神众

西壁局部·往古将士等众

了导引菩萨。每位菩萨的功能指向性非常明确：上行持地菩萨引导的全是地祇神鬼，中行虚空藏菩萨引导的都是凶神恶鬼，而下行地藏王菩萨引领着十大阎罗与地狱世界诸神。从纵向来看，这完全是按照天界、地界和地下世界进行分类的；从横向来看，由北至南的行进队伍按照职位高低、身份尊卑进行布列，体现出画师严密的逻辑结构。但与永安寺西壁画面不同的是：普光寺将神祇的顺序作了合理的调整，以满足这种严苛的次序要求。值得一提的是："北水陆仪轨"被整理以后，专家们一直探讨的是神祇的品类与仪轨的操作，而如何整理出一种逻辑序列较强的壁画形式，学界对这一问题一直难以解决。普光寺壁画可以作为一个成熟的模板，在庞杂纷繁的众神当中找到一种符合汉地佛教、道教与儒家语义的次序。普光寺西壁图像的升降顺序是开启"三教源流"的一把钥匙。

普光寺壁画的图式布局中透露出匠人的缜密思维。虽然其造型语言沿袭前朝遗风，但并未落入窠臼。人物色彩的丰富度和背景水墨云纹的衬托相得益彰。在考察过程中，我们还发现了很多数字和记号，这些是人们设计出来的一种上色系统工程，并非简单的随画而就。如此细致的环节把控充分说明了当时此类工作形式应用之广泛。大量的神祇人物在组合过程中并不显得杂乱，巧妙的回头设计是此类壁画能够避免单调的法宝。在或间隔两人或间隔三人的人物回头设置中，上、下首的巧妙顾盼与前后队伍整体节奏的呼应，犹如音乐史诗一般响彻大殿。这是流动的艺术，也是令人驻足的佳作。

普光寺水陆壁画初看之下很普通，甚至有些颓败。这些图像曾经被白灰反复覆盖、几乎消失，但在其中掩藏着一种佛教仪式本源的庄重。中华文明历经5000多年的传承与谱系架构，被这些聪明的画师再次搬到了历史的壁画中。这并非简单的抄袭，也不是粉本的拓印，而是在看似相同的神祇样貌之下，体现了画师竭力创造的精神。如今，略呈浅绛的画面斑驳陆离，一位位神祇簇拥着前行。也许，佛教中的无妄与儒家中的谦卑已经贯穿在每一根线条当中，如同血管一般密布。这是大智慧，是一种"超然往生"、凌驾于"三界六道"之上的永恒。

地藏殿北壁五殿阎王庭审图局部·阎王及随从

⑦ 高平·米山

定林寺

定林寺位于山西省高平市城东南5公里处的米山镇，建于七佛山南麓。周边古寺林立，这里曾为战国时期长平之战赵军屯粮所在，因此得名“米山”。据寺庙遗存金代石碑载，后唐长兴年间，该寺业已存在。院落为前后三进，台阶拾级而上。山门入内为金代遗构雷音殿，其与两侧偏殿观音殿、地藏殿共同构成了前院。定林寺整体建筑依次为三佛殿、七佛殿，殿内保存有宋太平兴国二年（977）所造石雕经幢“弥勒出生宝塔”，显示该寺归为净土一宗。两座配殿地藏殿与观音殿在佛教系统中都属于救苦拔难之象征，南宋之后更是成为一类定式搭配。

地藏殿内并无地藏菩萨塑像和壁画，但南、北两侧绘制了《十王图》和《十八地狱图》的壁画，保存较为完整。尤其是《十王图》的上部没有损毁，而下部地狱鬼卒有近一半缺失。南、北两壁图像色彩偏差较大：北壁人物服饰色彩鲜艳，而南壁画面色彩整体暗淡。从壁面损毁的状况分析，主要原因是被雨水冲刷，久经潮湿以致漫漶，整体壁面起甲问题突出，但图像内容尚可分辨。此殿壁画绘制时间被确定为明代，但并无具体题记。壁画采用分组式隔断的方式呈现故事，图像外框在西侧上部呈微微内凹的45度斜

南壁全图·五阎罗殿庭审图

切，并以黑、红、橙、黄、白五色渐变填充。色彩表现与山西当地的炕围画非常相似。地方官吏的服饰以唐、宋官服为基础。北壁中心图像中有一跪者，为清代“金钱鼠尾”发型。此壁第五幅画面中的判官手中的生死簿上有“嘉靖四年六月”字样。因此，此幅壁画亦有可能完工于明末清初。

地藏殿由西而入，南、北两壁分布着壁画。东壁中心绘有地藏王，北壁和南壁画面分别绘有五殿阎罗。

南壁的第一幅画面仅余上部图像，描绘的是一王端坐在王座上，手持笏板，身穿青袍，头戴冠冕。其宝座有双龙扶手，精工雕琢，两条三爪金龙腾空跃出。侍女手持的羽葆上绘有海中宫殿，同时也借用了古代帝王的“十二纹章”。漆屏上下左右皆有装饰，木纹依稀可见。画面中心部分的背景为鹭鸶和水草，一名判官正在向阎罗禀报，台下罪人一手拿着自己的脑袋，发辫之上穿着钱币，其身后一名妇女托着他的左臂。此画面象征罪人生前为奸商。此殿所审为损人利己、谋财害命之辈。最后有一判官手持长尺子进行丈量，栏杆之后有金莲绽放。从情节上可知，诸司判官正在向此殿冥王宣报，有清点核校之意。根据敦煌《十王经》记载，此画面应当对应十殿阎王的“一殿秦广王”。

第二幅画面榜题为“北朱庄施主司仿、司俊、司□”。北朱庄在米山镇东4.5公里处，可见其供养人皆为一庄乡里。画面上部描绘了一王正伏案点校，桌案正前方铺设“卐”字纹锦地团凤桌幔，后面则放置了靠背榻椅和屏风花鸟。左侧黑漆桌上有珊瑚香炉，远端有一高台，罪人在此被推入深渊。画面前端绘一妇人和三名赤裸婴儿，身后一名老妪和

南壁局部·五殿阎王庭审场景之一

南壁局部·五殿阎王庭审场景之二

一戴枷之人被鬼吏押解。此罪孽为堕胎流产，罔顾性命。

第三幅画面描绘了殿审的情节，其整体图式结构与第二幅非常相似。画面中，罪人手持钢刀，应当是凶器或自刎所用刀具。古来有“身体发肤，受之父母”的说法，即使是自己的身体也不可毁损，这两幅图像都蕴含着对生命的敬畏之意。虽然下方的画面漫漶严重，但从鬼吏的动作和依稀可见的石磨，我们可以推断画面内容为“石磨地狱”。

第四幅画面描绘的是冥王身居高榻，背后有山水屏风，一人骑驴，书童在后面跟随，意为《溪山行旅图》。整个画面采用圆形布局，冥王身材高大，构成“曼荼罗”中心样式。画面下方，一位老妪身边有两只大鹅，身后是人身鸡首的畜生形象，老妪对面为跪拜的男

南壁局部·五殿阎王庭审场景之三

女二人。此画面描绘的是对不赡养双亲者的审判场景，其中一只大鹅身下有三颗鹅蛋，象征着谴责忤逆之徒抛弃父母的行为。忠孝观念一直是儒家道德评价的准则，画面中这种含蓄的鞭挞似乎比直白的说教更有意义。在以物喻人的温情述说中，孝道文化在悄悄地传播。此图下方的画面很难辨认，但可以看到一个手持皮鞭的鬼吏正在抽打罪人，另两个鬼按住罪人使其不能动。这一情节在奈良藏《十王图》“周年都市大王”中也有相同的表现。

南壁最后一幅画面描绘了“奈何桥”的场景：桥上之人皆是良善之辈，“欲往转世”；桥下的人有的被恶犬撕咬，有的在河中被毒蛇噬食，似乎还能听到不断的哭声。此故事还有一个名字叫“望乡台”，也被称为“叫唤大地狱”。画面中行走于桥上之人有天女开道，第一位天女手托金佛，后面两名老妪手托佛册，双手合十，虔诚至极。图下方有两个人戴着长枷和手铐，其余皆被黄泥封盖。这幅图与伯希和带到法国的《十王经》插图二殿“楚江王”非常相似，均有“奈何桥”“河中的罪人惨遭噬咬”“岸上的枯树挂着亡人的衣服”“手托金佛过桥”等四个情节。

北壁第一幅画面同样从东侧开始，画面分为上、下两层，描绘了15名殿君鬼卒。左侧下方题记框内有“冯庄施主靳万表”的字样。这幅画面描绘的是冥王端坐在一把高背圈椅上，手持笏板。此图上部以三角形构图强调帝君的威严，侍女手持羽葆，背景为“蛟龙出海”立屏，象征着处于大海之中。帝君两侧百官肃立，一名鬼判正在诵读殿前罪者的罪状。一名虬发赤膊的鬼吏抓着罪者发端，正在看“业镜”中映射出来的罪孽，其图为屠牛像。在敦煌遗书以及宋代宁波陆中信的《十王图》卷轴中，这一情节于“第五七阎罗王”中亦有表现。此“业镜”呈须弥状，云卷纹为底托，镜面光亮可鉴，能勘察生前的孽行。与敦煌《十王经》的插图对比，此镜中为屠牛场景，这也意味着由晚唐五代至明代，佛教阎罗王的表现以“业镜”的描述居多。

第二幅画面左下方题记为“本寺僧道成”，右下方题记为“信女刘门武氏，郑门郑氏族，王门末氏”，他们共同担任募资人的角色。此殿冥王端坐在靠背短榻之上，红袍右衽，通天冠帽，正侧身低头看判官手中的判文，表情凝重。冥王背后有一名戴幞头的侍女着男装手持官印而立，背景为“远山吞衔”。殿前的罪人皆似含冤之人，左侧之人戴着镣铐，正与判官争辩，似乎有重大的冤情。后面两人亦是忙不迭地呼应，他们之间的顾盼与阎罗王的表情形成呼应，似乎确实有很多疑点。判官一侧，上面着绿袍者正奋笔疾书，应当在重新修改罪状。整幅画面最下端有两个鬼卒（状似牛头马面），他们正拉单锯解人，下有一犬在啃食皮肉碎渣，此为“刀锯地狱”。两

南壁局部·五殿阎王庭审场景之四

南壁西侧阎王庭审图局部·奈何桥上

1

2

1.南壁五殿阎王庭审局部·生前不孝者
2.南壁五殿阎王庭审局部·生前堕胎者

北壁东侧阎王庭审图局部人物特写·武士

北壁全图：五殿阎王庭审图

个罪人身负桎梏跪于刑场前方。这一情节应当是在惩戒“忤逆不孝”之人，但不清楚为何将其绘于此处，也不知其顺序为何。整幅画面设计为圆形，手持金枪的鬼卒作为破图的出口，并将画面引向下端。画面流畅自然，动静之间引导着观者心理的起伏变化，非常巧妙。

第三幅画面描绘的冥王并非在过堂殿审。此王手持“香宝子”，右手盥洗，下王座缓步至殿前，目光平静。在他身后，一众女官和群臣纷纷向西方拜谒。甚至是下方小地狱中碓捣肉酱的行刑诸鬼，也停手跪拜，显然是迎驾之举。在画面右上角，描绘有祥云托载着菩萨降临，虽然面部漫漶不清，但从手中所持柳条看，这应当是观世音菩萨入阿鼻地狱拔苦众生的情景。敦煌本《十王经》图中并无这一描绘，这一情节显然超出了《佛说十王经》的文本，加入了民间对观音“普度众生”的深刻感念。

第四幅和第五幅画面是典型的冥王殿风格。两殿冥王皆头戴通天冠，分别穿着红、绿袍以示区分，两者都在执笔批改生死簿。这两幅画面皆有一个主体场景：四殿里有一人在推拉鼓风箱，二鬼将罪人置于烧红的铁板上烙烤，炉膛中的火随着风箱鼓出的风熊熊燃烧。尽管如此，旁边监工的鬼差仍然呵斥鼓风之人，嫌他手脚缓慢，地狱之苦被描绘在壁画上。这一地狱名为“铁床地狱”。在其下方有两个场景：一个鬼卒挑起罪人，准备将其扔进滚沸的油锅中，下方一个鬼卒正拼命添柴。这一地狱为“油锅地狱”。此图旁边有红衣鬼卒骑在两个罪人身上，防止他们逃脱，等待前者被挑落油锅。此图的上方有两人被缚在滚石之上，由上向下滚落，一前一后呈连续滚动状，是为“石压地狱”。此图右上角，在五官王身后还有一图，采用远端透视画法，描绘判官正在宣读罪状，鬼卒叉人正投入大火，后面有两人被绑在烧红的铜柱之上接受炮烙之刑。

北壁局部·五殿阎王庭审场景之一

北壁局部 · 五殿阎王庭审场景之一

1.北壁五殿阎王庭审局部·判官
2.北壁局部·五殿阎王庭审场景之一

最后一图只显示上半部分，最上方为“六道轮回”图，下面有人托生成兽的场景。左侧架子上放置着鹿、虎、马、羊等动物的皮毛，鬼吏将这些皮毛披在罪人身上。罪人不愿转世为畜生，因此跪地求饶，但鬼吏棍棒相加，众人瞬间被披上皮毛，成为牲畜。这一情节与敦煌本《十王图》中“转轮王”相呼应。

定林寺的壁画，画师并未按照十王排列的定式进行排布，而是根据画面结构进行了重组。虽然“十王图”在各种版本中皆有榜题，将此殿壁画功德主悉数题记，但唯独没有十王的榜题。这并不是要混淆视听，反而恰恰体现了突破十王成规的结构。画师巧妙地将诸地狱和人间诸罪穿插其中。“净土宗”之所以能够“普行天下”，在很大程度上是因为大开“方便之门”。《十王经》由儒入佛的本土化，在晚唐时期就已经完成了一次融合，因此在图像粉本上有很多相同之处。在漫长的演化过程中融入了各种民间信仰，表达更加民俗化，这正是定林寺图式结构成型的关键。

信女陳氏

⑧ 晋城·高平

铁佛寺

铁佛寺位于山西省高平市米山镇的米西村内，距高平市区约5公里。它坐北朝南，现存正殿、前殿和东、西厢房。正殿内遗存彩塑和壁画，前殿和东、西厢房被当地乡民用作民宅。

正殿面阔三间，进深六椽，五脊悬山顶，明间正中设门，两侧开窗。殿内中部设有基坛，一尊主佛居于基坛正中，面部和胸前的金粉已被刮落，身穿双领下垂袈裟，左手置于腹前，右手结说法印，跏趺坐于莲座上，座下为束腰基台，背光为悬塑，繁密精细，上接屋顶。主尊两侧塑胁侍菩萨，头、手均残缺，立于莲台上。主尊和胁侍菩萨之间原应立迦叶、阿难二弟子等塑像，但这些塑像现倚靠在殿后角落里。基坛背屏后面塑观世音菩萨。殿内两侧壁塑二十四诸天，诸塑像排列紧密，身形魁梧，造型力求写实。

前墙门两侧与窗之间绘有两尊供养菩萨，两者均高约为2.74米，宽约为1.04米，附有头光，高髻簪花，面部丰满，眉呈八字，细眼小口，着长裙，披云肩，挎帔帛，饰手镯、项圈、耳铛等装饰物。他们袒小臂，双手捧着内置鲜花的盘子，下着裙，赤足，双脚踏于莲花上，立于云际。

南壁殿门西侧供养菩萨特写

云气向上升腾，弥漫在菩萨身后，营造出菩萨在云中款款而来的氛围。画面绘制精美，线条流畅，色彩以黄、绿、红为主，雅致动人，造型写实生动，明显展现了明代图像特征。这两尊供养菩萨五官比例恰当，与诸天塑像双眼间距较近的表现方式迥然不同，应非同一组画师绘制。

殿内梁枋遗存彩绘，基坛前两侧的两根木柱表面以沥粉工艺表现盘柱金龙。两侧山墙为五花山墙，象眼和山花处绘制有图像。然而，象眼处图像大多漫漶严重，所绘题材不明，仅可见一幅残存的云龙图像。数处山花内可见以水墨方法绘制的僧人，每处一僧，分别呈现拄杖托钵、担书（经册）前行、支颊静坐、托头仰卧等姿势，表现了僧人静修时的状态。由图像风格推测，这些图像可能是在清代重修时绘制的。

殿内左门枕石侧面刊刻的题记以及殿前明万历三年（1575）刊刻的《重修铁佛寺记》碑文均表明：该殿创建于元泰定五年（1328），其建筑风格也呈现元代特色。据《重修铁佛寺记》碑阴记述，明嘉靖元年（1522）重修正殿，嘉靖十一年（1532）增建水陆殿和十王殿，嘉靖二十四年（1545）重修水陆殿、铁佛殿、西僧房。据此推测，该殿塑像、壁画的营造时间在明嘉靖元年至二十四年之间，而嘉靖二十四年重修铁佛殿时绘制壁画的可能性较大。

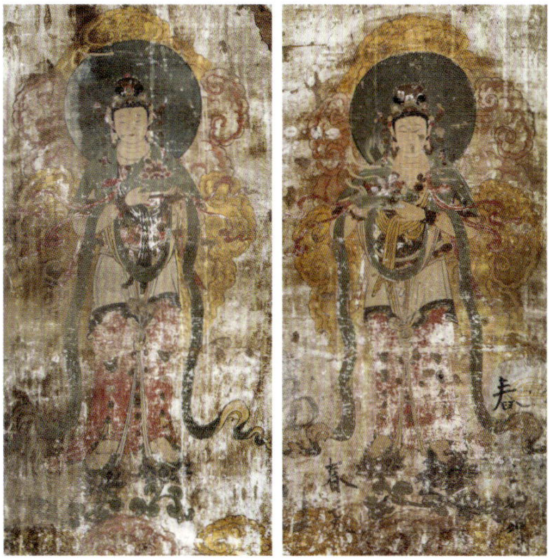

由庙名和碑刻题记可知，原殿内安放的铁制佛像现已遗失，不知其貌。现存的造像以基坛正中象征佛法“无始无终、无处不在”的主尊佛为中心，背屏后塑造的是救度世间苦难和表示法界清净的观世音菩萨，两侧环立护持佛法的二十四诸天。诸造像共同营造出一堂法界神祇的庄严氛围。门两侧绘制的供养菩萨手捧供品，朝向主尊，立于莲花之上、云气之中，属于次要图像。环视殿内壁面，两侧壁被诸天大面积遮挡，无图像。山墙上方位置较高，描绘了僧人的活动画面，作为配饰图像存在。门与窗之间的区域虽较为狭窄，但距观者较近，适合绘制图像。通常这里表现的是胁侍、护法等形象。该殿此处描绘了前来赴法会的供养菩萨，既与两侧诸天形成区别，又与殿内神祇融为一体。

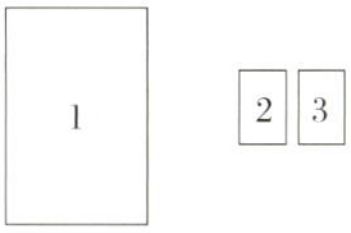

1.南壁东侧供养菩萨特写
2.南壁东侧供养菩萨全图
3.南壁西侧供养菩萨全图

⑨ 吕梁·临县

义居寺

义居寺位于山西省吕梁市临县三交镇枣圪达村。它坐落在湫河西岸边的坡地上，背靠柏山，俯瞰湫水，北连金堆，南望笔架。古人曾赞曰：“见夫龙盘虎踞，宛若天台之奇形；鸟语花香，恍如桃源之佳境。”由此可见，这是一座风景绝佳的寺院。

据民国六年（1917）的《临县县志》和明万历十九年（1591）的《增修佛堂寺并创建禅院碑记》记载，义居寺古名“佛堂寺”，原为天官寺（旧址在三交镇医儿泉村）的下院，始建于宋政和年间，元、明、清三朝皆有修缮。作为晋、陕交界处的著名寺院，义居寺还曾收到过由万历皇帝生母慈圣皇太后赠送的经藏，足见该寺曾经的地位之高。现存义居寺古建筑群坐西面东，分布有三进院落，沿中轴线依次为山门、前殿（接引殿）、正殿（天王殿）、藏经楼、万佛洞（石窟），中轴线两侧修建有20余间偏殿、厢房，占地面积约为5981平方米。其中，石窟开凿于唐代，正殿修建于元代，其余建筑为明、清时期修建。

壁画所在的正殿，面阔七间，进深四椽，屋顶为单檐歇山顶，以琉璃瓦剪边。殿内南、西、北三壁上绘有壁画。由人物群像右侧长方形榜题内的文字内容判断，画面题材为“水陆画”。南壁、北壁最高处约为6米，西壁最高处约为5米，殿内壁画面积约为200平方

西壁・人物特写

·西壁右侧全图局部·众罗汉说法览绘图

西壁东段全图局部·明王

米。壁画以云气为界，将人物群像分为三到四层，每层又由若干组群像人物构成。画中单体人物的高度为0.7~1.5米。

西壁墙面整体呈长方形，画面以淡色云彩为界，将画面人物分为上、下两层。与南壁不同，此处壁画没有方形榜题，也没有关于人物身份的文字题记。画面中依次绘制有佛陀、明王、菩萨、罗汉等。依照“水陆法会”的规制，此类人物多作为“水陆画”的上堂，即超度者的身份出现。与此对应，南壁与北壁壁画是“水陆画”的下堂，画中的人物是以被超度者的身份出现的。另外，西壁上有一幅图像较为罕见。在西壁上层的中央是释迦牟尼佛。佛的左侧有一身坐像，他头戴莲花冠，须发花白，身披道服，手持一柄如意。根据图像的特征判断，该坐像很可能是道家的创始人老子。佛的右侧也有一身类似的坐像，大部分被污泥掩盖，应当是与释迦牟尼、老子同等重要的人物。自宋代以来，儒、道、释“三教合一”的思想成为我国思想文化界和宗教界的主要趋势，因此我们可以推断被污泥掩盖的坐像是儒家创始人孔子。作为“水陆画”的上堂部分，孔子、老子原本是不在其列的。孔子、老子的图像通常出现在下堂“水陆画”中，他们是“往古儒流贤士众”和“往古道士众”中的重要人物。但在义居寺壁画中，孔子、老子的地位从下堂转变为与释迦牟尼平起平坐，这表明明代时期的“水陆画”出现了某些新的变化。

南壁墙面整体呈“凸”字形。画面构图以水墨云彩为界，画中人物群像根据墙面的高低差异划分为三到四层。画面中绘有天地神祇等，他们面朝画面右方，做朝觐状。单体人物的平均高度在一米左右，每组人物的右上角有长方形榜题，白色为底，墨线为框，书写有该组人物的名称。南壁壁画因雨水等自然因素的影响，画面上出现明显的开裂、漫漶情况，导致一部分画面残损，最下方一组的榜题漶漫不可辨识。画中榜题可辨识出的文字包括“五岳神众”“四海龙王”“四渎龙王”“五湖百川陂池井泉诸龙王”“风云雷

西壁全图

雨诸龙王”“主苗主稼主病主药龙神”“金神□豹尾上朔□□”“阴官奏书归忌六伤兵□士”“吊客丧门大耗小耗宅龙神众多”“护国护民城隍小庙土地神众”“冥府十王”“地府六曹众”“三元水府大帝”“安济夫人”等。根据绘画风格判断，南壁壁画应当是明代时绘制的。

北壁墙面整体呈“凸”字形，形制与南壁相同。画面以云彩为界，所有人物按三到四层分布。与南壁不同之处是：该处云彩以浓墨勾勒外形，云彩的结构以绿色重彩颜料晕染，形成强烈的凹凸感。画面绘有往古人伦、天地神祇等，他们面朝画面左方，也做朝觐状。北壁画面中没有使用榜题标明画中人物身份。现存唯一的文字题记出现在画面顶层第一组人物队列的先导处，队列前导处有一名青衣侍女，双手持幡，上书“南无天藏王菩萨众神位”。因墙体裂缝等原因，部分画面残损，漫漶不清。脱落部位还露出内层壁画。内层壁画与外层壁画相比较，很明显绘制于不同的时期。内层壁画无论是造型风格还是设色方式，都与南壁壁画类似，应该是同一个时代的产物。相较之下，外层壁画造型臃肿、线条粗拙、形象概念化，与附近地区的清代壁画风格较为一致。由此可见，北壁内层壁画是明代绘制的，而外层壁画应当是清代重绘的。

义居寺壁画属于“水陆画”的一种，是专门为举办水陆法会而绘制的。壁画在空间整体设计上采用平行式的构图方法，南壁、西壁的人物分为四层，朝向西壁的方向朝拜，因此整个画面的等级性较为明显，秩序感较为强烈。在义居寺壁画中，以西壁壁画的艺术水准最为突出，最具代表性。

西壁画面呈现出中轴对称的构图特点。画面中央为释迦牟尼佛，两侧依次有老子、孔子、菩萨、明王、罗汉。他们的尊卑有别，秩序井然。因为佛教经典约

西壁南段全图局部 · 众罗汉

西壁·罗汉

西壁・罗汉

束了佛、菩萨、明王等人物形象的变化，所以在一定时期内，他们的形象变化较小。相比之下，罗汉的形象则较少受到佛经的限制，因此古代画师笔下的罗汉形象更富有生活气息和生命力。这正是义居寺西壁壁画的独特之处。

西壁画面的左端和右端各有几组罗汉画像，这些都属于义居寺壁画中绘制较为精湛的部分。左侧上部画面的背景描绘的是一处山野，有长松怪石，显得清幽雅致。在画面左边，有一位身披青绿色袈裟的罗汉面朝左方，在一名少年弟子的搀扶下，缓步走向一座敞开的大门。这位罗汉的形象类似于现实生活中的老年僧人，虽然老态龙钟，但虔心不改。右边的两位罗汉，一位穿着红色袈裟跏趺坐于床榻上，另一位则穿着青色袈裟端坐在椅子

| 1 | 3 |
| 2 | |

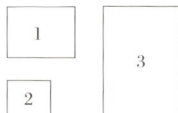

1.南壁全图·众神赴水陆法会图
2.南壁局部·五瘟神众
3.南壁局部·地府六曹神众

南壁局部·冥府十王（部分）

南壁局部：护国护民城隍小庙土地神众

南壁局部　吊客丧门大耗小耗宅龙神众

南壁局部·金神飞廉豹尾上朔日畜神众

雷雨諸龍神

1 2

1.南部局部 · 风云雷雨龙神
2.南壁局部 · 五湖百海陂池井泉诸龙神

上。他们正在交谈佛法。青衣罗汉身边的少年沙弥双手恭敬地捧着金色佛像，为这场热闹的讨论平添了一丝宁静。

在右侧上部画面中，绘有四位罗汉：从左起第一位罗汉端坐在椅子上，一手持物，一手显神通化出水浪；第二位罗汉坐于木凳上，手倚龙头拐杖安然入寐；第三位罗汉坐于床上，双手抱膝，目视前方，似乎在冥想，他身旁的小徒弟也被师父怪异的举动吸引，面露疑惑的神色；第四位罗汉端坐在椅子上，为一名信徒解说佛经。

义居寺虽然地处吕梁地区，但其壁画与洪洞广胜下寺、稷山青龙寺等晋南地区寺观壁画的风格接近。这种风格在人物造型特征上体现为“方颐圆面”。此外，义居寺壁画的用笔精细，既豪放硬朗又张弛有度，没有纵横放任的习气，反而在严整厚实中展现出活泼灵动的特点。在民间宗教艺术转衰、造型趋于程式化的明代，义居寺的壁画依然保持着较高的艺术水准，这在当时实属罕见。

⑩ 朔州·山阴

白台寺

古城镇位于山西省朔州市山阴县东南部，距离县城15公里。该镇始建于元末，是朔代古镇之一。在古城镇的东南有一村名“羊圈头”，村内有古庙曰“白台寺”。目前，寺庙内仅存大殿一座，由于损毁严重，殿顶只有主体构架尚存，主椽二人方可合抱，可以想见其昔日规模之大。如今，北墙已毁，屋顶上的瓦片不复存在，显得十分破旧。据村中老人口述，二十世纪六七十年代之前，此庙香火鼎盛，是远近闻名的庙宇。原来的大殿内部正中供奉着三尊大佛，推测为“横三世佛”，并有胁侍菩萨陪侍左右，门口处还有“哼哈二将”。东侧殿里供奉的是地藏王菩萨，左、右两侧分别是闵公和道明法师。由于殿宇倾塌，此三尊佛像头部全部丢失，下身五分之三被埋在土中，但上身躯干处仍可见塑造之精美。西侧仍残留一尊泥塑，但不知是何人物。西配殿全部毁坏，据老人讲述，此殿为龙王殿，殿内壁画为龙王行雨图；殿内原有12尊由小及大的龙王像，柳木雕刻，十分精致。每逢大旱，周边寺庙皆请而祈雨，仪仗浩大，现已尽数被毁。所幸东、西山墙的壁画尚有所保存，但由于殿无片瓦，壁画漫漶严重，建筑面临坍塌的危险，情势岌岌可危。白台寺原址有东、西配殿各一座以及山门。东配殿僧房数间尚有遗构，西配殿则影踪全无。整座

大殿东壁局部（上）·马首明王

庙宇只椽片瓦，景象破败，只有正殿的丹楹刻桷还能让人想起昔日的神工意匠。

大殿东、西两壁上绘有佛教题材的壁画。东壁的壁画高约为2.75米，宽约为5.8米，绘制了十大明王中的五位，下方则绘制了十八罗汉中的九位。西壁上残存的壁画高约为2.4米，宽约为3米。从残存的壁画推测，其内容应该是明王、罗汉图的另一半。东壁外侧有宽约为2.5米的壁画可见；西壁亦有痕迹，但久经风雨冲刷，色彩晦暗。由此推测，正殿东、西两侧应该有侧殿连体。从壁画的题材来看，东侧殿供奉的应该为地藏王菩萨；西侧殿供奉的或为弥勒菩萨，或为观音菩萨。正殿南壁画面推测为“横三世佛”，背景可能是水陆壁画。这样的推断理由为：山西遗存有大量的描绘十大明王和十八罗汉题材的壁画，时间跨度

大殿东壁全图·五明王与九罗汉

从元至明、清。比如晋南的青龙寺，晋北的永安寺和云林寺，对这两类题材都有描绘，但在方位和位置与白台寺有所不同。青龙寺的十大明王绘在南壁上方，一字排开；十八罗汉绘制于北壁，分列两侧。永安寺的十大明王整体绘在南壁上，罗汉塑像已毁。永林寺十大明王图像绘在东、西两壁上，十八罗汉塑像犹在。由此我们推断：白台寺壁画应该也是一殿水陆壁画，南壁整体图绘的应该是水陆人物。这种推测若成立，则将开创新的水陆壁画图式。

大殿东壁上方绘制了五尊明王像。所谓“明王”，是由密宗佛造像仪轨和汉传佛教相互影响而形成的一种典型的佛教造像样式。早期有五大明王、八大明王，后来演化为十大明王。在佛教语义中，这些造像是为教化众生或降魔而显现的忿怒相。明王之“明”有驱

大殿东壁局部・明王

大殿东壁局部·明王

大殿东壁局部 · 三罗汉降龙罗汉

除黑暗、直达光明之意。在密宗的教义中，佛与菩萨均有三身，包括自性轮身、正法轮身和教令轮身。自性轮身是佛与菩萨的真身，正法轮身是佛为点醒众生而显化的菩萨相，教令轮身是在佛的号令之下菩萨变化出的忿怒相。白台寺大殿的十大明王正是典型的正法轮身式样。从山西其他寺庙的十大明王来看，正法轮身一般在教令轮身的正上方。但在此处，正法轮身却被放置在教令轮身的右侧上方。

最具代表性的十大明王组合是：大秽迹明王，释迦牟尼佛所化；大火头明王，正法轮身卢舍那佛；大威德明王，正法轮身金轮炽盛光佛；除盖障菩萨，正法轮身大忿怒明王；金刚手菩萨，正法轮身降三世明王；马首明王，教令轮身观世音菩萨；虚空藏菩萨，教令轮身大笑金刚明王；地藏菩萨，教令轮身无能胜金刚明王；弥勒菩萨，教令轮身大轮金刚明王；步掷金刚明王，教令轮身普贤菩萨。

作为密宗佛教的造像样式，十大明王的身形、服饰、兵器等都有严格的仪轨规定。元、明时期在民间广泛传播后，它们与中原汉传佛教进行了结合，其规制已经变得非常模糊。十大明王的样式在《佛说大幻化网大瑜伽十忿怒明王大明观想仪轨经》中有详细的记载：

明王身有三头六臂或八臂，双目之间有第三只眼；皆以八龙王为装饰，发髻系以黑色难那龙王及俱梨迦龙王，耳环是金色得又迦龙王，手钏为赤金色摩贺钵讷摩龙王，以白色羯哩俱吒迦龙王为络腋，以红莲花色嚩苏枳龙王为系腰，以白色如螺之钵讷摩龙王为足上铃铎。十大明王皆作大恶相，以虎皮为衣，髑髅为冠，发髻竖立作赤黄色，顶戴阿闪如来；各有日轮圆光及宝座，正面笑容，右面微现忿怒相，左面大恶相，利牙啮唇颦眉，全身立如舞势。

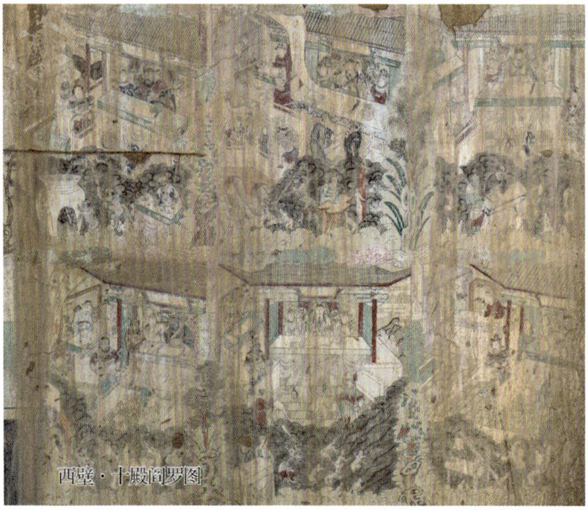

在整体造型上，十大明王保留了其基本样貌，但在服饰和兵器上已经很难区分明王的具体身份。唯有教令轮身保留有普及性和易读性，使得我们能轻易区分这些明王。在一般的明、清寺庙中，十大明王会有较为详细的题记。但白台寺大殿壁画没有榜题，并且从色彩和造型的纯熟度分析，此殿壁画采用的很有可能是明代早期的样式。画面中

东侧殿西壁局部・卞城王殿上庭审图

东侧殿西壁 · 阎王殿庭审场景

最为典型的是南侧和北侧的大笑金刚明王和马首明王。大笑金刚明王身着青绿斗篷，服饰简约。上部的双手持剑相交，中部的双手持铃与三叉戟，下部的双手握有降魔棒，呈屈膝状，正法轮身右侧上方有一小尊地藏菩萨像，持禅杖于莲花内端坐。北侧的马首明王在服饰上作了调整，对上身的甲胄进行了装饰，发色为赤红，与无能胜金刚明王的黑色蓬发不同。其三面的特征更加明显，手中持有刀、杵、斧、戟等兵器。火焰纹为回勾状，首尾相连。这些明王或左倾或右斜，服饰的线条潇洒自如，发须的线条刚硬，肌肉的线条圆中带方。不同于以往或骑在神兽之上或坐于须弥座中的明王，此处的明王均踏于断崖之上，仿佛自虚空而降。如此忿怒相自然预示着将世间的妖魔镇压，荡涤尘埃。清除孽障才可还乾坤清静。这也正是壁画中将明王绘制为巨大图像的原因：通过图像强烈的震慑感来驱除人们内心的恐惧。

十大明王之下是十八罗汉。罗汉为佛的弟子，也是佛教中修行较高者，又称“阿罗汉”。十八罗汉中有伏虎罗汉、托塔罗汉、过江罗汉、芭蕉罗汉、骑象罗汉、布袋罗汉、长眉罗汉、开心罗汉、笑狮罗汉、骑鹿罗汉等。此殿壁画中遗留有九位罗汉的像，由南向北排列为：沉思罗汉、托钵罗汉、挖耳罗汉、看门罗汉、喜庆罗汉、静坐罗汉、探手罗汉、降龙罗汉、伏虎罗汉。东壁南侧开始为降龙罗汉，西壁则是伏虎罗汉。从这些罗汉的仪容和姿态来看，他们大多神情自若，宛若庙中的沙弥。其中，降龙罗汉的动作最为夸张，他手中持一粒丹丸，探手过顶，上方一条巨龙腾驾于黑云之中，两只龙眼聚焦在罗汉手中的丹丸上。这幅画面是整幅壁画的高潮部分。综观整幅罗汉图，其中的人物形象各异，有气定神闲打坐者、心无旁骛绘画者、聚精会神读书者，还有别有雅兴掏耳者。在佛教中，耳为“六根”之一，掏耳意味着不听淫邪之声，实现了“六根清净自在”的境界。通常掏耳罗汉被描绘为侧身斜卧，单手掏耳；在此幅壁画中，掏耳罗汉显然不愿自己动手，而将这一琐事交给了旁边站立的小沙弥。

东侧殿西墙描绘了十殿阎罗图，从遗存的画面来看，只有六殿阎罗保存完整，其余四殿漫漶非常严重。“十殿阎罗”包括秦广王初江王、宋帝王、五官王、阎罗王、卞城王、泰山王、平等王、都市王和转轮王。我们

图像位置展示

东侧殿西壁局部·转轮王庭审图
东侧殿西壁局部·泰山王庭审图

可以通过以下两种方式来区分这些阎罗：第一种方式是看匾额，这是最直观的方法，因为阎罗的法号通常会在大殿的匾额之上书写；第二种方式是根据具体的刑法场景，每殿阎罗掌管的司刑不同，因此会有不同的“小地狱”场景再现。这些场景各不相同，刑法也千奇百怪。从此壁六幅图像分析，由右向左，由上到下分别是：

第一幅为八殿都市王，主要描绘了“炙髓小地狱”。图中阎罗坐于堂上，判官位于下首，右侧一个高大的十字木架上挂有许多受刑之人。第二幅为二殿楚江王，描绘了炮烙之刑。烧红的铁柱上绑缚着受刑之人，如此刑法应当源自商纣无道的传说。第三幅为七殿泰山王，画面中有一开口大缸，缸下烧柴，烈焰熊熊，入锅的鬼魂被煎炸。第四幅绘制了一架类似舂米的设备，一端可以施压活动，另一端挂有一钟，为杠杆装置。平台之上受刑人平躺，起落铜钟，击碎鬼魂。这是六殿卞城王，绘制的是“碓倒浆小地狱”。第五幅为五殿阎罗王。殿上有自己手拿头颅的尸身，还有被恶鬼用狼牙棒驱赶的鬼魂。最后一幅是十殿转轮王。除鬼魂受刑的场面外，在画面左侧还绘有一幅“六道轮回”的图像，象征着佛教的“因果轮回”教理。

十殿阎罗图的绘画手法相较于正殿的十大明王略逊一筹，但它采用了连环构图的形式。为了营造阴森恐怖的气氛，画师将鬼魂部分的云纹用墨色铺染，使得画面显得暗淡阴沉。同时，为了使画面更容易区分，画师从多个角度对各殿阎罗进行描绘，配景中的建筑与树木又使阎罗呈现出超脱于地狱之外的感觉。

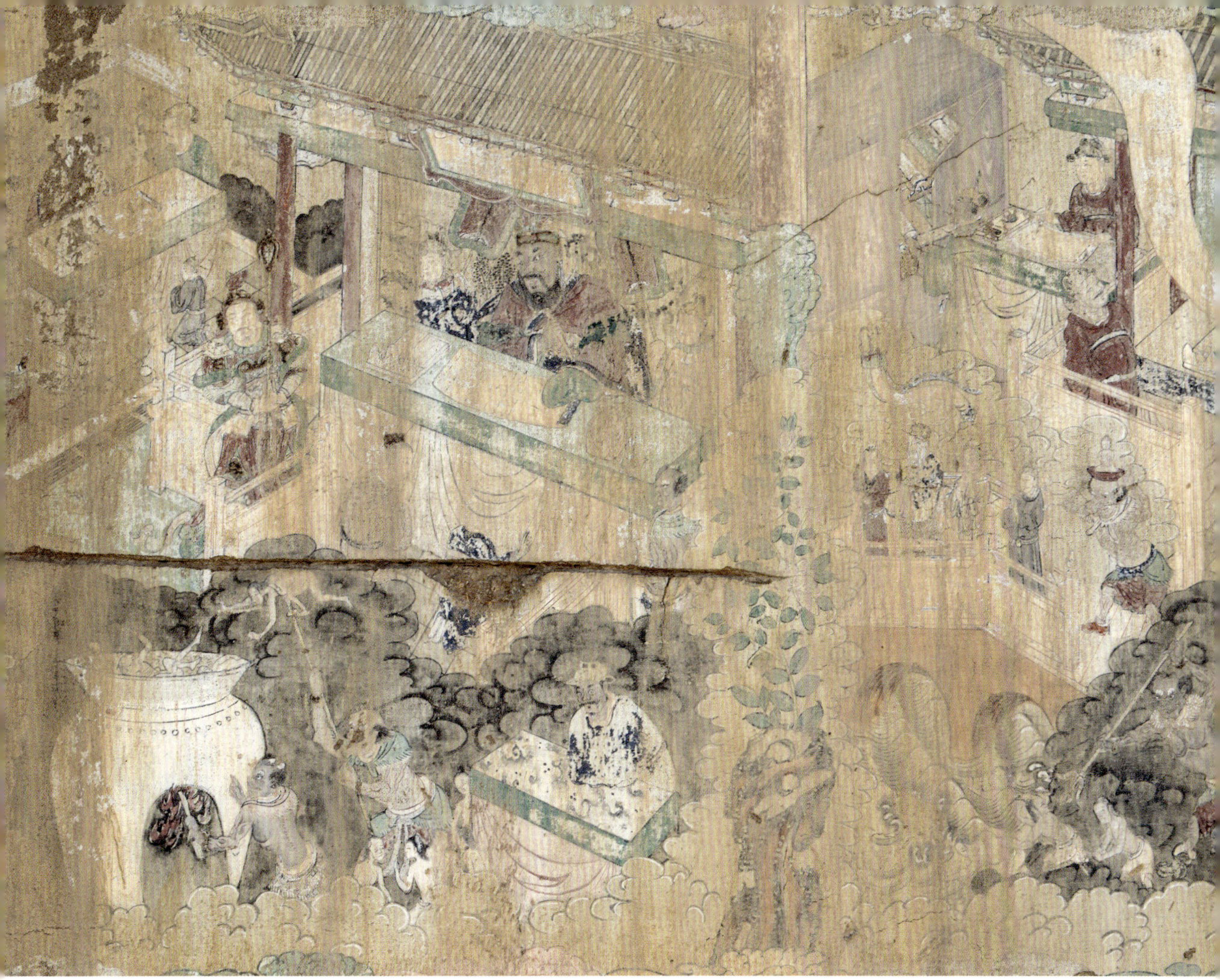

虽然白台寺壁画没有详细的年代记载，但从画法上看，它严谨工丽。大面积石绿色的使用表明它的绘制年代为明中期。虽然图像绘制并不完美，但它依然令人震撼。画师在神佛鬼卒的描绘中充分展示了创造力，摆脱了对粉本的依赖，并借鉴了纸本绘画语言的细腻之处，使墙壁上的白粉犹如宣纸般富有张力，分染与晕开在这些民间画师的手中收放自如。山西雁北地区自古以来就是古战场，除了我们耳熟能详的“三关”，还有其他许多古战场。战争地带自然有大量亡者，水陆绘画的功能就是“超度亡魂”。雁北地区大量的水陆寺观，正是在这种背景下逐渐增多的。而且，大量的敕建寺庙证明了这一地区佛教的兴盛。白台寺建筑宏大，地处元、明古镇，应为皇家所建。

⑪ 阳泉·盂县

永清寺

山西省太行山西侧的阳泉市盂县路家村镇东杜村有一座历史悠久的佛教寺院——永清寺。据碑记记载，永清寺始建于隋开皇二年（582），因此有“先有永清寺，后有盂县城”的说法。这座千年古刹历经风雨，多次损毁，在明、清时期曾三次修复，分别在明万历年间、清康熙年间和嘉庆年间。

早期的庭院毁于元代兵患。明万历年间，寺僧人洪公法师募缘对此庙进行了重建。五台山的经卷中详细记载了永清寺昔日的宏大辉煌：建筑面积达3000余平方米，拥有经楼、僧堂等建筑。但是，这些建筑于20世纪中期被损毁，后又在旧址上重修，增设前、后庭院，并重置钟鼓。现今仅存的大雄宝殿面阔三间，单檐歇山顶，宽约为15米，进深约为14米，檐高约为4米。大殿内塑像全无，只存有东壁一墙的水陆壁画。

东壁水陆壁画呈三行排列，整体漫漶，起甲较为严重，尤其是壁画距底部20~30厘米处，毁损殆尽。壁面中的神祇题记被冲毁的有11组。具体来说，上行有24组，约有75位神祇；中行有17组，约有100位神祇；下行有20组，约有90位神祇。

东壁上行（由东至西排列） 1.天藏王菩萨；2.无色界四空天；3.大梵天王；4.欲界

东壁局部·月光天子、金星真君与木星真君

上四天主众；5.忉利帝释天王并诸天王众；6.东方持国天王；7.南方增长天王；8.西方广目天王众；9.北方多闻天王众；10.北极紫微大帝；11.太乙诸神五方五帝；12.日光天子；13.月光天子；14.金星真君；15.木星真君；16.水星真君；17.火星真君；18.土星真君；19.罗睺星君；20.计都星君；21.紫气星君；22.月孛星君；23.天马天鹅双女狮子巨蟹宫神。

东壁中行（由东至西排列） 1.阴阳金牛白羊双鱼宝瓶摩羯宫神；2.寅卯辰巳午未元辰众；3.申酉戌亥子丑元辰众；4.角亢氐房心尾箕星君；5.斗牛女虚危室壁星君；6.奎娄胃昂毕觜参星君；7.井鬼柳星张翼轸星君；8.北斗七元星众；9.普天列曜星君众；10.天地水三官众；11.天蓬天猷翊圣玄武真君；12.天曹府君众；13.天曹拿禄算判官众；14.年月日时四直使者；15.大威德菩萨；16.罗刹女众；17.大罗刹众。

东壁下行（由东至西排列） 1.圹野大将军；2.般支迦大臣众；3.矩畔拏众；4.诃利帝母众；5.大药叉众；6.大圣引路王菩萨；7.往古帝王一切王子众；8.往古妃后宫嫔婇女众；9.往古文武官僚众；10.往古为国亡躯一切将士众；11.往古比丘众；12.往古比丘尼众；13.往古优婆塞众；14.往古优婆夷众；15.往古道士众；16.往古女冠众；17.往古儒流贤士众；

东壁全图·众神赴水陆法会

18.往古孝子顺孙众；19.往古贤妇烈女众；20.往古九流百家众。

尽管此墙壁画有大量题记已消失，水陆图像关系已不完备，但综合寿阳县白道村普光寺和浑源永安寺传法正宗殿的水陆壁画，我们可以还原其神祇人物归属（带方框的神祇题记为还原内容）。具体来说，寿阳县白道村普光寺东壁的图像样式与此壁的图像模式如出一辙，可作参考。然而，其中不同之处有以下几点：

1.在神祇数量上，永清寺最上一行较普光寺少了四组，具体包括色界初禅天众、色界二禅天众、色界三禅天众和色界四禅天众；同时，在整体数量上，普光寺此行有36组，而永清寺只有24组。

2.细观之下发现，普光寺第25组神祇之后全部转移至永清寺中行。两壁相较，永清寺少了“鬼神”持幡与天曹诸司判官，而将年直、月直使者和日直、时直使者合并为一组“年、月、日、时”四直使者。最为突出的变化是普光寺“天藏菩萨众”被更换为“大威德菩萨”，这一变化是水陆图像源流的重要证据。普光寺东壁上行起首处本已有“天藏菩萨众”，在中行再设此神确属多余。如今在永清寺中部设置为“大威德菩萨”，这可能证

南方增長天王
西方廣目天王
北方多聞天王
北極紫微大帝
普

东壁局部·南方增长天王、西方广目天王众、北方多闻天王众、北极紫微大帝及太乙诸神五方五帝（从左至右）

金星真君
木星真君

东壁局部·金星真君、木星真君、水星真君、火星真君及土星真君

实了此处水陆图像溯源的真实性。对于普光寺两处“天藏菩萨”，它们或是重复题记，或是人为笔误造成的。

3.永清寺最下一行组群数量较普光寺多出五组，这是因为在中行原有的圹野大将军、般支迦大臣众、矩畔拏众、诃利帝母众和大药叉众被插入到了第三行导引菩萨的位置上。因此，“大圣引路王菩萨”的位置迁移至中间，其余一切往古各类尽数相同。

尽管永清寺只有一墙水陆壁画，但其图像样式与普光寺壁画非常相似。同时，结合永安寺壁画的样式，我们可以确定北方“水陆”谱系与“三教”神祇在明代已经基本定型。壁面的大小和位置只作了微小的调整：东壁神祇的排列以尊卑为序，横向则按照“六道四生”前后接踵。这种顺序无疑是中国“三教”融合之后的产物。与其他两殿壁画不同的是：永清寺神祇在行进列序中并不相互簇拥，而是尽可能减少神祇的数量。每位神祇只有一名持幡侍女相伴，这与普光寺晚明重绘时的繁复与浩大完全不同。因此，我们可以推断：永清寺这种简体绘制风格应该是明代水陆寺观早期的典型样式。

永清寺东壁壁面的主色调为红、蓝两色，并杂以石绿。由于长期受雨水冲刷，壁面被石灰浸渍，漏痕斑斑，导致石绿色纯度下降，使得画面读取变得困难。尽管如此，朱砂色的鲜红和青蓝色的大量使用，仍然使壁画色调显得鲜艳冷峻。这种着色方式能够在永乐宫三清殿壁画中找到佐证。由于保留了大量元代壁画的痕迹，因此间接证明了永清寺壁画是明代早期绘制的。

永清寺东壁画面中共有三位菩萨。其中，上、下行中的天藏菩萨和大圣引路王菩萨在样式上非常相似。大圣引路王菩萨下身虽毁损严重，但仍可看出侧身的姿态。可见，将其列于壁画上端首位，主要有“接引众生”之意，也是佛教“轮回”学说的体现。图中的天藏菩萨身着绿色法衣，有璎珞珠玉配饰，双手四指反向相交，下垂触地，为转法轮手印。大威德菩萨正面像，臂有钏镯，左手捧法轮，飘带绕身，双足各踏一瓣红莲。每次菩萨出现，身后必有佛教神祇尾随，同时也表示前面道教神祇队伍的结束。由此可见，菩萨的设置显然还有明显的指向作用，如同休止符一般控制着队列中神祇的更换。

永清寺壁画上行为上界神祇，东端开始为佛教诸佛，自北极紫微大帝开始全部更换为道教神祇。上行的道教神祇在数量上明显超过了佛教神祇。北极紫微大帝和日光、月光天子同是本行的焦点，连同太乙诸神五方五帝全部身着冠冕服饰，须发淡髯，全然不似普通仙家的飘逸形象。释、道“二教”一直在我国古代的政治更替中发挥着说服民众的作用。无论哪家皇室，一般都要在这两者之间寻找庇佑。无论佛教还是道教，在“三教合一”

东壁局部·大威德菩萨

东壁局部·年月日时四直使者

东壁局部人物特写·翊圣真君

的语境下都试图占据主导地位，而民间社会结构同样也在寻求一种平衡，以维持“万神共存”的平衡状态。很明显，明初之后，单一的宗教信仰已无法满足人们的内心需求。因此，强大而豪华的阵容在水陆图像中不断进行自我筛选和调整，这种能够维持民间多重信仰的“宗教”题材逐渐在北方形成一种定式，人们在欣赏时可以得到教诲、进行自省并获得慰藉。这种繁衍生息的内在基因寄托着强烈的生存欲望，体现了人类对未知事物的天生适应能力。因此，水陆壁画的图像定式在不同地域条件下自然会孕育出不同的神祇布局，体现出超越信仰形成的外因——能够改变人们生存空间的力量。

壁画上行的神祇中，金、木、水、火、土五位星君的描绘最具感染力。首位的金星星君被描绘为怀抱琵琶的仕女，这种造型显然像极了蔡文姬与昭君出塞图，带有中国传统仕女端庄温良的特点。金星星君怀中的琵琶被布套紧裹，右手却又做弹琵琶状，形象生动至极。身后的木星星君为美髯公，他手持一个仙桃。桃在道教中的寓意非常深刻，果实是长寿的象征，桃木则是禳灾祈福的法器。水星星君被描绘为一普通妇人，虽然仍是手持纸笔，但元代时猴神俏丽的印记已经不复存在，这种写实主义的手法成为明代寺观壁画的一大特点。火星星君被描绘为赤面巨髯，土星星君则是尖嘴雷公样，这两种样式较为常见。这五位星君是“七曜二十八宿”颇具代表性的星神，也是中国古代“五行”理论的基础。

在壁画中行的神祇描绘中，星宿仍是主要的刻画对象，但此时程式化的人物已见端倪。诸如“北斗七星君”和“年月日时四直使者”等角色，虽然造型同样生动，但雷同的姿态范式在其他壁画中屡见不鲜，元代之后的壁画正是在这种风气的影响下渐渐沉寂的。

壁画下行的往古一切众与普光寺壁画的顺序完全一致，在体型上显然稍小于上行和中行的神祇，但绘制的水准毫不逊色。这些人物特色鲜明，笔墨挥洒更加从容。很显然，对于熟悉的人物，画师描绘起来更加得心应手。

永清寺水陆寺观壁画印证了北方水陆绘画的图像根源，继承了元代精确的造型语言，并将道教壁画中的赋色关系应用其中。壁画中华服云裳、旌旗猎猎，众神在悠闲与从容中云步行进，唐宋遗墨的法度似乎也并未消失殆尽。从壁画中可知，释、道、儒“三教”在轮转回环中目识心授，宇宙乾坤、斗转星移都蕴含在朴素的丹青之中。尽管时间不断冲刷着斑驳的壁面，这段残墙仍然努力传达着曾经遗留下的深意。这一缕艺术之微光似乎能洞晓天地。

1 2

1.东壁局部·往古道士众、往古女冠众、往古儒流贤士众
2.东壁局部·忉利帝释天王

⑫ 大同·阳高

云林寺

云林寺位于山西省阳高县城内西门南侧，俗称“西寺”。据雍正七年（1729）的《阳高县志》记载，“云林寺”之名起于清代，明代时称为“华严寺”，是由明代一位皇帝敕建的。壁画位于大雄宝殿内的东、西、北三壁以及扇面墙的南、北两面。其中，东、西、北三壁的壁画组成了一堂完整的水陆画。每一组神祇都有榜题，为后人推测其他水陆画内容提供了参考，具有很高的学术价值。从壁画风格和颜料色彩来看，云林寺与河北蔚县故城寺的壁画年代相近，大致为明晚期的作品，但也不排除清初的可能。壁画色彩艳丽，以石绿为主色调，整体色调和谐统一。云林寺壁画与河北蔚县故城寺大雄宝殿水陆画及怀安昭化寺三大士殿的善财童子五十三参壁画的画风相似。特别是人物服装多运用一种类似群青的蓝色，色彩鲜艳，引人注目。上述壁画所在的佛寺都处于明代“宣大”（宣化、大同）防线一带，因此同一地域的画师之间在技术上的交流借鉴也不难理解。

云林寺东、西、北三壁构成了一堂水陆画，其中北壁上的佛、菩萨、明王的学术价值最高。北壁共出现十佛，西侧五佛分别为西方阿弥陀佛、药师佛、北方成就佛、南方宝生佛、弥勒佛，东侧五佛分别为毗卢遮那佛、释迦牟尼佛、卢舍那佛、炽盛光佛和东方阿閦佛。

北壁西侧局部 · 普贤菩萨

北壁西侧局部 · 弥勒尊佛

北壁西侧局部·药上菩萨

北壁西侧全图

这些佛合起来构成了“三身佛”，即法身佛（毗卢遮那佛）、报身佛（卢舍那佛）和应身佛（释迦牟尼佛），再加上药师佛、弥勒佛、炽盛光佛，共同构成了水陆画完整的佛部系统。特别是炽盛光佛，他是统御星宿神祇、禳灾解厄之佛。炽盛光佛的出现表明：炽盛光佛曼荼罗是水陆画的一个重要来源。

北壁壁画分别位于北门东、西两侧，各分为上、中、下三层。北壁的东侧共有神祇16组，上层包括毗卢遮那佛、释迦牟尼佛、卢舍那佛、炽盛光佛、东方阿閦佛和四大菩萨，中层包括文殊师利菩萨、观世音菩萨、大势至菩萨、无尽意菩萨和日光菩萨，最下一层为焰发德迦明王、大威德大笑明王、大无能胜明王、大威德大轮明王和大威德明王。北壁西

北壁东侧全图

侧共有神祇17组，上层包括四藏王菩萨众、西方阿弥陀佛、药师佛、北方成就佛、南方宝生佛和弥勒佛，中层包括大阿罗汉、月光菩萨、药上菩萨、弥勒菩萨、药王菩萨和普贤菩萨，最下一层为明王，包括马鸣首明王、大不动尊明王、甘露军吒力明王、大降三世明王和大德步掷明王。其中，文殊师利、观世音、大势至、无尽意、药王、药上和弥勒七位菩萨都属于与药师佛相配的八大菩萨。这些译名见于东晋帛尸梨蜜多罗译的《大灌顶神咒经》。在唐密经典中，这八大菩萨个别已经被其他菩萨替换，译名也有所变化。元、明、清水陆画多以《天地冥阳水陆仪文》为蓝本，原理和密教曼荼罗有很深的渊源。但这里的八大菩萨弃用唐密宗译法，而采用了东晋译本，其中的缘由值得我们进一步研究。

东壁全图·众神赴水陆法会图

北壁东侧局部·大威德大轮明王

北壁东侧局部·大威德明王

东壁·往古后妃·女众

东壁·阴阳金牛白羊双鱼宝瓶摩羯

西壁·后土圣母

西壁·五道监斋善恶二部

东壁共有神祇46组，分为上、中、下三层，从右至左依次为：水居飞空、往古贤妇烈女、往古孝子顺孙、儒流释道尼女冠、往古九流百家、往古忠臣良将、往古后妃婇女众、往古帝王王子众、诃利帝母众、文勋官僚众、药叉神众、矩畔拏王众、天地水三官大帝、大罗刹女众、天曹诸司判官、主水主火主昼主夜、四直使者众、北极四圣真君、普天列曜星君、北斗九皇星君、甘达婆阿修罗众、三台华盖星君、天龙八部圣众、南斗老人六司星君、井鬼柳星张翼轸、斗牛女虚危室壁、奎娄胃昴毕觜参、角亢氐房心尾箕、阴阳金牛白羊双鱼宝瓶摩羯、四大天王、人马天蝎天秤双女狮子巨蟹、太阳金木水火土星君、太阴罗睺计都紫气月孛、北极紫微大帝、五方五帝尊神、大梵天主、欲界六欲天主、忉利帝释天主、色界四禅九天众、江河井泉四龙王、色界三禅九天众、无色界四空天众、大达罗汉（十六罗汉分四组）。总体来说，东壁诸神以佛教天界诸神、星宿神为主，这些神祇

扇面墙正面佛左侧端湖石供养菩萨全图

常与炽盛光佛相配，炽盛光如来如同天地一般统御诸星宿神。另外，一些细节也颇值得玩味。譬如，由于画师对摩羯宫缺乏了解，误称其画为“不磨”，大概是因为“摩”“磨”音似而擅自根据自己的理解画了上去。

西壁共有神祇43组，分为上、中、下三层，从左向右依次为：地居傍生六道、身殂道路客死他乡、惧死针口横遭毒药、堕胎产亡仇冤抱恨、严寒大暑兽咬虫伤鬼、御冤抱恨自缢身亡、军阵杀伤冰火漂焚、饮啖不净饥火织然（燃）、饥荒殍饿病疾缠绵、往滥无辜自刑身死。以上除“地居傍生六道”外，其他都属“九横死”，也就是种种惨死者。接下来是：行病鬼王五瘟使者、牛头马面官曹阿傍、地府六曹判官、地府三司都判官、五道监斋善恶二部，皆为“地狱”的官员。起教阿难尊者、兴教面然鬼王，点明水陆之缘起。其余尚有金银铜铁四轮王众、坚牢地神菩提树神金刚座神、变成（卞城）泰山平等都市转轮王、阎罗秦广楚江宋帝五官王、金神飞庑上朔日畜神、阴官奏书旧忌九坎伏兵力士、主苗主稼主病主药神众、护国护民城隍社庙土地众、太岁大煞博士日游太阴神、大将军黄幡白虎蚕官五界、安济夫人、顺济龙王、五方阎王神众、三元水府大帝、守斋护戒诸善神众、主风主雨主雷主电龙神、坡池井泉龙神、江河淮济四渎龙神、四滨四海龙王众、南岳司天昭圣帝、西岳金天顺圣帝、中岳中天崇圣帝、北岳安天玄圣帝、东岳天齐仁圣帝、后土圣母。这些神祇之中既有来自印度的护法神，也有代表中国本土的岳镇海渎、天神地祇。另外，“地居傍生六道”与东壁“水居飞空”相对。两壁之间存在着“互文”关系，应对照来看。画面上还有两处有意思的小细节。一处是西壁左下角的“地居傍生六道”，绘有象、马等，还有一个仰莲口的石水盆。几只麻雀栖落盆上喝水。这个场景与稷山青龙寺南壁壁画的场景如出一辙。另一处是北壁的“十大明王”，也大多与青龙寺的粉本相似。两个细节都说明：两套水陆画的画师使用的粉本有一个共同的来源。

令人略感遗憾的是：西壁左上角画师留下的题记框内没有文字，因此我们无法知道画师的姓名、籍贯和壁画的准确绘制年

扇面墙正面佛右侧端画供养菩萨全图

代。不过，画面中有一些其他信息得以留存。比如，西壁右上角和东壁左上角都有功德主的姓名，其中出现了“舍财官士”“信官”字样。在古代，信佛的官员被称为“信官”，以区别于普通信士。人名中也出现了多种姓氏。这与山西其他地区的一两个大姓组成的农业村落不同，说明云林寺壁画提及的这个供养人群体是由外地徙来阳高镇守边镇的官民组成的。从宏观的角度来看，明代全境现存的明代水陆壁画主要集中在“九边”中的“宣大”（宣化、大同）防线一带。整个明代，“宣大”一带大小战事不断。这一区域盛行水陆画，

扇面墙背面全图·三大士图

与当地屯田戍边的军民祭奠亡灵、祈盼平安的诉求密不可分。与四川等地的明代寺观壁画相比，“宣大”一带的明代寺观壁画更多显露出边镇的肃杀之气。

水陆画有两种媒介形式：一种是卷轴式，另一种是壁画式。《益州名画录》记载了晚唐画家张南本擅长绘制水陆画。他绘制的水陆画有卷轴形式的，共有120余帧。现藏于山西博物院的宝宁寺水陆画便继承了这个传统。云林寺水陆画虽为壁画形式，但每组人物似乎都有无形的界框区隔，整体壁面如同若干卷轴同时在大殿中张挂。在122个榜题中，除

扇面墙背面局部（观音菩萨右侧）· 四海龙王及圣女

扇面墙背面局部（观音菩萨左侧）·五湖龙王及善财童子

扇面墙背面局部（上）·观音菩萨出行图

“大阿罗汉”出现五次以外，还有117组不重复的神祇，这表明它延续了晚唐的制式，为我们研究晚唐水陆画提供了宝贵的参照样本。云林寺水陆画绘于大雄宝殿内，这是一种将多种佛事集于一堂的实用做法。规模更大的佛寺有时会有专门的水陆殿，而云林寺的大雄宝殿既是供信众礼拜的佛堂，也可作为水陆道场之用。

扇面墙背面的壁画尺幅高大，内容为“三大士”，即观音菩萨、文殊菩萨和普贤菩萨。这些壁画是独立的尊像画，与东、西、北三壁构成的水陆画并非一套。明代佛寺殿堂的扇面墙背面大多设有“三大士”像，如河北石家庄毗卢寺释迦殿（前殿）扇面墙背面就是悬塑形式的。有的佛寺殿堂建有独立的“三大士”殿，如天津宝坻广济寺辽代所建“三大士”殿。此处的观音头光中，有兰扎体的五种文字，具体含义待考，但这一特点足以说明明代汉地佛教绘画已受到藏传佛教的影响。

扇面墙背面局部（观音菩萨左侧）·神兽

明代李贽在《焚书·续焚书校释》中记载了当时的僧人对“三大士”像含义的理解：“三大士总名菩萨，用处亦各不同。观音表慈，须面带慈容，有怜悯众生没在苦海之意。文殊表智，凡事以智为先，智最初生，如少儿然，面可悦泽丰满，若喜慰无尽者。普贤表行，须有辛勤之色，恰似诸行未能满足其愿……即汝生平塑像以来，一切欺天诳人之罪，皆得销殒矣。”在云林寺壁画中，观音半跏趺坐在山崖上，下方海涛汹涌，两侧各有一组龙王赶来礼拜观音。观音左侧为五湖龙王及善财童子和一位金刚，右侧为四海龙王和韦陀。值得注意的是：画面顶端山峦中有一组人物，其中马、象背上都驮着宝物，似乎是为“三大士”献宝的队伍。

扇面墙正面绘两身供养菩萨，他们手捧湖石和鲜花供养佛祖。这两身供养菩萨的画像与殿内佛坛塑像融为一体，展现了绘塑结合的手法。扇面墙正、反两壁的壁画与四壁水陆画画风略有不同，一般认为是清代补绘的。

山西寺观艺术

壁画

精编卷

下

主编·杨平

青岛出版集团｜青岛出版社

典藏山西文化遗产精品系列

山西寺观艺术

壁画

下

精编卷

明、清

下卷目录

明、清

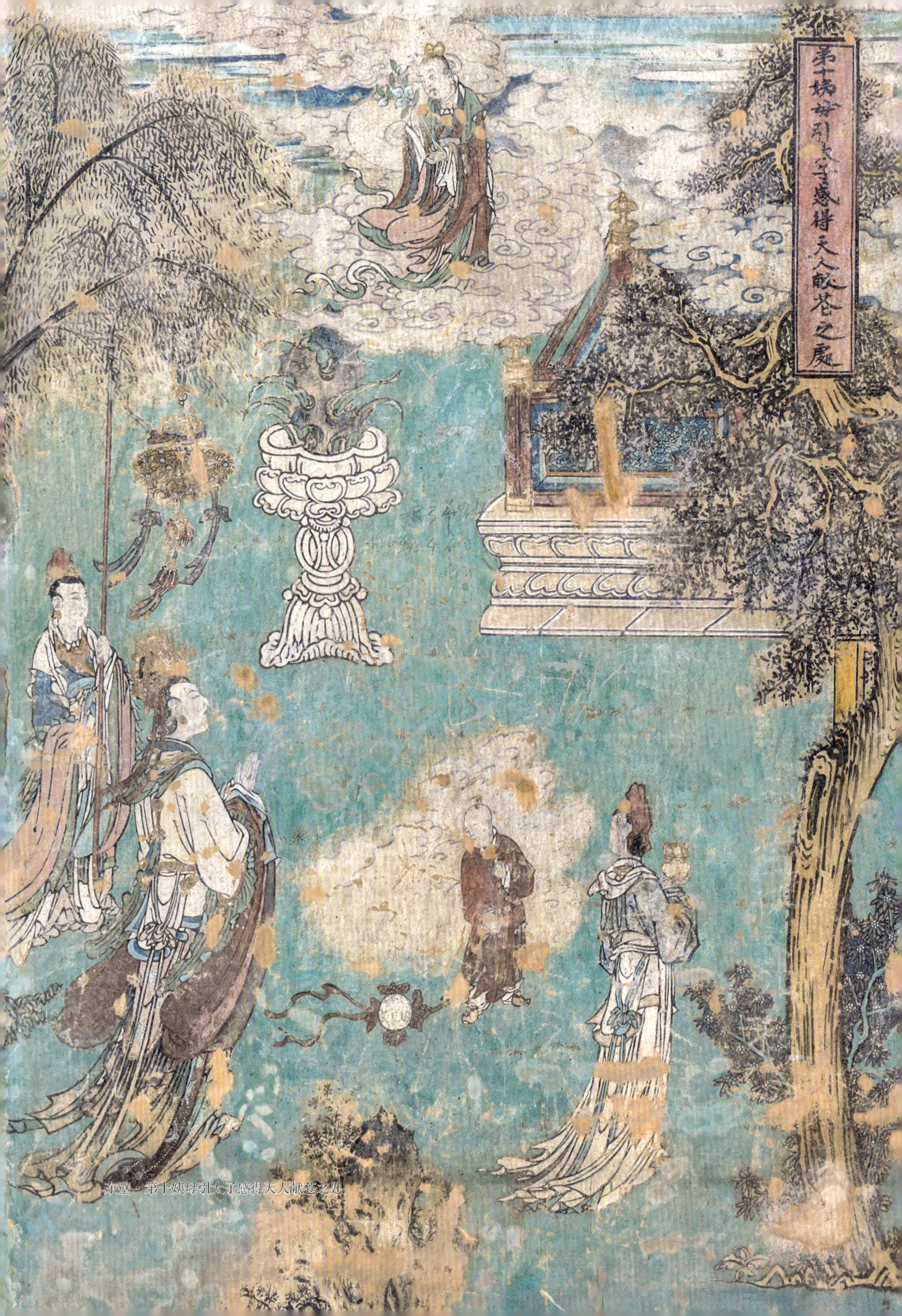

东壁 · 第十姨母引太子感得天人献苍之处

⑬ 太原·尖草坪

多福寺

多福寺位于山西省太原市西北的崛围山之巅，庄头村东侧。寺院依山势而建，坐北朝南，全寺背靠崛围山脉，面对山间谷地。据明万历年间《太原府志》记载，多福寺始建于唐贞元二年（786），古称“崛围教寺”，宋末毁于兵火。寺内《崛围寺兴复记》和《晋省西山崛围多福寺碑》两方碑碣记载：明初洪武年间，太祖朱元璋之子晋王朱棡的藩地设在太原。晋王热心佛事，曾捐资重修多福寺。在景泰、天顺、弘治、嘉靖年间，多福寺多次修整，并于弘治年间更名“多福寺”。明末清初，集书法家、医学家于一身的傅山归隐崛围山多福寺，并在寺中建立了“红叶洞”。

多福寺现存建筑群为三进院落，沿中轴线依次分布着天王殿（山门）、大雄宝殿、藏经阁和千佛殿。前院天王殿两侧有钟、鼓楼；中院藏经阁东侧为红叶洞，西侧为窑洞及佛龛；后院由千佛殿与左、右配殿组成。

多福寺的主殿是大雄宝殿，于明景泰七年（1456）重修。主殿面阔五间，进深三间，外有一周围廊。佛坛上塑有12身明代彩塑，分别为“三世佛”、“三大士”菩萨（观音、文殊、普贤）、“四胁侍”菩萨和“二力士”。多福寺现存壁画位于大雄宝殿中，总面积约为

东壁全图

东壁·第十一感得天人献香之处

东壁·第十二净居天人与太子赐天衣之处

东壁·第十五太子入名师　　法之处

东壁·第七太子周行七步指天指地步金莲之处

90.93平方米，依据殿内东壁画面中“大明天顺二年三月十三日住持长□心明”的题记，可知该壁画完成于明天顺二年(1458)。从绘制的内容来看，大雄宝殿壁画是《释迦如来应化示迹图》，又称《释迦牟尼本行经变》《释迦谱》《释迦牟尼传记图》等，这些都是以释迦牟尼的一生行迹为内容的宗教性绘画。

多福寺的《释迦如来应化示迹图》共分为84幅画面，以大殿中央的明间为界，分为东、西两部分，每个部分都有42幅画面。壁画按照故事发生的先后顺序排列，由东往西，按照逆时针方向分布，依次为：东壁22幅，北壁东端20幅，北壁西端20幅，西壁22幅。在同一面墙上，壁画按照上、下两幅为一组的模式排列，上部为奇数序列画面，下部为偶数序列画面。每一幅画面的右上角都绘有长条形红底墨框榜题，内有墨书题记，标注每幅画面的序列数及描绘的故事情节。

东壁　该壁壁画高约为2.58米，宽约为9.22米，保存情况良好。画面按从右往左的顺序，从“第一护明二菩萨□□□迹之处”到“第二十二太子游东门见老人年迈之处”，绘有22个故事。这些壁画描述了菩萨辞行、乘象投胎、腋下降生、七步生莲、天人献宝、仙人占相、太子求学以及出游四门的故事场景，形象地展现了释迦牟尼从幼年到少年时期的成长轨迹。

东壁 · 第十六姨母宫中太子现大身光之处

东壁 · 第十四太子入学从师听吾指教日加精进之处

东壁·第十三梵王令太子体卦天衣之处

东壁·第十七太子感神走象奔马之处

北壁东端·第二十九太子弃情割俗辞别耶输夫人之处

北壁东端·第三十一太子厌见浮华欲求佛道车匿敬问之处

该壁画中，绘制得较为出彩的画面是“第十五太子入明师孿筭法之处”。这个画面描绘的故事是：年少的太子颖悟绝伦，净梵（饭）王命国内最优秀的老师教导他，课程包括写作和算术。在四年的学习中，太子不仅通达无碍地掌握了所学课程，而且在王族子弟中也表现出了最优秀的一面。

该画面描绘了一处环境幽雅的宫中院落。画面左侧磐石上，长了两棵松树，松树下为一扇木质雕花屏风，屏风中央镶嵌着画片，画中山水采用了“隔江山色”的平远构图方式，其笔墨风格与明代戴进的作品类似。屏风前为兽毛铺垫的太师椅，椅上端坐的老者为太子的老师。老师丹凤眼、蓄长须，头戴东坡巾，身着绿色宽袖袍服，腰系青色带子，足蹬青屣，显得儒雅而博学。他的右侧站着两名束发包巾的侍从，其中一名侍从身穿青衣，手持长柄白羽扇；另一名侍从身穿朱衣，手捧青色线装书。画面右侧岩石上画有一棵青色的梧桐树。树下也有一扇木制屏风，屏风中央亦镶嵌着山水画片，这与明初戴进的“浙派”风格颇为相似。太子和一名伴读端坐于山水屏风前，两人皆头戴方帽。太子身穿朱衣，似乎正在和伴读谈论；伴读身穿绿衣，手拿一卷文书。太子面前的桌子上摆放着笔架、砚台、算盘和书籍。

此外，该院落近景处的石台上供奉着一阔口方盆，盆内有朱红色鹿角珊瑚和如意形灵芝草。画面背景为一座宫殿，大门敞开，门前站立着一名身穿青衣的侍从，他头戴朝天幞头，背向而立，一手提着茶壶。殿内有一名身着绿衣的侍从，双手端着黄金茶盘，盘中有四只白瓷碗。他正向外探头张望，与门外侍从四目相对。

值得一提的是：此画面的空间表现颇为精彩。画面采用俯视的视角，前半部分是由磐石、树木、屏风等围成的不规则空间，后半部分是台阶上的殿宇。大门后向外探头张望的侍从体现出殿宇的空间感。

北壁西端·第四十七□□□□□□□□之处

北壁东端 此处壁画高约为2.59米，宽约为8.41米。壁画保存状况良好。画面按从右往左的顺序，从“第二十三太子出南门见病人伤情之处”到“第四十二感得天人来进仙桃之处”，共有20个故事。壁画描述了太子出游四门、辞别妻子、求请出家、天人献衣、逾城出家、樵夫指路、落发修行等故事，生

北壁西端・第五十二魔军外道俱来害佛世尊寂然不动之处

动地展现了他从远离尘世到独自修行的心路历程。

在北壁东端壁画中，第二十九幅、第三十一幅、第三十三幅和第三十五幅的组合尤为精彩。尽管这四个故事由树木分割，但在整体空间处理上却显得十分连贯。画面由两座宫殿建筑构成主体，每一处场景均巧妙地利用特定的建筑空间，为人物活动提供了背景。

第二十九幅“弃情割俗辞别耶输夫人之处”，画面背景为一座重檐歇山顶的宫殿建筑。耶输夫人与两名侍女站在画面左侧，脸上露出哀伤的神情，画面右侧则是太子与仆人。太子双手抱拳，向夫人施礼告别。

北壁东端·第三十五太子离城护弘誓大愿之处

北壁东端·第三十三太子相信“生死轮回”来问梵（饭）王求请出家之处

第三十一幅“太子厌见浮华欲求佛道车匿敬问之处”，画面背景与前一图使用了同一座建筑。太子在一名侍女的陪侍下，与车匿交谈，向车匿透露出家求佛的想法。因为是私下交谈，所以选择在建筑侧面这种非正式的场合进行。

第三十三幅“太子相信‘生死轮回’来问梵（饭）王求请出家之处”，画面描绘了在威严的殿宇中，净梵王端坐于带有屏风的御座上，周围侍从、大臣环绕。殿内左侧，太子向父王提出了出家的请求，希望得到不老、不死、不病、不别“四愿”，摆脱“生死轮回”。殿宇台阶下站立着两名武士。

第三十五幅“太子离城护弘誓大愿之处”，画面中，太子离开王宫，来到山间谷地，神态轻松。他身穿红衣，骑着白马，右手持杨柳枝，回身与车匿交谈，发下宏愿：若不得佛果，则不回宫见父王、姨母和妻子。与第三十三幅画面中肃穆的宫殿形成对比的是第三十五幅画面中身处山野的自由景象，这反映出太子对修行生活的向往。

北壁西端　此处壁画高约为2.59米，宽约为8.39米。壁画保存情况较差，最右边的六幅画面内容已经无法辨识。画面按从右往左的顺序，从“第四十三囗禅雪山入定之处”到“第六十二利生长者归礼世尊之处”，共有20个故事。壁画描述了雪山入定、猿鹿献花、牧女献乳、长者软草、天王献座、魔女笑佛、外道害佛、世尊成正觉以及忠荣长者请

西壁全图

求出家的故事，形象地表现了太子从苦行到成佛传教的经历。

在北壁西端的壁画中，较为精彩的画面是第五十二幅“魔军外道俱来害佛世尊寂然不动之处”，描绘的是魔王担心释迦牟尼成佛后，佛法会压制魔道，便召集众妖魔前来阻挠，而释迦牟尼岿然不动的故事。

在画面的中央，释迦牟尼（即佛祖）跏趺坐于莲台上，左手结禅定印，右手结说法印，现头光与背光，背光外围有莲花。在背光外，群魔乱舞，龇牙咧嘴，欲戕害佛祖。左边一青面獠牙恶魔骑着毒龙，手握一柄长叉，欲刺向佛祖；左上方为雷公电母，他们各持法器，欲以雷电击佛祖；右上方一赤身恶魔，双手举巨石欲投向佛祖；右边另一恶魔骑在毒龙上，手握三刃钢叉，欲刺向佛祖；右下方一恶魔，手抓一小人，欲砸向佛祖。然而，佛祖气定神闲，岿然不动。

西壁　此处壁画高约为2.56米，宽约为9.23米。壁画保存状况良好。画面按从右往左的顺序，从“第六十三东海龙王请佛海藏说法之处”到“第八十四建舍利宝塔之处”，共有22个故事。壁画描述了龙宫说法、贫人约佛赴斋、耶输夫人生罗睺太子、梵王火烧罗睺子母、火化莲池、梵王礼佛、双林涅槃、金棺自举以及建舍利塔的故事，表现了释迦牟尼从传道到涅槃的经历。

西壁・第六十六世尊见猎师袮修行闻佛说法之处

西壁·第六十七世尊放天宫天人视佛之处

西壁·第六十五贫人参佛赴会之处

西壁壁画有两处画面较为精彩：一处是第六十八幅，表现了耶输夫人被怀疑不贞的情形；另一处是第七十九幅，表现了释迦牟尼圆寂的情形。

第六十八幅“世尊昔指耶输夫人生罗睺太子之处”，画面中央为一座绘制精细的宫殿建筑。该建筑为单檐歇山顶，面阔三间，进深一间，上覆青色琉璃瓦，以黄琉璃瓦剪边。屋脊两端饰有鸱吻，垂脊上有琉璃兽头和蹲兽。外山墙脊顶处装饰有朱红色悬鱼、惹草，檐下斗拱饰以金黄色，梁上彩画为旋子彩画。

宫殿建筑的一侧开一扇窗户，竹帘被高高卷起，透过窗户可以看到殿内有两名女子。左侧的贵妇是耶输夫人，她头戴金色凤冠，项戴璎珞，身穿红袍，端坐在绿色的床榻上，面露忧色。右侧是一名侍女，她身穿青衣，头饰珠宝，手端一碗食物，正要递给耶输夫人。殿外立着四名侍从。画面的右边是一名青衣宫女，她双手端着一盘桃子，正回首和一名绿衣宫女聊天。这名绿衣宫女侧身站立，右手提着金色水壶。画面的左下方是一名红衣宫女，她右手托香炉，回首顾盼，似乎正与一青衣侍从窃窃私语。在画面的左上方，立柱后有一名青衣侍女，她头戴朝天幞头，端着盛放有白玉碗的金盘，正回首观望屋内的情形。这些宫女、侍从虽然端茶提壶，但心思显然不在工作上，而是议论纷纷。原来，耶输夫人在太子出走六年后再次生子，引发众人非议，大家都认为耶输夫人不守妇道。

第七十九幅“世尊双林涅槃之处”，故事发生在双林。画面中央的佛陀侧卧于七宝床上，即将涅槃。佛陀的脸上没有一丝痛苦和悲伤，而是一副安详平和的表情。

佛陀的周围聚集了很多佛弟子：七宝床后的四名弟子，或以手拭泪，或以衣袖掩面，或立于七宝床边，满脸哀伤。在七宝床前的三名弟子中，一名绿衣弟子因悲伤过度而昏厥过去；一名青衣弟子在掐绿衣弟子的人中；一名弟子跪于晕倒者面前，双手抚其胸口。七宝床的两侧，两位肌肉健壮的护法触景伤情，忍不住痛哭起来。就连聆听过佛法的青狮也悲恸欲绝，在地上打滚。画面的左上角，佛陀的母亲乘云从天而降，她忍不住悲伤，用衣袖擦拭着眼泪。

在画面的右下角，有四个形象猥琐的外道人，他们因佛陀的涅槃而欣喜若狂，手舞足蹈，各以自己的方式表达着兴奋的情感。左起第一人身披红衣，一手拿着海螺吹奏音乐；左起第二人穿青衣，双手做鼓掌状；左起第三人穿黄衣，手舞足蹈，全然不顾僧人们的悲伤；最右边的外道穿红衣，戴帽，手拿铜钹做击打状。

扇面墙背面　大殿扇面墙背面的水月观音塑像两侧，各留存有一幅壁画。

观音像左侧的一幅壁画绘龙女像。在佛教传说中，龙女是婆竭罗龙王的女儿，自幼聪慧，后以童女的身份辅佐观音菩萨救苦救难。她通常与善财童子一起充任观音的左、右近

西壁·第七十梵王大怒诏群臣商议烧罗　子母之处

西壁・第六十八世尊昔指耶输夫人生罗　太子之处

西壁·第七十三梵王勒令火烧罗　子母世尊遥指火灭化为莲池之处

西壁·第七十四梵王遣使命宣唤如来之处

侍。画中的龙女结双髻，面容白皙，身穿米黄色服饰，衣带随风飘扬。龙女双手端着一个金色盘子，盘中放着一颗明珠。

观音像右侧的一幅壁画绘龙王像。在佛教传说中，观音的道场在海中的普陀洛迦山，龙王居住于海里，时常帮观音兴云布雨，普度众生。画面中，龙王穿红色帝王服饰，双手持一方碧玉笏板，做回望状。龙王身后跟着两名随从，一名随从短装打扮，手持华盖紧随龙王；另一名随从地位较高，他青面朱发，身穿绿色官袍，双手捧着一卷青色文书。

多福寺壁画的题材是佛传故事，描绘了释迦牟尼从出生、成长到成道、传教、涅槃等一系列行迹故事。同类题材的壁画在我国留存数量众多，早期多为8幅，到宋金时期增加为48幅，明代时又增加为84幅，清代常见的为126幅。

西壁 · 第六十九梵王知降生得罗　太子惊问之处

西壁・第七十一因见罗 子母得罪遣天人捧书处

西壁・第七十五喜见世尊仪相端生大欢喜布设威仪处

西壁·第七十七梵王见数问正教世尊说大乘佛法之处

一金棺自举遶拘尸羅城之處
第八十二迦葉礼佛金棺見
之處

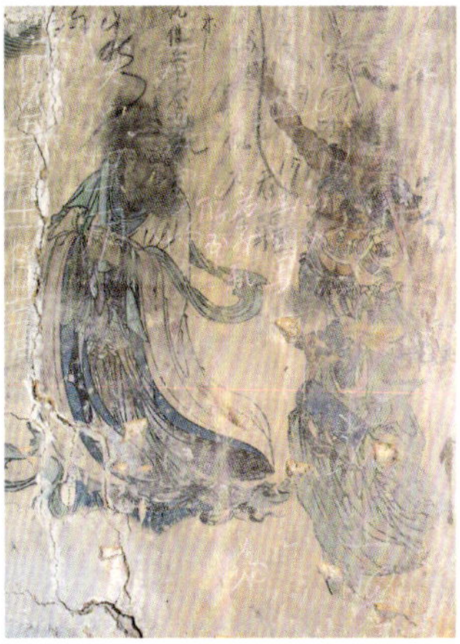

1. 第七十九世尊双林涅槃之处
2. 扇面墙背面左侧 · 龙女像
3. 扇面墙背面右侧 · 龙王像

为了处理好如此众多的壁画故事，设计者需要具备独具匠心的设计能力。明、清时期，为了让一般的信徒能够清晰地观看画面内容，设计者通常采用墨线来分割画面。多福寺的壁画则独具一格，设计者采用树木、奇石、宫殿等元素，将84幅画面巧妙地划分成面积相等的方形，既方便观赏，又不失画面美感。

从画面风格和图像特征来看，多福寺的壁画与同在太原的崇善寺的壁画粉本有较大的一致性。太原在明代时是晋王的封藩之地，而崇善寺作为晋王的家庙，号称“晋国第一伟观”，其地位在当时的山西可谓无与伦比。多福寺亦曾得到晋王的资助，因此其壁画的图像与风格受到崇善寺的影响也是可以理解的。在情节安排上，多福寺壁画仅有三幅画面在顺序上与崇善寺壁画的粉本存在差异。

多福寺壁画绘制技艺精湛，虽然有明代壁画程式化的特征，但经过绘制者的精心创作，画面显得更加细腻。相比之下，崇善寺壁画虽然使用了昂贵的材料，人物间却缺乏情感交流；多福寺壁画中，人物间的情感交流则栩栩如生。在线描风格上，多福寺壁画因表现对象的不同而风格迥异：画人物时多用兰叶描、铁线描和钉头鼠尾描；画建筑则采用界画方法，所画多为明代官式建筑；画山水则多用小斧劈皴法，有戴文进的风范。在设色方面，多福寺壁画平染与渲染并重，以平染为主。画面用色以青、绿两色为主，但也兼有朱砂、赭石、石黄、铅白等色。特别是铅白色，因氧化而发黑，使得多福寺壁画更增添了唐、宋壁画厚实古朴的遗韵。

⑭ 太原·阳曲

不二寺

山西省太原市阳曲县的不二寺，因其曾是禅宗寺观，故又名“不二禅院”，是全国重点文物保护单位。此寺原址位于太原市黄寨镇小直峪村南，1987年由原址迁至阳曲县城西南大运公路东侧。

寺名“不二”源于佛教术语，意指“不二之法门”。据佛典记载，在佛家84000个法门中，“不二法门”被视为最重要的法门。一旦入此法门，就可以直接成佛。

根据寺内的题记，不二寺始建于后汉乾祐九年（956），现保持金明昌六年（1195）大修后的面貌，展现出了宋金时期的建筑风格。然而，关于不二寺的始创年代，应认定为后汉乾祐九年。在搬迁过程中，人们在大殿明间脊槫中发现了三处墨书题记。第一处为“大汉乾祐九年丙辰岁建造都维那宋会徐德”，第二处为“宋咸平六年庚子岁重建”，第三处为“大金明昌六年岁次乙卯八月十七日重建法堂记”。这三处题记分别位于明间脊槫下皮中部和两头替木遮挡处。这三处题记的发现，为不二寺的创建及重修年代提供了更为准确的佐证。

不二寺大殿内的壁画是寺内最珍贵的遗产。寺庙曾经迁移，壁面上仍可见切割的痕

东壁·日光菩萨

东壁全图

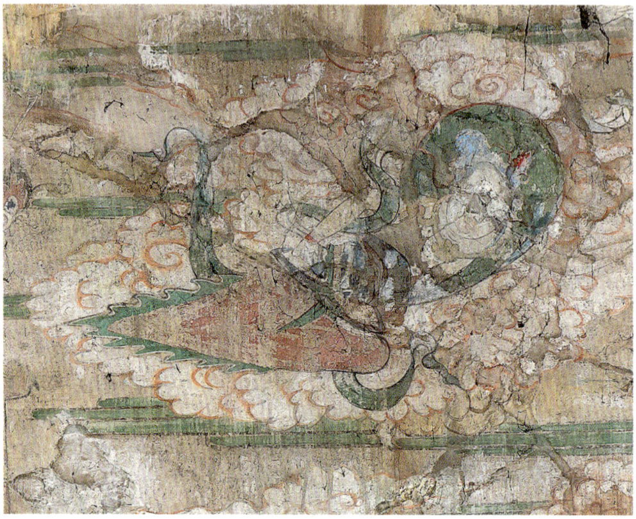

图像位置展示

左：东壁·飞天
右：东壁·十二元辰神

迹。然而，由于这一时期的山西寺观壁画迁移工作已经积累了较为丰富的经验，因此，无论是大殿的雕塑还是壁画，都基本保持了原貌。部分画面在搬迁后得到了简单修复，看起来更加鲜艳。作为明代寺观壁画，此殿壁画从构图到佛教神祇的排列并没有采用传统寺观壁画的形式，而是进行了大胆创新，将神祇数量减少为不到一般寺观壁画的十分之一。此外，神祇和人物的高度均比一般壁画更高一些，甚至人物的高度达到了一米左右。画面中神祇数量很少，使得人物安排更加自由舒朗，动与静、疏与密、大与小的对比更加强烈。因此，此殿壁画更具中国文人绘画的特色。

大殿的壁画主要分布在东、西山墙上，南壁为窗棂格栅，北壁是彩塑（后有补修）。中间的塑像是主管娑婆世界的释迦牟尼佛，与东、西两壁的阿弥陀佛和药师佛构成了“横三世佛”。释迦牟尼佛两侧侍立着阿难和迦叶。迦叶左侧为普贤菩萨及胁侍菩萨，阿难右侧为文殊菩萨及胁侍菩萨，他们都被彩绘有背光和身光。壁画看似有三层，但最顶端一层的飞天并不是单独存在的，而是作为正位神祇的陪衬，所以此殿壁画严格来讲只能算作两层。每层壁画之间采用了各式的云纹进行间隔处理。壁画采用了典型的工笔重彩画法，局部还采用了沥粉的浅装饰手法进行烘托，以增强其立体表现力。东、西山墙两侧上部绘手持灵芝草的飞天，这些飞天绘制得并不舒展，可以说存在比例不当的问题。然而，这种夸张变形的造型却带有强烈的“北朝”印记。

东壁·十二元辰神之一

东壁·十二药叉神之頞你罗

东壁・伶戏麒麟

东壁 此处壁画正中绘有“东方三圣”，即“药师三尊”。正中间的主佛为东方净琉璃世界教主药师佛，佛结说法印，代表了福泽天下、拔苦苍生之意。据佛典载，东方琉璃世界是一个清静、光明的世界，没有污秽、杂垢。

药师佛的胁侍分别为月光菩萨和日光菩萨。两菩萨手中卷云舒展，云上托日、月。三佛坐于须弥台上。药师佛的须弥台有三层九级，胁侍菩萨的须弥台为三层三级，须弥台的下方有一圆形，圆形内刻画了亭台楼阁，疑似佛界之仙境。须弥台的上部接有莲花宝座，佛与菩萨端坐其上。三佛与菩萨的高度皆有3米，占整个壁画面积的五分之三。药师佛与日光菩萨、月光菩萨源自民间神祇信仰：有一位感念天下苍生的梵士，妙手仁心，泽霖百姓，宅心仁厚，收养了两个男孩。他的善举被电光如来洞悉，梵士被封为医王，修行成佛，即药师如来。他的两个儿子同样善行天下，修成两大胁侍菩萨。

一般来说，无论是东壁还是西壁，只要有主尊神祇，他们就会成为画面的中心，整面墙的壁画也会进行对称性构图。但不二寺大殿的墙面呈“刀”字形，佛台之后的壁画受到建筑样式的影响，最上端的壁面下降1米左右。因此，飞天在此处并没有进行延伸性绘制。

东壁下层的南、北两隅绘有12位天将，他们被称为“十二药叉神”或“药师十二神将”，分别是：宫毗罗、伐折罗、迷企罗、安底罗、頞你罗、珊底罗、因陀罗、波夷罗、摩虎罗、真达罗、招杜罗和毗羯罗。这12员大将原本是印度佛教的神祇，但佛教传入我国后，他们逐渐与十二地支相搭配，形成了“十二时辰护法神”的概念。从图中可以看到，这12位神祇大多有与其对应的动物作为装饰。这12位神祇也是诸佛、菩萨的化身，我们可以通过观察他们手中的兵器来辨别他们。

细节观察

西壁全图

西壁山墙上部同样绘制了两位飞天，中部则是“西方三圣”，中间为西方净土佛阿弥陀佛，胁侍分别是大势至菩萨和观世音菩萨。

东壁下层中部描绘了一幅“舞狮图”，画面中有两人与“狮”共舞。这也是东壁壁画最为精彩之处。其中一人手舞足蹈，挥舞衣袖，跳脚而行，面目滑稽，动作夸张，显然是一名伶人。地上的“狮子”欢快腾跃，几欲抓人。这头“狮子”满身鳞甲，鼻中喷出火焰，头上长着犄角。由此可知，它并非一头真实的狮子，而是兼具了多种动物特征的神兽麒麟。因此，这幅图应该称为“伶戏麒麟”。这场佛前的演出融合了阳曲当地正月十五闹元宵的社火场面，欢快的场景与佛祖的庄严动静相宜、异彩纷呈。

西壁　西壁山墙上部同样绘制了两位飞天，中部则是“西方三圣”，中间为西方净土佛阿弥陀佛，胁侍分别是大势至菩萨和观世音菩萨。《无量寿经》中记载：在久远劫之前的世自在王佛时代，有一位国王在聆听了世自在王佛的说法后，决定放弃他的王位，出家为僧。最终，他在佛陀的开示下成佛，主宰西方“极乐世界”。观世音菩萨和大势至菩萨

图像位置展示

左：西壁·十六罗汉
右：西壁·伏虎罗汉坐骑

是威德王（释迦牟尼佛的前身）的两位王子。当威德王在园林禅定时，国王的两耳中生出两朵莲花，两个童子端坐于莲花之中，并能在威德王头顶礼佛，偈颂佛语。此时，漫天飞花，香气四溢，最终随阿弥陀佛修成正果，在阿弥陀佛涅槃后成佛。“西方三圣”中的观世音菩萨在中原文化的影响下，最终成为一位慈眉善目的女子形象，象征着救苦救难，解救众生于水深火热之中。

西壁山墙下部的壁画内容与东壁相近，南、北两隅描绘了十六罗汉。中间所绘人物身着明代帝王服饰，正在礼佛。在当时，阳曲当地的民间祭祀仪式非常隆重，整体上看，东、西山墙上的壁画对此均有体现。例如，东壁“伶戏麒麟”表现了祈福祛灾的仪式情节。帝王礼佛图则强调了壁画为皇家敕建的尊崇地位，也暗合了“天人合一”的哲学理念。因此，将熟悉的民俗生活与宗教壁画相联系并进行再创造，是当地地域文化与佛教艺

西壁·“西方三圣”

西壁·添香图

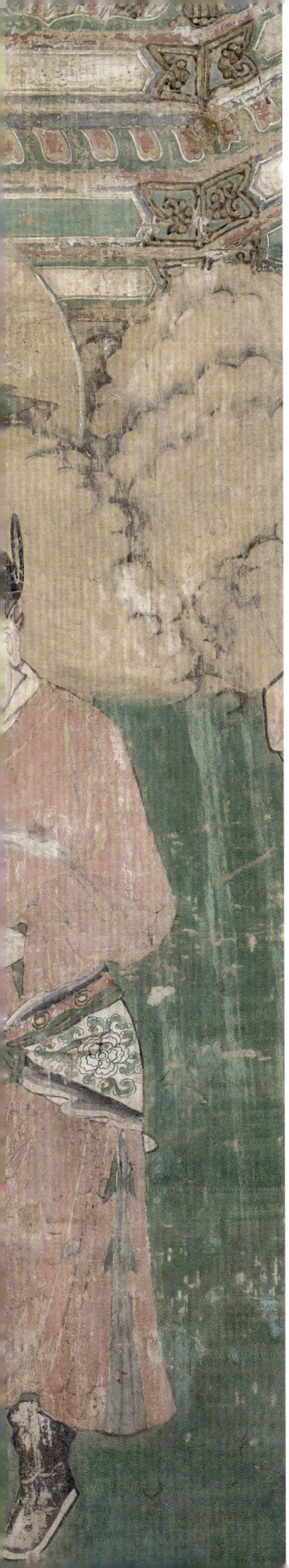

图像位置展示

西壁·帝王礼佛图

术碰撞后产生的新构图样式。画面中，帝王神态谦恭，侍者或肃然而立，或手持宝器。画面中心右侧有两名侍者，一人手持香炉，一人拈香添火。香炉为开瓣式莲花造型，其周围香烟萦绕，引得旁边站立的侍者频频回头。这种动静结合的画面与东壁的画面形成对照，颇有趣味。

从不二寺壁画中，我们可以看出画师的绘画技艺虽然称不上精湛，但他们用心构图来弥补技巧上的不足，这种努力显而易见。由于年代久远或者颜料老化的问题，原本的红色呈现出一种淡淡的粉红色，石绿色却异常鲜艳。在描绘地面的过程中，画师使用了大量冷色调的石绿进行铺染，面积约占整个画面的五分之一。除了壁画上部与云纹相间的绿色色条，佛与菩萨身光的处理同样采用了石绿色，与下面大面积的绿色进行呼应。明代壁画中一般会使用八种左右的颜色，但不二寺的壁画只用了五种颜色，而大量使用石绿色更证明了壁画的珍贵。线描是中国画常用的绘图方法，在历代的发展过程中不断完善。在壁画创作过程中，画师根据不同的题材，利用不同的线条去创作。线条的多少并不是决定因素，而是要应用得当，表现出鲜明的绘画特色，这也是不二寺壁画的亮点。同时，丰富的世俗化情节弱化了宗教的神秘感，使得画面的故事性不断增强。人们在进入寺内的瞬间就被画面深深吸引。

⑮ 吕梁·汾阳

圣母庙

汾阳圣母庙又名“后土庙”，位于山西省汾阳市区西北两公里的栗家庄乡田村。对后土圣母的崇拜源于母系社会，她被视为中国道教文化地祇中的正位神，是女娲的象征，同时也代表了人们对土地的崇拜以及对母性的赞美。虽然圣母庙中并无创建碑记，但我们可以通过重建与重修碑记得知：圣母庙重建于明嘉靖二十八年（1549），于清道光七年（1827）进行重修。

圣母庙现存一座大殿，面阔三间，进深两间，这是北方典型的单檐歇山顶式建筑。大殿门廊内两侧各绘有一名护法门神，一名持鞭，一名持剑，动作张弛有度。门神整体呈现浅绛色，给人一种静穆与伟岸的感觉。门神信仰在我国由来已久，神荼、郁垒是最早的门神造型。唐代时，秦琼和尉迟敬德开始担任门神的角色，成为后世门神造像的样本。作为一殿道教题材的壁画，秦琼和尉迟敬德作为护法神把持门之左、右是符合绘制规制的。进入大殿，东、西、北三壁绘满壁画，东、西两壁高约为3.7米，北壁高约为2.5米，壁画总面积约为60平方米。由东壁至西壁的三幅图分别是东壁的《出巡图》、北壁的《廊厅宴乐图》、西壁的《回宫图》。这三幅图采用连环式构图方式，画面相互呼应。东、西壁

东壁南侧·《出巡图》

的一出一回，有始有终；北壁廊厅的画面则连续不断，以浓重的赤色为主调。三壁画面皆配有青绿色，图中奇松怪石、烟霭云雾等元素营造出一种优雅与娴静的氛围。

细节观察

《出巡图》

画面中的神祇人物有50余位。虽然画面描绘的是圣母出巡，但从情节来看，这实际上是一幅銮驾起迎图。

东壁南侧·《出巡图》

1. 东壁全图局部·金龙拉辇
2. 东壁南侧·鬼子母送子神与众童子

东壁 《出巡图》中的神祇人物有50余位。虽然画面描绘的是圣母出巡，但从情节来看，它更像是一幅銮驾起迎图。画面南侧描绘了一座恢宏的宫殿，圣母莲步轻移，在殿宇门前站立，身后两侧的侍女分别持扇、捧盒。前方的护法善神持兵器，怒目而视，其中一名使者正在向圣母请示出行事宜。引人注目的是：在护法善神外围，有一个青面獠牙的夜叉，他的膝间环绕着多名正在戏耍的孩童。学者们对这种画面安排有两种推测。

第一种推测认为：这是隐喻的手法，夜叉是鬼子母的变身。在未皈依之前，鬼子母是一个每天吃童子的妖鬼，人们闻之色变。后来，她的孩子被佛藏起来，她心急如焚地跑至佛前，被佛问起感受，幡然悔悟，最终皈依，成为保护孩童的神祇。鬼子母的左侧有三匹毛驴拉着一车的婴儿，这个场景源自“观音送子”的典故。鬼子母的故事源于佛教，她本身也是佛教中的下界神祇，将她与后土圣母融合，意味着后土圣母是“二教合一”的法身，其功能已经远远地超越了道教谱系范畴。

第二种推测认为：夜叉是鬼子母的丈夫般支迦大将。因为他本身就是药叉将军，所以与鬼子母成婚后，阻止她吃尽城中五百童子，最终修成正果，与鬼子母共同成为孩童的守护神。如果第二种观点成立，那么后土圣母就具有了鬼子母的属性。

东壁全图局部·天将

东壁南侧 · 护法善神

东壁局全图部·接引使者

东壁全图局部·山神地

东壁南侧·观音送子

细节观察

东壁南侧·圣母侍女
在画中，圣母身着华服，身后跟随着众侍女。这些侍女头扎云髻，鬓插花簪，身着圆领衣衫和碎花拖地长裙。她们抱着小童子和瑞兽，随着圣母浩浩荡荡地出宫，为人间送子。

画面中央描绘的一架龙辇由赤焰金龙牵引。虽然后土圣母是女性神祇，但轿身盖顶、车辐旌旗饰以青、金二龙，这似乎是从男性的视角来诠释的。轿身周围有神将、鼓乐、骑射等仪仗，声势浩大。画面中除了大量的天将和接引使者，还遍布五彩祥云。这些祥云穿插在山石树木之间，氤氲烟气中更显圣母的威严气度。画面的外围是一些跪拜的山神地祇和魑魅鬼怪。这种构图方式仍然没有脱离佛教“曼陀罗”中心构图的法则。与山西其他“千官列雁”式构图的壁画相比，这种构图方式相对较少。

西壁　西壁壁画的构图与东壁基本相似，圣母在轿内端坐，已然没有了出巡时的庄重，而是正回首注视着地面上的两只小兽，似乎对出巡之事意犹未尽。这种描绘生动地再现了中国古代女子温婉、典雅又不失活泼的性情。画面中心式的构图仍未打破，但与东壁相较，人物的朝向和位置发生了变化。这一出一回的表现手法，以静态手法表现空间的位移，使人在流连中领悟画师的巧思。画面右侧是圣母殿，与圣母出巡时大殿中侍女较少的场景不同，圣母殿内的侍女们有的严阵以待，有的添香沏茶，侍者则跪

拜奉迎。此外，下界地祇增加了五位，在画面中心底层还增加了河伯、龙神、虾精、蟹怪。这些增加的神祇进一步强调了圣母的尊崇地位。

细节观察

《回宫图》

西壁壁画的构图与东壁基本相似，圣母在轿内端坐。已然没有了出巡时的庄重，而是正回首注视着地面上的两只小兽，似乎对出巡之事意犹未尽。这种描绘生动地再现了中国古代女子温婉、典雅又不失活泼的性情。

西壁全图局部·《回宫图》

北壁 《廊厅宴乐图》的构图形式是以一廊曲折盘桓的园林厅台作为纽带，汇集了40多名侍女和宫婢，包括持扇侍女、抱琴侍女、琵琶侍女、吹笛侍女、弈棋侍女、胡笳侍女、捧钟侍女、吹笙侍女、捧盒侍女等。每个侍女的动作、样貌、服饰都根据周围的情景进行搭配和变化。尽管相同题材在构思过程中容易雷同，但这幅画在有序中求得变化，又不失整体感，这是北壁壁画的精彩之处。北壁壁画场景延续了东、西两壁的青松牡丹、宫舍假山，增加了芭蕉翠竹、榆槐莺雀，使大殿整体画面浑然一体，气象万千。廊厅的刻画运用了界画手法，细致准确地表现了建筑物的细节。

图像位置展示

左：西壁全图局部
右：西壁·添香图

娘殿

西壁全图局部·护法

西壁全图局部·护法

北壁左侧 ·《廊厅宴乐图》

北壁右侧·《廊厅宴乐图》

北壁全图局部·吹笛侍女图

北壁全图局部：弈棋侍女图

北壁全图局部・赏宝图

北壁全图局部・吹笙侍女图

北壁全图局部·捧盒侍女图

北壁全图局部·捧钟侍女图

北壁全图局部·持琴侍女图

北壁全图局部·琵琶侍女图

圣母庙壁画以超现实的笔法描绘了宫廷出行的宏大场景，用华丽鲜艳的颜色渲染了富丽堂皇的皇家气派，并通过温婉典雅的宫女和千姿百态的侍女形象表现了真实的宫闱生活。尽管壁画在表现庄重肃穆方面略显不足，却更多地融入了女性的温婉气质。北壁侍女手中的器物多种多样，这是对宫闱生活的细致描摹。就连骠骑神将吹奏的长号也或直或曲，丰富多样。整殿壁画多以沥粉贴金装饰，侍女手中的盒子、香炉、酒壶等物品，都是由瓷器、漆器、青铜器等多种材质制成的。

圣母庙壁画造型生动，内容自然穿插，在宏大的叙事场景中不乏动态情景描绘，使人在观赏画面的过程中惊喜不断。大殿重建于明代，并无壁画题记。画面中大量使用了繁复的锦地纹样。然而，由于线描笔法的孱弱，我们无法确定这些壁画的绘制年代是明代还是清代。尽管如此，圣母庙仍不失为山西寺观壁画中的精品之作。

⑯ 吕梁·汾阳

太符观

太符观位于山西省汾阳市东北的上庙村。太符观的正殿昊天上帝殿（即玉皇殿）为金代遗构，正壁尚嵌有金承安五年（1200）《太符观创建醮坛记》碣。玉皇殿中的塑像皆为金代木骨泥塑，而金代塑像存世较少，道教造像尤为少见。殿内四壁绘满道教诸神。由于太符观内存有多座明万历年间重修碑，因此可以确定万历年间此观曾经过大修。

玉皇殿：道教水陆画

殿内壁画风格与明晚期的壁画特征相符，这表明它们是明万历年间大修的产物。画面以青绿为基调，神祇的袍服间以红色和蓝色，背景的云气皆为白色。这些壁画最有特色之处在于：人物面部使用没骨法画出，不勾轮廓。

壁画总体布局为朝元式，即东、西两壁各路神祇向北壁正中集结。每组神祇旁都有榜题，显示其身份。

玉皇殿北壁　此处的画面分为上、中、下三层。以中间的金代遗塑玉皇像为中心，东、西两侧的神祇向其聚拢。依据榜题，上层画面中的神祇由西至东依次为：先天圣母天君、光天圣母大神、雷祖大帝、南极天皇大帝、老君道德天尊、大罗元始天尊、玉清

北壁 · 第一组乐伎

上：北壁东侧
下：北壁西侧

圣境、先天祖炁、大道梵天一炁、玉晨灵宝天尊、昊天玉皇上帝、北极紫微上帝、圣父天大帝、皇天后土圣母。这一层包含了宋以来道教神祇谱系中神格最高的神，从三清到玉皇大帝等神，他们都以正面坐像的形式呈现，是整殿壁画众神朝拜的中心。中层画面中的神祇依次有：东斗注箕六阳星君、紫微大帝星君、天甲三皇真君、天景龙神十部、天真皇人九老仙都君、十方应号天尊、灵宝六师真君、日宫太阳天主、五福十太一真君、上清大曜星君、天枢北斗九星真君。下层画面中的神祇依次为：太易八卦之神、主管虫蝗官将军、修真刘仙等众、开化起世三皇大帝、大河诸水井龙神、太岁仁德真君、女娲、土圣九垒高皇大帝、主海水母天溪真君、盘古开天三皇大帝、历代圣帝明君、四季发达神君、雷霆□箓天将。

玉皇殿东、西壁 东壁画面分为上、中、下三层。在上层画面中，左起第一、第二两组天尊漫漶不清，其后可辨者依次为：金阙清□天尊、紫清降□天尊、寿没五寿天尊、圣都万天尊、九天主神大帝、天虚大帝神君、万元祖母元君、东方八天星君、九方大天尊、九云烟霞大尊、十方大帝真圣、太虚色戒天主圣众。中层画面中的神祇有：北方四圣真君、玉清洞真圣众、太清洞神诸真圣众、天市垣诸星圣众、天罡河魁三台星君、东方七宿星君、西方七宿星君、五行变现星君、天万福真君、南昌宫金交龙神君、天坛山清虚洞天圣母、五岳立天圣帝。下层画面中的神祇为：十方真君、题喜神贵神君、造字文祖神

西壁全图

西壁 · 南昌宫金交龙神君

西壁・六斗七星众

西壁·金口用落金阙帝君圣众

东壁·圣都万天尊

众、制药醉酒祖神众、工祖枝□众师、七十四司官善恶判官、北阴钟大帝、和瘟道士劝善和尚五祖、六丁圣母神众、九□诸大地狱判官、□圣八热大神、三界四直功曹使者众、云厨监斋香官使者、左青龙□□□□众。

西壁壁画布局与东壁相呼应，亦分为上、中、下三层。上层画面中的神祇由北至南依次是：□□太微上帝、南极筭宝天尊、金阙化身天尊、灵感保命天尊、太平护国天尊、消灾散惑（祸）天尊、五老大帝、四梵种落天帝、西真云无真化圣母众、西方八天、梵九天天地（帝）、金□用落金阙帝君圣众、无色界天主、太虚（欲）界天主、三元三官。中层画面中的神祇依次是：西□六阴计谷星君、中（总）监七大星君、北极四相真君、上清洞玄圣众、太□垣星君圣众、十方救苦真君、十二宫分尊神、南方七星、六斗七星众、九天生受司□□众、风云雷雨师真君、三元道化真君、青城山五岳上司真君、元水火禄□、四海四渎龙王之神。下层画面中的神祇依次是：十二分药神君、十二隶鬼神君、十二月建神君、助国武祖圣众、开易卜祖神众、主□花木神君、七□二十庐□众、地府十二君众、□□（罗）将军□□神、驿亭会白马天将、三涂五道大神、地圣八寒□□、府州县城隍众、□雷□言鬼王、右白虎众。

如此众多的神祇赴会图，自然令人联想起佛教的水陆画。画面中确实有不少神祇是佛、道“二教”皆有的。那么，这两幅图的性质和功能究竟是什么呢？太符观玉皇殿壁画提供了重要的线索。两幅画中大量神祇重合，构图也相似。值得庆幸的是：太符观玉皇殿壁画保留有完整的造像记，其中提到该处壁画是工部尚书刘东星家族于1598年出资绘制的“黄箓圣像”。黄箓斋的功能是比较宽泛的，金允中《上清灵宝大法》谈及其功能：“黄箓诸斋，济度为本。显则祝君康时，普福群生；幽则拔鬼度魂，广资万类……或超荐先灵，亡者受福；或禳解灾厄，则生人蒙修。”同时，我们可以发现：追荐亡灵、禳灾解厄，这些功能与佛教的水陆法会是一致的。同水陆法会相似，黄箓斋的仪式也非常繁复，也有一套仪轨。明代较通行的黄箓斋仪轨是《无上黄箓大斋立成仪》，其中所列神祇大体与太符观玉皇殿壁画所列榜题相对应。

西壁门口神将（左）

西壁门口神将（右）

圣母殿：后宫乐伎图、侍应图

圣母殿　根据《重修太符观殿记》碑的记载，圣母殿重修于明万历九年（1581），殿内壁画也应为同时完成的作品。殿内布局采用了绘画和塑像结合的方式，即九位圣母的主像和重要的侍女以泥塑表现，圣母出行和回銮的仪仗以悬塑表现，门口的两位神将和其他众多的后宫侍女则以壁画的形式呈现。这种布局方式不仅增强了殿内空间的纵深感，而且降低了成本。壁画的色彩以青绿为主调，人物的面部和手部画法采用没骨法，应与玉皇殿壁画由同一批画师完成。

由于采用了绘画和塑像结合的方式，因此要全面了解全殿图像的内容，就不能孤立地只看壁画。南、北两山墙悬塑表现了九位圣母出巡及回銮的场面。弥足珍贵的是：殿内尚存五台“神轿”，原供村民在“赛神”仪式上使用。所谓“赛神”，又称“社火”，是乡村举行的祭祀仪式，并伴有杂技、放爆竹等活动。“赛神活动”和“圣母巡游”的悬塑有很大的关联，现在大部分祠庙中的“神轿”已经不存，像圣母殿这样塑像、壁画及“神轿”三者保存完好的明代实例十分难得。

圣母殿殿门朝西，两侧各绘有一位神将。

九位圣母的排列是从北壁至东壁，再至南壁，依次为：乳饮哺侍养幼圣母、送生衍庆保产圣母、子孙圣母、引蒙通颖导幼圣母、后土圣母、初始立毓稳形圣母、瘢疹葆和慈幼圣母、催生顺庆保幼圣母、育德广胤圣母。这些圣母以后土圣母为中心，她们大多是保佑妇女

北壁·第二组侍女

北壁·击鼓乐伎

北壁·弹琵琶乐伎

北壁·第三组乐伎

生育和儿童成长的女神，已经不仅仅是象征大地的后土圣母了。侍女图都集中在正壁（东壁），共有四组，多为伎乐，以宫殿为背景，表现圣母的居所。

第一组是一组伎乐，五名乐伎持拍板、笙、琵琶等乐器。值得注意的是：弹奏琵琶的伎女横弹曲项琵琶，并使用拨子。这种乐器形制和演奏方式自北朝以来，当少数民族音乐进入中原地区后便开始流行。大约在明、清之际，琵琶的形状改为直项，也不用拨子，横弹改为竖弹怀抱式。目前还不确定这是画师沿用了古法，还是在万历年间琵琶形制和演奏方式尚未变革。此问题尚待细考。

第二组有四名侍女，其中一位捧着书册，另一位捧着宝盒。书册记录了生育者或孩子的姓名，而宝盒中放的应是印章。

第三组也是伎乐。乐伎分别持横笛、笙、琵琶等乐器。

第四组与第二组呼应，同样是捧着文房器具的侍女。她们的服饰特色在头发都绾作“鬏髻”，这是明代妇女常见的发式。鬏髻还有尖顶和双圆髻两种形式，用包头（首帕）束结。与其他祠庙壁画相比，此处宫室画面中没有一个男性侍者，展现出一种内闱的阴柔之美。

北壁·第四组侍女

⑰ 吕梁·汾阳

关帝庙

山西省汾阳市区西北约5公里处，有村名曰“刘家堡”。这个村子因为地形奇特、三面临沟、村西有古堡城墙而得名。此堡的初建时间在村内关帝庙《创修碑记》中有详细记载：“兹有刘家庄在郡西十里许□□□□□□明季寇警，耆老谋于勘舆氏，欲卜吉桃源，营筑新堡。”此碑证明了刘家堡为明崇祯末年所修。村内关帝庙的始建时间为清顺治年间，这在重修碑记中也有记载。清康熙、乾隆、嘉庆、光绪、宣统年间，关帝庙都有增修。关帝庙现存大殿与戏台各一座。

北壁　根据一般的关帝庙图像布局，北壁的壁画通常描绘关公的故事或关帝的造像（包括关公、关平、周仓）。然而，此庙的北壁壁画完全打破了这两种模式，选择了在北壁东、西两侧分列绘制宴乐图的方式。这种新的图像布局在其他地域尚未被发现。从地域文化形态的相互影响来看，这种布局的出现并不难理解。汾阳市栗家庄镇的田村与刘家堡相邻，田村有明代圣母庙，在其北壁同样有一幅宴乐图，描绘了宫廷宴乐的场景。因此，在清代修建刘家堡关帝庙时，借鉴和学习此类佳作，选择在北壁绘制华丽的壁画也就顺理成章了。

北壁东侧全图局部

北壁东侧全图

北壁东、西两侧壁画采用对称布局，并使用中心式构图。从遗存的情况来看，东侧的画面状况要好于西侧。由于庙顶失修，西侧墙面经历了严重的雨水冲刷，导致壁画色彩尽失，尤其是红色脱落，使得西侧壁画整体呈现出清冷的色调。

北壁：备供图

按照寺庙的原有布局，北壁中部应该放置关帝塑像，东、西两侧为后宫供养的画面。但是现在关帝塑像已毁，只剩下北壁东、西次间壁画。

北壁东侧　此处中心位置绘制了献供与宫乐图。图中最前端是两位身着凤冠霞帔的贵妇人，她们站在供桌前，身后有婢女簇拥，还有四人组成的乐队为她们奏乐。这两位贵妇人身份的尊贵可见一斑。两人手中的供盘中堆满了家常的包子，而非一般的鲜花或珍宝。这种描绘方式显然打破了一般祭献的程式。若要找寻这种描绘的根源，可以从山西水陆寺观壁画“面然鬼王”的图像中找到——在描绘“面然鬼王”的形象时，往往在其身后绘制堆积成山的包子。显然，将包子作为主要祭献食品的仪式在元代就已经存在，而山西本来就是“面食王国”，包子是平民生活中待客的美食，因此将其作为主供品是合理的。

画面上的人物主要分布在画面的中心位置，供桌的左、右上方则描绘了供品的加工区。左侧画面最引人注目的是一口圆底大锅，上面安放着四屉蒸笼，旁边的几名女子正在包包子；右侧画面同样描绘了面食制作的场面，只不过正在加工的是枣馍。由于吕梁地区盛产红枣，因此在逢年过节时，人们都会用清甜的红枣来装点手工花馍，枣馍成为年节时每家每户必备的食物。无论是包子还是枣馍，都是家常的面食，选择它们作为供品表达了最真挚的情感。

北壁东侧 · 蒸笼图

北壁东侧・枣馍图

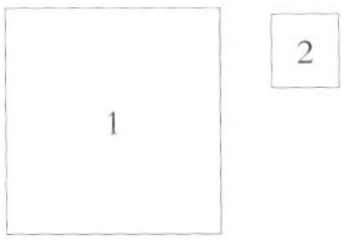

1.北壁西侧中心
2.北壁西侧全图

虽然画面以人物为主体，但仍配有宏大的场景来展现宫廷的华贵。画面上部正中是八扇巨大的隔扇，其棂花部分表现形式丰富，使用了八种不同的纹样进行绘制，包括金钱纹、龟背纹、海棠纹等。巨大的帷幔与恢宏的建筑述说着曾经的辉煌。画面中还有四个身穿肚兜的童子，他们或手捧鲜花，或正在戏耍。这些女子与童子构成了中国古代生殖崇拜的典型范式，也是明、清寺庙壁画经常涉及的题材。

北壁西侧 此处画面在构图上基本与东侧画面对称，场景的布置仍然采用了厅堂长廊、隔扇帷幔的样式。画面中心是供品区，供桌上整齐地摆放着瓜果、肉类，这些供品的种类显然与东侧画面中的完全不同。演奏宫乐的侍女增多，随之乐器的种类也自然增加，出现了一些手鼓和小锣之类的打击乐器。笙鼓合鸣，充满了欢乐的气氛。供桌上还有五只海碗，碗内码放着的圆柱形物品应该是一摞摞的银钱。此类祭祀物品仅见于此处，应该具有吉祥寓意或起着沟通神祇的作用。相较于其他画面，西侧画面的宴乐场景在整体布局上更加完整，无论是祭祀的物品还是祭祀的场面，都呈现出一种群仙毕至的情境。

画面的左上角和右上角同样绘制了准备供品的场景。左侧画面中的人正在匆忙切削各种香果，而右侧画面中的人正在备酒斟茶。显然，水果、美酒和香茶都是祭祀中必不可少的供品。香果的运送由一名端庄的

北壁西侧全图局部

北壁西侧全图局部

侍女完成。在画面中心右侧，一名侍女手捧茶盘，上托琉璃盏盅，内盛香果，她正在款步而行。此外，与中心宴乐区平行的左侧还有一个画面，也描绘了准备祭祀的场景：一名女子手持长筷，正在烹煮一个硕大的猪头。自古以来，用牲畜进行祭祀是一种礼法，“饕餮纹”就是利用祭祀物品的切割剖面形成的纹样。猪是人类较早圈养的牲畜之一，因此杀猪宰羊成为年节或重大祭祀日的重要活动。用猪头献祭既是对神祇的感恩，也是对丰年的祈愿。

总之，北壁西侧画面展现了祭祀礼仪的庄重和虔诚，整个画面传递出“与神沟通”的渴望。这种理想化的情节融入了浓郁的民俗特色。

东、西两壁：关羽生平故事

关帝庙大殿东、西、北三壁完整地保留了明、清时期的壁画，其中东、西两壁绘制了

1.北壁局部
2.关公故事
3.关公故事

32幅关公故事。虽然历经岁月的洗礼和雨水反复冲刷，画面上留下了大量的白泥与黄土的漏痕，但画中的亭台馆阁、山水树木仍然清晰可见。每壁共有四层关公故事图，每层之间以横带状云纹分隔，每组图像之间并未采用封闭阻隔的方式予以区分，而是用树木以半封闭的方式进行情节分离。这种安排让景与景之间的相互关联脱离了程式化的限制，使得画面统一而富有变化。

不同于一般的关公连环故事，东、西两壁壁画在绘制过程中，每一场景都没有榜注题跋。这种无文字注释的故事场景，在观者对三国故事不甚了解的情况下，容易使人游离于故事之外，难以分辨其中的内容。但细看此壁壁画就会发现，这种担心是多余的，图像的典型化表达很容易将观者带入其中。“刮骨疗毒”“水淹七军”“华容释曹”“鞭打督邮”“三英战吕布”“温酒斩华雄”“西川托梦”等故事情节一目了然，完全不用过多思考。其他看似晦涩的画面，一旦稍加区分，也可分辨出具体的故事内容。

关公故事·温酒斩华雄

虽然此处壁画只选取了32幅图来描绘关公的故事，但其典型的事件安排和合理的空间利用成功地诠释了这些故事。为了提高辨识度，画面中每个场景都通过不同的城郭和屋舍来进行表现。在云霞和树木的掩映下，每个场景都恍若江南园林一般精巧细致。画面中绘制了大量的南方的植物，如芭蕉、棕榈和香樟等，配以奇石青苔，格外雅致。此外，画面中对水的描绘也非常精彩，“水淹七军”中的波涛采用了装饰画的描绘手法，汹涌澎湃，富有动感。

刘家堡关帝庙壁画大胆创新，将故事的关联性进行了巧妙的融合，即使榜注缺失，也没有增加观赏的难度，反而提升了整墙画面的艺术表现力。北壁两侧的画面摆脱了一般关

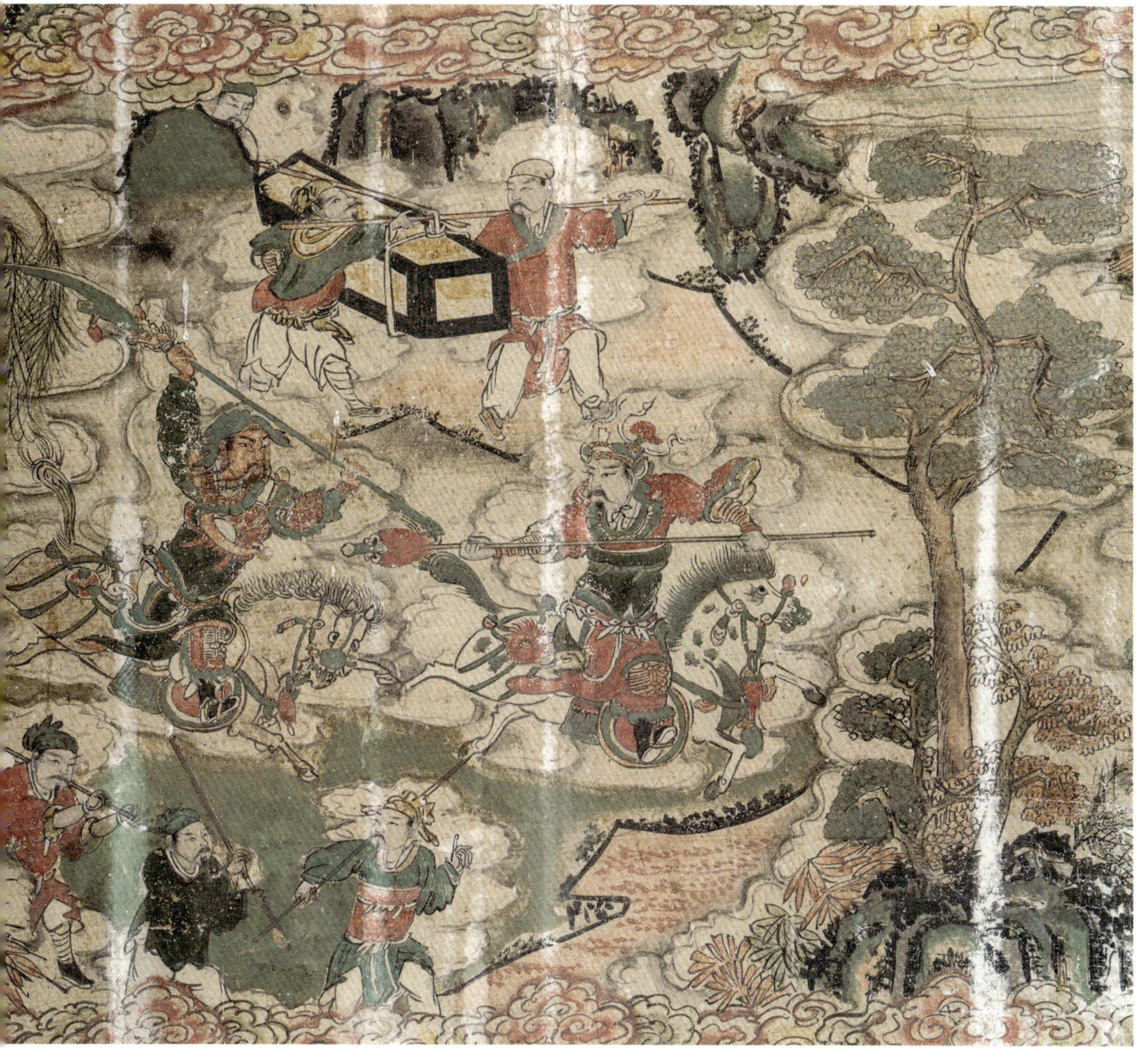

关公故事·水淹七军

帝庙正位神祇的表达样式的限制，在引入大量民间饮食、戏曲等文化形态后，演变为具有地方特色的寺庙壁画新样式。这种变革源于多方面的因素：首先，强烈的自我表达意识通过壁画绘制来传递地域文化；其次，通过民俗化神祇形象的再现来融入更多的宗教语言，实现了多元文化的综合创新；最后，通过邻村寺庙壁画“基因”的传播来完成文化的嫁接，使得点与点产生了碰撞。这一切使得此殿壁画在内容表现上趋于明代风格，正是人类本源的生活造就了这一现象。恰恰是这种简单的质朴才能够超越宗教，恰恰是非常普通的食材才能够沟通天地，这也正体现了壁画的功能和价值。

⑱ 朔州·怀仁

崔府君庙

金沙滩镇的刘晏庄村距离山西省朔州市怀仁县30多公里，这里是宋辽时期的古战场之一。北宋名将杨业和其子曾在此抗辽，成就了“杨家将”的千古美名。该村因唐末吏部尚书、关内河东三川诸道青苗使刘晏曾在此居住而得名。

在村庄中心有一座寺庙，庙里供奉着道教地府判官崔府君。相传，崔府君本姓崔名珏，字元靖，山西昔阳人，唐贞观七年（633）被任命为潞州长子县令。关于他的传说很多，如《西游记》中记载：魏征为救唐王修书一封给判官崔珏。当唐王魂游地府时，崔珏保护了他，使他得以还阳，并多赐了他20载阳寿。此处的崔珏就是酆都城内的四大判官之首——崔判官。《列仙全传》更是将他描述为“昼理阳事”“夜断阴府，发摘人鬼，胜似神明”。在晋东南一带一直流传着“明断恶虎伤人案”的神话故事。故事讲述了崔珏在审判伤人恶虎时与其交流顺畅，并最终使恶虎含愧触阶而亡。这种传说中的

东壁全图局部・救罪司

东壁全图局部·湿生司

东壁全图·26司

能互通阴阳两界、善辨禽语兽鸣的神通自然被视为超凡的象征。相传，唐玄宗笃信道家，曾因感崔府君“显灵”而封其为灵圣护国侯。宋金时期，崔府君又有“泥马度康王”的救驾之功，被封为“真君”。作为皇室的护佑神祇，崔府君的敕封在历朝历代中不断升级，其庙宇曾一度广布天下。二十世纪六七十年代后，山西地区保留了几座崔府君庙，其中怀仁刘晏庄村的崔府君庙壁画内容丰富，情景表现生动，为幸存庙宇中的翘楚。经推证，这些壁画的始绘年代为明代。

崔府君庙现存一座大殿，并已重修山门和钟、鼓二楼。大殿内部塑像已按照旧制进行重修，正面塑有崔府君像，其胁侍是四大判官和黑白无常。殿内东、西两壁的壁画依“凸”字形绘制，北壁后门的东、西两侧同样有壁画。壁画画面均等分割，平行排列。常见的道教幽冥地府图，除了72司还有一种组合方式，即75司或76司。崔府君庙采用了75司的排列组合方式。但是，无论数量多少，每一司都是根据具体的管辖内容来进行布局的。以76司为例，排列顺序为掌教签押司、掌生死司、掌生死勾押推勘司、掌斋僧道司等。从排列的顺序来看，地府职位品阶的高低成为排序先后的关键。这些官阶中，有掌握生死贵贱的行政神，也有掌管布雨的功能神，还有负责“因果报应”的执行神。这些官阶都是为宣扬“忠

孝节悌”“轮回报应”而设置的。这些地府判官阴司通常设立在东岳庙中。在道教中，通常以东岳大帝统领地府众神，而以崔府君携领76司的情况尚不多见。当然，作为山西本土的地方神祇，崔府君备受崇信。神祇间的混同使得本地人曾经一度将刘晏视为崔判官，在民间故事中夸大其圣迹。为了香火的繁盛，寺观之间常常相互嫁接和转移故事，以将人物推向神圣的地位，这也促成了崔府君在道教中的地位提升。从各司掌管的事务可以发现，除了劝人向善，延长寿命、禳灾驱邪也是其主要的功能。与传统的排列不同，崔府君庙将76司进行了重新组合，并且取消了每一司之前的“掌”字，直观地表现了其功能。

东壁 此处共有26幅图像，与佛教地狱图像中的“十大阎罗”相似。每幅画面均绘庭审内容，其中鬼神少则五位，多则十余位。主位判官面貌各异，或为绿脸赤发恶鬼，或为面容清秀的官员，均身着宋时官服，帽翅修长，尾端上翘。身前的案几上有状纸铺陈，身

东壁全图局部·游狱司和陈词司

后有书童侍候。殿前跪拜着受审的幽魂，生前所犯罪过不同，死后待遇迥异。顶部的壁画旁为两幅山水花鸟图，这两幅图完全是为了弥补空缺而绘的。壁画内容由上而下、由左及右分别为：月报司、五瘟司、贵贱司、曹史司……这些名称与道教著述中相仿或相同者有11处，其余各司均为自创。从名称来分析，如转轮司、都城司是来自“十人阎罗”中的转轮王与都城王，而像五瘟司、曹史司多是在佛教水陆壁画中出现的，尤其是五瘟神，完全与水陆壁画中的名称相符。由此可见，佛、道在明、清时期已经很难厘清。至于其他的一些图，有的是民间信仰所形成的，也有的受到儒家伦理观念的影响。

在东壁的26幅图画中，不乏情节经典、绘制精美的作品。现在我们撷取其中的8幅予以介绍。最上端有两幅图，分别描绘的是月报司和五瘟司。

月报司的画面中既没有幽怨号哭的游魂，也没有抽筋扒皮的酷刑。展现在我们面前

都城司
進福司

东壁全图局部

东壁全图局部·五瘟神（部分）

的是一弯被祥云托升的金色下弦月，画面右侧的一个鬼卒手指指点点，口中似乎念念有词。既然是殿审，那么为何只有一弯清月？这其中实际上暗含了“善恶终有报，不是不报，时辰未到”的佛教二元善恶观，这种喻示警示人们趁早从善。弯月蕴含着圆缺阴晴的时间观，即月月报，时时报，类似水陆壁画中的四直使者。五瘟司图除借鉴佛教水陆壁画五瘟神的造型外，还将原本五人一组的画面分为左三右二的格局。画面中的五瘟神为虎、马、牛、鸡、兔五种动物形象。瘟神本为地祇，即使在判官的厅堂上，也是威风凛凛，怒目相向。右侧的鸡首瘟神伸出四指比画，似乎在跟别人争论着什么。堂上的判官也被眼前的情景吸引，饱蘸朱墨的毛笔悬空不动，似在听着堂下的争论。这种设置将人们熟悉的瘟神形象进行了展现，虽然与道教正统的记载不符，但浓郁的乡风民俗已经超越了宗教的束缚。这种自由的想象体现了民间画师的创意。

东壁全图局部·五瘟神（部分）

第二行左首的贵贱司图描绘了一幅带有讽刺意味的画面。画面中央有四个身穿白色孝服、悲恸欲绝之人，一个神情忧伤的女子正被两个鬼卒押解着前往地府。无数纸钱漫天飘舞，但是此时即便腰缠万贯又有何用？这幅图旨在教导人们向善，告诫人们贵贱贫富都如同过往云烟，只有心存善念才是正道。

在子孙司图的画面中央，一名妇女手牵两个裸露的孩童。这幅图表达的是因果说教中“前世积福，今世多子”的思想。在古代，生产力低下，一个家庭中人口的多少决定着家庭生产力的强弱。因此，人们往往通过这种说教来教人向善，以福荫子孙。

与子孙司位于同一行的是忠孝司图，画面中描绘的是审判在世时忤逆不孝之人的场景。画面中央是一位端坐于莲座上的老者，一男一女分别跪在老者两侧。男子正在大声辩解，显然是不孝之徒；女子温良贤淑，一脸正气，分明是前世孝顺之女。守孝悌一直是中华民族优秀的传统，甚至在汉代成为获取功名的必备条件。这种教化显然体现了中国传统的忠孝节义。

忠孝司图旁边的盗贼司图，其画面颇具地域特征。画面中，判官神情安详，地上跪着两名男子，正在作揖磕头，交相陈词，此二人应该是原告与被告，至于谁是盗贼，一目了然。右侧的男子身后背着一颗牛头，若不经当地人讲解则很难理解其意——雁北地区有一句俚语，“背着牛头不认账”，用来形容那些巧取豪夺、欲盖弥彰的盗贼。画师巧妙地运用这种隐喻，将画面的戏剧性推向高潮。无论是判官老爷，还是侍者守卫，无不被这个不认罪的盗贼搞得哭笑不得。

位于行末的是黑风司图，这一名称是崔府君庙独有的。画面中描绘了一位驭龙的金刚，他正在威吓三个战栗不已的孤魂。如果我们联系旁边的盗贼司画面，就会想到这是一个专门审判杀人越货、抢劫放火的幽魂的司衙。章回小说中所谓的“夜黑杀人夜，风高放火天”，正是对这类犯罪行为的描述。

第三行左起第二幅游狱司图是本殿壁画的精彩之作，描绘了传说中“唐太宗魂游地府”的故事。画面中，唐太宗身着龙袍，脚步踉跄，二指向天，正在与判官说着什么。两名侍者搀扶着太宗往外走，显然要将他送走。但太宗全然不顾这些，仍然挣扎着不肯离开，侍者们一脸无奈。堂上端坐着的是崔钰判官，他双手捻须，见太宗如此模样也是无奈一笑。判官下首的鬼吏可没有这般悠闲，他正笔走龙蛇地修改生死簿，显然这是为太宗增寿的情节。这样的描绘表面上看似有徇私舞弊的嫌疑，但作为画师，他想要传递的应该是对明君的尊崇，何况唐太宗到地府的原因是得罪了龙王而被降罪冤死。崔判官铁面无私，善于区分善恶。他认为处死一个皇帝远不如让世上多出一位明君。这正是崔判官严守律法又深明大义之所在，也体现了人们在法律与人性面前的智慧抉择。

除此以外，东壁画面中还描绘了招魂司的鼓声此起彼伏，救罪司的佛音不绝于耳。这些图中潜藏着许多民间流传千古的经典故事，包含着一方水土对冰冷至寒地狱世界的温情呓语，这里描绘的其实不是阴间，而是人世生活的再现。

东壁全图局部·咒 司

西壁 此处壁画图式与东壁呼应，在内容和情节安排上同样别出心裁。画面内容按照排列顺序分别为：福寿司、还愿司、马燕司、僧道司、汪冤司……此26幅图内容同样精彩，现撷取其中的6幅以作分析。

上首的福寿司图，画面中央有一名左手持一面令牌的舞者，令牌上有一狴犴张着饕餮大口，是牢狱的象征。这名舞者右手牵动长绳，系在一人的脖颈上。此人愁眉不展，显然阳寿已到，而红衣舞者正是索命的地府神将。

上首的还愿司图，画面描绘得非常庄严。与其他司的风格不同之处在于：此司有两位神将守护。殿内地上有一人磕头祷告，一人手捧酒杯，中间还有一头小猪。还愿司主要惩罚那些不能恪守诺言、轻易妄言之人。小猪代表其“轮回”的出口，这既体现了宗教之间的融合，同时也是希望人们养成言行一致、诚信守诺的社会品德。

第二行左起第四幅是宰杀司图，画面中央绘有两人被恶鬼杀害，两人身后有一面如意宝镜，这是“业镜”的典型样式，上面印现出两人生前宰杀动物的场景。此图旨在劝诫人们要爱护生灵，不可随意杀生。

宰杀司图右侧是斗秤司图，画面中央描绘了一个恶鬼肆意捶打一个生前缺斤少两、贪

西壁全图

图便宜的奸商。这明显表现了古人将度量衡与诚实守信紧密挂钩的观念，以及他们对于那些喜欢愚弄他人的商贾的极度痛恨。通过壁画中的这些描绘，古人告诫诸人切莫损人利己。

斗秤司图的右侧是锯解司图，画面中，两个恶鬼正在用锯锯人。这种直观的劝诫方式并不适用于所有人，如果理解不当，可能会带来负面影响。

最下端的割舌司图描绘了那些喜欢搬弄是非、挑拨离间之人应受的刑罚。其上方是磨勘司图，画面中，一人被放入巨磨之中。此外，“磨勘”还有另一层含义，即推敲揣摩。这意指阳间一些人手握生杀大权，面对要案不严加推敲，可能导致枉死他命。这种不负责是对生命的不尊重，因此受此大刑是为了警醒众生。

西壁中还有鱼龟司、马燕司、狼虎司等图，这些图劝诫世人要善待万物生灵。同时，网药司、画招司、汪冤司等图告诉人们要善待生命。此外，西壁中还有大量颂扬释、道、儒“三教”的画面。

北壁　北壁东侧有9幅图，分别为增寿寺、文昌司、追罪司、天人司、立报司、保命司、速报司、注祸司、水府司。北壁西侧有12幅图，其中部分漫漶较重，题记可见者分

福壽司

西壁·福寿司、还愿司

西壁·进宝司、猪羊司

别为布雨司、注杀司、悔咒司、还魂司、夭折司、官吏司、黄病司等。相比之下，北壁壁画在整体表现上不如东、西两壁精彩，神祇和人物的绘制技法亦显粗陋。在东侧追罪司图中，绘有与“十大阎罗”地狱图中相同的刑罚工具——一口大钟。在保命司图中，老叟与老妪双手合十，祝祷不已。就连本该生动表现的水府司图也显得毫无生气、毫不出彩。布雨司图中只绘制了雷神的连鼓，风婆、雨师和电母均未出现，这是非常少见的描绘方式。文昌司图的绘制提升了此殿壁画的功能性，其中跪地作揖之人正是新科状元，这一职位的设置并非为了与天界文曲星君争抢功德，而是为了阐明从善之人夺魁的功利意义。值得一提的是：北壁对判官形象的描绘各具特色。例如：北壁西侧悔咒司图中的判官不失诙谐；还魂司图中的判官双手捻髯，显得逍遥自得；夭折司图中的判官面容清秀。中间的还魂司图展现了另一番场景：两个孤魂身着灰袍在地府中游荡，得知还魂的消息后百感交集。此情景的刻画细致入微。

细节观察

西壁全图局部·进宝司、猪羊司
西壁绘有二十六司图，图中描绘的大多是劝人为善的内容。弃恶向善是中国古代社会的传统美德，它承担了中国古代社会架构中善恶意识的最终解释任务，虽然有些绝对，但不乏良性的引导价值。

怀仁崔府君庙的壁画内容庄重，色彩典雅，利用十字云纹作为图像之间的间隔，可谓独具创意。在幽暗阴森的阴司地府中，75司判官、刑狱各具特色，虽然也有血肉横飞的阎罗大殿，但更多的是讲述伦理与温情劝诫。在中国画的功能取向中，人们往往直接把教化民众作为其政治语义，但过多的政治语义会减弱绘画的意味。崔府君庙壁画能够结合地域信仰和地方文化，将部分图画与现实生活更加有机地融合，让观者在赏画过程中减少隔膜，提高辨识度，这也充分体现了画师的匠心独运。

在造型方面，崔府君庙壁画大多从侧面的角度描绘正面的眼睛，如同古代埃及墓室雕刻一般。这种全视角的展示让画面中的人物更加生动。70余位判官的绘制无一重复，从服装、官帽到肤色、动作，丰富的想象力和夸张的造型赋予了这些判官不同的独特个性。这些图画成为后世年画和门神图像的样板，绘画风格在载体演进中不断演变。从墙壁到纸本，从绘制到雕刻，这些神祇根植于地域文化的土壤中，摆脱了宗教的束缚，最终成为民

1.北壁西侧壁画
2.北壁东侧壁画
3.北壁·天人司特写

间信仰中护佑一方的“地方神祇”。

从“十大阎罗”到“七十五判官”，人们有了更多的途径来获得心灵的慰藉。中国佛教和道教为人们提供了“往生”可能性，留出了巨大的空间，如同东壁最后一幅轮转司图的设置，这完全采用了佛教“六道四生”的轮转样式。人们可以在所犯的罪过中对照自己，有了参照，自然能够查缺补漏、修正自身。这种道德上的无形监督形成了一种多元的社会格局，这也是中国传统历代统治者重视宗教引导作用的原因所在。

从判官的外形容貌来说，壁画中百分之九十的判官均绘制为温和儒雅的普通官吏形象，这是一种不断贴合人性思维的直观表现。这样的表现驱散了迷瘴与雾霾，人性的光辉化解了“地狱”的苦难，人们在壁画中畅游时不再战战兢兢，多样的选择途径让人们得以解脱。

北壁·天人司特写

东壁全图局部·天王现体

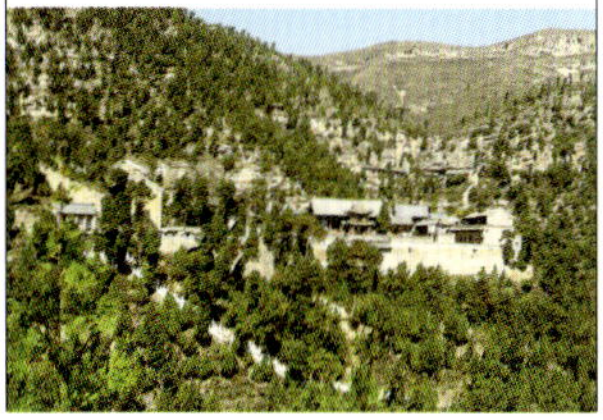

⑲ 吕梁·离石

安国寺

距山西省吕梁市离石区西10公里处的乌崖山中，隐藏着一座千年古刹——安国寺。山寺周围绝壁林立，松柏怪石参差错落，泉水涓涓，是一处清静修行的好去处。寺内有12通重修碑，年代从明代万历年间至清代宣统年间，碑记详细记载了安国寺的初创、重修事宜。安国寺原名“安吉寺”，始建于唐贞观十一年（637），当时唐太宗以佛牙赐予昌化公主，创建安吉寺。现在寺内有铜塔楼一座，据传说是当年供奉佛牙之处。梁武帝开平四年（910），安吉寺进行了重修扩建。北宋嘉祐三年（1058），由讲经沙门僧正司惠闲门人印演重修，改名为“安国寺”。元至正二十八年（1368），安国寺毁于兵灾。明洪武二十一年（1388），万松和尚云游至此，见寺院倾倒，遂主持重修。此后寺庙不断扩增，碑记留存至今。

安国寺的布局错落有致，庭院与山石景色相得益彰。大雄宝殿是元代遗存，为单檐悬山式木结构建筑，面阔五间，进深三间。殿内

北壁供奉三身佛，佛像高度约为4.8米，体态端庄。大殿的东、西两壁根据明代释迦本行故事绘制了64幅佛传故事图，面积约为60平方米，具有明代的风格。画面采用分割型和独幅连环式构图，自东壁底部画面始，详细讲述了释迦牟尼从诞生到成佛的经历。在山西寺观壁画中，描绘释迦牟尼成佛的本生故事图数量众多，但由于内容雷同，表现时往往具有程式化的倾向。尽管安国寺壁画在内容和形式上承袭了本生故事图的叙事传统，但精致的画面和舒朗的笔调委婉地描绘出人间百态。

东、西两壁的壁画采用对称构图，遵循佛教壁画“上天下地”的原则。在东、西两端下方的画面中，描绘了释迦牟尼诞生、成长、出游、修习等尚为凡人时的故事。在东、西两壁上方，则用多幅画面对释迦牟尼修习成佛的事迹进行了详细的描述。在构

东壁·释迦牟尼本生故事图

图过程中，画面采用了“上轻下重”的表现手法，具体表现在释迦牟尼成佛前后的画面位置布局上。悉达多太子在庭院中出游、修习，在山林间沐浴、授记，这些人物于画面中的位置多在视线平行处或视线下方；成佛之后，人物在画面中的位置以左、右上方为主。这种含蓄的表达使人到佛的视角转换悄然发生。沉在画面下方的是释迦牟尼的肉胎凡身，飘在上面的佛祖则俯视众生。这种位置经营巧妙而内敛，不动声色地令人对佛产生敬仰之情。

东壁　画面从东壁开始，以巡礼的方式铺展开来。当观者进入大殿后，他们可以从东壁南隅开始观摩行进。东壁可见的壁画共有32幅，内容涉及太子别母、父王赐宴、初启出家、金盆沐浴、梦吞日光、仙人点化、二臣相劝、太子回宫、习学书数、太子出宫、然

(燃)灯授记、调伏二仙、诘问林仙、仙人求度、岩间入定、魔女妶娟、诸菩提场、牧女乳糜、禅河沐浴、天王献钵、龙王赞叹、天王献床、龙王听法、降服毒龙、鬼母寻子、请佛住世、采花献佛、火中取佛、长者请佛、再还本国、如来悬记和最后垂训。这种方形图像的壁画由于框的限制，容易显得呆板，不如自由组合图像飘逸。在观者浏览过程中，它们往往给人一种简单造作的粗陋感。安国寺大雄宝殿的壁画亦是如此。第一眼看上去可能会感到枯燥，但当观者适应了大殿的光线之后，他们就会发现映入眼帘的满是清雅高古，深入探寻则会发现每幅图都精彩绝伦，妙趣横生。无论是主体人物的造型，还是树木山石的陪衬，都意象纷呈，别有洞天。其中，最具代表性的画面有金盆沐浴、习学书数、太子出宫、然(燃)灯授记、岩间入定、调伏二仙、牧女乳糜和再还本国。

“金盆沐浴”是指太子降生时，天上出现九条巨龙口吐净水，而太子手指向天空，口中呼喊：“天上天下，唯我独尊。”这一画面故事情节承接了“乘象入胎”和“七

细节观察

习学书数

本幅图蕴含着儒家思想，将太子成年之后习学儒家经典融会其中。画面中的师者身穿春秋时期的冠服，手捧经典。太子虽身份尊贵，正襟危坐，但手持毛笔，神情谦逊。

东壁全图局部·长者请佛

步生莲”，但在东壁的下方并未找到承接画面。虽然“金盆沐浴”题记简单，但画面表现气势磅礴，九条巨龙乘风驾云，天空风云突变，画面上部表现出来的气氛非常紧张。画面下部两名侍女正在为太子沐浴，太子裸身指天，憨态可掬。整体氛围与画面上部截然不同，透露出一种从容与闲适。此外，“金盆沐浴”又可称为“九龙灌顶”，是释迦牟尼降生篇的主要情节，也是佛教经传故事最为重要的内容之一。

“习学书数”的故事梗概是：太子成年之后尤喜独自冥想，净梵王于是请回满腹经纶的毗奢婆密多罗为其授课。太子初见师者便问：梵书中有仙书64种，能教几种？毗奢婆

东壁全图局部·天王献床、龙王赞叹

密多罗听闻太子的询问，自知学识浅薄，羞愧辞行。太子的博学多闻使得国内很多老师难以教授，这更加坚定了他追寻真理的决心。本幅图蕴含着儒家思想，将太子成年之后学习儒家经典融入其中。画面中的师者身穿春秋时期的冠服，手捧经典。太子虽身份尊贵，正襟危坐，但手持毛笔，神情谦逊。佛教绘画在汉化以后不断地借鉴、融合儒家元素，以求佛、儒在表达上得到平衡。

“太子出宫”讲述了太子身居宫中，心忧人间疾苦，经过大臣劝解，准备出宫疏散苦闷的心情。画面描绘的仪仗华盖并无出奇之处。但观其建筑，不禁让人赞叹：亭台水榭，楼阁

东壁·牧女乳糜

屋舍，将我国传统临水建筑刻画得工整细丽，真实自然，画师在配景过程中可谓心思巧妙。

“然（燃）灯授记”是经典的故事情节。燃灯佛是“三世佛”中的过去佛，因其视生前一切如灯，故得名。这一情节在其他壁画描绘中往往是太子看到地上污秽泥泞，铺发请佛。此处的太子只是躬身施礼，并未屈身匍匐，这再次体现了壁画中儒、释平等的世俗观。

“岩间入定”的画面高远空旷，释迦牟尼坐在山石上持钵禅修，路人肃然起敬。画面中近景、中景、远景一应俱全，采用了宋代马远、夏圭的边角出石之法，营造出一种佛入禅定以后的清静氛围。

“调伏二仙”原本讲述了古印度佛教中释迦牟尼与婆罗门教徒的争论，释迦牟尼在与阿罗逻加兰仙人、迦兰仙人的对话中语言精妙，将“了脱生死”之法门进行了全新阐述，

东壁·龙王听法

令二仙折服。但此处画面中的“二仙”完全改为道教“仙人”的打扮，这种佛教“去梵入夏”的样式是汉传佛教在造像流变过程中的内化，加入本土宗教使人更容易理解佛教的本义。画面中的配景山水十分精美，采用了“米氏云山”的画法，点染的笔触凸显厚重，同时也烘托出超然的气氛。

“牧女乳糜”的画面描绘了三个人物：修行六年出关的释迦牟尼以及被释迦牟尼诚意感动，奉上乳糜为其调养身体的两名牧女。画面中有潺潺的小河、木构的小桥、青绿的草地和春日的远山，这些元素与苦修后大彻大悟的佛祖在气质上不谋而合。

“再还本国”刻画了净梵王得知太子得道后，派出使者请他回国宣法的情节。画面中，释迦牟尼身姿微躬，侍者跪地奉迎，松石树木，远山隐约，宁静与释然让画面充满了简约

的率真。这不仅展现了释迦牟尼在彻悟之后的超然，也是他作为远游赤子对恩亲的回报。

西壁　此处画面与东壁呼应，由上至下分为四层，描绘了32幅图画，内容涉及路观死尸、道见病卧、路逢老人、得遇沙门、太子射鼓、太子游宫、太子掷象、竹林嬉戏、四臣议论、大□修福、车匿报宫、车匿报父、车匿报母、夜半逾城、园林玩赏、游观农务、父王劝解、调伏狮象、妙转法轮、魔军拒战、佛救释种、车匿辞还、净居报时、魔王得梦、得遇仙人、四仙求度、起七宝塔、遇佛点化、双林入灭、白狗吠佛、魔众伐瓶、□□自举。

图像位置展示

左：东壁·调伏二仙
右：东壁·然（燃）灯授记

如果说东壁壁画在构图中注重的是线与面的组合，那么西壁壁画则将这种组合升华为细节的充分展现，并在点的处理上展现出更丰富的逻辑性。西壁壁画可分为四大部分，内涵丰富：宫中享乐与出四门见生老病死是对人生的诘问和反思，逾城出逃、苦修山林象征着走向释门，苦修后终成正果象征着得以解脱。这种佛教语义体现了向人生高峰挑战的“因果轮回”观念。此外，壁画中还有许多类似的本生故事，如“割肉喂鹰”和“舍身饲虎”。这些故事传达的是舍弃荣华富贵，通过苦修和顿悟来实现“成佛”的佛教思想。

白狗吠佛
妙轉法輪
魔軍拒戰
佛救釋種
車匿報宮
車匿報母
車匿報父
道見病卧
路逢老人
得遇沙門

西壁・释迦牟尼本生故事图

遊觀農務

第一部分画面中，除了描绘“生老病死”的痛苦，还展示了释迦牟尼成佛前的武略雄才，包括“射鼓”和“擲象”。这些细节化的处理方式与东壁单幅图包含多个故事的情景化处理方式有所不同。“太子射鼓”描绘的是太子拉满弓弦正欲射穿十面连鼓的情景。画面中出现了汉族将军、番邦和文臣官员，他们对这位整日忧心忡忡的太子的射艺并不以为然。太子的弓张弦紧与文武大臣的交头私语形成了鲜明对比，使得画面张弛有度，令人猜度不已。出四门的画面以写实为主。高大的城门、萧疏的旷野、横陈荒野的尸首以及濒危的病人和双眉紧蹙的太子给人以压抑和惆怅感。通过现实主义手法表现出的哀号，同时也是对人生的喟叹。这种哀怨的氛围在另一幅画面“游观农务”中也有所体现。虽然这幅图描绘了太子信步出游、

图像位置展示

左：西壁全图局部·游观农务
右：西壁全图局部·太子擲象

西壁·路观死尸

观看稼穑之事的情景，但从其面部表情和手势来看，他仍然对此劳苦之事充满怜悯。值得一提的是：在本幅图中，农夫扬鞭赶牛，手扶一架单曲辕犁艰难行进，其中牛的动作和犁的结构都非常清晰。这种写实创作需要大量的生活积累。

第二部分表现的是太子“逾城出逃”的场景，画师对此进行了细致描述。最为精彩的画面是“夜半逾城”，表现的是国王的盯防和大臣的劝说都没能阻止太子离开，高大的白马、负马的鬼卒以及前来相助的土地神、城隍神随着彩云逾城而出，这是富有浪漫主义色彩的表达。白马的出现往往与佛教有着千丝万缕的关系，无论是驮经还是取经，都有白马的身影，而此处的白马象征着一心向佛的决心和勇气。此外，“车匿辞还”画面中也描绘了利用白马送还衣冠的情景，这是太子褪去浮华、决心修佛的决绝表现。在衣冠归还之

西壁·路逢老人

后，画师细致地描绘了“车匿报宫”“车匿报父”“车匿报母”三幅图。初看时感觉累赘，但细加分析就会发现，这是中国孝悌思想的体现。古语说：“父母在，不远游。”太子在父母、娇妻全然不知的情况下逃遁，内心必然愧疚，将衣冠送回，一一呈禀，表达了他的歉意和决心。这种烦琐的描绘恰恰体现了壁画“成教化，助人伦”的功能。

第三部分表现的是释迦牟尼降服魔怪和广收门徒的过程，即“伏法众生”。在“魔军拒战”的画面中，描绘了大量的妖魔鬼怪手持兵器指向释迦牟尼，这实际上暗示了当时印度的婆罗门教对佛教这种新兴宗教的打压态度。图中的释迦牟尼毫不畏惧那些面目狰狞的魔军，轻挥佛手，降伏魔军。“妙转法轮”则描绘了释迦牟尼法轮初转、众生拜服的场景，将佛教教义的广博和宗派林立展现得淋漓尽致。

车匿报母

细节观察

车匿报父

画面中，太子的父王端坐在铺满金砖的殿堂中央，身后两名侍从打着仪伞，文武官员站在左、右两侧，厅堂下左、右两侧，武士仗剑而立。这时，从外面匆匆归来的车匿跪在台阶下，向国王禀报太子离宫出家的消息。

西壁 · 车匿辞还

西壁·车匿报宫

东壁·禅河沐浴

第四部分表现的是“涅槃重生”，最具代表性的画面是“双林入灭”。这个画面描绘了释迦牟尼涅槃的场景。在这个场景中，释迦牟尼侧身闭目，他的发髻中有白毫生出，白毫中幻化出法身佛端坐其间。他的十大弟子或颦或笑，颦者修为太低，以为师尊肉身覆灭不可复活；笑者自是修为高远之人，他们已知师尊虽肉身寂灭，但即将成佛。这种思想也体现在“起七宝塔”画面中，这座宝塔是供奉佛祖舍利之处，同时也象征着释迦牟尼“修为成佛”。敦煌壁画本生故事中同样蕴含此寓意。佛教中的隐喻通常是以物喻人，通过某种事物的象征来体现佛教高深的教义。

纵观安国寺东、西两壁壁画，简单的图式、精致的画面与玄奥的教义相辅相成。明代之后，在中原文化影响下的佛教经传故事已经形成一定的程式化，大量使用水墨和减少石色渲染旨在节约时间和控制成本。这些绘画样式的形成虽然有着工艺窠臼的缺陷，但诞生了新的绘画空间。首先，方框形的构图使观览更为方便，即使对佛教教义不甚清楚的民众，也能按图索骥，理解画面蕴含的佛教思想。其次，操作性可控，两殿大幅壁画分割后能够进行跳跃式描绘。这样，画面出现的时间差不会导致画面故事间的脱节。尽管东、西两壁壁画风格相仿，但若细细揣摩，则不难发现它们之间存在较大的差异。东壁壁画注重单体故事的呈现，而西壁壁画加强了故事的连续性。这种差异是创意性思维的差异。但原因为何？据传，古代有一种绘制壁画的方法，为

西壁 · 白狗吠佛

西壁：净居报时

西壁・遇佛点化

西壁·四仙求度

了节约时间，会将一殿壁画分别交给两组人同时进行绘制，双方之间隔着屏障，不能互看，直至完工后才进行比较。这种绘制方式既是一种激励，同时也避免了同样的题材表现形式过于对称而缺乏观赏性。此殿东壁壁画的绘制手法更加娴熟，每幅图都展现了一种诗意之美；西壁壁画布局逻辑严谨，使得画面故事连贯，可读性很强。此外，安国寺壁画在细节的处理上尤其出众。人物线描精湛细腻，造型严谨准确，树木的描绘多样，包括桑、槐、竹、柳、杨、松、芭蕉和棕榈等北方和南方的树木。画师将这些树木进行了多样化点缀，使构图有了区别。山石的描绘方法也显示了画师不凡的功力。画师对不同质感的山石采用了不同的

西壁·双林入灭

技法，如斧劈皴、披麻皴、雨点皴、马牙皴等。虽然石色的减少使画面少了一份肃穆，但丰富的水墨增添了画面的笔墨意趣。画面中还使用了大量的云纹来衬托故事情节，有卷云、舒云、直云和流云等，每种云纹在不同的图景中都有独特的展现。在配景中，画师对屏风、围栏与建筑都进行了细致的刻画，精致到将每一处建筑进行装饰，进一步加强了画面的形式美感。在宗教语言表达方面，画面充满了温情的笔调。无论是对佛、道的尊礼，还是儒家思想的融入，都不再一味地排斥，使得整个画面平和而兼容并蓄。这种绘画是真正劝人向善的积极主张，也是画师朴素平淡的佛语解读。

东壁第一愿：永绝轮回愿

⑳ 太原·晋源

永宁寺

山西省太原市晋源区姚村镇枣园（元）头村永宁寺，坐北朝南，寺院规模不大，目前古建筑仅存念佛堂。念佛堂面阔三间，为单开间硬山顶建筑。近年来，当地村民对古寺进行了修缮，并增设了东、西厢房。虽然念佛堂构建较小，但东、西壁面各保存一铺壁画，这些壁画近年来开始受到学界关注。这些壁画是由太原及太谷地区僧俗二众出资供养的，画面绘制“阿弥陀佛四十八愿”。画面风格独特，强调笔墨情趣，全幅使用水墨山水，将人物、楼阁、草木等元素融入其中，并施以丹青。整体内容属连续性的经变故事画。

该寺壁画绘于何时并没有明确的文字记录，最早记载该寺的文献为清道光年间的《太原县志》。另外，《山西寺观壁画》一书以及《太原永宁寺明代壁画阿弥陀佛四十八愿图像考察》一文皆认为该寺建造于明代，并且断定其壁画体现了明代风格。然而，念佛堂的建筑与壁画属于明代的直接证据十分欠缺。此外，绘画表现上也不同于山西明代寺观壁画常见的重彩风格，更注重水墨情趣。水墨表现并无晚清颓废之风。与太谷区净信寺三佛殿和圆智寺大觉殿中的清代壁画相较，品质更为优秀。因此，更确切的推断是：这些壁画展现了明末清初的风格。

东、西壁壁画都呈现“凸”字形，高约为4.2米，宽约为5米。每壁绘制24个场景，分为四层，每层六个故事。大体上，这些故事由下而上依次排列：东壁第四层由左至右排列，第三层转为由右至左排列，第二层则由左至右排列，而第一层又由右至左排列。西壁的排列方式也是如此。

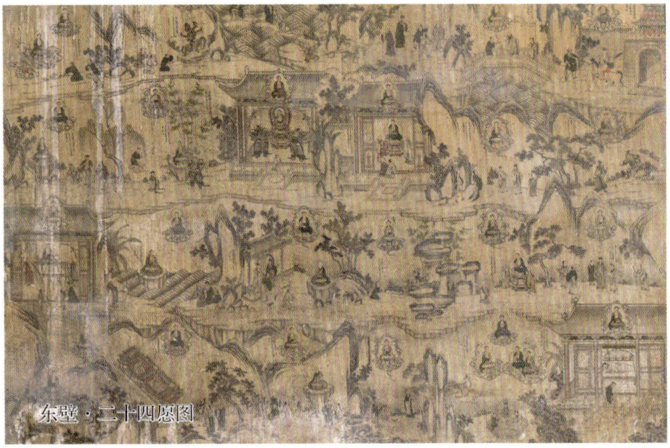
东壁·二十四愿图

东壁 壁画内容以南宋王日休（1105—1173）校辑的《佛说大阿弥陀经》中的“四十八愿”为主。

左下隅第一个画面以一栋三间硬山顶式的建筑为中心，门额书“得大自在”。屋顶上祥云示现阿弥陀佛端坐于莲花上，表示诸佛、菩萨来去自由，无所拘束，无所障碍，故曰“大自在”。一般的凡夫俗子沉溺于“生死轮回”，无法自在解脱。屋内一妇女卧于床榻上，明间前廊一侍女在为婴孩洗澡，这表示屋内女主人刚刚分娩。整幅画面表现了“六道轮回”之苦。榜题云“第一愿，永绝轮回愿”。《佛说大阿弥陀经》云：“第一愿，我作佛时，我刹中无地狱、饿鬼、禽畜，以至蜎飞蠕动之类。不得是愿，终不作佛。”经文阐明弥陀佛国中无“三恶道”，与此壁画的内容略有出入。

第十五愿场景和第七愿场景相似，但屋内未配置供桌，屋顶上阿弥陀佛结定印。屋外有两名信士跪于地，双手合十向佛表达敬意。榜题墨书“第十五愿，乐如漏尽愿”。《佛说大阿弥陀经》云：“第十五愿，我作佛时，我刹中人，所受快乐，一如漏尽比丘。不得是愿，终不作佛。”画面未展现弥陀国土众生所受的种种妙乐，仅描绘了信士参与佛事的情节，并未明确展示誓愿内容。

在第二十一愿场景中，榜题墨书“第廿二愿，他心智通愿”。但《佛说大阿弥陀经》云：“第二十一愿，我作佛时，我刹中人得他心智，知百千亿那由他世界众生心念。不得是愿，终不作佛。”故画面榜题有误，应该更正为第二十一愿。画面中很难看出誓愿的具体内容。画面描绘了一座单开间硬山顶建筑，屋内一佛跏趺坐于须弥座莲台上，台前右侧配置天王，左侧为韦驮菩萨。屋外一童子双手合十，跪地求法，屋顶上方化现阿弥陀佛。

东壁第九愿·非善无闻愿

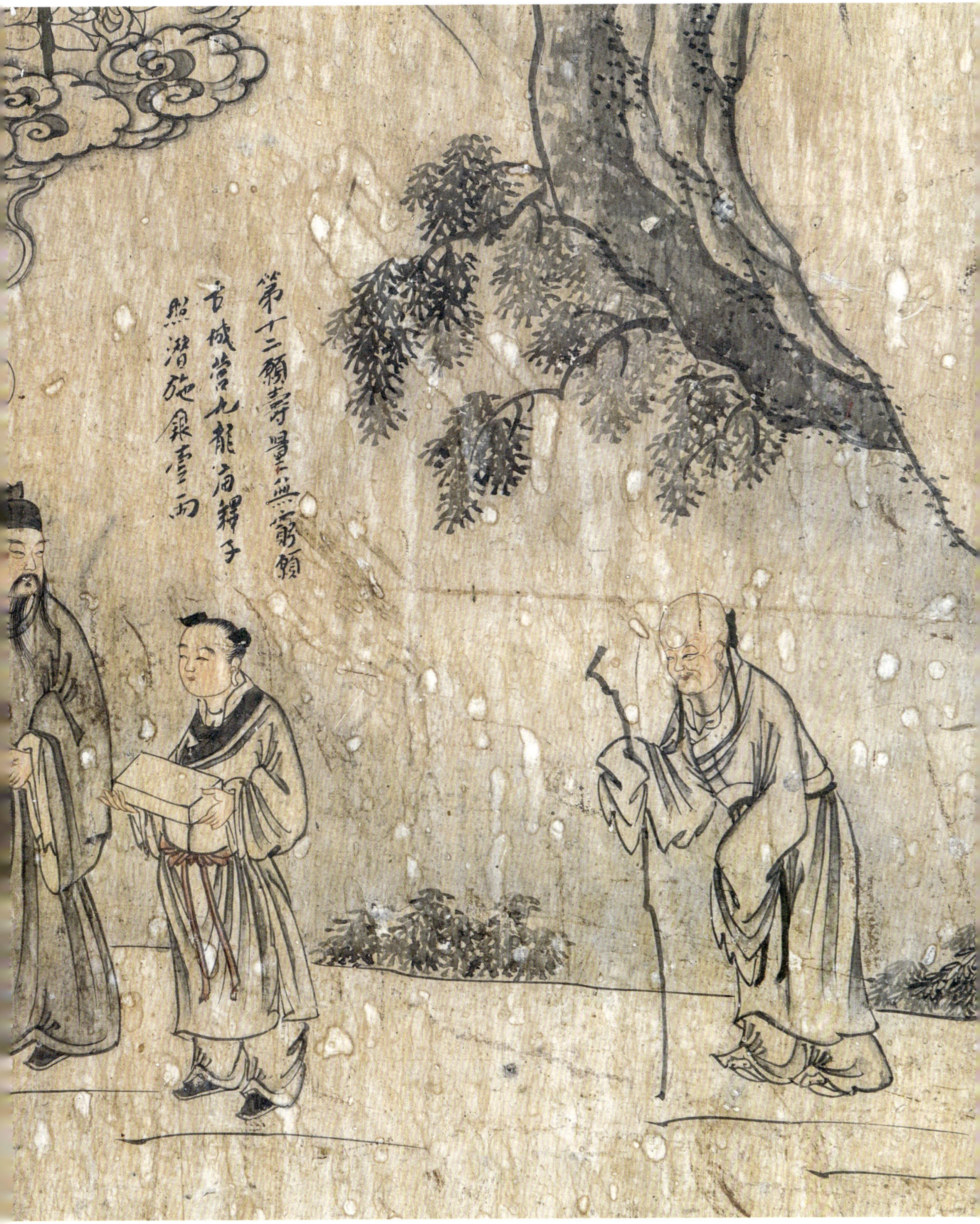
第十二願壽量無窮願
古城營九龍廟釋子
照潜施銀壹兩

东壁第十二愿·寿量无穷愿

东壁第十五愿·乐如漏尽愿

第二十四類頂光絕勝類
大村信士鄭基敨
施銀壹兩

西壁　此处左下隅第一个画面为第二十五愿。

第二十八愿的榜题云："第二十八愿，昼夜念生愿。"《佛说大阿弥陀经》阐释："第二十八愿，我作佛时，十方无央数世界诸天人民，闻我名号，烧香散花，燃灯悬缯，饭食沙门，起立塔寺，斋戒清净，益作诸善，一心系念于我，虽止于一昼夜不绝，亦必生我刹。不得是愿，终不作佛。"画面内容却与此阐释有所出入，展现的是船夫蒙佛救度的场景。画面中，一舟行于波涛汹涌的江上，险些遭遇水难。船头的两名船夫与船尾的一名船夫努力划桨，船头另一名船夫拉绳，掌控帆的方向。船篷内画有三位比丘，其中一位左手扶帆杆，右手伸出手指指向船夫，告诉他们遇水难时恭敬念佛以脱离险境；另两位比丘则双手合十，口中念佛，阿弥陀佛随即示现于舟的上方。据《普门品》载，若国土众生遭遇水难，则可称念"观音菩萨"之名，观音菩萨即现身救度。此处画面中却将救度者改为"阿弥陀佛"。

第三十三愿的榜题云："第三十三愿，具修诸行愿。"《佛说大阿弥陀经》云："第三十三愿，我作佛时，凡生我刹者，一生遂补佛处，惟除本愿，欲往他方，设化众生修菩萨行，供养诸佛，即自在往生；我以威神之力，令彼教化一切众生，皆发信心，修菩提行、普贤行、寂灭

1.东壁·第二十四愿图
2.西壁全图

西壁第二十八愿·昼夜念生愿

行、净梵行、最胜行及一切善行。不得是愿，终不作佛。”画面中央绘一名宰官，形象威仪，骑着白马。画面上部有一缕青烟，化现为阿弥陀佛。宰官身旁有五名随从，画面左侧有两个行人，右侧有僧、俗各一人。四人遇见宰官欢喜举袖，宰官为他们开示菩萨行与弥陀法门。

明、清时期，寺院壁画中常常展现出“阿弥陀佛四十八愿”内容。目前，我国学界仅发现山西永宁寺一处有此内容，可说是无比珍贵的。该壁画工法细腻，人物刻画入微，背景布局适宜，应为古代水墨画能手所为。念佛堂供奉阿弥陀佛为主尊，故在东、西两面墙上配置“阿弥陀佛四十八愿”，用以描述“极乐佛国”的形成过程。

第四十四愿的榜题云：“第四十四愿，髫光如佛愿。”《佛说大阿弥陀经》云：“第四十四愿，我作佛时，我刹中菩萨、声闻皆智慧威神，顶中皆有光明，语音鸿畅，说经行道，无异于诸佛。不得是愿，终不作佛。”画面内容与经中所讲的誓愿相去甚远，反而与《普门品》中描述的场景相似：若有众生持“观世音菩萨”名者，“设入大火，火不能烧，由是菩萨威神力故”。不过，画面中出现的救度者是阿弥陀佛。画面中描绘了一座大宅院失火的情景，一对夫妇带着孩子夺门而出，门外还有两名仆人各抱着一匹丝绸布料。画面上方祥云中端坐着阿弥陀佛。整幅画面恰似遭遇火难时称念“阿弥陀佛”名，蒙佛救度的场景。

西壁第三十二愿・永脱女身愿

第三十三願具修諸行願
太谷二佛山永興寺釋子
普濟施銀壹兩

西壁第三十三愿・具修诸行愿

阿弥陀净土法门在我国可说是源远流长。东晋的释慧远（334—416）在庐山成立了白莲社，唐代的善导大师（613—681）开创出集大成的“西方净土经变图”，而宋代的王日休校辑《佛说大阿弥陀经》又将“阿弥陀佛四十八愿”制度化，使其得到更广泛的传播。在宋代以前，弥陀信仰经变以极乐净土图、十六观图为主。直到明代，“阿弥陀佛四十八愿”才发展出经变图像。这主要是因为宋代以降，佛教强调“禅净双修”，修禅受到南、北宗及《圆觉经》《入法界品》等的影响，注重菩萨行渐修次第，顿悟真理。“阿弥陀佛四十八愿”作为菩萨行愿成就佛土的誓愿次第，一直备受重视。永宁寺绘制的“阿弥陀佛四十八愿”壁画无疑为我们提供了颇佳的历史见证。

明、清时期，虽然阿弥陀净土法门在民间广为流传，但大多数信众只知道念“阿弥陀佛”四字洪名，便能“了脱生死，往生极乐”，对弥陀法门的教义内容了解甚少。虽然每幅壁画都绘制一尊阿弥陀佛，但细细审看就会发现，有半数以上的壁画的榜题与画作内容并不相符。造成这种情况的原因是晚明以来信众日减、僧才没落，画师对经文内容的领悟有限，导致经文与画作无法有机联系，甚至将当时常见的《普门品》经变、释迦行迹图的经变场景改为阿弥陀佛誓愿。这显然是粉本传抄、改造的结果，惜哉。不过，这也反映出民间佛教融合会通的多元特色，让人不得不佩服当时的画师整合画面的高超能力。

西壁第四十四愿：瞽光如佛愿

西壁・女娲

㉑ 临汾·霍州

娲皇庙

山西省霍州市大张镇贾村有一座修建于明代的娲皇庙，庙内碑记并未记载其修建的具体时间，只提及它在清同治四年（1865）进行了重修。洪洞县与霍州市相邻，在县城东北15公里的侯村也有一座规模很大的女娲陵，又称“娲皇陵”。据《平阳府志》载，此陵重修于唐天宝六年（747），宋代时太祖尊其为女娲本庙，使得女娲成为正祀之神。从此，女娲信仰在此地广泛传播，成为附近地区主要的信仰。贾村的娲皇庙应是古时平阳地区众多女娲神庙的遗存之一。据村中长者回忆，村旁的堡子山上曾有一座与此庙对应的“伏羲庙”。此外，村中还遗存了魁星楼和文昌阁等清代建筑，可见文风绵延，历史非凡。

女娲与伏羲的创世传说是我国民间的一种信仰，而山西作为我国古文明的发源地，流传着大量此类神话传说。霍州自古以泉闻名，其地理位置连接晋中与晋南，处于交通要道，发达的农耕文明在此地绵延不息，同时也孕育出众多的远古文化。对女娲的信仰早在先秦时期就已见诸文字，汉代随着道教的繁荣也将此信仰推至高峰。原始神祇崇拜的主要方式是修庙造寺，然而这些历史遗迹在岁月更迭之后往往荡然无存，因此在繁缛的宗教仪轨与多神的信仰中保持其源流清正显得尤为困难。汉代是女娲与伏羲早期形象形成的时

汾西縣畫工
郭重
王桂
武尚忠

东壁全图

期，人兽共身是其造型的起源。这一时期的墓室壁画、帛画和画像砖刻对此进行了细致多样的描绘，最为经典的自然是人首蛇身、尾处相交的造型，也有一些首尾相接的样式。这些造型隐喻着颇为直观的“生殖崇拜”和“兄妹通婚”的原始习俗，体现了中国古代朴素的阴阳观念。因此，后世将女娲发展为婚育之神也在情理之中。

唐代之后，女娲信仰逐渐被儒、释、道影响，其原始的形象最终演化为端庄贤淑的女性形象。这一转变使得民众更容易接受，女娲的亲和力成为宋代之后女娲神祠林立的重要原因，而霍州娲皇庙正是其中的经典之作。

目前，娲皇庙大殿仅存四幅壁画，分别位于东、西两壁与拱檐下方东、西两侧，总面积约为71平方米。其中，东、西两壁的壁画面积最大，各有约25平方米。从东、西两壁的左侧题记可知，这些壁画绘制的时间应是清代乾隆年间。通常情况下，寺观壁画的画师记录只在一面墙上书写主要画师的名字，此殿壁画却将所有画师的名字全部记下来，以便流芳后世。关于“多位画师”的说法有两种：一种说法认为“大师傅”宅心仁厚，不愿独占其功；另一种说法则认为这是长期口耳相传的“分庭作画”，意思是两组画师各执一壁，图成之日相互比较。若第二种方法成立，则这种方法有冒险的成分。由于两组画师粉本和技法未必同源，因此所作能否使大殿整体壁画和谐融洽令人担忧。东壁的画师为郭重、王恒、武尚志，油匠为陈玉顺、陈玉昌；西壁的画师为□翌德、□述孔、□□民、□□旺，其中油匠姓名部分全部剥落。东壁图为“议政图”，西壁图则是“迎驾图”。画面以中心辐射式构图展开描绘，中央的“女娲娘娘”是整体画面的点睛之笔。建筑亭台、回廊居舍装饰华丽，绘制严谨细致，彰显宫廷园林之营造法度。此外，器物、蔬果、珍禽、花卉也尽显皇家风范。

东壁　东侧山墙的壁画高约为4米，宽约为6.5米，面积约为26平方米；娲皇圣像左侧壁画高约为4米，宽约为3米，面积约为12平方米，与东侧山墙的壁画连为一体。整组画面表现圣母宴请百官时，宫廷内忙碌、热闹的场景。

东壁南厢 · 备祭图

汾西縣畫工

1.东壁北厢·贡食图
2.东壁·女官

画面主尊为女娲，呈现为“曼陀罗”的样式。画面中，女娲侧身端坐于中庭高背榻椅上，椅背顶侧饰“双龙衔”，上有匾额“万世母仪”以示其身份。男权执政是中国古代社会重要的顶层设计，但女娲作为传说中始造万物的神祇，一直被尊为“帝王”。在《说文解字》中就有“女娲氏，传说中的古帝王”之解。壁画中的女娲被设计在画面中心略靠上部的位置，这里正是画面的视觉中心。女娲两侧有侍女和群臣，厅前有护法将军分列。壁画中还有山水亭台，回廊勾连相通，人物穿梭行进于建筑中，将园林建筑与人物花鸟完美地结合起来。这种图式采用了佛教绘画中的“圆心辐射”方法。

东壁北厢壁画描绘了贡食图。画面左侧，一名侍女正在搬送贡品，从服饰来看，她身着锦衣华服，绝非一般侍女。在画面末尾处，另一名女子身着婢女常服，头戴红色包巾，正在摆弄桌面上的几枚佛手。佛手绝非古代北方可以种植，它在画面中主要是为了隐含儒、释、道祭祀的精神。

与此对应的南侧壁画同样是一幅侍女图，根据画面内容，应当称之为“备祭图”。画面采用了横构图方式，描绘了五名侍女在准备祭品。祭品有鸡、猪头，除此之外，酒水和香茶显然也是必备的。南厢有遮雨顶棚，卷帘业已高高卷起，显然是个好天气，一众侍女嬉笑之间，已将祭品整理完备。

前厅台阶之下是画面的另一个焦点。画面中，一名帝王装束的人物身后有宦官、武士紧随。此组人物身后还有两人抬着贡桌疾步前行，对面则是一名文官持笏躬身，显然此人地位颇高。然而，单从装束无法判断此人身份。其身旁有一名青衣侍从身背弓箭，似乎与

东壁全图局部

东壁全图局部

西壁全图

此人文弱的身份并不相称。很显然，弓箭是帝王装扮之人的物品。上古时期，以弓箭彰显身份之神莫过于后羿。他射日的传说流传至今，而他与嫦娥悲欢交织的神话故事也家喻户晓。即便如此，后羿与女娲之间似乎并没有更多的联系，唯有证实其后羿的身份才能够将两者对应起来。

伏羲和女娲都被认为是传说中的创世之神，因此被描绘为“对偶神”。在汉代和魏晋时期的画像砖上大量描绘的内容都体现了对这两位神祇的膜拜。尽管后来有些地方将两者分开祭祀，但千年的信仰已经形成，无法将两者割裂。因此，女娲和伏羲成为早期原始神祇崇拜颇具代表性的组合。然而，随着阶级的形成，社会制度趋向于“奉阳贬阴”，女娲作为上古时期的“至上神”逐渐演变为“常羲”“羲和”“嫦娥”，而伏羲演化为“太昊”。尽管“太昊”在神格上仍然比后羿要高，但在唐代之后，为了强化男权，嫦娥和后羿最终被捆绑在一起。这种原始神祇的形成和演化代表了我国“神仙谱系”在发展中的关连，反映了错综复杂的原始信仰在社会制度成型过程中不可避免的趋同性。

壁画下部左、右两侧同样绘有几个头戴帝王冠冕的人，按照“左三右五”的布局，这些形象应当属于“三皇五帝”。

西壁・女娲娘娘

西壁 · 侍从

东壁壁画的画面色彩搭配合理，线条流畅，造型准确，颇具唐风。作为明、清时期的寺观壁画，这种表现实属巧工。画面中的人物没有过多渲染，但采用了不同墨色进行复勾表现，男女人物的肤色相得益彰，尤其是开脸部分比例得当、透视准确，推测应当为同一画师所作。

西壁　女娲作为中国早期传说的造物神，历经时代的变迁，其形象也有所改变，早期为“人首蛇身”，后来逐渐演化为简朴的“人神同体”式样，样貌也从非人非蛇改变为温婉娴静的“大家闺秀”。这些变化是原始神祇世俗化的主要表征。

西壁女娲图的世俗化倾向比东壁更明显。虽然主神的位置未变，但增设了一把座椅，殿额匾题变为“开天立极”，祭祀主体由一神独尊变为二神同尊。显然，晋南地区的女娲信仰与伏羲信仰相伴，这表现出对原始宗教信仰的尊重。图中的女娲为站姿梳妆样，双手抚鬓正在整理发饰，发饰是百鸟朝凤的造型，大面积的贴金手法使得头部的妆饰格外华丽。女娲此时宛如一名将要出阁的女子，身姿曼妙，眼带温柔，对着侍者手中的镜子反复打量。女娲身后有两把高背靠椅，椅上的牡丹团花锦缎软包在整体色调中通过造型进行了区分，以显示男女主人的不同。

西壁·添香图

画面的另一焦点在下方左侧：一名头戴五梁冠、身着官服的长髯长者，在六名侍者的簇拥下款步前行，旁边一名侍者手捧冠冕，表明了长者帝王的身份。前面两名侍者手中各持一灯，轻纱薄笼，隐约可见灯罩内部的灯托，绘制得非常精美。长者背后有执扇与华盖随从而行。此人的身份应是伏羲大帝，但具体显示其身份的则是“障扇”。此类物件属于皇帝的仪仗器物，既有纳凉消暑、蔽日障尘之功用，同时也彰显帝王气质之威严。早期的“障扇”为羽扇，用鸟类华羽做成。壁画中的“障扇”已全无羽毛的痕迹，应是由丝绢绷制而成。“障扇”虽然气派，但在各类关于帝王的描绘中均有出现。值得一提的是：此处的扇面绘有“火云托日”，与此对应的女娲身后的扇面上描绘的则是“冷云托月”。由此可见，这绝非一种简单的装饰。

西壁·太昊大帝

临汾·霍州 娲皇庙

西壁·三皇五帝

西壁·女官图

西壁・四直使者

西壁·备祭图

早期画像砖石上描绘的女娲、伏羲形象有两种类型：一种是两人手持规、矩，代表肇生天地；另一种是两人手捧日、月，由于古籍中有“羲和捧日、常羲捧月”的记载，因此这一形式的二神形象被一度解读为占星官。但是学界的另一种观点是日月之神当属伏羲、女娲。本殿壁画显然采纳了后者的观点。

与伏羲相对的右下方是本壁画面的第三个焦点。画面中描绘了三个浑身长毛、树叶遮体的人。三人双手合十，目光虔诚。有解读者将此三人称为“囚犯”，主要依据是三人身边有兵勇。然而，若是囚犯，画面中的人物应显现出沮丧的样子。但细观壁画不难发现，此三人面带微笑。由此可知，上述解读显然是一种误读。从三人的装束和样貌分析，他们应该是“神农”。在我国的农耕文化中，女娲、伏羲信仰属于传说中的早期造物神祇系统，神农一直是人类繁衍生息、征服自然的先驱象征，也是这一体系中的重要组成部分。

画面中的其他宫娥侍女、神兵天将与东壁几乎相同，左、右两厢都是忙碌备祭之人，并无奇特之处。画面中心有一名跪侍弄香之人，绘制得线条舒朗，动作自然，其双手在香炉上轻点，生怕将香炉打翻。

东、西两壁的壁画中，还有一群书写表章的官员。这些官员有搦管疾书者，亦有整理卷轴者；面色白净，动作优雅，皆头戴幞头，身着袍衫。这种装束是唐代男子的典型装扮，但细观壁画中人，凤眼柳眉、口若涂朱，显然是一群女官。而且，每人均戴耳饰，西壁的女官幞头两侧还饰有金翅凤凰。唐代是任用女官最多的朝代，女子着男装在唐代亦非常流行。因此，此处壁画显然继承了唐、宋粉本的样式。

北壁　北壁东、西两侧还有两幅独立的壁画，描绘的都是“备祭图”。画面中均有五名女子在往桌案上放置祭品，如馒头、青菜、年糕、佛手等。背景为帷幔罗帐、彩花雀替，通景的山水屏风和六棱的宫灯都洋溢着祝寿的气氛。画面中的回廊显然是连通东、西两壁的过渡部分，配合女娲梳妆、群臣恭贺以及仙鹤与凤凰的场景，一幅展现女娲寿辰的画面如同长卷般缓缓展开。

西壁 · 备祭图

北壁西侧·备祭图

北壁西侧：备祭图

虽然这两幅壁画的面积较小，但它们的连接作用非常出色，尤其是画面中相连的回廊，使得观者在赏画的过程中自觉地将两幅画融合在一起。

霍州娲皇庙的壁画代表了中国创世神祇在明代以后完全世俗化的一种演化调式，构图采用“曼陀罗”的样式，这是壁画绘制中较为常见的手段。本殿壁画在表现样式上利用三角形的结构来表现多个主题，体现多种内容。

女娲作为传说中的中国古代君王是不可辩驳的“事实”。由于在男权社会中很难将此单独区分出来，因此西壁壁画表现的题材就是“二王同尊”。东壁画面中的“万世母仪”代表了女娲信仰的终极归宿，从人首蛇身的“创世主”到独守月宫的嫦娥，再到民间普通的“娘娘”，女娲逐渐褪去身上曾经穿戴的黄袍，转为温婉如玉、慈悲后世的生育之神。这反映了一种去权力式的演变过程。换言之，无论是中国本土宗教还是由丝绸之路而来的佛教，神祇的形象转为女性或者面相趋于慈祥是宗教普适价值的体现。在商、周青铜器的威严和秦、汉砖石的冷峻面前，人们感受到了“六道轮回”的恐惧和“来世轮转”的“不确定”性。这种左右摇摆的心态使得宗教的游说功能在明、清之际不断弱化，贴近生活是壁画图绘关注的焦点。因此，女娲形象定型为清秀温婉是必然的选择。

唐风追寻是本殿壁画人物造型的一个亮点。后世的壁画虽然都以唐、宋之风为基本遵循，但能够得其精神者甚少。将女官的造像男性化是本殿壁画的成功之处，这种举措很好地烘托了“娲皇”这一女性帝王形象。

在器物描绘方面，建筑物和软性装饰的配合为空间增添了美感，陶瓷、漆器、金属等各类生活用具的描绘对画面的可读性起到了很大的作用。开片青瓷的花插、剔犀的须弥座、琉璃的菜罩等都表现得很精致。

画面中出现最多的神鸟是风凰。这一颇多象征意味的神鸟如此大量地出现确实罕见，而女娲独特的身份是其享此殊荣的关键。

霍州娲皇庙在历史长河的静默中宛如一股清泉，虽非佛祖般威严庄重，但渗透出人类对自然的一种感恩与尊崇。

㉒ 介休·张壁古堡

关帝庙

山西省介休市张壁古堡关帝庙位于古堡南门外，庙宇坐南朝北。其始建年代不详。根据现存庙内的一通清代《关帝庙重建碑记》记载，现存庙宇是清康熙五十年（1711）重建的。此番重建始于康熙四十七年（1708），历时三年方竣工。此外，另一通碑记记载：清乾隆五十六年（1791），庙宇重新修葺和扩建，新增了献殿。现存关帝庙（1995年重修）为一进院，由山门、戏台、献殿、正殿及东、西耳殿等主体建筑组成，这些建筑沿中轴线自北向南顺次布局。大殿内有三尊塑像，中间供奉关帝。殿内四壁绘制以关帝生平为主要题材的壁画。根据《关帝庙重建碑记》载，该壁画绘制完成于清康熙五十年，其工笔细腻，色彩艳丽，保存完好。

关公信仰是我国传播最为广泛的民间信仰之一，与孔子并称为“文武二圣”。关公以其独有的忠义神勇成为被大众顶礼膜拜的对象，无论从事哪个行业，都能够寻求到他的庇佑。这种英雄人物演化为大众的“普罗米修斯”式的推崇，源于历朝历代一次又一次的助推。在政治上，自关公卒后，后主刘禅就将其追谥为“壮缪侯”。宋代，关公五次受封，以北宋宣和五年（1123）宋徽宗所授“义勇武安王”流传最广。现存最早的宋金时期的山

南墙西侧・斩寇立功

虎牢関
三戰呂布

1.南墙西侧全图局部·三战吕布
2.南墙西侧全图

西平阳木版年画中就有“义勇武安王位”图，由此可知，宋代王室已经将关公信仰在民间习俗中普及。此外，元代的各类评戏曲目也在传唱关公的事迹。明代更是将关公晋封为“神”。明万历四十二年（1614），皇帝封授关公为“三界伏魔大帝神威远镇天尊关圣帝君”，将一名骁健忠勇的人间武将擢升为统领“三界驱魔辟邪的天界帝君”。明代，关公信仰进一步普及，其宗庙遍布各地。虽然在封号上清代未能明显创新，超越前朝对关公的敕赐，但在清乾隆元年（1736）将关公封为“山西关夫子”，这一举措体现了武将逐渐被儒家化的趋势。关公信仰中同样暗含着释、道、儒的融合，因此明、清以来，无论是佛教还是道教的场所，都有关帝庙护法善神存在。

张壁古堡历来为兵家必争之地，经过数场战火洗礼，关公作为护佑苍生的驱魔帝君，自然受到古堡百姓的崇敬。清康熙五十年（1711）重修关帝庙的碑记里记载了关公“灵应”之事：“我等遭明末之时，贼寇生发，寝不安席，附近乡邻俱受侵凌。遇有贼寇来攻，吾堡壮者奋力抵敌，贼不能入。贼曰：‘汝村中赤面大汉乘赤马者是何处之兵？’我等曰：‘请来神兵剿灭汝寇也。’贼自相语曰：‘神兵相助，村中必有善人。’遂欲退去……”由此可见，古堡内留有在山西颇具代表性的关帝塑像和描绘其生平作战等内容的壁画，非常珍贵。

上尊信士新園王

南墙东侧图

西壁·计取樊城

壁画内容围绕《三国演义》或《三国志》中关公的事迹展开，还融入了一些关公的神话传说故事。殿内的壁画与很多地方现存的关帝庙壁画不同，没有采用连环画的方式描述，而是采用了画面交错但又清晰分明的整壁绘图方式，使图画看上去既有趣又严谨。从南壁东侧画面起，至东壁画面终，此殿壁画共描述了关公的36个故事。

大殿南墙　按照时间顺序，壁画从大殿南墙开始，故事内容涵盖“桃园三结义”“斩寇立功”“三战吕布”。在壁画中，花开正盛的桃园里，画有乌牛、白马，刘、关、张三人焚香祭告天地，结为异姓兄弟。关公似结说法印，用拇指捻中指，其余手指自然舒张，手心向下，表情庄重，让人生畏。此手印

西壁·挑灯夜读

西壁全图

西壁·镇国寺斩卞喜

西壁·挂印辞官

西壁·关公买马

西壁全图局部

在整幅壁画中只出现了一次，对应碑文中的落款“曹洞宗”，可以确定此关帝庙为佛教庙宇。其中，“桃园三结义”的画面描绘了三人在桃园外等候祭拜天地的场景，通过画面描绘可一眼洞察三人的性格。张飞手指园中，转头看向两位哥哥，面带笑容，足见其泼辣外向；刘备双臂抱于胸前，面带喜色，心中的愉悦可窥一二；关羽表情肃穆，面露担忧，可见其老成持重，这也为后来他为刘备鞠躬尽瘁、奔走献身奠定了基础。南墙东侧壁画描绘了“二英战吕布”的故事，但画面中只出现了“二英”——关羽和张飞。张飞一人不敌吕布，关羽扛刀、骑马奔向吕布，对弟弟的担忧和对敌人的无畏都被刻画得入木三分。在绘制过程中，画师对关羽人物形象的刻画细腻且全面，相对弱化了刘备在历

西壁·三请诸葛

立斬龐德
走薦諸葛
延津誅文醜

东壁全图

东壁·走荐诸葛局部

东壁·刮骨疗伤及汜水关

史中的角色地位，并将“三英战吕布”改为“二英战吕布”，这体现了他强化关羽“帝君”形象的良苦用心。从壁画中华丽、细致的装饰图案中，我们可以看出画师认真作画、轻描细染的心态。画面精致美观，大处豪放，小处细致，富有较强的节奏感。

大殿西侧　此处壁画的内容包括斩孔秀、斩卞喜等场景，描绘了关羽“过五关、斩六将”的故事。故事中，关羽手举青龙偃月刀，凭一己之力过曹操所辖关隘，先后斩曹操六员大将，英勇异常，无人能敌。此面墙中比较引人注意的是左上角的“计取樊城”一幅画。画面中，关羽呈现出少有的站姿，一副胸有成竹、势在必得的样子。他一生辅佐刘备，甘愿在侧，其光辉形象栩栩如生。大殿西侧壁画多以关羽的打斗场面为主，生动逼真的形象展现了关羽的威武之姿。画面层次分明，变化多样，都很好地表现了关羽威武不屈的形象气质。

大殿东侧　此处壁画的内容有灞桥饯别、义释曹操、延津诛文丑、走荐诸葛、立斩庞德、水淹七军、刮骨疗毒、土山义说、威震华夏等场景。文丑、颜良人头落地，惨不忍睹，画师将这些人视作侵略古堡的贼寇，将其丑恶形象勾勒得淋漓尽致。关羽义释曹操，

东壁全图局部·土山义说（部分）

东壁·灞桥饯别

后者本对此举心存疑虑，但画师将“灞桥饯别”绘制成上、下两幅对比图，使观者对关羽的仁义之心一目了然。关羽水淹七军威仪非凡，斩庞德威风凛凛，刮骨疗毒时言笑自若，这些画面都让人对关羽心生敬畏。东侧的壁画画风自然，大气宏阔，无雕饰造作之痕。此处壁画在展现关羽生平高潮部分的同时，也保持了画面的完整独特、富有创新和自成一体。

关帝庙壁画历经300多年的风雨依然色彩鲜艳，这除了归功于绘制时采用的天然矿物质颜料，还因为关帝庙坐南朝北的朝向使室内免受日光紫外线的照射毁损。此外，张

东壁全图局部·护嫂寻兄

壁地处黄土高原的气候干燥以及当地百姓对庙宇壁画的敬意和保护，都是壁画得以完好保存的原因。

关帝庙壁画没有使用连环画的形式，而是巧妙地运用建筑、山峦等元素进行布局。人物表情惟妙惟肖，心理活动跃然墙上，武打场面刀光剑影隐约可见。尽管真迹有些斑驳，但这些壁画无疑是张壁古堡的一扇窗，我们通过它们可以穿越时空，拨开历史的重重迷雾，窥探、挖掘出张壁古堡1600多年以来的宗教、建筑、艺术、民俗等方面的内容。

㉓ 阳泉·盂县

诸龙寺

诸龙寺位于山西省阳泉市盂县诸龙山上。清光绪《盂县志》记载："县西十五里有山，峰峦秀丛，林壑幽深，神来隐于此，遂以名山。"据庙内碑记载，此"神"本是江南人，姓诸，号希默。明洪武时任总兵官，请难兵，起义不服，隐于此山偏西的石洞中。久之安坐而化……后立庙祀之。阶前有泉涌出，水很清澈，世人称为"满泉"。清光绪五年(1879)，盂县(时为抚县)众人祈雨，"甚灵验"，遂令名"诸龙神"。此后信者众多，久而成名胜。

寺内有12通碑碣，最早的1通立于明弘治年间，其余11通均为清代遗物。光绪年间的碑记中载：寺内松林有苍柏300余株，僧堂16间。寺内现存正殿、观音大士殿、修生养性殿及戏台和钟、鼓二楼。正殿东、西侧壁上绘有两幅壁画，场景为龙王出巡降雨图，其样式、构图与朔州市朔城区神头镇吉村大王庙壁画、南榆林乡徐村三圣庙壁画等晋北龙王庙的基本构图相仿。

此类寺庙的功能自然是祈雨求霖。诸龙寺内正殿的壁画非常精美，每墙壁画分为上、下两部分。上部分表现了行雨诸神在翻滚的云海中行进的场景，下部分则描绘了士、农、工、商等各种人物。这些壁画约占整体壁画的五分之一。目前，在其他地域的相同题材的

东壁·骑驴撑伞的大家闺秀

風調雨順

东壁 · 龙王及仙人诸希默

东壁·吹号打鼓的使者

东壁·行云布雨图

壁画中，未见如此表现者。一般的描绘只是画十几厘米的小人物匿于画面下部，以此隐喻风调雨顺、国泰民安。这两幅壁画色彩华丽，造型夸张，整体风格统一，神祇人物刻画精美，尤其是下部画面人世场景的描绘，处处体现出一派田园风光。壁画整体保存完好，色彩依然鲜艳，宛如刚刚绘成。

东壁 作为整殿壁画的开端，东壁壁画并未绘制“龙王出行图”，而是直接将故事推向高潮。画面上方描绘的是龙神“行云布雨图”，图像之名源自画面北侧一名乘骑的判官，其手中所持折页背面上书有“和风甘霖”四字。西壁同样位置描绘的则是此神在行雨完毕后将折页叠合，折页封面上有“行云布雨”四字。由此可见，此折页内容乃是布雨时祷念的经文。画面的中心位置为一官一道两个人物，两人的衣装截然不同。

前者为龙王，身着云纹红锦曲领公服，腰系束带，展现了宋代官服的典型样式。龙王头戴“貂蝉冠”，但此冠与宋代《范梦麟像》中的有所不同，既没有纤巧的设计，也无貂尾，只是基本保留了“貂蝉冠”的样式，采用贴金镶嵌的方法来表现其华丽精美。这种装饰手法与明代皇

东壁全图局部

冠采用的“金丝镶嵌”技法颇为相似，显然蕴含着一种“古今结合”的造物思想。宋代对官服的制作有着严格的规定，而在寺观壁画最为繁荣的宋朝，官服也成为后代争相模仿的经典。图中的龙王手持金碗，碗的大小仅单手便可盈握，碗上有凸起的双“喜”字，碗内盛湖海之水，波涛汹涌，翻滚激荡。这种布雨的法器体现了典型的中国浪漫主义夸张手法，即“碗内乾坤大”。

后者呈现道人模样，青衫道服，金冠束发，手持柳枝，长髯飘飘。由此可知，此人应是在此坐化的“仙人”诸希默。龙王和道人作为画面的中心，均乘火云青龙，显得尤为飘逸。两人身旁的侍从包括仙界诸神、城隍土地。画面上部绘雷公电母、风伯雨师，最后方还有一名黑脸驱车奴仆，他头戴红色幞头，面目可憎，车内装有五个大坛，坛内装有江河湖海之水。这些坛子的功能与龙神手中“海碗”的功能相仿，都是施雨的法器。

在画面前方，绘制了仪仗鼓乐鸣金开道的场景。四直功曹在云头上接引神驾，在两位主神的下方则是一组海怪精灵，包括蚌精、螺人、鱼怪等。此外，还有几位龙宫神将手持宝瓶，正在普降甘霖。画面中的云纹与一般寺观壁画的勾线重彩大不相同，采用粗重的水

东壁（下）· 风雨兼程图

墨线条略施淡墨晕染，云纹重重堆叠，涡卷翻腾，整体画面有一种乌云滚滚、气压低沉的压迫感。透过层层乌云，雨水以淡施薄染的迅疾手法铺陈出来，非常逼真。

东壁最下部的画面是整幅画的高潮部分，共有17位人物出现，包括士农工商、贩夫走卒等。从内容来看，此幅画应改名为“风雨兼程图”。画面中整体描绘了艰辛赶路的路人，看似平淡的场景却蕴含着深刻的寓意。在画面的左下方，两名农夫仰天摔倒，上方横空腾跃着一条巨龙，巨大的龙爪抓起一名散发之人正飞入云层，这种场景无疑会让人感到惊恐万分。然而，画面中并未明确为何要抓起此人。在山西民间自古就有下雨打雷“龙抓人”的传说，细究原因，这里的龙应是一种象征手法。图中树下摔倒的两人印证了一种古朴的雷电传导的观念，“龙抓人”正是下雨天树下避雨惨遭雷劈的间接体现。画师试图通过图画的静态语言来传递出声、光、电的视觉映像，引发观众的“脑补”。同时，“龙抓人”的戏谑之语也规劝人们心向善，体现了“因果报应”和“天理循环”的宗教寓意。

此图的右侧同样是一幅颇具动态的图像，画面描绘了两人在风雨交加中的情景：一人的草帽被风吹到了半空中，他正欲抓住帽子，却因狂风大作，几乎被掀翻；另外一人腰系

东壁（下）·龙抓人

东壁（下）·两人受困风雨

东壁（下）·骑驴持伞的大家闺秀

细节观察

东壁·弹唱艺人

弹唱艺人双目紧闭，肩披褡裢，内有一乐器，从露在外面的弦轴来看应该是“三弦”。这种乐器起源于秦朝，唐代时一度被认为是少数民族的乐器，元代时作为元曲的伴奏乐器逐渐盛行。其乐音浑厚，演奏方便，逐渐被民间说唱艺人用作主要的伴奏乐器。

围裙，显然是一名厨子，情急之下他竟然用砧板挡雨。这幅图像表面上描绘的是人们受困于风雨的情景，实际上间接地描绘出当时风紧雨急的状况。其中，最引人注目的是周围树木的烘托，画面中的柳树枝条横飞、几欲摧折。为了突显情势的危急，“风雨兼程图”共用了四棵柳树来强化这一效果。与此对应的西壁壁画为了描绘风和日丽之景，只绘制了两棵柳树，可见画师善于经营画面。

下方画面的中部绘两名大家闺秀，她们在风雨交加中毫不慌张，骑驴持伞，悠闲前行，谈笑风生，全然一副闲适听雨状。两人身后紧随一名官家侍从，虽然他畏雨缩首，但也只能快步跟上。左侧女子披云肩，项间为“竖领花眉子”，这是明代典型的装束，显示出她尊贵的身份。右侧女子则身着清代典型的绲边女服，衣长且袖宽，下身穿裤管肥大的“撒裤”。值得一提的是：两人手中的雨伞十分别致，一红一青，伞柄朱漆涂髹，伞骨由竹木支撑，在狂风骤雨中依然完好无损，其工艺质量让人叫绝。尽管山西不是产竹之地，但制伞的工艺由来已久。最著名的是清代光绪年间京城桐油纸伞名家高丛希。他做的伞品质优良，成为达官名媛们争相购买炫耀的名品。

两女前方绘一组“弹唱盲者”的画面。弹唱艺人双目紧闭，肩披褡裢，内有一乐器，

东壁（下）·樵夫及毛驴

东壁（下）·携子归家图

从露在外面的弦轴来看应该是“三弦”。这种乐器起源于秦朝，唐代时一度被认为是少数民族的乐器，元代时作为元曲的伴奏乐器逐渐盛行。三弦的乐音浑厚，演奏方便，因此逐渐被民间说唱艺人视为主要的伴奏乐器。画面中，这位“弹唱盲者”并非独行，他的左手拿一根竹竿，前方有一人挟竹竿引导他前行。同时，“弹唱盲者”的右手也持一竹竿拄地击打，生怕失足跌倒。褡裢上有字，但由于年代久远，已经模糊难辨。“弹唱盲者”腰系葫芦，是他饮水的工具，身上再无他物。这位江湖飘零的“弹唱盲者”唯有艺友相助帮扶，让人在唏嘘之余也感到一丝宽慰。

西壁：雨歇回宫图

“弹唱盲者”前方绘一组樵夫和农夫。他们在大雨中仓皇奔走，人群中间夹杂着两匹毛驴，被不停地鞭打。最右侧的画面则是一幅“携子归家图”：图中一人撑伞小跑，身后的孩童由于地面湿滑不慎摔倒。门厅内的母亲引颈探首，心疼不已，浓浓亲情跃然壁上。画师在结尾部分仍

西壁（下）· 农夫扬场图与长老祭祀图

嫌画面意境浅显，于是在庭院东房内描绘了一肥硕痴傻之人呆坐窗内，正透过珠帘向外张望。此人的目光投向画外，正与观画之人对碰，恍若有种“我看壁画人，壁画人瞧我”的感觉。此人是否为画师本人的影射，令人揣度。

东壁的“行云布雨图”在人物情节的布局上动静相宜，通过描绘龙王圣器施雨、雨师驱龙降雨和海族精怪普降甘霖的手法，生动展现了这场瞬间倾盆的大雨。作为大雨的受众，无论是行色匆匆的路人，还是山石树木，都透露出一种欣然接受的喜悦。就连双目失明的艺人，也在这场大雨中感受着“洗礼与锤炼”。这种情绪是人物整体的动势带给观者的感觉，也真实反映了祈雨仪式在我国古代农业祭祀中活跃的民间自觉意识。

西壁　此处上方的画面场景名为“雨歇回宫图”，描绘了龙王行雨完毕回宫的场面。画面中，除了鼓乐声响彻云霄，其他一切都归于平静。众神收起法器，相互顾盼，耳语谈笑。画面中心的龙王与诸希默仙人似乎也在讨论着什么，龙王抚髯而语，仙家则是双手持笏，凝神细听。站于两神中间、双手捧罐的童子颇为有趣，他双目并未注视两神，而是看向观者，仿佛与观者对视。这种绘制是否是作者的有意安排不可得知。在西壁图中，两神的坐骑由龙变马，龙马互换在中国的古典小说中经常看到，这也是西壁壁画趋于安静的重要标志。画面左侧上部有一名童子头戴金箍，双手抱捧一鼓腹长颈云纹瓶正在施放彩虹，

西壁（下）：休憩的农妇们

西壁（下）· 休憩的农夫们

西壁（下）· 长老祭祀图

西壁（下）·牺牲图

一道彩虹自瓶口而出。这一场景与其他壁画的刻画有着较大的差别：人物数量减为一人，法器改为瓷器，更加生活化。清代统治者对瓷器青睐有加，民间将精品瓷器奉为宝物是再正常不过的事。此类壁画对当时生活的描绘细致入微。形象发生改变的还有城隍与土地神，两位神祇由东壁的恭送改为恭迎。再观上图中的云纹，就会发现虽然云纹是以连续的小弧线构成的，但在线的组合中仍然不忘将其作为神祇的背景。多层次的描绘除了使用染低法来表现层次，用白线加以提染也是为了更好地表现云头的高光，这种双重增加立体感的方式是画师的创新之处。

西壁下方共有三幅图，左起第一幅为“打谷场上作业图”，描绘了众人粮食丰收后在打谷场上挥汗作业的场景。图中共绘有十人，左起的六人为四名农妇与两个孩童。最北边的农妇头戴青袱，这是农家劳作时常戴的头饰，可挡灰尘。画面中的这名农妇正在吸旱烟。烟杆由中空的竹木制成，头部一般为铜制的“烟锅”，烟袋则系于烟杆上，方便填充烟丝。在晋中地区，女性吸旱烟是由来已久的习俗。这幅图可以证明清代时这一习俗仍然存在。

在吸烟女子的旁边，一名哺乳的少妇形象引人注目。该女子正面露乳而哺，这种大胆的描绘在当时颇为罕见。不过，她并未因此显得轻浮，反而衬托出她母爱的伟大。女子右

北壁东侧·广寒宫仙女图

北壁西侧全图

侧的前方是一辆卧式风扇车，这种风扇车是在明代风扇车的基础上改进而来的，它的特点是脱粒之后，糠皮分离更加彻底，风力也更大。此类风扇车需要两至三人共同操作。画面描绘的打谷场上的作业已接近尾声，有的农妇在吸旱烟、哺乳，有的将工具置于地上，坐着休息。打谷场上的农夫也已劳作完毕，有的在抽烟，有的在擦汗休憩。从图上的人物数量和男女比例来看，这场劳作显然是同村村民间的互助行为，这是农村常见的一种协作式的农业生产方式。

第二幅图为“祭天图”，图的中心采用了与第一幅图同样的堆谷成山的方式，将农具全部插进堆好的粮食中，其中有杈、铲、帚、连枷、簸箕、笸箩等典型的北方农具。谷堆前，有一个身着官服的人，正携两个孩童祭拜农神。祭祀用的长条几案上放着香果供品，旁边还有一名官差手持噼啪作响的鞭炮。在我国北方地区，对于农业的崇拜在明、清之后逐渐转变为非官方的“淫祀”，然而“龙神信仰”的普及并没有影响“正祀”文化在民间的传播。在乡村的祭祀中，“多神信仰”与日常化的习俗将原本严肃之事变成一种普遍的文化形态，人们将祈愿与农业生活紧密地联系在一起。这种宗教与民间习俗的结合使得“龙王信仰”得以传播到各地。

第三幅图是“牺牲图”，画面中的表达更加直白。手捧供品的官员引领着其他人正在赶往一宗庙中进行祭祀，他们身后还有一只披红挂彩，但奋力反抗的山羊。这表明：活祭在清

细节观察

西壁·风婆和电母
协助龙王完成布雨任务后的风婆和电母，神情轻松又略显疲惫地坐在云水车中，与众神一起回宫。

代的祭祀中仍然存在。图中寺院的大门上方有一匾额，上书“诸龙寺”。此图的绘制体现了当时建筑界画的高超技艺，让我们有幸领略到当时诸龙寺的宏伟气派。这种“即时广告”的手法在此类龙王庙中比较普遍，人们希望通过这种宣传方式来推动信众人数的增多，同时也昭示着此庙的功能之一就是祈雨。这种心理暗示是非常有效的，无论灾荒还是丰收年景，对来年的美好祝愿都是人们共同的心愿。因此，诸龙寺的香火能够绵延至今，有着坚实的信众基础。

虽然西壁与东壁有着相对称的构图，但整体动、静对比悬殊，使得两墙壁画特征鲜明。西壁祭祀部分的描绘展现了秋收之后恭敬天地的主体含义，东壁描绘的滂沱春雨则可以理解为耕种时天降甘霖。因此，东、西两壁下部的整体含义就是“春种秋收”，是农业物候历的间接映射。

东、西两壁的画面采用了同向北壁行进式的构图，这传承了传统寺观壁画朝圣图的意味，也间接地表明了大殿北壁中心的毁损塑像应该是龙王像。尽管历代的灾祸战火已将其摧毁，但“朝圣式”壁画的向心力“不改初衷”，传递着“龙神信仰”在民间植根的强大能量。

从晋中、晋北和晋西北地区的遗存来看，诸如此类的龙神庙祠不胜枚举，可见当时此类造像程式已蔚然成风，成为定式。然而，其间总有一些不甘寂寞的民间画师，他们想要在此描绘春秋，写尽生活。画面下部人物场景的超越规格的描绘，充分展现了民众表达人性、崇尚自然、守望家园的美好祈愿。

㉔ 忻州·河曲

观音堂

山西省忻州市河曲县刘家塔镇下养仓村西南侧，有一座名为“观音堂”的三殿古庙。该庙宇现已颓败倾塌，毁损严重。目前遗存的建筑有正殿和东、西配殿。正殿为观音堂，东配殿为关帝殿，西配殿分别是娘娘殿和马王殿。这三殿均有壁画。

正殿　此殿东、西两壁有壁画遗存。壁画下部剥落严重，壁面高约为2.2米，宽约为4.95米，面积约为11平方米。壁画内容描绘了观音菩萨的经传故事。图式排列方式为正方形连环构图。东、西两壁各绘有21幅图，但东壁左下方3幅画面和西壁右下方4幅画面完全损坏，其他35幅画面可见。尽管庙内无碑记记载，但从正殿西壁壁画的风格来判断，此殿壁画应为明代作品。壁画中大量的青绿色调兼配朱砂，使得整体色彩均衡，看上去典雅精致。这一特征与山西同时代的壁画颇为相似。

东配殿　该配殿为关帝殿，殿内东、西两壁均有壁画，共绘有关公的32个故事。画面风格较之正殿明显呆板了一些。虽然壁画赋色丰富，但造型较为刻板，推测应是清代绘制的。此种类型的关帝殿分布很广，图像的程式化非常严重，构图中也缺乏创新，这也是此类关公图的一大弊端。

娘娘殿西壁·百子图局部

娘娘殿西壁全图·百子图

娘娘殿西壁·百子图局部

西配殿 观音庙的西侧配殿由娘娘殿和马王殿组成，两殿均有壁画。马王殿南、北两壁的壁画分别为“马王爷出巡图”与“马王爷回宫图”，壁画高约为1.87米，宽约为1.14米。这些壁画的内容、形式与朔州及大同一带分布的马王庙相似，展现了三头六臂、骑马出巡的马王及其身边的神将鬼卒。由此可见，雁北一带的神祇在地域的分布上互相影响，形成了较统一的图像模式。

娘娘殿的壁画最为精彩和有趣，虽然不完整，但西壁完整地保留了一幅“百子图”。这幅“百子图”是整座庙宇的点睛之笔，不同于雁北其他神庙宗祠的壁画样式。画面高约为2米，宽约为3.2米，以青绿色为底色，描绘了一名端庄的女子手托一个孩童，周围绘有众多孩童戏耍的场景。在我国古代，由于生产力的关系，生育与繁衍一直是社会结构的重要组成部分。因此，“观音信仰”与“娘娘信仰”一直以一种隐形的生殖崇拜对宗教进行着重新架构，人们在祈福的过程中将求子放在重要的位置。类似的图还有“百婴戏”和“弥勒戏婴图”，由此可见，无论佛与菩萨，在汉传佛教的演化过程中，功能与寓意不断地提升与加深。这种变化的原因自然是血脉延续的诉求必须借助佛教。因此，在对繁衍生息的精神寄托上，画师通过增加人物的数量来强化语境。类似的“百寿图”和“百福图”都有异曲同工之妙。

这幅画以独幅的形式来表现，但“群婴戏”部分可以分为四组进行情节分析。画面的中心位置绘制了送子娘娘，画师并未将其置于画面的正中，而是由于送子娘娘面部朝右，将其安置在画面左侧，使得画面右侧的空间显得更大。这种布局使得送子娘娘的位置处于黄金分割线上，主体人物突出而不显突兀，灵动而不呆板。由于送子娘娘在体量上最大，是画面的主角，因此大量的孩童被安排在画面右

娘娘殿西壁百子图·群婴戏局部

细节观察

娘娘殿西壁百子图·群婴戏（局部）

画面中央描绘了“百子图”的外向表现——“群婴戏”，图中的小孩或做游戏，或拿玩具。图像虽然定格、静止，但欢声笑语似乎由画面传出，不绝于耳。这是孩童世界的完美展现，也是对美好生活最直观的表达。

侧，以平衡画面的空间组合。送子娘娘手中所托孩童单脚站立，一手持金钥，朱唇轻启，身穿红肚兜、绿长裤，憨态可掬，正是“胖娃娃”的典型造型。这样的孩童形象寄托了家庭美好与幸福的愿望，是明、清以来民间美术造型的主要样式。送子娘娘的形象展现了现实主义的风格，普通的服饰，平和的脸庞，俨然一副古代家庭主妇的模样。“百婴”是画面的灵魂，图中的孩童可分为两类：一类头戴发冠，身着长袍；另一类则穿着肚兜、长裤，天真无邪。前者有八名，分布在画面各区域，引领各组群，使画面在浏览过程中更富有趣味。

画面上部左侧有八名孩童（送子娘娘手中的孩童除外），其中戴发冠者有四名，最右侧小孩手中拿一顶状元帽，高高举起，引得旁边的小孩跳起争抢。另外还有两名小孩手中捧书，这一场景使人想起“五子登科”的说法。这不仅是我国古代教育颇具代表性的榜样范式，也是我国古代儒家文化对教子育人的典型垂范。

在画面中央，描绘了“百子图”的外向表现——“群婴戏”。图中十余名小孩或戏鸟，或做游戏，或拿玩具，或追逐嬉闹。尽管图像是静止的，但欢声笑语似乎由画面传出，不绝于耳。这是孩童世界的完美展现，也是对美好生活的直观表达。

在画面右侧下方，描绘了“习武图”，寓意“文武之道，一张一弛”，表现了我国自古对文武之事的关注。图中的小孩有的拉弓射箭，有的持红缨枪戏耍。这种描绘与左侧读书的孩童形成呼应，表达了人们对于文化与武艺并重的祈愿诉求。

娘娘殿西壁百子图 · 群婴戏局部

娘娘殿西壁·群婴戏(局部)

画面左下方的一组画面描绘了一群孩童在摆弄祭祀用品，谓之“行礼图”。显然，“祭祀”在此是“礼”的代名词。这种含蓄的表现强调了人生而知礼是教育中必不可少的素质，表现了传统儒家的精神在古代艺术解读中的意趣。

观音堂壁画对传统木版年画和纸本绘画艺术进行了大胆借鉴，摆脱了佛、道神祇的造像规范和宗教的束缚，展现了童趣和自然祥和。画面中，青草萋萋，远山的烟岚构成了一幅安详静谧的人间乐土，如莺的童声在山谷之间盘旋回荡。这种超脱的艺术表现，在人性光辉的映衬下，显得别具一格。

中国绘画的雅致人文精神往往关注的是成人世界的情操格调，对孩童的描绘则较少。然而，作为构成人类的基本单位，孩童是家庭欢乐的重要源泉，也是连接未来的重要桥梁。能够如此细致地对这些孩童进行描绘，不仅表现出对生命的最大尊重，也反映出人们回归本真的内心独白。

娘娘殿西壁百子图·局部

㉕ 朔州·朔城

三大王庙

位于山西省朔州市朔城区神头镇吉庄村东南隅的大王庙，地处雁门关外。据金代遗存碑记《重修桑干神庙记》载，该庙祭祀的主神为拓跋，庙号桑干。“桑干神庙”是庙之初建名，而“三大王庙”是后人通俗的称呼。这种情况在中国的民俗中并不罕见。拓跋一姓源于北魏。从残存的石亭和重修碑记中可知，此庙最早于明天顺三年（1459）修建，清乾隆九年（1744）续建，清同治八年（1869）和民国十三年（1924）两次重修。然而，关于北魏是否有建筑存在，仍有待考证。“三王”被当地人称为“拓跋广济、拓跋宏济和拓跋普济”，但从《魏书》来看，并无此三人。从字号分析来看，拓跋作为宗姓大族，代表了北魏王朝在朔州、代县的兴起，留下了标志性痕迹；普济、广济和宏济则带有强烈的佛教意味，这是为了增强宗教意味而赋予的名称。史料推理表明：在北魏建朝之前被称为“三王”的有拓跋禄官、拓跋猗迤、拓跋猗卢。这三人在拓跋珪统一北魏前雄踞一方，为北魏王朝的进一步发展奠定了基础。借用这些历史人物来扩大宗教影响是符合历史客观性的推论，同时雁门关外的肥美水草也使得鲜卑一族在朔州、代县繁盛起来，这也是不争的事实。

东殿东壁局部・众伎乐图

正殿·四直功曹（局部）

正殿：龙王行雨图

吉庄村三大王庙正面共有三殿，正殿为三大王殿，东殿为龙王庙，西殿为马王庙。其建筑风格具有典型的明以后神社庙宇特征。正殿内有三尊彩塑，但已遭到严重破坏，虽然后来修缮过，但已经失去了昔日风采。三位主神身后绘制了四直功曹和诸仙，画功精湛，色彩鲜艳如初。尤其是四直功曹的刻画，栩栩如生，静中有动，年、月、日、时四神根据人物的年龄进行了巧妙的安排，既威猛又雅致。

正殿·四直功曹（局部）

正殿东、西两墙壁画高约为2.6米，宽约为2米，描绘的是龙王出宫布雨图和回宫图。由于遭受了严重的侵蚀，加上多年前保护不力，画面漫漶不清。不过，如果仔细欣赏，其中的每个人物仍能辨别清楚，水晶宫里的龙王母、龙王母使臣、电母、风婆、雷公、乐伎等参与龙王布雨者依然可见。此壁画有鲜明的晚清特色，色泽艳丽，大量使用红、黄、蓝色。尽管经历了近百年甚至更长时间，色彩仍然鲜亮。

大王殿北壁原有三大王、天官、电母、四直功曹等画像。然而，在前几年寺院维修时，有人趁机割取了北壁的部分壁画。如今壁画上仅剩下功曹、电母等八位神祇，壁画已不再完整，甚为遗憾。

东殿（龙王母殿）：北壁诸神及东、西壁龙王行雨图

北壁　此处画面中并排端坐着九位神祇，中间的是代表民间俗称的“奶奶”的龙王母，两侧戴冠的五位是“五龙神”。自明、清以来，五龙神一直是中国北方地区祭祀的主体。由于他们具有降雨的功能，因此符合北方干旱的地理特征，被广泛地供奉在城乡各地。龙王母右侧最边上的两位穿蓝袍者是太上老君（亦有人认为是水官）和文曲星君；左侧最边上是一位手持葫芦、穿着红色道袍的道家仙人，有人推测他是财神赵公明，也有人说他是汉钟离。

龙王母身后，戴着狮头、狐狸帽子的两位是她的文、武侍从。其他神祇包括风婆、电母、雷公、雨师、四直使者等。

大王殿（正殿）东壁局部·水晶宫内龙母图

此殿东、西壁画面高约为2.65米，宽约为2.92米，其图像样式基本与正殿相同。东壁为龙王出宫布雨图，西壁为龙王回宫图。尽管人物结构和场面布局相似，但随班乐伎人物的排列方式和数量存在差异。在同一庙宇中，存在相同题材和表现内容的壁画非常罕见。综合分析两殿壁画，我们可以发现：正殿大量使用薄料颜色以及绘制技法的稚嫩，都间接证明了正殿壁画的年代要晚于此殿。

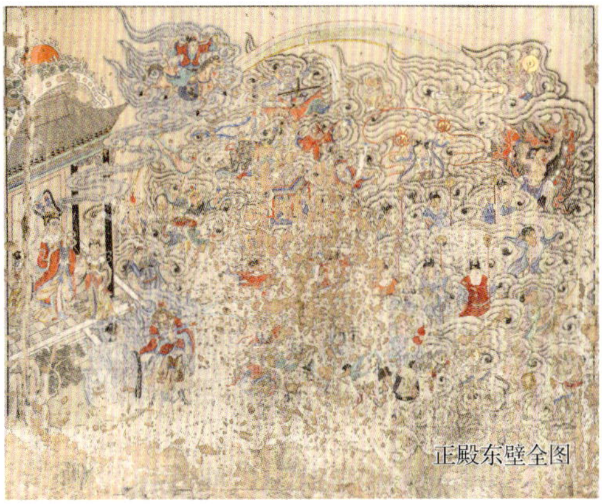
正殿东壁全图

正殿西壁全图

东壁　此处壁画绘龙王布雨图。五位龙王驾着巨龙，腾跃于云海之中，手持法器，开始施法，为当地百姓降下甘霖。画面中心绘游行祭祀的“抬轿”，由四个鬼卒龇牙咧嘴地抬着行进，虽然只是一个缩小版的宫殿模型，但好似千钧一般压得这些鬼卒喘不过气来，表明轿内盛放着非同一般的宝物。

在该壁画的最上方，气定神闲的“风雨雷电”诸神各自展示神通，开始“行云布雨”。雷神全身被赤焰包围，擂响连鼓震撼天地；电母手持金钹，驱驰霹雳。当然还有车载“五湖四海”的雨师和手持宝瓶施放彩虹的童子，各位神祇各司其职，忙得不亦乐乎。白髯飘飘的四目仓颉此时也正挥动着手中的长尺助力降雨，场面热闹非凡。画面的下方绘有“黄道十二宫”的星座。画面的最下方增加了一些民俗的场景，有燃放爆竹的孩童和祭祀祖先的百姓，似乎在为普降的甘霖欢庆，一幅幅生动的农耕生活画面与云端的热闹场景相映生辉。

西壁　此处绘龙王回宫图。由画面可见，西壁的壁画内容是延续东壁的故事。其构图与汾阳圣母庙壁画的构图非常相似。在画面的中心位置，汾阳圣母庙壁画描绘了金龙拉辇的轿子，而此处描绘的是“四鬼抬轿”；汾阳圣母庙壁画上是可以乘坐的轿辇，而此处实际上是仅供盛放宝物的双层殿庑祭祀台。这种祭祀“专用轿”在我国北方地区现在已经很难见到。然而，令人欣喜的是：在我国福建沿海地区以及日本仍然保存着这

1.东殿西壁全图
2.东殿东壁全图

种“抬轿”祭祀游行的方式，如日本的“神田祭”。我国北方地区将这种“抬轿”游行的方式融入了民间社火——“划旱船”。划旱船是朔州地区每年正月十五的主要游行项目，通过中空的旱船，“摆渡”者将舞蹈与祭祀习俗很好地保留了下来，使得“龙神信仰”深藏于民俗文化中。

汾阳圣母庙与吉庄龙王庙壁画在画面中心轿乘图式上存在较大相似性，但在功能设计上相差甚远，视觉中心的设计更是有天壤之别。汾阳圣母庙壁画的视觉中心无疑是中心轿乘，而此殿壁画的中心在画面的左边。一般来说，一幅图通常会聚焦在画面的中心，即使在我国绘画传统中的散点透视，通常也不会将边角作为画面的焦点。初看东壁壁画，我们会觉得右侧的龙王母和中心的“抬轿图”十分抢眼。但仔细观看之后，我们会发现所有的视线都朝向画面左侧边沿的“伏龙图”：盘曲在树干上吟啸的恶蛟、手持宝剑怒斩恶蛟的龙神以及利用牵引棒拉拽蛟龙鼻子的鬼卒。画面中，云龙翻卷，杀气腾腾，使得画面高潮迭起，动态十足。令人注目的不仅是这场风云突变的打斗，还有画面中的神祇。无论是端庄的龙王母，还是伎乐神将、天官雷神，都在聚精会神

东殿东壁全图

地观看。面对这场激战，大家忘却了仪式的庄重，纷纷屏住了呼吸。然而，有一组神祇却游离于画面之外。伏龙图上方最近的两位天官全然不顾此情此景。上首的天官将下方天官的官帽摘走，手抚其光头，阴笑不已；下方的红衣天官不甘被辱，左手拽住对方的胡须，窃喜着。两位天官虽身处激战中，却摆出一幅与己无关的姿态，令人忍俊不禁。

在伏龙图中，只有一位龙王参与其中，其他四位龙王则两两相伴，分布在画面的东侧上部和下部。他们的衣冠帽饰与北壁的五龙形象完全吻合。与北壁吻合的形象还有龙王母、四直功曹、雷公、电母、雨师、风婆。这种再现式的绘画非常罕见，并且突显了神祇的重要性。民众对民间社神的直观愿望表达得非常清晰：送子、求财、祈雨成为主要的目标要求。然而，令人存疑的是：伏龙图的主角是一位龙神，即使他是一条危害乡邻的恶龙，龙王斩蛟的场景似乎也很难使人完全相信。那么，这五位不是龙王又会是谁呢？此殿壁画是正殿壁画的复制品，细细揣摩似乎可以找到答案：也许这五位龙王才是北魏拓跋氏的象征。在中国文化中，“三”代表众多，“五”则象征一群，如“三皇五帝”“五方五帝”。少数民族在入主中原之后，往往会有多个藩镇王侯。北魏的鲜卑拓跋部同样在开国之时众王分藩，以“三王”为基础，加入拓跋珪与拓跋宏就构成了“五王”。这“五王”也是北魏历史上影响深远的人物。那么，龙王庙的“五龙”是

东殿北壁·龙王母及五龙王、雨师等诸神图

否就是这“五王”的象征呢?

在朔州地区,“龙王母”也被称为“拓跋公主”。金代遗碑中载:“询之县民,有曰:‘以故老相传,神有三王,谓之兄弟三人,母即拓跋公主。’或曰:‘饮是泉而诞三王,次者能伏桑乾之龙。’而旧庙象尚有龙俯伏之状存焉。又于庙西壁绘画母子仪象,所传数百年不绝。”这段碑文清晰地表明了正殿的“三王”是龙神,而他们的母亲就是拓跋公主。既然是传说,并且延续了母系氏族“无性而孕”的说法,那么指向自然的意图就再明显不过了。鲜卑族的草原文化与汉族的中原文化的融合诞生了母系氏族的宗教信仰。“三王”生而为龙喻示着天子气象的形成,而“能伏桑乾之龙”自然是对东壁壁画“伏龙图”最好的诠释。无论是“三王”还是“五龙”,讨论名俗源流似乎只是一种赘言,更重要的是它们代表的历史和文化内涵。“公主”“龙王母”和“三王”“五龙”也许在历史的口口相传中失去了宗教的本真和仪式的严肃,但它们的内核精髓在与民族文化的碰撞中产生了新的架构,并被赋予了地域文化形态。

除此之外,画面还描绘了“风雨雷电”诸神以及掌管“年月日时”的四直使者。画面下方则描绘了“黄道十二宫”中的巨蟹、摩羯、双鱼等星座,这不仅是对“外来星象”学文化的描述,也证明了这块土地对异域文明的包容与融合。

东殿西壁局部·水晶宫龙母与乐伎等图

东殿西壁 · 判官嬉闹与黑龙王斩恶龙图

东殿西壁·五龙归宫图

画面最下方展示了一些农耕稼穑的场景，这些场景是民俗祭祀中常见的表现方式，用来祈祷风调雨顺，同时也是生活在雁门关外这块贫瘠土地上的人们深切的祝祷。

西殿：马王爷驱瘟图

正殿西侧是马王爷殿。殿内正面的壁画上绘三尊神像，中间为马王爷，两侧为药王与山神。殿内东、西两壁各有一幅壁画，高约为2.4米，宽约为2.99米。东壁壁画描绘了马王爷纵马驰骋、率领诸仙斩杀瘟神的场景。画面中，马王爷身有六臂，面如黑炭，一只倒竖的眼睛生于双眉之间，手中持宝剑、铜镜、弓箭、翻天印，冲向诸妖。

画面中的瘟神包括“大耗小耗”“凶宅恶鬼”以及五瘟中的“鸡瘟”和“兔瘟”等。这些瘟神或蛇身双头，或人身兔头，或人身鸡头。画师利用人与动物的合体来描绘这些祸害

东殿西壁·龙王出宫行云布雨图

人间的魍魉。西壁壁画则刻画了马王爷统领部众收服瘟妖，并将其押解回宫的场景。画面情节设计巧妙，强化了视觉表达的连续感，充满了丰富的想象力。然而，画风过于夸张，造型失衡，导致画面比例不够和谐。相对拙劣的绘制技法是这殿壁画的硬伤。

吉庄三大王庙壁画是明、清时期我国北方地区“龙神信仰”图像化的代表作，在保留原有图像样式的同时，它融合了佛、道壁画的造像要旨，并强化了叙事功能和空间整体布局的把控。画面利用地面纹样来衬托人物，从而增强美感；大量器物的贴金工艺亦起到了很好的点缀画面的作用。在整体画面中，神祇人物穿插在云雾中，为图像整体增添了一份缥缈空灵的感觉，全然没有一般“行进分组式”画面的简单程式化。如果在控制力上存在偏颇，就会导致画面失衡，这正是对画师组织能力的一大考验。在山西北

西殿北壁・马王爷及部属神像

西殿北壁·山神像

西殿北壁·药王像

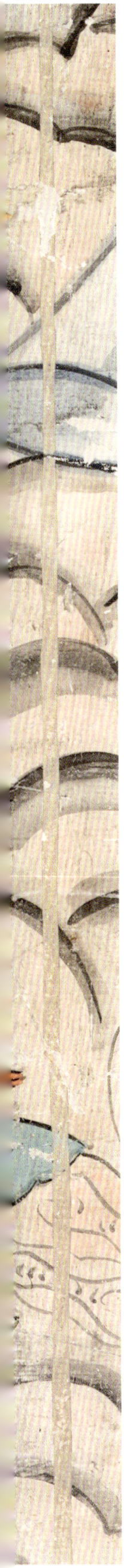

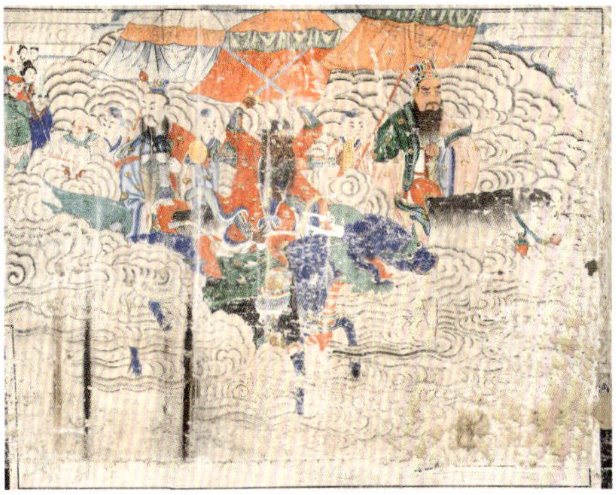

1.马王爷押解瘟神图局部
2.马王爷出宫巡视图
3.马王爷归宫图

部的许多地方，虽然有此类题材的壁画，但能够刻画细腻、人物生动的作品并不多见。画师巧妙地将大量的星宿和民间祭祀图像融合在画面中，既强化了祭祀功能，又完善地表达了我国传统的“天人合一”思想。

此殿壁画虽然影射了北魏拓跋氏在朔州、代县地区的遗迹，但也展现了汉民族的文化基因与其他文化的交融。塞外的民族通过这些图像追忆北魏建国的辉煌，画面仿佛被历史的阵风吹开，显露出这片土地曾经的记忆。在遭受不幸或困厄时，先民们总是不断地向神佛发出祈祷。离开了威严浩大的佛、道“主宰”，龙王成为他们最愿意倾吐心声的对象之一。这些先民的精神期盼在于：将各种传说与当地的民间故事相融合，营造出符合他们期望的龙王形象。

㉖ 大同·平城

华严寺

华严寺位于山西大同古城西侧武定街（原大西街）的南隅，是大同古城内一处营建时间较早的大型寺院。

《辽史》记载："清宁八年（1062）建华严寺。"当时，华严寺拥有南北阁、东西廊、宝塔、斋堂、影堂、厨库及陀罗尼经幢等建筑。辽保大二年（1122），寺院在战火中大半被毁。金天眷三年（1140），通悟、慈慧法师等人重建该寺，现存的大雄宝殿就是在此次重修中建成的。明万历年间，寺院分为上、下两寺。1963年，上、下华严寺合二为一，形成了今天的格局。

华严寺坐西朝东，这是契丹人崇拜太阳的习俗在寺院建筑中的体现。上寺位于北面，以大雄宝殿为中心，分为两进院落，自东向西依次排列有山门、天王殿、大雄宝殿。大雄宝殿与天王殿之间的南、北两侧，分别修建有左、右对称的观音阁和地藏阁。除大雄宝殿为金代建筑外，上寺其余建筑均为清代建筑。下寺以薄伽教藏殿为主，两进院落，沿中轴线向西依次是山门、天王殿、薄伽教藏殿。教藏殿为辽代建筑，其余建筑为明、清建筑。

西壁南尽间·“七处九会”第一会

西壁南尽间·“七处九会”第一会（局部）

壁画所在的大雄宝殿于金天眷三年(1140)重修，面阔九间，进深五间，为单檐庑殿顶建筑，总面积约为1559平方米，坐落在近4米的高台之上，是我国现存规模最大的古代单体木结构佛殿建筑之一。

华严寺大雄宝殿现存的壁画高约为6.4米，宽约为136.8米，总面积约为875.52平方米。华严寺壁画是中国现存单体殿宇中面积最大的壁画，其总面积在山西省内的壁画遗存中排名第二，仅次于名闻遐迩的元代永乐宫的壁画面积。壁画分为两层，底层绘制于明代，表层绘制于清代。现存壁画主体部分是由大同本地画师董安与其弟子于清光绪四年(1878)依据原有的壁画形象重描的。华严寺大雄宝殿壁画的题材颇为丰富，这在其他佛寺单体大殿是罕见的。壁画内容分别为《华严经》的“七处九会”场景、《佛传故事》或《佛本行故事》以及《善财童子五十三参》《孔雀明王法会图》《西方净土经变》《十六宝观》《千手千眼观音》《水月观音》《药师佛会》《释迦牟尼说法图》《禅宗法衣传嗣图》《初转法轮》等。

壁画涉及的《华严经》核心内容——“七处九会”和“善财童子五十三参”分别分布在西壁、南壁和北壁上，没有严谨的布局。尽管这样的布局为观者的欣赏提供了便利，但似乎又与华严宗修行者秉持的意愿相违。因此，我们在介绍时打乱了一般由东到北的顺时针顺序，而是依照《华严经》的核心内容进行安排。

西壁南尽间、南壁与北壁：七处九会

西壁南尽间　西壁壁画高约为6.45米，宽约为51.9米，总面积约为334.76平方米，是山西现存寺观壁画中最大的一幅。从南至北，其内容依次是“七处九会”的第一会——“菩提法会”以及《水月观音》《药师佛会》《禅宗法衣传嗣图》《释迦牟尼说法图》《禅宗法衣传嗣图》《初转法轮》《善财童子五十三参》。

在《华严经》中，“七处九会”指的是释迦牟尼在七处地点举行的九次法会。这九次法会依次在以下地点举行：第一会菩提场中，第二

南壁·“七处九会”第九、第七、第五、第三会

会普光明殿，第三会须弥顶妙胜殿，第四会夜摩天，第五会兜率天，第六会他化自在天，第七会普光明殿，第八会普光明殿，第九会祇园。西壁南尽间为佛陀说法第一会即“菩提场法会”。画面分三层：佛和四位大菩萨、供养菩萨、听法菩萨、护法等处于中层，上层是前来听法的十佛和五方佛，下层是前来听法的众仙和请法者。

“七处九会”中的其他八会分布在南、北两壁。南壁绘有四会，从西至东依次为第三会、第五会、第七会和第九会。“七处九会”是《华严经》的重要内容，也清晰地体现了寺院华严宗的思想，通常与《善财童子五十三参》一同出现，分别画有九组数量众多、体形巨大的人物。每一铺壁画均以释迦牟尼为中心，两位大菩萨为胁侍，其周围环绕有菩萨、天王、金刚等。在构图上，画面分为上、中、下三层，菩萨、诸天、比丘和居士等陪侍。菩萨的冠戴、簪花均沥粉贴金，在浓墨重彩的同时，更增强了画面的富丽感。

北壁　此处画有“七处九会”中的其余四会，从东至西分别为第二会、第四会、第六会和第八会。整体画面富丽堂皇，令人叹为观止。

与宋金时期佛说法时各路信众云集，众菩萨、罗汉、护法环绕的盛大场景相比，华严寺壁画描绘的“七处九会”场景显得较为单薄。尽管画面使用了大红、浓绿、藏蓝等浓艳色彩以及沥粉贴金技术，呈现出浓艳华丽的风格，但仔细观察就会发现：画中场面显得单调，缺乏信众争相听法、群贤毕至的壮观景象。此说法图与晋城高平开化寺东壁的“七处

北壁 · “七处九会”

九会”说法图相比，大为逊色。因此，我们可以推断：佛教信仰和佛教艺术在清代时已渐趋式微。

西壁：《善财童子五十三参》故事等

西壁除南尽间一铺“七处九会”第一会说法图外，从南至北依次为《水月观音》、《药师佛会》、《禅宗法衣传嗣图》（之一）、《释迦牟尼说法图》、《禅宗法衣传嗣图》（之二）、《炽盛光佛》和《善财童子五十三参》。

西壁南梢间 紧挨着第一会说法图的壁画为《水月观音》，这是佛教雕塑、壁画创作常见的题材。唐代著名的大画家、《簪花仕女图》的作者周昉受到记载中普陀洛迦山的观自在菩萨的启发，“妙创水月之体”，被人尊称为“张家样”。他的创作样式在中国佛教艺术中逐渐流行起来。华严寺的《水月观音》以南海上的普陀洛迦山为背景，描绘了女子形象的观世音菩萨半倚半坐于台状山石之上，其面容姣美，体态婀娜，衣饰典雅华贵，处处体现出慈悲和智慧。观音左侧为一套由红绳子绑着的经书，右侧为透明钵和插着杨柳枝的玉净瓶。背景处香草柔软，右旋铺地；竹林树木，郁郁苍苍。左下方的五彩祥云上为十八罗汉与四名男女供养人，右下方为双手合十跪拜的善财童子。

西壁南次间 此处绘制了《药师佛会》图。画面中心，药师佛跏趺坐，右手结施予印，左手捧钵于胸前。药师佛前方站有12员大将，药师佛身边左、右两侧依次站着日光

北壁 · 胁侍菩萨

北壁 · 胁侍菩萨

北壁·“七处九会”局部

菩萨、月光菩萨、普贤菩萨、文殊菩萨等主要陪侍。画面上方则是观世音、大势至、无尽意、宝坛华、药王、药上等诸菩萨，诸菩萨手执净瓶、莲花、华盘、宝幡、法箫等。药师佛曾发“十二大愿”医救世人，其信仰在唐代盛行一时，在后世又被认为是东方琉璃世界的教主，是“三世佛”（药师佛、释迦牟尼佛、阿弥陀佛）之一，备受尊崇。

西壁明间与南、北间　此处明间绘制了《释迦牟尼说法图》，画面表现的是“华严三圣”，即毗卢遮那佛、文殊菩萨、普贤菩萨，以展示他们是华藏世界的最高主宰。毗卢遮那佛左手结触地印，右手结说法印。画面整体分为四层：最底下一层绘六名衣着华贵的朝拜者。底下第二层绘胁侍菩萨、佛弟子等，其中文殊脚踏莲花，手持如意；普贤与文殊相对，手托经书；迦叶、阿难恭敬侍立。从上数第二层为六位菩萨。从上数第一层为四大护法等众，持宝剑、琵琶、宝棒等法器。因为勾线晕染较为概念化，所以该画面稍显呆板。

《禅宗法衣传嗣图》绘制于《释迦牟尼说法图》的左、右两侧（即南、北间）。禅宗曾以锦斓袈裟为师徒正脉承袭的凭证，中国禅宗以达摩为初祖，到六祖慧能时以法衣传承，之后无法衣传嗣。后来，禅宗又分化出五家，被称为“一花五叶”。整幅画面将多个故事组合成统一的大场景，以树石、山水、花木、云彩隔开，不以墨线分隔。在国内佛寺壁画中，该题材较为少见。由明代碑记可知，在明代时，华严寺一度由禅宗的一支——曹洞宗僧人来主持。曹洞宗受华严思想的影响，倡导佛教内部圆融。在华严宗寺院中出现禅宗图像，这也体现出明代以后华严宗与禅宗交融的新情况。该画面共计有各类人物143身。

《禅宗法衣传嗣图》的画面分为四层，其中两幅颇具代表性。第一幅是《初祖达摩图》，画面上方青天白云，高冈飞瀑，描绘的是佛家名山少室山。一棵松树状若虬龙，蜿蜒伸展。松树后方，祥云升腾，将少室山衬托得如同世外仙山。松树下，一位僧人是达

摩祖师，他面容严肃，脸朝左，有绿色头光，跏趺坐于草蒲团上，身披装饰有金色火云纹的连帽红衣，这是达摩祖师的典型形象。达摩祖师的右下方，一位年轻的僧人双手合十，礼敬达摩，这位僧人正是禅宗二祖神光（慧可）。该画面描绘的是慧可求法以及后来悟道后继承达摩衣钵，成为中国禅宗二祖的故事。画面右侧，妇人们因眼前所发生的事情而感到惊恐，纷纷做出逃跑的动作，这更加衬托出达摩祖师的恒定以及二祖神光求法的坚定。值得一提的是：类似构图的作品也有发现，例如收藏于辽宁省博物馆的《达摩至慧能六代祖师图》，是明代“浙派”大家戴文进的作品。这幅画中就有和《初祖达摩图》类似的画面。

《禅宗法衣传嗣图》下方右起第二幅画面是《三祖僧璨图》。画面中绘一处山间石壁，石壁以青绿颜色染成，上方五色祥云笼罩，下方绘一块岩石。岩石旁，双松盘桓，枝繁叶茂；岩石前方的空地上，有溪水流过。岩石上端坐的是三祖僧璨，他

1

2

1.西壁全图
2.西壁全图局部·《释迦牟尼说法图》

西壁·水月观音

西壁·药师佛会

身穿褐色袈裟，双手持一拂尘，有青色头光，面向画面右侧的僧人。右侧的年轻僧人披红色袈裟，双手合十，面容恭顺，似乎在求教。此画面描绘的故事为四祖道信礼谒三祖僧璨大师的场景。《五灯会元》中记载：隋开皇十二年（592），有一名14岁的小沙弥道信前往拜谒三祖僧璨。第一次见到三祖，道信便问：“愿和尚慈悲，乞与解脱法门。”三祖反问说：“谁缚汝？”道信说：“无人缚。”三祖说：“何更求解脱乎？”道信听闻此言，便幡然顿悟。之后四祖道信在皖公山修行，愈加勤奋。待修行有成，道信便云游四方，直到隋朝大业年间得到官方许可正式出家。《三祖僧璨图》中的僧璨形象与戴文进《达摩至慧能六代祖师图》中的僧璨形象类似，只是前者为青绿，后者为水墨。戴文进晚年在杭州创作了许多壁画作品，如报恩寺、华藏寺、潮鸣寺壁画等，可惜这些作品未能保留至今。大同华严寺保存有类似题材的壁画，实属罕见。

西壁明间与南、北间壁画

西壁北次间 此处绘制《炽盛光佛》，过去有人将其误作《鹿野苑初转法轮》。大雄宝殿壁画《佛本行故事》中已有“初转法轮”的情节，因此在一般情况下，同一题材不会在同一座殿宇内重复出现。此处壁画中，缺少了“初转法轮”中的重要人物——乔陈如等五人，反而出现了手捧琵琶的金星神等诸曜星君。画中的炽盛光佛跏趺坐于莲花台座上，双手捧托旋转中的金轮。炽盛光佛两侧分列四层人物，最底下一层为四大护法等众，持宝剑、金刚杵等法器；底下第二层有持莲花、白牡丹的六位菩萨；从上数第二层为乐伎天、菩萨及比丘；从上数第一层为护法金刚、诸曜星君等众。然而，诸曜星君的形象并不完全符合常理，这可能是清代重绘时，画师不了解壁画的宗教寓意，直接按照自己的理解去创作的缘故。

西壁北梢间与尽间 此处两铺壁画绘制的是《华严经》的重要内容之一“善财童子五十三参”，这也是华严宗教义的具体体现。唐代实叉难陀翻译的《华严经》中有“入法

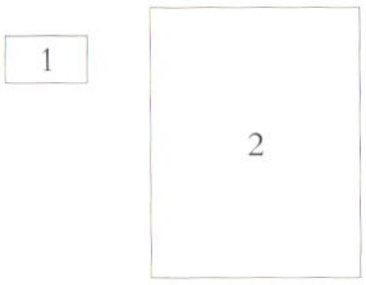

1.西壁·《禅宗法衣传嗣图》局部
2.西壁·《禅宗法衣传嗣图》局部

界品”，占据了《华严经》近四分之一的篇幅。该内容讲述了善财童子游历110座城，经过55次参访，向53人请教，终证善果的故事，因此称为“五十三参”。华严寺的《善财童子五十三参》壁画构图与《佛本行故事》《禅宗法衣传嗣图》类似，但绘画水准更胜一筹，每个情节均以红色榜题标明故事的序号。

在《善财童子五十三参》中，有两个画面颇具代表性。榜题“第四十五”右侧的画面展现了善财童子向知众艺童子参拜的情形。画面中，一块磐石上端坐着知众艺童子，他的身后为一方屏风，屏风后为灵芝状祥云，这种设计使画面显得层次丰富且多变。这个故事讲述了善财童子向知众艺童子请教如何学习“菩萨行”以及修行“菩萨道”。知众艺童子向善财童子推荐了一位叫作贤胜的在家女居士。

榜题“第五十三”的左侧是画面的主体，表现的是“善财童子五十三参”的最后一参。该画面所占面积较大，内容丰富，气势宏大。画面按照时间顺序，依次描绘了文殊菩萨为善财童子摩顶、普贤菩萨为善财童子摩顶以及善财童子至此解脱自在的情景。

画面背景为一座四方形城池，即普门国苏摩那城。城池中祥云朵朵，草木葱茏；城外高塔耸立，庄严肃穆。在苏摩那城右边的空地上，一座小石桥通向彼岸。善财童子所在的空地石峰峥嵘，苍劲有力。善财童子穿红衣，身披绿色飘带，双膝跪地，向文殊菩萨参拜。文殊菩萨端坐彩云间，着绿衣红裳，身放五色佛光。文殊菩萨以神通伸长右手臂，为善财童子摩顶，以示善财童子成就阿僧祇法门。文殊菩萨两侧各有两位胁侍菩萨，他们见证了善财童子的摩顶仪式。

画面正下方描绘的是普贤菩萨为善财童子摩顶后，善财童子得解脱自在的情景。在五十三参壁画中，此处的画面尤为宏大。画面中，普贤菩萨端坐彩云间，着粉红色袈裟，身放五色佛光，右手结说法印，面朝善财童子。普贤菩萨的身边有诸菩萨、阿罗汉、天龙八部等众。善财童子所在的空地上依次有僧人、信众、官员等。

东壁：《佛传故事图》、千手千眼观音等

东壁北尽间与梢间　殿堂南壁的北尽间和梢间描绘的是佛本行故事，也被称为“佛传故事”。隋代僧人慧远在《维摩义记》卷一中记述：“菩萨所修，能为佛因，故名本行。”所谓“本行”原本指菩萨处于菩萨位到成佛前的生平行迹故事。在我国现存的佛教美

西壁·《禅宗法衣传嗣图》局部

术作品中，数量最多、影响最大的一类题材是以释迦牟尼生平及成佛经历为内容的传记体故事画。这是因为释迦牟尼成佛的经历不仅生动曲折，而且在佛教典籍中有大量的记载。我国现存最早表现佛本行的故事画出现在敦煌石窟中，多以连环画的形式呈现。在此之后，佛本行故事画无论是故事数量还是故事的细节描述都得到了很大的发展。大同作为我国古代的佛教中心，其云冈石窟和附近的繁峙岩山寺等地皆有精美的佛本行浮雕或壁画。

现存华严寺壁画《佛本行故事》是佛教中国化后的产物，与太原明代崇善寺壁画稿本类似。壁画用连环画的形式表现释迦牟尼降兜率、托胎、降诞、出家、降魔、成道、转法轮、涅槃等情景。画面由上到下分为7~8层，每一层绘10~12幅图。故事的排列顺序由画面的右上角开始，自壁面上沿南端开头，包括夜梦吉祥、乘象入胎、腋下生子、太子沐

西壁·《禅宗法衣传嗣图》局部

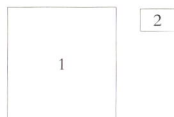

1.西壁·《禅宗法衣传嗣图》局部
2.西壁·《禅宗法衣传嗣图》局部

浴、地行七步、指天指地、习学书教、讲演武艺、隔城掷象、射九重鼓、太子纳妃、出游四门、夜半逾城、六年苦行、牧女献乳、泥连河沐浴、始成正觉、初转法轮等一系列画面。最后到双林入灭、弟子哀恋、佛从棺起、金棺自举、圣火自焚、育王起塔等一共84幅画面，这是明代较为完整的佛本行故事壁画。明、清时期的连环画壁画通常使用格子线来区分不同的故事情节。一般来说，在单幅画面的右上角会有一个专门的方格，被称为“榜题”，在上面写上故事的题目和内容，幅与幅之间的联系显得生硬不自然。唐、宋时期的连环画壁画多以山石树木相连，更适合营造大场景，但各个情节间的联系会因此变得分散，使信徒难以理解它们之间的关系。华严寺壁画《佛本行故事》则灵活运用了这两种构图法，一方面将不同情节画面的大小控制得相差不多，并且合理排列顺序，使信徒方便辨认；另一方面，通过云雾、草木、树石、山川等自然景物使各情节相连接。该壁画采用大青绿的绘制方

西壁·《禅宗法衣传嗣图》局部

法，色彩浓郁，用线简单，运线弱于用色，多以晕染、平染为之。这样的表现方式既受到清代重绘时重染色、轻成线的审美观的影响，也受到画面较小、室内采光弱的实际条件的制约。

明间与北次间之间　东壁明间与次间之间，即殿正门与北门之间的墙壁上，绘有《孔雀明王法会图》。这幅图描绘了孔雀明王的故事，孔雀明王最早见于唐代不空译的《佛母大孔雀明王经》。该经讲述了僧人莎底为师兄们烧水劈柴时，被一条大黑蛇咬伤昏

西壁·《禅宗法衣传嗣图》局部

死的故事。阿难向佛祖求救，佛祖传授了“大孔雀明王咒”。阿难通过念咒使莎底苏醒，伤痛全消。大同华严寺与善化寺保留了以孔雀明王为主尊的图像，这证明了“孔雀明王信仰”曾经在大同地区流传。孔雀明王位于壁画中央，跏趺坐，三眼八臂，手拿孔雀翎毛、金轮等。两位菩萨陪侍两侧，画面中还有护法金刚、四大天王和其他菩萨等。孔雀明王的上方有过去七佛、持笏仙人、黄道十二宫等。该壁画共计绘有87身佛像。孔雀明王的下方还绘有一处莲花水池。整铺壁画保存较好。

西壁·《善财童子五十三参》

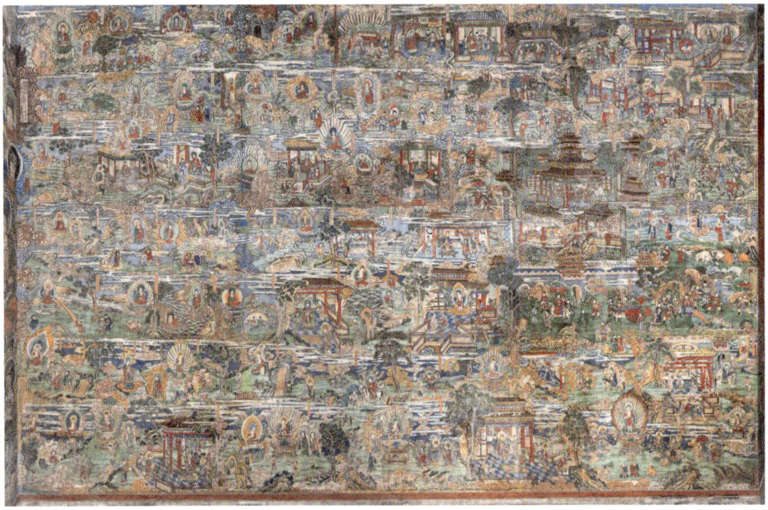

明间与南次间之间　明间与南次间之间，即殿正门与南次间之间的墙壁上，绘有《弥陀法会图》，又称《西方净土变》。该壁画的构图与《孔雀明王法会图》类似，画面中央为主尊阿弥陀佛。佛跏趺坐于束腰须弥式莲花台座上，左、右两侧各有观世音、大势至两菩萨胁侍。阿弥陀佛与观世音菩萨、大势至菩萨合称“西方三圣”，其中阿弥陀佛为“西方极乐世界”的教主，观世音、大势至两菩萨是接引世人进入“西方极乐世界”的使者。南北朝时期，高僧鸠摩罗什翻译了一部《佛说阿弥陀经》，将“净土”的说法引入我国。东晋时期，以僧人慧远为首的僧人、文人等结成“白莲社”，期望能够往生“西方极乐世界”。唐朝时期，“西方净土信仰”以图像的方式大量出现，敦煌石窟里出现大量此类题材的壁画，使得“西方净土信仰”开始在我国流行。宋、元时期，以“西方净土信仰”为中心的“净土宗”盛极一时，当时有“家家阿弥陀，户户观世音”之说。

华严寺的《弥陀法会图》壁画中，阿弥陀佛正在“西方净土”说法，观世音菩萨和大势至菩萨陪侍在旁。这三位背后为代表“西方极乐世界”的三座高大壮丽的殿阁，中间以廊道相连，呈现出浓郁的唐风。殿阁上方是“佛国”天空，十方佛在净土佛光中显现。“西方三圣”周围有许多听法的菩萨，他们有的恭敬聆听，有的举目相望，还有的窃窃私语。这些菩萨通过服饰、头饰和颜色等方式加以区分，使画面在齐整中不失活泼。下方有一临水台榭，上有祥云；下有七宝莲池，莲中有化生童子；附近还有如仪仗队般恭敬站立的菩萨。全铺共有大小佛、菩萨像206身。

南梢间与尽间　东壁南尽间和再尽间画有《十六宝观》《千手千眼观音》。《十六宝观》描绘的是16种观想修行之法，“十六观”的概念最早出自南北朝宋国畺良耶舍翻译的

东壁全图

《佛说观无量寿经》，经文中提到佛陀为韦提希夫人开示摆脱“未生怨”、进入“西方佛国净土”的修行方法，包括日想观、水想观、地想观、宝树观、宝池观、宝楼观、华座观、像观、真身观、观音观、势至观、普观、杂想观、上辈观、中辈观、下辈观。

华严寺的《十六宝观》构图模式饶有趣味。最初的“十六观”画面原型是僧人面对宝树、佛像、水等物进行观想。唐代时，“十六观”图通常与“观无量寿经变”“未生怨”图一同搭配，共同组成一组画面，构图多采用通景山水。华严寺《十六宝观》将每一观用一个光圈表达出来。16个光圈以横向4个、纵向5个排列，纵向自下而上第三、第四排中央部位没有光圈，这是佛陀说法图。画面中，海水莲池间，莲开云绕，左侧为“西方三圣”，海水上方有头光分别为红、绿、青三色的三名佛弟子。画面右方以跏趺坐的佛陀为画面中心，其左、右有两弟子、两护法和两天女。佛前方有一法坛，坛左侧有女性供养人合掌，俯身跪拜。

千手千眼观音，亦名“千眼千臂观世音”，是中国人最熟悉的菩萨形象之一，备受推崇。著名的形象有敦煌四号窟的元代千手千眼观音以及距离大同不远的朔州崇福寺的类似作品，足见这个题材深受民众喜爱。

华严寺的千手千眼观音壁画与其他寺院同类题材壁画相比毫不逊色。该观音像高约为4.5米，矗立在海面之上，由五彩祥云承托的莲台之上。观音头像的上方有化身佛。观音有三眼十八面，手分为三层：第一层的三双手依次结施依印、合十印和护法印；第二层手持各类法器；第三层手宛如孔雀开屏一般，千只手臂持有日轮、月轮、宫殿、金钟、金印、莲台、金轮、胡瓶、宝弓等法器宝物。两旁为形体较大的婆薮仙、功德天等眷属，两个护法头戴大象面具和野猪面具，跪拜在观音面前。

华严寺的明、清时期壁画共有十余幅，画面中包含佛像、菩萨、诸天、天王、罗汉、金刚等1800余身佛教人物形象。尽管美术史学界一般认为清代是中国古代壁画艺术的衰落时期，壁画体量较小，艺术水准不足为论，但清代壁画题材更为丰富、用色浓郁，艺术风格也更贴近世俗民众的审美习惯。与唐、宋时期相比，清代民间对于佛事的热心程度显著下降，大型寺院的修建较少，各类民间小庙因现实民俗信仰的需要而大量兴建。在这一时期，城隍庙、马王庙、观音庙、土地庙、财神庙的兴建最为兴盛。对于大型佛寺壁画，这一时期主要是对既有壁画进行重绘。即便是新绘壁画，也大多是依照前代粉本，绝少创新。清代壁画的艺术特色由雄浑大气走向清新简淡。华严寺明、清壁画的规模宏大，气度恢宏，是清代壁画中少见的鸿篇巨制。

华严寺壁画中的佛教人物形象丰富多样。佛陀法相饱满，五官生动；菩萨服饰华贵，形象尊贵；诸天器宇轩昂，恭敬虔诚；天王雄健威猛，孔武有力。在人物组织安排上，壁画以主尊为中心，两侧立像错落有致，繁复层叠，令人眼花缭乱。在配色方面，佛教壁画多用暖色调，使画面充满温暖祥和的氛围。整堂壁画的画工精细，色彩艳丽。该壁画在颜料的使用上较为讲究，多以石青、石绿、赭石、朱红、石黄等为主。这些优良的矿物颜料使得壁画经历百年仍然色泽鲜艳如新。

华严寺不同时期的壁画绘制水准有很大的区别。总体而言，底层的明代壁画在绘制技艺上比表层的清代壁画更胜一筹。表层清代壁画的绘制较为粗糙，线条运用也较刻板。虽然是在明代壁画的基底上重绘的，但由于清代画师在造型和赋色方面的能力有限，他们在面对需要较高绘制技巧的楼阁界画等情况时，往往使用厚重的颜料进行覆盖，色彩搭配也少有变化。殿内有1800余身人物形象，但清代画师无

东壁·《佛本行故事》局部

弟廿太子呈捕月財神九千里鐵鼓之

东壁·太子讲演武艺

东壁北次间 · 孔雀明王及陪侍菩萨

法全面把握各身人物的性格特点，导致绘制的人物形象出现千人一面的弊病。此外，主尊、侍从、菩萨、弟子们的动作描绘不够生动，使整堂壁画呈现出一定的概念化特征。

另外，即使是表层的清代壁画，其水平也因主题和改绘的关系而高下有别。在整堂清代壁画中，东壁南次间的弥陀法会图和东壁北次间的准提佛母法会图的水准最高。从经橱遮挡的底层明代壁画与表层清代壁画的衔接情况来看，表层清代壁画中的人物绘制水准较好，算是在原作基础上的重描。然而，对于界画楼阁、花鸟水池等需要较高技术水平的物象，画师们刻意回避，多采用云气等简便易画的物象进行覆盖。这说明表层的清代壁画既有对原先画面的重绘，又有在原画面基础上的新绘。

《千手千眼观音》《佛本行故事》《十六观》《善财童子五十三参》等壁画的绘制水准与明代相比略有不足，而《禅宗法嗣图》《药师佛会》《初转法轮》《水月观音》《释迦说法图》《七处九会》等以表现佛陀说法场景为主的壁画与明代相比较为呆板。这种水平差异的存在与清代民间画师的社会背景有直接的关系。清代以后，随着商品经济的发展，雕工、塑工和画师演变成三个完全不同的职业。同时，年画、木刻版画、容像画等艺术形式逐渐发展起来，绘画作品趋于世俗化，体量也变得更加小巧。《佛本行故事》《十六观》《善财童子五十三参》等画面人物较小，清代民间画师比较容易掌控；《药师佛会》《炽盛光佛》《水月观音》《释迦说法图》《七处九会》等高达三四米的巨型佛像图，清代民间画师绘制时显得力不从心。同时，我们也应该注意到：这样巨大的一堂壁画不可能由董安一个人完成，而是由他和他的弟子门人共同绘制的。因此，同一画面绘制水平的差异也就得以解释了。

东壁南梢间全图局部

东壁·千手观音局部

东壁·千手观音局部

1.东壁·千手观音
2.东壁·千手观音局部

相比之下，底层裸露的一小部分明代壁画就仿佛一扇窗户，通往华严寺更早期的历史。这扇窗户让我们得以一窥华严寺壁画艺术的深厚传承。这些壁画造型古雅，设色细腻，线条流畅。画中人物形象柔和，服饰庄重；器具精致，建筑宏阔；花木栩栩如生，山清水秀。其绘画风格与明正统八年（1443）完成的北京法海寺壁画如出一辙，也与成都市新津区观音寺明成化四年（1468）绘制的壁画风格相近。在构图组织形式上，此处的明代壁画与元代及明代前期壁画较为接近。结合华严寺大殿内的碑记，我们可以推断：底层的明代壁画很有可能绘制于明景泰到成化年间。

尽管清代的重绘工作留下了不少遗憾，但整体而言，辽金时期壁画的样貌和布局得以保留。如果将华严寺大殿内五方佛、二十诸天、华严经故事（如七处九会、善财童子五十三参等）的雕塑、壁画配置与其他寺院进行比较，就会发现其与同在大同的善化寺大雄宝殿的雕塑、壁画配置颇为相似，也与相距不远的朔州崇福寺弥陀殿的雕塑、壁画配置模式类似。华严寺壁画的图像源于已经失传的辽金到元、明的壁画粉本，这些粉本承载了华严宗鼎盛时期的历史印记，主要体现了华严宗思想。壁画中的《禅宗法嗣图》等表现禅宗主题的壁画，从另一个侧面反映了明代前期山西地区的华严宗寺院开始吸纳禅宗，并融合其他不同宗派的思想，展现出佛教诸宗趋于合流的历史趋势。

此外，华严寺壁画不仅沿袭了辽金壁画的样式，更开创了明代寺院壁画的基本规制。尽管后世有所重描，但这仍然是现存清代壁画中难得一见的佳作。

㉗ 大同·浑源

永安寺

永安寺位于浑源古城内东北部的鼓楼北巷。这座被当地人称为“大寺”的晋北巨刹，始创于金代，但不久便遭火灾焚毁。元代初年，永安寺由本地一位退隐官员高定及其子高仲栋共同发起重修。关于高定与高氏家族在元代及明初的历史，可在明正德十年（1515）的《大同府志·高定传》中找到记载。

高定曾任元朝的云中招讨使、都元帅和永安军节度使。退隐后，他看到浑源城中的寺院塌毁，于是捐资重修寺院，修建了佛堂、云堂、方丈院和库府。随着寺院初具规模，他邀请当时著名的归云禅师来主持寺院，使荒废已久的寺院渐渐兴盛。因高定曾担任永安军节度使，故取号曰“永安居士”，并将重修的寺院称为“永安寺”。元至元二十六年（1289），高氏家族再次鼎力支持，出资兴建山门，并购置佛教经藏。此时的永安寺焕然一新，“三门华丽，藏教涣然，成一时之壮观”。元延祐二年（1315），高定之孙高璞又捐资修建永安寺的主殿——传法正宗殿。明、清两代，永安寺多次进行维修。

永安寺坐北朝南，东西宽约为50米，南北长约为80米，占地面积约为4000平方米，是浑源境内规模较大的古建筑之一。寺院原有前、中、后三进院落，但后院已毁。前院包

北壁东侧·不动尊明王

东壁·阴阳金牛白羊双鱼宝瓶摩羯宫神及寅卯辰巳午未元辰众

天藏王菩薩
無色界四空天衆
色界禅天衆
紫氣星君
月孛星君
曠野大將衆
般支迦大將

括山门、天王殿等；中院有传法正宗殿及钟鼓楼、东西配殿以及两配垛殿等；后院主殿是铁佛殿，但现已不存。那座体量庞大、琉璃瓦覆顶的传法正宗殿，是寺内现存最古老的建筑，重建于元延祐二年（公元1315），其余部分为明、清时期的遗构。

传法正宗殿面阔五间，进深三间，建于月台之上，为单檐庑殿顶建筑。殿外高悬“传法正宗之殿”蓝底金字牌匾，由元代高僧、昭文馆大学士玄悟大师雪庵李溥光题写。

永安寺壁画位于传法正宗殿中，高约为3米，宽约为56.7米，面积约为170.1平方米。壁画题材是水陆法会图。整堂壁画共绘有人物841躯，是现存单体殿宇水陆壁画中所画人物形象最多的。

南壁东侧图

东壁　东壁和南壁东侧壁画共同构成了一个连续性画面。这两壁壁画高约为3米，宽约为17.88米。画面以彩色祥云为界，分为三层，共绘有天神、往古人物474身，每身人物身高65~73厘米。

其中，东壁分为上、中、下三层，每层由17组神祇构成。上层包括：天藏王菩萨（3身）、无色界四空天众（9身）、色界禅天众（11身）、大梵天王（4身）、欲界上四天主并诸天众（11身）等；中部包括：紫气星君（6身）、月孛星君（8身）、天马天鹅双女狮子巨蟹宫神（8身）、阴阳金牛白羊双鱼宝瓶摩羯宫神（7身）、辰众（7身）等；下部包括：罗刹女众（6身）、旷野大将军（10身）、般支迦大将（6身）等。

东壁画面的特色在第二排第四、第五组人物群像中得到了较好的体现。

第四组为“阴阳金牛白羊双鱼宝瓶摩羯宫神”。古代西方人将天空中的若干星宿按自然生物或人工制品的形象命名为“星座”。随着丝绸之路的开通，西方的“星座”称谓也传入中国，并与中国、古印度的神祇一并列入“水陆画”的神仙谱系。该组神祇由一名侍女为先导，她手执写有“阴阳金牛白羊双鱼宝瓶摩羯宫神”的幡旗，身后跟随着六位男性神祇。他们的长相或文质彬彬，或器宇轩昂，或威风凛凛，手上所端的物品表明

南壁东侧·往古孝子顺孙众

月光天子
天地水三官众

南壁东侧・大威德菩萨

南壁东侧·计都星君

他们的身份：金牛宫神手拿的托盘上为一头金色卧牛，白羊宫神手拿的托盘上为一只白色山羊，双鱼宫神手拿的托盘上为双鱼，宝瓶宫神手拿金色宝瓶。

第五组为“寅卯辰巳午未元辰众”，描绘的主要是12个时辰中的六位神祇。在中国古代，人们将一天分为12个时辰，一个时辰相当于现在的两个小时。12个时辰的命名也与12个生肖相对应，“寅卯辰巳午未”对应的生肖依次是虎、兔、龙、蛇、马、羊，是一天中早晨三点到下午三点这一段时间的神祇。该组神祇也由一名侍女引导，六位时辰神皆为男性，他们手持笏板，显得落落大方。

南壁东侧 南壁东侧壁画分为上、中、下三层，每层由四组神祇构成。按照从左到右的顺序，上层依次是：火星真君（6身）、土星真君（5身）等；中层依次是：“年月日时”四直使者（5身）、大威德菩萨（3身）等；下层依次是：往古儒流贤士众（9身）、往古孝子顺孙众（13身）等。

南壁东侧底层左起第二组为“往古孝子顺孙众”，是该墙面上具有代表性的画面之一。本组人物的最前方是一名双手擎幡的侍女。侍女瓜子脸，头戴花冠；肩披霞帔，帔上饰有没骨花卉；上身穿红色袍服，饰金色火焰纹；下身着黄色裳，饰以金色云纹。侍女为整组队列的前导，后方人物群像才是主体。

西壁全图

该组人物群像的构图以青衣男性老者为画面中心，围绕在老者周边的有青年男女、童子少年。他们簇拥着老者，如众星捧月一般。从人物的前后关系看，这组人物群像又可分前、后两排。前方一排以青衣老者为中心，老者头戴帽巾，须发皆白，身上青衣的领口、袖口处饰以金色花纹。从青衣的里层还穿着更显富贵精致的下裳来看，老者家世殷富，生活安逸。老者右手搭在穿着粉红衣饰的童子肩上，童子面容俊秀，目光清澈；左手边，有一个身穿绿衣的少年后生搀扶着他。少年虽年纪尚小，做事却沉稳老练如同成人。老者的左方有一位老年妇女，她侧身而立，头戴黄巾，面容慈祥，上身紫衣，下身黄裳。在她身边，一个穿红衣的童子抓着老妇人的手，显出一副快乐的样子。

后方一排人物以擎幡侍女为首，整体呈“S”形队列。侍女身后为一名绿衣青年男子，他头戴幞头，手捧托盘。其后面跟着一男三女，黄衣男子翘首回望，后三位女子或手拿芭蕉扇，或手托婴儿，或手举幼儿，显得其乐融融。一般而言，“S”形队列以曲折变化为特点，而此处队列前半段曲折，后半段则相对僵直。然而，这并不是绘制者的失误，而是为了使整组人物保持平衡，展现出匠心独运的设计。如果只有前排人物，虽然看起来多变灵动，但会给人单薄、零碎之感；加上后排人物，则显得厚实、有整体感，在灵动中增添了沉稳，使整组人物群像融入整体的礼仪空间环境。

西壁・赴刑都市幽死狴牢诸鬼神众

南壁西侧·安济夫人

南壁西侧图

西壁　西壁壁画和南壁西侧壁画与东半部壁画的尺寸大小相对应，不同的是以彩色火焰为界，也分为上、中、下三层，画有神鬼、亡魂397身。东、西两壁在神祇的排列上基本相似，但在神祇的数量方面，西部的三层各比东壁少一组。

西壁分为上、中、下三层，每层由16组神祇组成。上层从左往右依次是：主风主雨主雷主电诸龙神众（6身）、虚空藏菩萨（2身）、波池井泉诸龙神众（5身）、五湖百川诸龙神众（8身）、江河淮济四渎诸龙神众（5身）等；中层从左往右依次是：转轮大王（4身）、都司大王（4身）、平等大王（4身）等；下层从左往右依次是：严寒大暑兽咬虫伤诸鬼神众（6身）、墙崩屋倒树折崖摧诸鬼神众（6身）、饥荒殍饿病疾缠绵诸鬼神众（11身）、兵戈荡火水火漂焚诸鬼神众（13身）、赴刑都市幽死狴牢诸鬼神众（7身）等。

南壁西侧　南壁西部分为上、中、下三层。上层由五组神祇组成，从左往右依次是：安济夫人（3身）、顺济龙王（3身）等；中部由四组神祇组成，从左往右依次是：地府五道将军（6身）、地府都市判官（4身）等；下部由五组神祇组成，从左往右依次是：六道轮回生道中有情众（1身）、地狱饿鬼傍生道中一切有情众（6身）等。

北壁东侧图

北壁西侧图

北壁西侧·大穋迹明王

北壁东侧·马首明王

北壁东侧·马首明王盘龙

北壁西侧・大威德明王

北壁 因为殿内北壁因中间设有大门，所以北壁分为北壁东部和北壁西部两部分。北壁东部壁画高约为3.02米，宽约为10.2米，面积约为30.8平方米；北壁西部壁画，高约为3.01米，宽约为10.21米，面积约为30.73平方米。这些壁画描绘了十大明王及他们的本尊像。明王是佛和菩萨的忿化身，佛教用外形恐怖的忿化身来警示世人，以去恶从善。其中，北壁东部由左往右依次绘有：不动尊明王、焰漫德迦明王、降三世明王、马首明王、大轮明王；北壁西部由左往右依次绘有：无能胜金刚明王、大秽迹明王、步掷明王、大威德明王、大笑明王。十大明王多为三头六臂，面相威猛。同时，每位明王的上方都有一个浅红色的光圈，光圈内绘着明王本尊像，或为佛，或为菩萨。这堂明王壁画以大殿后门为界，分为东、西两部分，其中东侧的五尊明王刻画得最为精彩。他们或怨忿，或顾盼，尤其以被剥开面皮的明王最具艺术感染力：被撕开的面容里，展现出一个清秀睿智的面孔。原来，在明王看似恐怖的忿化身之内，其实是庄严慈悲的佛陀，正所谓“面恶心善”。

永安寺壁画在构图上采用平行式的布局方法，将822身人物按所在方位分为三层，朝向佛祖所在的方位进行朝拜，从而呈现出整个画面的等级性和秩序感。每一组人物都以一位手持幡旗的仙女作为引导，幡旗上书写有该队列人物的名字。整堂壁画的用笔非常精湛，例如：明王像的用笔豪放、张弛有度，没有肆意纵横的习气；人和神队列的用笔清秀而不失力度，展现出精细严整中的活泼气息。尽管整堂壁画的造型略显明、清时期程式化的倾向，但北壁的明王像刻画得非常生动：诸明王虬发云鬓，数尺飞动，毛根出肉，力健有余。美术史家宿白先生对其评价是：巨壮诡怪，笔力飞动，此壁画风格“近乎元”。整堂壁画的用色绚丽多样，晕染明快有致，特别是人物服饰的纹样刻画细腻，再加上所用的沥粉贴金技法，使得原本有些晦暗的大殿有了异样的生气和丰富的色彩。

永安寺壁画的绘制时间大致有四种不同的说法，包括“明清兼有”说、“明绘清修”说、“明代绘制”说和“清代绘制”说。但无论该壁画绘制于何时，在古长城一隅的浑源出现规模如此宏大的水陆壁画，都绝非偶然。浑源隶属于大同府，地处内长城与外长城之间，自古为兵家要地，特别是宋辽到元明时期，成为中原农耕政权与游牧民族杀伐相攻之地。每次战争，死伤无数。在杀戮与超度、无常与慈悲、罪孽与救赎之中，闪现的是“佛国”的悲悯、人性的光芒与心灵的安宁。永安寺水陆壁画不仅规模宏大、人物众多，而且制作精美，保存较为完好。随着持久和平的到来，昔日的边关重镇成了美丽的故园。那些关山如飞的峥嵘岁月也被历史轻轻抹去，化作寺院里的一壁丹青。只是，充满着悲悯与救赎的“佛国”盛会在永安寺内永不落幕。

㉘ 临汾·洪洞

泰云寺

洪洞自古以来寺院众多。泰云寺是洪洞乡间的小寺，虽然不及广胜寺、广济寺宏大，但因其寺内的一座宋代木构殿宇及殿内的清代壁画而成为洪洞县一处小有名气的古迹。

泰云寺位于洪洞县广胜寺镇石桥村北。据寺内碑刻记载，该寺院创建于唐天宝十年（751），后毁于地震；宋雍熙四年（987）重建，清乾隆、宣统年间屡有重修。现存的泰云寺建筑群坐北朝南，仅剩一进院落，由大门、弥勒殿、主殿、东西配殿、厢房、念佛堂、照壁等建筑组成。其中，主殿为宋金木构，东、西配殿为晚期遗构，其余建筑为近年新修。

主殿名为“大雄宝殿”，面阔三间，进深六椽，单檐悬山顶，呈现出宋金时期风格，建筑面积约为155平方米。殿内佛坛上供奉着新塑佛像，依次为“横三世佛”（即药师佛、释迦佛、阿弥陀佛）以及迦叶、阿难二弟子。

泰云寺壁画分布于东、西壁及殿内正门两侧墙面上。依据镶嵌在东壁上的两方清代碑文以及正门东侧护法金刚壁画上“乾隆元年八月十六日起绘”的题记，再结合画面较为民间化、世俗化的倾向，我们可知这些壁画是在清代绘制的。

正门西侧 · 金刚护法

正门两侧·金刚护法

正门两侧墙面上各绘有一身金刚护法。正门东侧壁画高约为2.75米，宽约为1.29米。画面中的金刚做降妖伏魔状，端立于云间。金刚头戴宝冠，冠上装饰有一佛，宝冠用红丝带系于盘起的发髻上，红丝带做飞舞状；上胸赤裸，双肩披褐色飘带，腰部系朱红色下裳，脚踝处戴有脚环。这尊金刚的形貌、动态也刻画得较为生动：上半身做微微扭动状，威严中透露出一丝活泼；左手反握金刚杵，将杵头倚靠于左肩上；右手向上抬起，紧握一只金刚圈；头部面朝画面右下方，双眼炯炯有神，嘴巴张开做威慑状。画面的服饰飘带处以单色平涂为主，带有肌肉结构处以淡墨逐层渲染出形体结构的凹凸向背。在画面右下角有“乾隆元年八月十六日起绘”的落款，明确标明了壁画绘制的时间。左下角则有使用石灰、砖块等建筑材料的记录，这是当时维修此处庙宇的历史见证。

正门西侧壁画高约为2.69米，宽约为1.28米，与东侧的壁画相对。画面中的金刚赤裸上身，端立于云端。金刚头戴珠宝连缀成的花冠，上胸赤裸，肩披素色飘带，腰部系浅褐色下裳，脚踝处戴饰有珠宝的脚环。在动态刻画上，这尊金刚左手向上抬起，紧握一只金刚圈；右手反握一只由布包裹的金刚杵，将杵头倚靠于右肩上；头部面朝画面左下方，双目圆睁，状如铜铃；嘴巴紧闭，中气内敛。

东壁 此处壁画整体呈“凸”字形，高约为4.28米，宽约为11.19米，面积约为47.89平方米。壁画题材为“西方三圣图”，所谓的“西方三圣”指的是阿弥陀佛及其两位侍从——观世音菩萨和大势至菩萨。他们是佛教“净土宗”的重要神祇。唐宋时期，“净土宗”信仰盛行，甚至达到了“家家阿弥陀，户户观世音”的程度。

壁画整体采用“佛三尊”构图方式，占据画面重要位置的是一佛二菩萨。中间绘有阿弥陀佛，佛前两侧为佛弟子阿难陀、大迦叶以及两身供养菩萨。画面左侧为观世音菩萨与护法神众，画面右侧为大势至菩萨与护法神众，画面上方为手持荷花、荷叶的人鱼形象。

画面背景是一座位于山间水面上的木桥，左边为一秀润山崖，右边为一棵阔叶树。画面中央的阿弥陀佛着红色袈裟，结跏趺坐于白色莲花中，双手施禅定印，面部有卷曲的胡须，头光后为火云纹，正散发出五彩佛光。画面左侧的观世音菩萨头顶华美花冠，面带笑容，披赭色肩帛，左手托玉净瓶，右手捏一枝杨柳，结跏趺坐于白色荷花中。荷花由大荷叶衬托，由青龙驮着。画面右侧的大势至菩萨双手执莲花，亦结跏趺坐于白色莲花中，由青狮驮着。阿难陀代表了国内中原地区的青年僧人形象，大迦叶则代表了西域老年僧人形象。阿难、迦叶的前方为两身供养菩萨，他们的形象比大菩萨更为朴素。左侧供养菩萨托大盏，盏内有一朵牡丹花；右侧供养菩萨托盘，盘中放着牛角石。护法神众为天龙八部，他们手执弓、箭、杵、剑等武器，神态恭敬，似乎对佛法心悦诚服。在画面的上方，人鱼呈童子形，做供养状。画面中部下方是龙王及其侍从缓缓走出龙宫地府的场景。龙王着

东壁·西方三圣图

东壁·矮壮力士

东壁 · 大势至菩萨

东壁·龙王侍从

红色袍服，双手持笏；一旁的矮壮力士双手托盘，盘中盛珊瑚、宝珠等物；龙王身后一名水族官员，双手撑伞，回顾后方；后方的龙子在一名水族随从的跟随下，欲向佛陀供奉宝珠。另外，观音坐骑青龙下方镶嵌有两方清代碑文，分别记录寺庙的重修情况和用地来源。左边的石碑为清宣统三年（1911）所立，详细记录了寺庙修缮的情况，包括捐助者、监造者和制作者的分工及姓名；右边的石碑为清嘉庆三年（1798）所立，记录了寺院用地的情况。

西壁　西壁壁画高约为4.6米，宽约为11.21米，面积约为51.57平方米。壁画题材为“炽盛光佛图”。“炽盛光佛”为唐、宋时期较为常见的佛教形象，但在清代非常罕见，因此泰云寺的这一幅壁画显得尤为珍贵。古人认为：人间的天灾地变是因为天上的星宿紊乱，而通过设置坛场供奉“炽盛光佛”，可以让天上的星宿归位，使人间获得太平。这些可以引发灾变的星宿通称“九曜”或“十一曜”，其中“九曜”依次为太阳星神、太阴星神、金星神、木星神、水星神、火星神、土星神、罗睺星神和计都星神，加上紫炁星神和月孛星神，就是“十一曜”。

画面为“佛三尊”构图，中间绘炽盛光佛，佛前两侧为阿难陀、大迦叶以及两身供养菩萨。画面左侧为普贤菩萨与五位星神，画面右侧为文殊菩萨与四位星神，画面的上方是共命鸟和迦陵频加的形象。

画中背景描绘的是山间水面上的木桥。画面左边有一棵巨型青松，而右边是峥嵘的山崖。在画面的中央，炽盛光佛身着青褐色袈裟，结跏趺坐于白色莲花中；左手持法轮，右手抚木桥栏杆；面部有卷曲的胡须，面容慈祥；头光后展现为火云纹，散发出五彩的佛光。在画面的左侧，普贤菩萨面带须髯，披着素色肩帛；左手抚膝，右手拿一柄如意；结跏趺坐于白色荷花中，由他的坐骑白象驮着。画面右侧为文殊菩萨，左手拿杖，右手执一卷经书，结跏趺坐于白色莲花中，由坐骑狮子驮着。佛前两侧为阿难陀、大迦叶以及两身供养菩萨，他们的形象特征与东壁相差不大。

在画面的左侧，五位星神环绕普贤菩萨而立。在普贤菩萨的身后，炽盛光佛前的一身星神看似日星神（因壁画中诸曜星神的形象和组合关系与文献记载有出入，故用“看似”叙述）。他头戴梁冠，身穿帝王冕服，双手拿笏板，面容恭敬。画面左侧的四位星神为一组，他们按空间关系分为两排。站在前排右方的男性星神看似木星神。他身着褐领袍服，左手托盘，右手护盘，盘中盛放着两只桃子；面带须髯，脸部表情呈敬慕状，仰望着普贤

菩萨。站在前排左方的女性星神看似水星神。她身着朱红色华服，配以褐色披帛；左手拿卷纸，右手握笔；面朝普贤菩萨，神情专注。

后排左侧描绘的是一位老年星神，疑似土星神。此星神头戴黑东坡巾，身着黑边黄袍；满脸长须，咧嘴而笑，笑容可掬；左手拿印，右手执仙杖。后排右侧男性星神疑似火星神。他披头散发，面目狰狞；怒目圆睁，张牙咧嘴；身着朱红袍与金色腰带，外披素色披帛；右手执宝剑，显得威风凛凛。

画面右侧，四位星神环绕文殊菩萨而立。在文殊菩萨身后，炽盛光佛前的一身星神疑似金星神。她身着朱红色华服，抱着用绸布包裹住的琵琶状物，目视画面之外的观众。

西壁・炽盛光佛会全图

在画面右侧，三位星神为一组，按照空间的前后关系分为两排。前排为一位星神，疑似紫炁星神。他身着长袍，双手持笏，脸上有八字长胡。后排有两位星神，都是武将的形象。后排左侧的星神穿着金属护甲，右手执剑，面带怒容，疑似计都星神。后排右侧的星神穿着红袍和铠甲，利齿外露，怒目圆睁，左手拿剑，右手执红色葫芦，葫芦中释放出火云，疑似罗睺星神。由此可见，泰云寺西壁壁画中的星神群体既非典型的"九曜星神"，也非"十一曜星神"。这幅壁画似乎是佛教在民间化过程中的产物。当然，关于这些星神图像的搭配问题，还需要学界同仁作进一步的研究和考证。

画面中部下方描绘的是龙王及其侍从跪拜佛陀的场景。龙王着红色袍服，双手持笏。

西壁局部・土地神

西壁局部 · 普贤菩萨

龙王身后两侧有三名水族成员，手持笏板，一同跪拜佛陀。

泰云寺壁画在清代壁画中属于体量较大且人物刻画生动复杂的一类。

从壁画的空间和构图设计方面来看，泰云寺壁画较好地协调了画面与建筑的关系。东、西两壁壁画所在的山墙为下宽上窄的“凸”字形。因此，古代画师既要考虑宗教图像的完整性，又要考虑画面内容在墙面上的饱满感，还要考虑壁画在殿堂空间内的协调性。从泰云寺壁画的构图来看，画师根据宗教图像中人物的重要性不同，安排了不同的比例关系。例如：佛、菩萨等主要人物的比例被放大，以突出画面的中心；佛弟子、神将、龙王等形象则依照他们的尊卑贵贱，被布置于画面相对次要的位置。从殿宇内部的空间来看，东、西两壁壁画在殿内空间中形成了相互对应的关系，并非通常认为的对称关系。这使得壁画在保持均衡、庄严的同时，透露出自然微妙的变化。

从壁画中的人物、山水、花鸟等物象的形态特征来看，泰云寺壁画在继承晋南传统壁画的基础上，又具有明显的时代造型特征。总体上，泰云寺壁画人物的形体特征与稷山青龙寺后殿、洪洞广胜下寺后殿相近，佛、菩萨像都绘有早期壁画中常见的螺旋形胡须。在画面审美趣味上，它更接近清代的造型风格。例如，佛弟子、共命鸟的眼神体现出强烈的世俗化、民间化倾向。

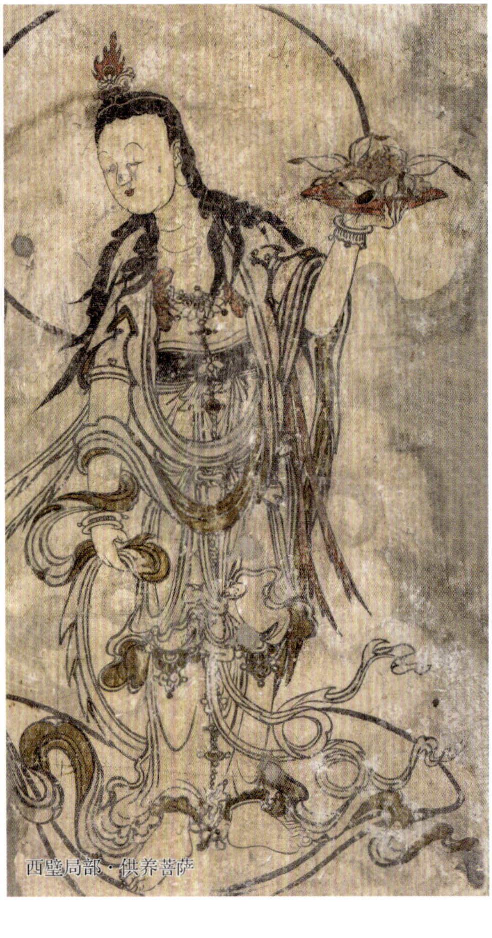
西壁局部·供养菩萨

从壁画绘制的技法上来看，泰云寺壁画多采用晋南寺观壁画固有的方法。以墨线为骨，线条粗壮厚实，用笔较挺拔有力，超越了一般壁画的表现力，在民间宗教造像艺术衰退的清代时期，其表现力远超同时代的其他画师。从绘制工具的角度来看，这是因为勾线使用的是晋南地区常用的捻子笔。这种笔以猪鬃特制，属于弹性较好的硬笔，著名的永乐宫壁画也是用这类笔绘制而成的。在泰云寺壁画的绘制中，画师并非仅使用捻子笔，还使用了普通毛笔。如波浪、树石与云

西壁局部：金星神

气等图案的线条柔软、细腻，墨色本身也有干湿浓淡的丰富变化，表明画师使用的是毛笔。这种不同绘制工具的使用不仅使画面层次分明，而且使不同物象的质感得以恰如其分地展现。在设色方面，泰云寺壁画采用“勾填法”与“渲染法”并用的方法。例如：人物的服饰等多采用“勾填法”，在设色的范围内填以朱砂、花青、石黄、赭石等颜色，一遍成形，无拖泥带水的弊端；部分服饰以及个别人物的肌肉，则采用“渲染法”，精细地区分出形体的凹凸感，使得整体画面既统一又丰富。

北壁西部：侍女

㉙ 大同·浑源

律吕神祠

律吕神祠位于山西省浑源县城西北。虽然律吕神祠的初建年代不详，但《浑源州志》记载："律吕神祠在城北七里神溪孤石上，北魏时建。"唐代时，该祠曾得到朝廷遣使致祭。在元至元五年至六年（1339—1340）间，神祠经历了一次重修，并由东昌教授麻治撰写了修缮碑记。明成化年间也进行了一次修缮。

神祠得名"律吕"，源自当地的一个神话故事，该故事也被记录在《浑源州志》中。据传，唐太和元年（827）六月十五日晚上，弘州人张珪在神溪孤石上休憩时，有仙人在天上说："律吕！律吕！上天敕汝：是月二十五日行硬雨（冰雹）。"说完这话，仙人腾空而去。张珪即刻回家，将他听到的话告诉村里人，让他们即刻收割麦子。六月二十五日，果然降下了冰雹，那些没有及时收割的麦子被冰雹砸伤，几乎绝收。后来，朝廷得知此事，专门派人前往致祭律吕神。

律吕神祠不仅是一座祭祀水神的古老庙宇，同时也是一处风景优美的名胜之地。律吕神祠北邻神溪村，村后有山，形似凤凰，故名"凤凰山"。在古代，这里建有一座书院。律吕神祠所在的孤石仅一亩大小，高三丈有余；石下四周，泉水涌溢，为浑河源头之一。

水晶宫

据当地村民介绍，人们在水中走过时，脚印里也会冒出泉水。人们在神祠下垒石为堤，聚水成湖，得名“神德湖”。这段浑河也被称作“神溪”。特别是月圆之夜，水波粼粼，有“神溪夜月”的美称，并被列为“浑源八景”之一。

整座律吕神祠坐北朝南，布局精巧。中轴线上依次有五龙照壁、正殿，还有山门、配殿、钟鼓楼等附属建筑。壁画所在的正殿坐北朝南，面宽三间，进深二间，为元代建筑。殿内塑有律吕水神夫妇像，四壁绘有表现律吕神行云布雨的壁画，总面积约为70平方米。

东壁　此处绘律吕水神出巡布雨图，描绘了水神受百姓委托到田野间行云布雨的场景。该画面由三个部分组成：第一部分位于画面左侧水底宫殿里，水母娘娘和随从正在送别水神；第二部分从画面中间到右侧，展现了水神率众出巡布雨的场景；第三部分位于画面底部，描绘了百姓在雨中生产劳作的场景。

画面左侧描绘了一座庑殿顶的水底宫殿。宫殿的左上方的鱼鳞波浪表明这座建筑深藏于水中。建筑正中的匾额上写有“水晶宫”三字。在建筑前的月台上，水母娘娘和她的三

風調雨順

东壁（下）：农夫田间耕播图

名侍女站立在那里。水母娘娘身披霞帔，穿着一件龙纹红袍，面露喜悦之色，似乎为人间的风调雨顺而感到欣慰。水母娘娘的身旁，一个身材魁梧的夜叉背着一名童子，这名童子是律吕水神的儿子。童子手拿一朵莲花，从莲花中释放出连绵不断的雨云，这些雨云直接飘向右方，融入行云布雨的画面。宫殿前的台阶下，土地神与武将在两名持华盖侍从的护持下向水神作揖道别。

画面的中间到右侧展现了水神率众出巡布雨的场景，整个场景被布置在漆黑的雨云中。在布雨队伍的最前方，张牙舞爪的赤龙、带有火焰纹的天马和背负太极八卦图形的灵龟开道。紧接着是手持长杖的土地神，他做奔跑状，为水神评估下雨的面积。雷公敲响环绕的众鼓，将下雨的消息传达到人间。之后紧随着的是两男一女三位风伯，他们手持装满风的皮口袋，向人间施法送风。远处的电母与两名侍从正敲击着金钹放出闪电。电母身后的一名童子手拿黑瓶，从瓶中释放出彩虹。

接下来是布雨的队伍，队伍的中心人物是身形高大的律吕水神。他正骑着一条青龙，一手端着茶壶，腮帮鼓鼓的，仿佛准备下一刻吐出雨水。水神的四周还有其他神祇在行云

布雨：两位龙神骑在马上，一手拿茶壶，张嘴吐出雨水；一雨师一手提木桶，另一手舀水以成雨；一头麒麟拉着一车雨水，一位力士用瓢舀水以行雨。此外，布雨的队伍里还掺杂着红鲤鱼、田螺夫妇等水族以及年直、月直、日直、时直等“四直使者”。队伍的最后是律吕水神的两名侍从，他们捧着精美的食盒，随时准备为水神服务。

在画面底部，描绘了百姓在甘霖中生产劳作的场景，这也是全画最具生活气息的部分。在左侧，一农人赶着牛犁地；另一农人抽着旱烟，一旁放着碗筷与水罐。在右侧，几名行脚的路人在大雨中匆忙行走。带雨伞的就撑起了雨伞，没带伞的用包袱顶在头上，这些细节都生动地表现出了雨中的众生百态。

西壁　此处绘律吕水神回驾收雨图，描绘了水神降雨完毕后起驾回銮的场景。该画面构图与东壁类似，也由三个部分组成，并与东壁相对应。从左侧到中间，画面展示了水神率众回驾的场景。整组人物从左往右行进在云气上。队伍最前方是由16名侍从组成的两

西壁全图·律吕水神回驾收雨图

列仪仗队。在最前方的两名侍从肩扛旌旗，手敲铜锣，以示肃静。其余的人双手持斧子、铜锤等仪仗器具为归来的律吕水神开道。

随后而至的水神行列分为三队，水神本人位于中间的一队，两边各有一队。

水神右侧的队列中，有肩背鼓的雷公，脸上已露倦容；有下马报信的使者，手捧文书，毕恭毕敬；有手持长杖的土地神，一脸笑意。紧随而来的是神将与骑在神兽背上的龙王、风伯等众神。两位龙王双手合十，表情严肃；两位风伯倒是神情愉悦，交头接耳，似乎在谈论什么。风伯身后的力士则做了一个幽默诙谐的动作——“竖蜻蜓”，将瓶子夹在两脚中间。队列的最后是青龙、红鲤、天马、灵龟、田螺夫妇等神兽水族。

在水神所在的队列的最前方，是由八名力士抬着的銮轿。律吕水神紧随其后，他骑在一匹高头大马上，回首和身后的侍从交谈着，脸上流露出满意的神情。队伍的最后是捧着精美食盒的两名侍从以及“四直使者”。

水神左侧的队列里包括童子、力士、女眷等。其中，两名童子手捧黑瓶，瓶中放出绚丽的彩虹。队列最后是由狮子拉的车子，车里坐着三位女眷，她们是电母和风母，因布雨劳累而乘坐小车。这一幕带有浓郁的乡土文化气息。

画面右侧的庑殿顶建筑是水晶宫。在殿前台阶下，土地神和武将在两名侍从的护持下双手合十，向水神做迎接状。殿宇中的水母娘娘和她的四名侍女正在等候水神归来。水母娘娘身穿龙纹红袍，双手持笏，笑容可掬，似乎为夫君的归来而感到高兴。水母娘娘的身旁，一名侍女端着一方山石盆景，另一名侍女捧着一盘大朵牡丹花，这些元素恰如其分衬托出了画面的喜庆气氛。在水母娘娘的右侧，一个身材魁梧的夜叉背着水神的儿子，童子双手合十，面带笑容。画面底部描绘了百姓在降雨后幸福生活的场景，这代表着普通民众的希冀和心声。

南壁东侧　此处绘制了武将像。从主像三眼武将的形象特征来看，他代表着晋北地区常见的马王爷形象。马王爷原为道教神祇“灵官马元帅”，在百姓心目中，他是一位廉洁正直的神明，因此民间对他的供养非常普遍。画中武将端坐于绘有松树的屏风前，他长有三对手臂，手上拿着弓箭、铜钹、宝剑等武器。武将的左侧和右侧分别端坐着一位白发老者和执剑武士，此外还有侍卫、侍童、随从等人。

南壁西侧　此处绘制了帝君像。画面中，帝君穿着龙袍，面带须髯，双手持笏，展现出君王的威严形象。帝君周围还有武将、侍童、侍从等人物。

南壁东部·帝君像

北壁西侧　此处绘制了用茶图，表现了水母娘娘在后宫中的生活。画面描绘了一处装饰有精美雕花的屋宇。屋宇中间是素色屏风，屏风前有一方桌和两把椅子，桌上左右各放有一部线装书。身穿华贵服饰的水母娘娘端坐在右边的椅子上，左边的椅子虽然空缺着，但茶水早已备好等待主人品尝。画面下部绘有五名侍女，有的端茶，有的捧桃，衣带飘逸。

南壁东侧·武将像

北壁东侧局部·水母娘娘赏食图

北壁东侧　此处绘制了宫中图，描绘了民间想象中水神后宫女眷的日常生活。画面中的屋宇装饰精美，屋内摆放着山水花鸟六条屏。画中的六名女眷衣着华丽，神情慵懒。她们以画面中轴为界分为两组，右边三名妇人和左边两名说笑。此时，左下角的一名侍女端着一碗水款款而来，整个画面洋溢着轻松愉悦的气氛。

律吕神祠是为祭祀水神而修建的庙宇，“水神信仰”在山西由来已久。由于山西地区多旱少雨，当地居民往往在泉水源头处建造神祠以祈求风调雨顺。著名的如洪洞水神庙、晋祠水母殿、广灵水神堂等都是同类型的水神庙宇，且都有精美的雕塑、壁画存世。

在清代，寺观壁画艺术已经开始衰落，大制作的壁画已不多见。律吕神祠壁画在清代壁画中算是面积较大的。从西壁画面中覆盖的沥粉线条来看，现有的壁画已经新绘过，因此在清代壁画层之下可能存在元、明时期的壁画。虽然律吕神祠壁画用笔纤弱，但其造型富有乡土气息，色彩艳丽活泼，充满了世俗审美的情趣。

细节观察

北壁西侧·用茶图

画面描绘了一处装饰精美的屋宇。屋宇中间为素色屏风，屏风前有一方桌和两把椅子，桌上左右各放有一部线装书。身穿华贵服饰的水母娘娘端坐在右边的椅子上，左边的椅子虽然空缺着，但茶水早已备好等待主人品尝。画面下部绘有五名侍女，有的端茶，有的捧桃，衣带飘逸。

左图：北壁西侧全图·水母娘娘品茶图
右图：北壁东侧全图·水母娘娘宫中赏食图

㉚ 大同·广灵

水神庙

山西省大同市广灵县东南壶泉镇有一座壶山，山上有庙曰“水神庙”（又名“水神堂”）。该庙宇始建于明嘉靖年间，起初称为“丰水神祠”。清乾隆年间修建文昌阁，庙名改为“水神庙”。庙宇坐北朝南，面积约为7600平方米。具有代表性的建筑包括灵应宝塔、文昌阁、圣母殿等，现存建筑大部分是清代修建的。水神庙平面呈八边形，由八合院构成。此处既是一处宗教祭祀场所，也是北方园林景观的代表。寺庙依山傍水，风景雅致，颇具江南灵秀之气。

寺庙内有一座灵应宝塔，为六角七层式砖塔构造，实心，不可攀登。除此之外，庙内还有圣母殿、大士庵、百工社、文昌阁、钟鼓楼等建筑。整个建筑群在山色水景中相得益彰，让人流连其间，美不胜收。百工社是规模较小的殿堂，与圣母殿毗邻，为清代单檐硬山式建筑，宽度为8.33米，进深为7.57米。殿内原本有塑像，但现已被毁坏。据当地老人讲，此殿中央曾塑有三尊大像，分别是鲁班、老子和孔子，象征工、道、儒三家。原来，每逢农历二月十五日和五月初七日，周围的工匠便会来此祭祀祖师鲁班。同时，作为民间祭祀习俗，祭祀鲁班也有祈求五谷丰登、百业兴旺的寓意。殿内北壁的壁画已毁，目

西壁 · 稼穡行

东壁全图

前只有东、西两壁完整保留了40幅“百工图”，画面内容涵盖了40多种行业和手艺(有的一幅图中包含了多种手艺)。“百工”之说并无确凿来源，只是一个泛指的概念，指的是民间的手艺人和各类行业。在不同的朝代中，这个概念所指的具体内容亦有变化。例如，明代宋应星《天工开物》中有18卷、121幅图，描绘了130多项工艺技术，这应该是民间百工图的集大成者。广灵水神庙百工图涉及的工艺与《天工开物》中描绘的相符的工艺有十余类之多，而相邻的河北省蔚县(旧属于山西大同府)夏源关帝庙东、西配殿的墙上绘制了64幅百工图，每16幅为一组列于四面墙壁上，同样将《天工开物》中的多种工艺进行了细致描绘。与广灵水神庙百工图不同之处在于：蔚县关帝庙的百工图被安排在关帝庙的配殿两侧，并不像广灵水神庙为百工图设置了专门的场所。除此之外，这两组百工图大量描绘的各类行业，涉及人们的衣、食、住、行等诸多方面，完全是民间生活的真实再现。

东壁　东壁百工图分为四层连环绘画，每层包含五幅图，从左向右分别描绘了以下场景：腰带行、估衣局、铸铁铺、营造行、泥工行、改换缨帽行、漂布店、麦饼铺、染布分色行、制香店、

东壁・漂布店及麦饼铺

东壁·书籍斋

东壁·杂货铺

屠宰行、小酒馆、杂货铺、义当铺、书籍斋、剃头刮脸修鞋铺、磨坊、骡马市场、豆腐坊和皮衣局。这些画面大部分没有题记，只有个别在门口挂有一块小牌匾。在蔚县关帝庙百工图中，每幅图像的左上角或右上角均模仿水陆寺观壁画设榜题，对画面内容进行详细说明。有的为三字，如铸铁铺、切烟铺、毡帽铺、粟粮店、漂布店、生药店、柳器店、瓷器摊、漏粉局和裱糊局等；有的为四字，如脂肉俱全、水中生色、描画丹青、游巷贸易、顽童要货、改换缨帽和精选木料等。这些榜题直接或间接地对相应的工艺行当进行了充分讲解，使人在赏画的过程中明白工艺行当的内容。广灵水神庙百工图的大部分画面没有题记，个别图像只能通过与蔚县关帝庙百工图相仿的情景进行参照辨认，因此在读取过程中确实有些费劲。然而，大部分图绘制得直观明了，让人在第一时间就可以了解其具体工种。这种清晰的图式正是将工种与工艺准确传达的优势所在。

尽管广灵水神庙百工图现在只残余40幅图，但每幅图蕴含的信息量很大。从其中选取一些有代表性的图进行解读，有助于我们深入了解清代工艺技术的发展，同时也能为山

东壁·铸铁铺、营造行、泥工行

西寺观壁画题材的丰富提供例证。

东壁右侧的三幅图分别是铸铁铺、营造行、泥工行，表现内容丰富，科技价值颇高，人物造型与形态也非常生动。这三幅图都以写实具象的笔调对古代铸造工艺、建筑技术进行了全方位刻画，使我们对古人的工艺技术有了新的认识。

东壁左侧第三幅绘的是铸铁铺，画面中描绘了六个人物，呈三聚三散的构图布局。画面上方绘一处民宅，画面的中间部分则是整幅图的高潮——冶铁鼓风图。在画面左侧，一名中年人手持铁夹正在夹取熔铁的坩埚，炉火在风匣的作用下火焰喷射。在右侧，三名年轻的后生撤步下蹲，推拉用来鼓风的风匣。令人惊讶的是：北方民用的鼓风风匣一般只是单柄推拉式，而在蔚县关帝庙百工图中也有此类场景的描绘，不过那是一个加长拉柄、两人共用的大风匣。与此相比，此处的三人共拉式风厘设计无疑能够提高鼓风效率。这反映了煤炭在清代的使用已经较为广泛，尤其是在山西北部更为普及。这种二人同拉的风匣能够提供强劲的风力，但三人同时作业必然会面临协调问题。一旦推拉频率不一致，就会影响风力的输出，降低鼓风效能。很显然，这并非民用的简易鼓风装置，而是一种设计精巧、需要三人协同配合的机械作业设备。画面下方的两人，一站一蹲。左侧站立者手持铁棍，正在目不转睛地盯着中年人，准备在铁水出炉时进行协作；右侧一人正蹲地翻砂。铸铁的模具为砂模，好的砂模配比能够提高铁锭的质量，显然，画面中的工匠反复揉搓是为了获得没有空气孔和砂眼的模具。画面的中心部分是制作好的铁锭模具。整幅画面完整地展示了铸铁各环节的工艺流程，可谓翔实。

铸铁铺的右侧同样是一组忙碌的场景：斫木、开榫卯、上梁、推刨、支柱。这些场景让我们仿佛置身于木屑横飞的建筑工地。这种砖木混合结构的房屋是北方民居主要的住宅样式。粗壮的房梁和轻巧的檩条使得这些木构在没有建成时已经颇具美感，而每名工人的认真与专注是确保房屋安全、稳固的关键。《营造法式》中的法度正是在这些技艺高超的工匠手中得以具体实践的。

画面右侧可以看作此幅图的延续与结束部分。泥匠的细致与耐心是确保防漏和防潮的关键因素，画面中的九人各司其职，有和泥匠、抹墙匠、上泥匠、磨砖匠等。加入了麦壳和沙子的泥巴，其附着度得到了提高，画面中，上泥师傅利用叉子轻松地将一大摊泥巴翻到房顶上。如果泥和水的配比失调或者黏度不足，泥巴就会散掉。磨砖是古代建筑工艺中的一种精细活，手工青砖在石头上反复磨制，能够有效提高砖块的平整度。这样砌出的墙面接缝整齐、美观。虽然这个过程很耗时间，但这也是山西能够保存大量古建筑的重要原因。可以说，古代营造之事虽然有法度，但真正的法度自在人心，

东壁·制香店

东壁·磨坊及骡马市场

东壁·义当铺

优良的工艺与缜密的工序是古代建筑艺术的精髓。

在东壁第二层右侧有一幅制香店的图，画面中的人物异常忙碌。这种工艺在蔚县关帝庙壁画中没有出现，可见百工图的绘制应该是因地制宜的。香除了用于祭祀，还大量用于驱蚊增香，是百姓的重要生活用品。古时殷实之家每日必祀祖先，焚香点烛是重要的生活习惯。“香火”一词也代表着宗嗣绵延，血脉延续。画面中，七人分四组进行流水作业，上方的两人捶打香泥，左侧一人利用杠杆压床进行香线的压制，右下方两人将盘压好的香线切断装盘，下方一名背身的少年对这些香线进行晾晒，屋内左侧老者正在清点包装。画面中将每个环节进行了连环展现。这种工艺细节的展示，如果不经过细致观察，就很难绘制得如此详细。由此亦可见，当地清代的制香业非常发达。

东壁·小酒馆

制香图下首是书籍斋，斋中人来人往，非常热闹。书店内部的售卖人员全部身着官服，可见当时对书籍的控制非常严格。书店的旁边是当铺，门口立有“义当”的牌子，店内货架上整齐地码放着各类当品。柜台前有三人正与掌柜讨价还价，门口还有身背当品低语商量之人。当铺门禁森严，外墙与门有高大的栅栏保护，这与隔壁左侧大门敞开的杂货铺形成鲜明的对比。而且，两个门店除了毗邻之外，在侧面有一小屋，院内假山嶙峋，垂柳荫郁，生意之好令人欣喜。这一层画面中还有听戏说书的小酒馆，匾额题名为“四景图”。店内说书之人手指比画，口若悬河。但观其下方不禁哑然，他竟然坐在一架大的“河捞床”上——这种木制器具是用来压制一种名曰“河捞”的山西面食的。说书之人身兼两职，一边滔滔不绝地讲演，一边气定神闲地压面，竟能同时完成，可谓一绝。

西壁·豆腐坊及皮衣局

西壁全图

西壁·铁匠

酒馆中的宾客被说书人完全吸引，齐刷刷地侧身屏息倾听，全然不觉外面正在进行的血腥“屠宰”。两名屠夫一人摁猪头，一人扯猪尾，屠夫口叼尖刀正欲宰杀，受惊的猪正在奋力挣扎，声嘶力竭地嚎叫。这一幕吸引了酒馆内的一名孩童，小孩趴在窗框前观看这场“较量”。屠宰场的上方是肉铺，店内横木上用铁钩吊挂着猪肉，院内左侧一人正手持赶羊鞭，驱赶着两头绵羊前往屠宰场。

屠宰场的下方是剃头刮脸修鞋铺，这三个工种被放在三间相隔的大屋内。这也表明这三种职业在古代是一个体系，体现了古人的服务业中也具有相互协作的关系。此图的右侧是一幅磨坊图，巨大的水磨被安置在一间穿水而过的屋内，汹涌的水流从磨坊中奔腾而出，门口肩扛粮食的农夫络绎不绝。画面的右侧还有一幅磨豆腐图，画面展现了筛选黄豆、磨制豆浆、卤水点制的过程。右下方最后一幅画面绘皮衣局，展现了皮草制作工艺的细节。山西广灵气候寒冷，因此该工艺在当地颇为繁盛。画面中有皮草的清洗、捆扎、晾晒等诸多环节，尤其是在水中清洗皮毛的两人，他们手持一张豹皮，正在认真清除豹皮上的污垢。

西壁　此处壁画描绘了20种颇具山西地方特色的传统工艺，它们按四行五列的布局排列，以庭院屋舍相隔的方式生动有趣地展现了工匠的工作场景。西壁最上端的画面从左至右分别描绘了泥塑匠、丹青行、稼穑行、生药店和读书林，第二行画面分别为裱糊匠、烧陶制砖行、铁匠、石匠和酒店，第三行画面分别是脱粒坊、制醋坊、银钱行、榨油坊和编篓坊，第四行画面分别为制帽行、粟粮店、分金行、锡工行和编席匠。西壁的图像较之东壁更加丰富有趣，画师选取了士、农、工、商各个行业的代表进行描绘。由于清代距离我们的时代比较近，画面展现的工艺都具有很高的亲和力，让我们在观赏这些画面的同时，仿佛能穿越时空，回到当时的生活之中。

西壁左上方第一幅画面绘制的是泥塑匠人。他们使用的泥巴比前面抹墙的泥巴更加细腻，尤其是最外一层会加入山西当地的棉花。这使得泥塑的外表更加细腻光滑。棉花在泥土中形成纤维结构，将土牢牢锁住，达到干而不裂的效果。画面中有四人，中间的师傅正在塑造一组道教祖师像，下方的三名学徒正在和泥、搬泥。泥像栩栩如生与徒弟制泥的艰辛相互关联，正是这种古法的炮制才能让山西的寺观泥塑保存上千年而完好无缺，这是艺匠的功劳。雕塑匠人右侧的画面描绘的是丹青行，一位画师正在宣纸上绘制水墨山水，左侧下方的三名童子手持水盂和茶壶侍立。此处的屋舍有亭廊设计，异常雅致，展现了古人对绘画的崇尚和礼遇。在丹青行画面的右侧，有一幅稼穑图。画的下方是牵牛耕种、肩扛曲辕犁耕种的农夫与扬场装运的农夫。门口一位老妪侧身观看，对子孙勤于农事非常满意，脸上露出了欣慰的笑容。

西壁·锡工行及编席匠

西壁第二行第一幅画面描绘的是裱糊匠的工作场景。画面中，四位裱糊师傅端坐在临时搭建的施工木台上糊着窗棂。蔚县“百工图”中也有描写此类工种题材的画面，内容是裱糊顶棚抑尘。无论是纸糊窗棂还是抑尘翻新，都是过年之前每家每户必须要做的事情。在玻璃还未盛行的年代，用纸裱糊的窗户可以起到防风防尘的作用。传统的裱糊采用白色的麻纸，这种纸由桑树皮制作，植物纤维能够起到很好的拉伸作用，增加纸的韧性。白麻纸的半透明性也有助于采光。使用清洗后的面粉打制的糨糊能避免面筋的干扰，从而提高了黏合力，使其能够承受四季的变换。裱糊工作的尾声是彩绘，利用毛笔将窗棂的空档用淡青色进行彩绘，提升了裱纸的装饰感。每逢年节，红彤彤的剪纸在白色的窗纸映衬下分外喜庆。

西壁第二行第二幅画面描绘的是泥瓦匠的工作场景。画面中，三个人物分别负责和泥、制砖和捏陶。画面左上角圈建了一圆形砖窑，为烧制砖瓦陶器所用。三人都是手工艺人，他们采用模制法制砖，砖模为一行四个。制陶的师傅采用了转盘轮制的手法进行拉坯制作，制作的器皿为圆形直筒状。制砖技法严苛，从制泥到成型都需要严格控制泥的内部空隙，因此需要耗费大量的时间来摔制泥巴。这样一来，虽然砖瓦的质量得到了保证，但产量较低。因此，这一时期的砖瓦木构建筑的造价高昂，只有家境殷实的人家才能负担得起。

西壁第二行第三幅画面描绘的是铁匠行。在画面中，铁匠使用单柄拉杆的风匣作为炉火的鼓风设备，在风力的作用下，烈焰四散，砧板与铁锤的撞击声仿佛清晰可辨。在铁匠铺画面的右侧是一幅石匠图，铁凿与斧头的打击下，石板上出现了或横，或竖，或倾斜相交的各式线条。石匠们解衣赤膊，挥汗如雨。

西壁第二行最右侧的画面描绘了一间酒馆。屋内小厮正在提壶打酒，四缸美酒靠墙并排放置，掌柜则在西房翻看着账簿。院内有三匹毛驴候立，地上有四个苇草编制的酒篓放置在鞍架上。画面下方还描绘了酒篓的编制场景。酒馆内有三人席地而坐，分别从事扎捆、编篓、修剪苇草等工作。院内一名工人正在小跑着搬运做好的酒篓。这些酒篓编制技法细致，植物纤维牢牢地捆扎在一起，不仅可以放酒，还可以放醋。西壁的酿醋行画面中就有这种篓筐。

在编篓坊的左侧画面描绘的是一间油坊。屋内有一架大型榨油机，一名赤膊大汉正在搅动榨油转盘，而油坊左侧一名头戴瓜皮帽的小厮正在打油。院内东侧的工人正在用油篓装油。这种竹篓看起来比一般的酒篓更大，编制更为密实。

西壁·脱粒坊

西壁·榨油坊和编篓坊

第三行左侧第二幅画面描绘的是酿醋坊。屋内两名大汉正在翻动发酵的高粱并揉制大曲。正屋西侧的一名工人正在打醋，地上整齐地码放着七八口醋缸。作为山西的传统工艺，制醋的关键环节包括磨、蒸、酵、熏、淋和陈。左侧屋内的大缸正是用来陈放老醋的。山西老陈醋的发酵要经过三冬三夏的冬捞夏晒，才能浓缩成一缸风味浓郁的老醋。在山西，醋业市场广泛，老百姓将其视为调味必备品，甚至有“食可天天无肉，不可一日无醋”的说法。

西壁最下端的右侧，最后两幅图描绘的是锡工行和编席匠的工作场景。由于锡的熔点较低，因此用它制作生活日用品远比利用青铜和铁更方便快捷。从画面中可以看出，这一时期的锡器大部分是酒器和烛台，这些锡制品用途非常广泛。锡工行的右侧画面描绘的是编席的场景。在山西北部地区，人们多睡在土炕上，因此席子(用高粱秆劈成的篾子编制)的使用非常普及。画面中展示的三个工艺分别是杀青碾压、破篾成线和经纬编制。采用这种工艺编制的席子坚固耐用，保温隔热，是晋北地区每家每户必备的生活用品。

西壁·裱糊匠、烧陶制砖行、铁匠、石匠、酒店

广灵水神庙百工图中的壁画虽然篇幅较少，未达到百幅，但绘制技术高超，绘制技法精细。与一般的寺观壁画相比，此殿壁画采用了青绿兼水墨的描绘方法。虽然利用建筑物进行了壁画的串联，但散点透视的应用使得每幅图都保持独立。自人类诞生之初，解放双手和使用工具就成为必备的生存手段。在漫长的进化过程中，人不断地协调着大脑与手、眼睛的匹配度，经过无数次的训练和反复调整，技艺不断改善，最终才成就了工艺技术的高度。在我国历史中，自宋以后，文人思想的影响虽然强化了工艺的内涵表现，但对工匠的轻视也阻碍了工艺的进一步发展。没有具体的文献记载，没有名号流传后世，也没有获得较高的社会地位，这些因素都让工艺传承陷入一种被动的境地。即便如此，这些工匠仍然在创作过程中饱含热情，发散的思维和细致的生活体验推动了他们对工艺新的理解。中华文明源远流长，当我们回顾历史时，我们怀念秦皇汉武的丰功伟绩；当我们在长城上喟叹时，我们赞美雄关漫道的壮观。但是，又有谁会想起那些默默无闻、名不见经传的工匠呢？恰恰是各行各业的工匠在维系着民族文化的传承，正是他们的辛勤劳作使生活和生命得以延续。百工百匠是历史之魂，当之无愧。

㉛ 大同·灵丘

觉山寺

觉山寺位于山西省大同市灵丘县城东南15公里处的觉山（又名“悬钟山”）山坳里，古代称为“普照寺”。寺庙周围环绕着高山峡谷，位于蒲阴古道之中。据碑文记载，觉山寺创建于北魏孝文帝时期。现存北魏和平二年（461）《皇帝南巡之颂》碑。《大同府志》描述此寺“层楼阿阁，连亘山麓”，可见其曾经的壮观景象。寺内有山门三座，建筑布局采用三列中轴线，分为三进院落，共有134间房间。每院之中，根据需要增设偏殿及护法僧舍。此外，寺内存有辽代建造的八角十三层密檐塔，非常壮丽。塔内有密宗金刚壁画，是觉山寺最为珍贵的丹青遗存。

目前寺内现存的庭院建筑都是在清光绪年间重修的，各类别院屋舍多达百处，山门、钟鼓楼、天王殿、韦陀殿一应俱全。遗存的壁画包括：中院大雄宝殿水陆壁画，东侧伽蓝殿佛本生故事及九横死图，东院东侧药师殿描绘《华严经》内容的壁画，主殿弥勒殿弥勒往生图，西侧殿三圣殿佛教经传故事图，以及西院主殿大雄宝殿千佛图等。觉山寺的密檐辽塔是我国现存古建筑中的瑰宝，塔心中的壁画描绘了力士、明王、八部等众，面积约为60平方米。画面中，神祇须发蓬张，身

伽蓝殿东壁 · 耶输应梦图

伽蓝殿东壁全图·佛本生故事（局部）

体壮硕，呈现出印度犍陀罗样式。线条变化丰富，人物造型夸张而不失自然。大量的侍女面部因铅粉炭化而呈现黑色，但饱满的面部结构仍显露出唐风遗韵。虽然塔内壁画为辽代遗存珍品，但数量较少，难以窥测其昔日的壮观景象。如此多的壁画遗存出现在同一座寺观中，这在全国亦属罕见。清代壁画较宋、元壁画更显式微，这是民间画师地位持续走低与断层所致。然而，这些壁画的图像构成呈现出18世纪独有的艺术风貌。这种艺术表现是东、西方文化交融之后在壁画中的罕见表达。其中，院东侧伽蓝殿与东院弥勒殿的壁画最具代表性。

中院伽蓝殿（东殿）：佛本生故事

东壁　中院东殿壁画以佛本生故事为依据，描绘了释迦牟尼成佛的经过。这种佛教绘画在清代一般采取“九宫格”样式，按照时间先后进行绘制，便于观者欣赏。然而，此处的壁画完全打破了这种“僵化”的绘图样式，在山水林木、宫阙楼阁中穿插人物，进行故事叙述。要做到详略得当、布局合理，非常考验画师的经营位置能力。全图以中心对称为主要画面结构。画面中心是“王舍城”，描绘了太子奢华的生活场景。画面两侧山林

伽蓝殿东壁全图·佛本生故事（局部）

起伏，河流纵贯其间，巧妙地将每个情节场景进行了联系，于变化中彰显整体。从榜题看，此处壁画具体描绘了25个情节，画面由北向南分别为车匿还宫、调服二仙、劝请回宫、六年苦行、天人献草、般师悔□、帝释献衣、车匿辞还、金刀落发、佛祖降生、路观死尸、半夜逾城、初启出家、太子演武、东门□□、耶输应梦、调服醉象、龙宫说法、急流分断、二商奉食、魔众拽瓶、老人出家、竹园精舍、金鼓忏悔、魔女妶媚。这种布局看似不经意，实则由北向南展现了"得道成佛"的过程。

此外，画面中心位置安排了7个故事情节。城阙楼阁的描绘完全采用西方焦点透视法，包括其中的窗棂格栅，回廊雀替、宫灯匾额，均以一点透视而成。在空间表达上，前景和后景的大小变化都非常准确，并非"散点透视"般各自为政。左、右两侧"车匿还宫"与"竹园精舍"中的建筑图与画面中心的楼阁完全一致，而且人物、山水亦是随着前景和后景呈现出大小和渐变。这种技法在清代仍然非常罕见，需要画师对西方透视理论有深入的理解，或者是对西方建筑学有一定的了解，才能够描绘出如此科学的场景。灵丘毗邻河北，与北京相距不远，此画可能深受宫廷画家或传教士的影响，可谓是中西绘画交融的典范。

伽蓝殿东壁局部·佛祖降生图

伽蓝殿东壁全图局部·佛祖降生图特写

画面的主色调是淡彩混合青绿色。引入酞菁蓝这种颜色主要是为了替代昂贵的石青。清代，西方的化学颜料被引入中国。中国的重彩画一直以石色为主，但孔雀石和青金石并非中国主产，这就增加了绘画成本。虽然外来的普鲁士蓝和合成的青绿色在饱和度和色度上没有天然矿物色纯正，但它们的低廉价格使得民间画师纷纷采用。此外，画面中正殿匾额上书满文，表明觉山寺在规制上与皇家有着密切联系。这也是画面中大量使用酞菁蓝的原因。这种色彩也是清宫廷皇庙常用的配色。另外，在偏厅左侧“佛祖降生”画面中，供桌上放置着一台四面座钟，时针、分针和罗马字母表盘绘制得非常精细，这种座钟通常只有在贵族门厅才能见到。宫女和太监手中所提的琉璃灯盏在《红楼梦》中也有描述。城门外是太子出四门见生老病死而觉悟的场景，但画面两侧只绘制了“路观死尸”

伽蓝殿东壁佛祖降生图局部·宫廷侍女

伽蓝殿东壁佛祖降生图局部·宫廷侍女

伽蓝殿东壁佛祖降生图局部·宫廷侍女

伽蓝殿东壁佛祖降生图局部 · 宫廷侍女

与“东门□□”（画面描绘了两位耄耋老者）。南门见病人与北门见修行人的情节并未描绘，这完全是透视法正常使用下形成的视觉盲区。值得称道的是：这两幅图中的车驾描绘非常写实，车辕的结构与软套车厢都显得非常奢华，车轮为莲瓣状并有辐条支撑，车厢顶部为卷云纹遮阳。仪仗前后簇拥，画师似乎曾目睹过皇家銮驾的辉煌。正厅上部有宫灯若干，掩映于雀替之后，或方或圆，包括琉璃灯盏和纸灯笼，色彩缤纷。中心部位的琉璃吊盏由小灯合围而成，大厅内部的窗棂隔扇采用明暗画法，立体造型与华丽宫灯营造出纷繁富丽的景象。大厅作为初启出家之地，其奢华的布局与佛祖立志抛却繁华的决心形成鲜明的对比。从画面造型的角度分析，人物描绘并不精美，但建筑中无论是斗拱耍头，还是鸱

伽蓝殿东壁局部·路观死尸图

吻彩画，都纤毫毕见，可见画师确实专注于绘制建筑宫室一类的题材。

画面中，人物的舆服以唐、宋样式为主，女性服装更趋近于清代样式，尤其云肩是典型的山西硬制刺绣样式。裙、袖及襦等处的装饰更加体现出画师对于细节的把控。佛衣与僧衣的描绘在色彩搭配上尤其讲究，释迦牟尼身披橘色袈裟，与其他僧人深蓝色的僧衣形成了鲜明的对比，成为画面中颇具代表性的色彩。

东院弥勒殿:《弥勒下生经》故事

东壁 此处有一幅长幅壁画，画面仍旧采用焦点透视构图，人物与建筑显然出于一

1 2

1. 伽蓝殿东壁佛本生故事局部 · 车匿还官图
2. 伽蓝殿东壁佛本生故事局部 · 初启出家局部图

人之手。从画面人物布局来看，佛、道混同，乍看不知所云。但每组画面都有榜题，整幅壁画的中心位置为“元始赐金”。左侧有“五龙吸水”“鸟兽回头”“老君赐水”“白元现□”，右侧有“雷雨□墓”“母进归西”“携母避虎”“老君赐食”“杨聪降生”，共10个故事情节。绘图采用中心式对称构图，画面中心的榜题为“元始赐金”，很容易让人联想到道教始祖元始天尊化生的故事。然而实际描绘的是画面中心穿蓝衣、捧钵之人。内容读识由右侧上方画面开始，观音手捧婴孩，善财童子与韦陀天王双手合十，此处榜题为“杨聪降生”，内容糅合了感应受胎与观音送子两个佛教故事。第二幅画面为“五龙吸水”，画面中的婴儿站立盆中沐浴，天空中五龙喷水灌顶，这显然是因袭了释迦牟尼出生时“九龙灌顶”之说。从第一幅图的题记可知，杨聪是这幅往生图的主角。

在“杨聪降生”画面右侧的房内，巧妙地描绘了杨聪跪地侍奉双亲的场景。右侧画面中还有“携母避虎”“母尽归西”“雷雨□墓”的情节，描绘的是杨聪侍奉双亲的孝道感动天地，母亲去世后，出殡时龙王、雷公、风伯、电母为其开山掘墓。这显然融入了儒家的孝悌文化。自唐朝之后，我国佛教开始创作各类以报恩为题材的经书，这种教义因适应我国佛教的发展而逐渐流行，而净土信仰广开法门，自然将其纳入其中。

道教经书《弥勒尊经》云：“想当初，吾掌教，劫数圆满……将宝经隐藏在山西晋地平阳府岳阳县王家庄村。”“弥勒信仰”与皇家关系密切。在魏晋、隋唐时期，弥勒下生观念盛行，农民往往借用弥勒下生的名义进行起义运动。这一时期，《弥勒下生经》的译本得到了完善，竺法护、鸠摩罗什、菩提流支、义净等一大批高僧完成了该经的翻译。尤其是《大云经疏》对武则天的赞美，奠定了“弥勒信仰”中国化的基础。因此，“弥勒下生”与“道君出世”成为政治更迭中常用的宗教武器，使得“弥勒净土信仰”在这一时期达到鼎盛。

壁画中心位置绘有“元始赐金”图，图中元始天尊正襟危坐于画面中心，身后有莲花火焰纹背光，前面是他的十二大弟子。其中最引人注目的是右侧第一位的“南极仙翁”，他硕大的脑门一眼即可辨认。《封神演义》中沿袭了宋代之后的道教神仙谱系排位，并

伽蓝殿东壁局部·急流分段与魔众拽瓶

伽蓝殿东壁局部・竹园精舍

弥勒殿北壁东侧局部

进行了戏剧化的调整，出现了道教神祇正、反派系之争。元始天尊执掌阐教，座下有十二金仙等按序列队。其中，“南极仙翁”又称“南极真君”，是元始天尊座下大弟子，也是“十二金仙”之首。需要注意的是：“十二金仙”包括佛教中的文殊、普贤与观音，这显示了宋代之后“三教合一”的趋势。从某种意义上而言，这是一次神祇互借，在融通中不断吸收他教中的关键神祇，以达到弘扬本教的目的。图像中的“南极仙翁”虽然居于天尊下首，但他脚下的榻是他与其他“金仙”区别的关键。他单脚踩榻，状态放松，显然拥有绝对的“优越感”。

图画中，两仙站立于最前端，他们的衣着和其他“金仙”并无不同，但左侧的青狮、白象以及右侧的孔雀都表明两者的身份为文殊与普贤。这些动物同时也是佛教的典型形象。“十二金仙”除大弟子“南极仙翁”外只有11位，但右上方的“观音送子”填补了这个空缺。画师的奇思妙想在一定程度上拓展了画面的空间，同时也增加了图像的解读深度，使得画面的意义耐人寻味。画面中心部分为“元始赐金”情节的核心内容。杨聪双手捧钵乞食，童子单手赐金。虽然杨聪的装束看似普通，但他眉间的朱砂点与头陀的样子已经表明了他的身份，而这种施舍与卑微的行为也恰恰反映了佛、道之争。画面最下方是一座八卦炉，代表了道教“外丹”修炼，“八卦”的标志则强化了此幅壁画的宗教派别归属感。

在其他画面中，杨聪多在叩拜鞠躬或者居于洞中冥想。左侧的“老君赐水”“鸟兽回头”和“白元现□”画面的主体情节，显然借鉴了“善财童子五十三参”的佛教故事。与

弥勒殿东壁全图

佛教不同，太上老君在道教中被赋予启迪智慧、点化众生的责任，这是道教融合佛教、贬低“菩萨道”的体现。在绘制道教壁画时，画师大多采用颇富想象力的图像。在“鸟兽回头”和“白元现□”的画面中，不仅有简单的图像组合，而且出现了人面兽身或人脸禽躯的形象，这体现了道教超脱自然、追求虚无的思想。在魏晋南北朝时期，寺观壁画已经具备了这种图像“超体”寓意的完整化创造，例如山西北齐九原岗壁画便沿袭了这种样式。在全真教时期，道教开始倡导“三教合一”，不仅强化了本体教义，同时也将现实世界升华为形而上的哲学意境。在左侧“白元现□”画面中，虽然画面漫漶不清，但仍可见图中白元（猿）手持仙桃跪奉的情景。在右侧画面中，杨聪在河边遇到一条巨鲤，天尊为其送上衣帽，无榜题，似应为“天尊赐服”。白元（猿）与巨鲤作为生灵，受到杨聪的感召，从中可看出杨聪具备的“神力”。

画面左上方描绘的是杨聪居于山洞中冥想的场景。道教崇尚“洞天福地”，多在山林中归隐。杨聪冥想时出现的是一名手持布袋的和尚，他赤脚大腹，憨态可掬。这种形象在我国佛教中只有“布袋和尚”，即弥勒的化身。“布袋和尚”源于浙江奉化，他的俗名并非杨聪，而是契此。这种描绘也体现了释、道的融合特征。画面左侧中心位置绘弥勒真身显应的场景。弥勒坐于云头之上，头光为红色圆轮状，童子在其身后嬉闹。尽管如此，道教仍然没有忽视降低弥勒的地位。在云端上方，天尊乘坐天辇，南极仙翁与老子骑青牛伴随，俯视下方。一切化生图景皆在诸仙眼底，这也意味着弥勒乃托生于道门之中。

弥勒殿东壁局部·元始赐金

1.弥勒殿东壁局部・佛祖降生图
2.弥勒殿东壁局部・五龙吸水图

画面中，对布袋和尚与弥勒都选取了经典的瞬间进行呈现。虽然佛、道混同，但由于有脍炙人口的传说故事作为背景，所以民众在理解过程中毫不费力。由此可见，清代宗教更加多元和混乱，宗教本体的权威不断削弱，小说与民间传说成为塑造和解释宗教观念的重要来源。杨聪可能是塞外曾经显赫一时的释门名僧，出身道门，而后皈依。查阅典籍并未发现有关此人的记载，他通过借助弥勒的地位来提升自己的地位，其意图是显而易见的。

西壁　此处壁画仍然采用中心构图，据榜题可知共有12幅图在此壁呈现，分别为：佛度牛羊、度化男口、弥勒度鸟、轮铆恶魂、胎卵湿化、大斗小秤、刀山恶死、望乡台、锯解恶妇、度化归佛、弥勒度化、酆都变兽。整幅壁画以弥勒度化众生及地狱变相为文本依据，以上下两部分、中心包围三段式辐射结构布局。

中心部分绘“胎卵湿化”图。印度佛教认为生命有四种不同的形成样式：胎生、卵生、湿生和化生。这也是“水陆四生”的生命分类。在“净土信仰”中，幽冥教主归属于地藏王菩萨，尤其是三阶教在唐代之前兴盛。因此，“地藏信仰”体系的架构已经非常成熟。自武周之后，三阶教逐渐式微，最终被净土吸收，成为我国大乘佛教重要的分支，也是“菩萨道信仰”体系的关键。地藏王菩萨与十王在儒、道混融后发展出更加庞杂的体系，并成为民间神祇祭祀与信仰体系的来源。此图中的弥勒居于中心位置并非替代地藏幽冥教主的位置。画面内容与《弥勒龙华正册真经》中的《地盘真经》有很高的相似性。在画面中心位置，弥勒袒腹坐于莲台之上，头顶是一条腾跃的四爪红龙，代表了经文龙华之

五龍吸水

弥勒殿东壁局部·深山携母避虎

弥勒殿东壁局部·深山携母避虎

1.弥勒殿东壁局部·老君赐水图
2.弥勒殿东壁局部·堂前孝敬父母图

征，其周围罗汉加持，下方画面中的池塘内有一巨大车轮。经书中有详细的描绘：“转轮车内，设造八宝池塘，专洗鬼魂之恶气……轮回车，乃地狱天轴地关……将轮车转完度数，灵魂示得河图奥妙。围绕周身，故曰河图生也。”画面中，车轮旋转，波涛汹涌，鱼龙鸟兽涌现，象征着不同生命的孕育。右侧有一杆业秤，有一人上吊，并有斗升判断其生前罪孽的分量。

画面下方描绘了地府世界的各种场景，包括刀山、油锅、车碾、锯解和血磨，同时也展示了酆都城、望乡台和奈何桥的布局。左侧的望乡台采用成角透视法描绘。画面中，鬼卒押解老妪，僧人在门口接应。锯解图描绘了一妇人被缚在木板上，两名鬼卒手拉大锯，旁侧两人站立观看，毫不惊慌。石磨图中，受难之人已经漫漶不清，鬼卒和一名女子正在推磨，女子头戴钗环，发辫及地，另一鬼卒手拎一人正欲抛入。车碾图绘于山洞中施刑，观者仍旧是前面的两人，他们见恶徒被碾压后鼓掌庆贺。右侧绘制了刀山恶死和油锅图。刀山画于上方，恶人被鬼卒扔下悬崖，被千刀屠戮；油锅图绘在灶台之上，滚油四溢，鬼卒搅动油锅将恶人压入沸油。长辫女子在奋力拉风箱。画面右侧是酆都城，此图名为“酆都变兽”。人入山门，生前罪孽深重，自然变身为禽兽。山洞的另一侧，有人、畜、禽、鸟各道流转，与酆都城形成一入一出的轮转关系。此处正如经文所谓“成人不自在，昼夜奔忙，自在不成人”，详述了“成人”法则，即虫500年转世为人，鱼200年转世为人，鸟只需100年便可转世为人。这是在“六道轮回”的基础上进行的劝诫演化。此外，画面最右侧下方有一座奈何桥，桥下波涛汹涌，桥上有持幡过桥者，皆为笃信教义之人。经文中将奈何桥分为金、银、铜、铁四种不同的桥，通过这四种桥可达不同的世界。

弥勒殿东壁全图局部

弥勒殿东壁全图局部·母进归西图

弥勒殿东壁全图局部

画面的最外层描绘了弥勒度化众生的故事图。为了区别其他层次，这一层中的弥勒皆身着蓝衫，画面中的鸟兽则是人形。弥勒身后有韦陀及童子胁侍。这些画面内容大致相同，多做跪拜叩谢状，从而体现了“弥勒净土信仰”的普及程度。在“度化归佛”和“弥勒度化”这两幅图中，建筑和家具刻画翔实，遵循西方绘画的透视法则进行描绘。无论是转角的长榻还是卷脚的条案，都展现了严谨认真的空间表达能力。局部出现的些许错误并没有影响整幅图的真实自然，反而与建筑构件、窗棂格栅等元素相得益彰，与中院伽蓝殿壁画手法同出一门。画面在须弥座与背光的描绘上频繁使用莲花，这也成为“弥勒净土”被“白莲教”采纳的重要法门。

弥勒殿西壁的壁画采用了曼荼罗样式进行排布。画面中，大量的嶙峋怪石作为串联并间隔故事画面的主要“道具”。这种描绘形式在佛教寺观的悬塑中常常被采用。弥勒净土中的“三千大千世界”代表着未来成就与轮转的彼岸世界，因此画面上层部分呈现出一种幻境般的景象，与下面的地狱世界画面形成了鲜明对比。印度佛教倡导的“六道轮回”在画面的具体描绘中并不突出，这也符合我

弥勒殿东壁全图局部·仙人助弥勒过河与神猴献桃图

国净土信仰“世界三分”说的理论基础。《弥勒龙华正册真经》的序一中，开宗明义地指出天、地、人三盘奥妙是成就光明善元的关键。由此可以看出，“净土信仰”在宗教劝诫中的开宗明义与我国佛教普及之路相辅相成。

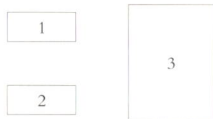

1.弥勒殿东壁全图局部·弥勒深山行旅图
2.弥勒殿西壁全图
3.弥勒殿西壁全图局部·佛度牛羊图

综合东、西两壁画面的描绘，我们可以看出：东壁的壁画并没有完全以《弥勒龙华正册真经》作为故事蓝本，而是采用了大量的民间传说和宗祠信仰作为文本背景，描绘出庞杂的画面内容。其中，关于孝悌、节义及文殊、普贤、观音等主题的描绘成了佛教的重要标志。画面中，道教元始天尊、太上老君及太乙大师的主体描绘体现的并非单纯的佛、道之争，这些元素在“真经”的名录中都可以发现其踪迹。图像与文本内容的验证也说明了清代“三教”思想高度民俗化的特征。此时，宗教本体已经在政治更迭中被逐步破坏，我国封建王朝进入末期，显示出精神的疲态和信仰的缺失。人们试图通过膜拜无数神祇实现“脱离苦海”的夙愿。这种侥幸心理体现出我国宗教信仰长期以来的“临时抱佛脚”心态，诉求和

佛度牛羊

胎卵湿化

弥勒殿西壁局部·胎卵湿化图

弥勒殿西壁局部 · 酆都变兽

弥勒殿西壁局部·度化归佛局部

度化歸佛

1.弥勒殿西壁局部·度化归佛
2.弥勒殿西壁全图局部

欲望中夹杂了太多的物质因素，而“万宗归净”恰恰是释、道、儒寻找互契的重要突破。觉山寺同时还是一座禅院，而禅宗在宋代之后的圆融恰恰是其与净土宗共存的先决条件。从称名念佛到万物皆禅，佛教不断打破禁忌，寻求突破，这并不是一种低声下气的讨好，而是躲避灾难、寻求生存的有效途径。在图像描绘过程中，随着画师社会地位的日渐卑微，既缺乏唐、宋时期的宫廷画师，也没有了金、元时期被他族掳掠来的宫廷名家。清代康、乾之后出现的“西学东渐”与郎世宁引入的西画融合之风在民间生根发芽，影响深远，壁画在传统纸本的影响下开始描绘真实的生活。这种符合人类客观视角的描绘方式能够产生魔幻般的立体效果，赋予开阔的壁面上超强的视觉冲击力。这两殿的壁画绘制，正是在这种绘画技法基础上的崭新探索。

图书在版编目（CIP）数据

山西寺观艺术壁画精编卷 / 杨平主编 .— 青岛: 青岛出版社, 2024.1
ISBN 978-7-5736-1910-5

Ⅰ. ①山… Ⅱ. ①杨… Ⅲ. ①寺庙壁画—研究—山西 Ⅳ. ①K879.414

中国国家版本馆CIP数据核字（2024）第031503号

书　　名　山西寺观艺术壁画精编卷
SHANXI SIGUAN YISHU BIHUA JINGBIAN JUAN
主　　编　杨　平
出 版 人　贾庆鹏
终　　审　李忠东
出版发行　青岛出版社（青岛市崂山区海尔路 182 号）
本社网址　http://www.qdpub.com
邮购电话　0532-68068091
策划编辑　申　尧
责任编辑　张吉路　申　尧
助理编辑　张伸宇
装帧设计　乔　峰　浙江大视角文化传播有限公司
照　　排　山东鲁润文化传播有限公司
印　　刷　深圳市国际彩印有限公司
出版日期　2024 年 1 月第 1 版　2024 年 1 月第 1 次印刷
开　　本　16 开（889mm × 1194mm）
印　　张　85.25
字　　数　690 千
书　　号　ISBN 978-7-5736-1910-5
定　　价　1500.00 元（全三册）

编校印装质量、盗版监督服务电话　4006532017　0532-68068050